KB070424

초보상담자를 위한
정신역동상담

상담자와 내담자의 감정 다루기

Karen J. Maroda 저

허재홍 · 진현정 · 박명희 공역

학지사

Psychodynamic Techniques:

Working with Emotion in the Therapeutic Relationship

by Karen J. Maroda

Korean Translation Copyright © **2014** by Hakjisa Publisher, Inc.
The Korean translation rights published by arrangement with
Guilford Publications, Inc.

Copyright © 2010 The Guilford Press
A Division of Guilford Publications, Inc.

역자 서문

정신역동 상담에 관심을 가지고 계신 여러분을 환영합니다.

정신역동 상담에 열의를 가지고 상담심리학을 처음 공부한 이래 상담 현장이나 일상생활에서 감정을 다루는 것이 매우 중요하다는 것을 계속 느끼게 됩니다. 스페자노가 말한 것과 같이 정신역동 접근은 감정을 다루는 이론이면서도 정작 정신역동 이론에서는 감정을 어떻게 다루어야 하는지 직접 언급하고 있는 책은 많지 않습니다. 더욱이 실제 사례를 다루는 책에서도 감정을 다루는 방법을 직접 제시한 책은 많지 않습니다.

이 책에서는 내담자의 감정이나 문제뿐만 아니라 상담자의 감정이나 문제가 상담과정에서 어떻게 작용하는지 사례를 통해 제시하고 있습니다. 이 책은 어떤 기법을 적용해야 한다는 언급은 별로 없습니다. 그 대신 내담자를 어떻게 이해해야 하며 내담자의 반응에 상담자가 어떻게 반응했을 때 상담효과가 있는지 또는 없는지에 대해 저자의 사례를 중심으로 설명하고 있습니다.

이 책을 통해 상담에서 감정을 어떻게 다루는지 간접경험을 할 수 있을 것으로 생각하며 실제 상담에서도 도움이 될 수 있을 것으로 생각합니다.

책을 읽는 것도 독자와 저자가 대화하는 것이라고 볼 수 있습니다. 그래서 이번 번역에서 새롭게 시도한 것이 저자가 독자에게 이야기를 하듯이 내용을 전달해 보자는 것이었습니다. 이런 번역방식에 대한 독자들의 의견을 알려 주시면 이후 번역작업에서 보완하도록 하겠습니다.

감정을 다루는 상담서적을 출판하게 되었다는 기쁨은 잠시였고 시간에 쫓겨 번역을 하다 보니 미숙한 부분이 많습니다. 미숙한 부분을 지적해 주시면 수정하도록 하겠습니다.

초벌 번역 원고의 완성을 위해 수고해 주신 분들이 있습니다. 영남대학교 학생생활연구소의 김강일 연구원은 초벌 원고를 읽고 어색하거나 이해가 안 되는 부분을 꼼꼼하게 검토해 주었습니다. 그리고 경북대학교 대학원 심리학과에 재학 중인 서영진, 손민교, 정혜윤, 최누리는 문헌정리를 기꺼이 맡아서 해 주었고, 상담심리연구실의 반유진과 윤희원은 최종원고를 꼼꼼히 읽고 어색한 부분을 검토해 주었습니다. 이들에게 감사의 마음을 전합니다.

그리고 번역서를 흔쾌히 수락해 주신 학지사 김진환 사장님과 편집을 맡아 수고해 주신 김연재 선생님께 감사드립니다.

2014. 1.
역자를 대표하여
허재홍 드림

저자 서문

기법에 대한 책을 쓰는 것이 매우 어려운 일이라는 것을 알게 되었습니다. 이런 종류의 책을 쓸 때 부딪히게 되는 어려움은 저자가 조언을 줄 만큼 경험이 풍부해야 하지만, 그와 동시에 초보상담자들이 하는 경험을 잘 알고 있어야 한다는 것입니다. 이런 어려움에 대해 제 동료인 미셸 웨이드와 상의했을 때 미셸은 이 책을 읽고 피드백을 줄 수 있는 경험 있는 상담자와 초보상담자로 공부모임을 만들자고 제안했습니다. 이 모임에 고참 상담자로는 메리 그리피스, 그웬 베르너 그리고 미셸이 참여하였고 초보상담자로는 브라이언 스마더, 헤서 케네디 그리고 케이티 호나다가 참여하였습니다. 모임은 제 집에서 했습니다. 문을 열고 현관에 들어서면 따뜻한 커피의 향으로 위스콘신의 눈과 추위를 녹일 수 있었고 대화를 하면서 머핀과 신선한 과일을 함께 나누었습니다. 모임은 편안했고 틀에 얽매이지 않았습니다. 우리는 주로 책에 대해 이야기했지만, 이에 못지않게 어떻게 살고 있는지 그리고 우리가 서로 얼마나 신뢰하고 있는지에 대해서도 이야기를 하였습니다. 우리는 상담자로서 자기 자신의 경험을 나누었는데 이 모임을 통해서 저는 임상 통찰에서 단어 선택에 이르기까지 모든 피드백은 물론 지지도 받았습니다. 저는 참가자들이 초안을 읽고 비평을 해 준 점에 대해 그리고 잘된 것과 잘못된 것에 대해 솔직히 말해 준 점에 감사하고 있습니다.

그리고 언제나 그렇듯 내담자들께 감사드립니다. 특히 자신의 사례를 자세하게 수록하는 것을 기꺼이 승낙해 준 낸시와 레베카에게 감사드립니다. 저는 상담과정과 변할 수 있는 내담자의 역량에 늘 경외감을 느끼고 있습니다. 또한 제 가족과 친구들에게 감사드립니다. 가족과 친구들은 제가 힘들 때 힘이 되어 주었습니다.

책으로 나올 수 있게 편집을 잘해 준 길포드 출판사의 수석 편집장 짐 나고트에게 감사드립니다. 이전에 출판을 해 본 경험이 없어서 처음에 이메일로 답이 왔을 때 원고에 빨간 줄이 많이 처진 것을 보고 매우 놀랐습니다. 하지만 일일이 단어를 검토하고 주제와 관련 없는 말을 빼며 명확하지 않은 문장을 명확한 문장으로 바꾸는 것이 얼마나 중요한가를 알게 되었습니다.

많은 젊은 상담자들이 정신역동 상담을 적용하고 싶지만, 어떻게 하는지 잘 모르겠다고 하였습니다. 이들은 저에게 지침이 될 만한 책을 써 달라고 부탁하였고 여러 지역의 집단을 만나면서 책을 써야겠다는 동기가 생겼습니다. 원고를 2/3 정도 썼을 때 로이 바스니스의 초청으로 마 힐 대학원에서 강연을 하게 되었습니다. 로이 바스니스는 마 힐 대학원의 교수로 제가 이전에 통찰과 열정에 대해 썼던 책을 읽고 가르침을 주신 분입니다. 이 대학원에서 주말 동안 받았던 굉장한 반응과 100명이 넘는 대학원생들 그리고 초보상담자들과 함께 했던 작업들은 제게 다시 에너지를 불어넣었습니다. 이 작업을 통해 임상지침에 대한 욕구가 얼마나 큰지를 알게 되었습니다. 제가 가르치고, 저에게 편지를 보내기도 하고, 강의 후 질문을 하던 학생들이 바로 제가 이 책을 쓰도록 영감을 불어넣은 장본인들입니다. 이들에게 이 책을 바칩니다.

Karen J. Maroda

서 론

상담훈련을 갓 마친 초보상담자가 내담자와 처음 상담을 시작할 때 종
종 느끼게 되는 것이 훈련을 아무리 잘 받아도 상담이 어느 정도 깊이 들
어가면 내담자의 고통에 어떻게 반응해야 하는지 잘 모른다는 것입니다.
지식과 경험이 많이 쌓이면 내담자의 고통에 어떻게 반응해야 하는지 확
신이 생기게 됩니다. 하지만 여기서 제가 제안하고 싶은 것은 상담자가
상담과정을 자세히 살펴보고 지식을 쌓으면 도움이 된다는 것입니다. 특
히 상담이란 의사소통이 의식 수준과 무의식 수준에서 계속되는 관계라
는 사실을 염두에 두면 도움이 됩니다. 이러한 의사소통의 핵심이 바로
감정과 애착입니다. 저는 감정표현을 촉진시키는 기법은 가르칠 수 있다
고 믿습니다.

이 책은 주로 초보상담자를 위해 쓰기는 했습니다만, 경험이 많은 상
담자에게도 도움이 될 것이라고 생각합니다. 제가 이 책을 쓰는 목적은
내담자의 기대를 충족시키고자 애쓰는 상담자에게 도움을 주고 싶어서
입니다. 또한 정신역동 상담은 배울 수 있는 기법이 있다는 점에서 여전
히 중요한 접근 가운데 하나이며, 계속 발전하고 있는 상담이라는 점을
말하고 싶습니다. 초보상담자는 매뉴얼에 확고한 기법이 있다는 이유만
으로 행동주의 상담을 사용하는 경우가 종종 있습니다. 저는 여러분이

상담 매뉴얼을 넘어서서 정신역동 상담에서만 유일하게 언급하고 있는 깊고 오묘한 인간본성을 탐색하고 성찰해 보라고 권하고 싶습니다.

이 책의 관점은 상담자와 내담자가 같이 협력하는 상담관계를 형성할 때 상담이 최선의 결과를 얻을 수 있다는 관계 정신분석의 입장입니다. 제가 상담 관련 서적을 읽을 때 발견하게 되는 것은 상담자가 '상담관계'에 대해서 어떻게 생각하고 있는가에 초점을 두기보다는 '내담자'에 대해서만 초점을 두고 있다는 것입니다. 상담자들은 "내담자와 관계에서 지금 당장 무슨 일이 일어나야 하는가? 그리고 그것을 촉진할 수 있는 가장 좋은 방법은 무엇인가?"에 대해 생각하기보다는 "내가 뭘 해야만 하지?"에만 생각하는 경향이 있다는 것입니다. 그래서 이 책에서는 상담관계에 초점을 맞추고 있습니다. 또한 상담관계 내에서 상담자와 내담자가 어떻게 생각하고 느끼는지 검토할 것입니다. 더 중요한 것은 상담과정에서 감정이 하는 역할을 토대로 내담자에게 반응하는 구체적인 방법을 설명하고 있다는 점입니다.

감정과 애착에 대한 연구에 따르면, 인간은 의식하지 못하더라도 계속해서 감정을 표현한다고 합니다. 상담관계에서 이러한 감정의 흐름을 다루는 것은 어려운 일이기 때문에 상담자는 지식과 기술을 익혀야 합니다. 제가 처음 내담자를 상담하기 시작했을 때는 그러한 지식과 기술이 없었습니다. 제가 초보상담자로서 당면해야 했던 가장 냉혹한 현실은 제가 아는 것이 거의 없다는 사실이었습니다. 의욕은 충천해 있었으나 준비가 안 되어 있었습니다. 호감은 가지만 저를 많이 자극하는 내담자와 있으면서 '내가 지금 무엇을 하고 있는지 모르겠다.'고 생각했던 기억이 납니다. 훈련하는 동안 제가 배웠던 어떤 것도 감정의 롤러코스터를 타는 데는 전혀 도움이 되지 못했습니다.

제가 배웠던 것들은 제가 상담을 산뜻하게 출발하도록 하는 데는 도움을 주었습니다. 저는 공감하는 태도를 보였고, 잘 들었으며, 진심으로 염려하고 주의를 기울였습니다. 그리고 전문지식도 있었습니다. 내담자들은 점점 더 깊은 내면경험을 드러내기 시작했고, 이런 내담자의 반응으로 저 자신도 저의 깊은 감정을 느끼게 되었습니다. 그러나 저는 감정을 다룰 수 있는 지식이 없어서 내담자가 표현하는 감정에 어떻게 반응해야 할지 잘 몰랐습니다.

제가 상담을 시작한 직후 받은 교육분석은 내담자들이 무엇을 바라는지 이해하는 데 도움이 되었습니다. 분석가는 거리를 너무 많이 두었고 전이관계에 바탕을 둔 대화는 했지만, 현실관계에 바탕을 둔 대화는 하지 않았습니다. 저는 즉각 내담자들이 느끼는 좌절감을 이해할 수 있었습니다. 그러나 여전히 저는 무엇을 해야 할지 그리고 심지어 제 분석가가 무엇을 했어야 했는지 알지 못했습니다. 제가 분석가에게서 원했던 것, 즉 상담에 도움이 되는 것을 제 분석가로부터 얻는 것은 불가능하다는 것을 알았습니다. 그래서 제가 분석가에게 원했던 진정한 도움이 무엇인지 그리고 내담자들에게는 무엇을 주어야 하는지 답이 떠오르지 않았습니다. 하지만 답을 찾고 싶었고 그래서 실험을 시작했습니다.

저는 초기에 했던 실험을 저의 첫 번째 저서인 『The Power of Counter-transference』(1991)에서 상세히 묘사했습니다. 이 책에서 저는 내담자들이 저에게 자신들을 어떻게 생각하는지 드러내도록 압박하는 순간에 대해 언급하고 있습니다. 저는 손에 땀이 나고 심장이 벌렁거리면서 이 실험을 했지만, 상담과정의 난관이 해결되었을 때 이 실험은 그만한 가치가 있었다는 것을 알았습니다. 그렇다면 모든 초보상담자가 이런 시행착오를 견뎌 내야 할까요? 임상에서 얻은 지혜와 경험을 나누면 좀 더 수월하게 할 수 있지 않을까요?

동료들 가운데 많은 사람은 임상사례를 제시하고 조언을 하면 이것이 잘못 전달되어 마치 그대로 따라 해야만 하는 어떤 지침으로 받아들이지 않겠느냐는 걱정을 하였습니다. 저는 이런 일이 일어나지 않도록 막을 수는 없지만, 이 책의 취지가 어떤 지침을 마련하고자 하는 것이 아님을 밝혀 두고 싶습니다. 내담자와의 상호작용은 내담자마다 독특하며 같은 내담자라고 하더라도 계속 변합니다. 모든 내담자에게 맞는 한 가지 처방은 없습니다. 이는 내담자가 유사한 문제를 가지고 있고 유사한 병력이 있는 경우라도 그렇습니다. 그래서 저는 상담에서 '단계별 상담지침'이라는 개념이 현실에 맞지 않는다는 견해에 동의합니다. 그렇기 때문에 초보상담자에게 상담 실제에 도움이 되는 어떤 조언이나 지도를 해 주지 못하고 있는 것입니다.

상담목표 달성이라는 종착역에 이르는 여정에서 상담자는 내담자와 어떻게 동행해 갈지 나름대로 아이디어를 가지고 있을 필요가 있습니다. 즉, '초기 상담과정 다음에는 무슨 일이 일어나는가?' '상담자가 내담자를 이해하고 있고, 내담자가 상담자와 있을 때 안전하다는 것을 내담자들이 믿게 되면 무슨 일이 일어나는가?' 등에 대한 아이디어를 가져야 합니다. 어떤 내담자는 단지 이야기하고 싶어 하는 경우가 있는데 이때는 내담자의 말을 오랫동안 잘 들어 줄 필요가 있습니다. 하지만 또 어떤 내담자는 처음부터 피드백을 요구하고 상담자의 어떤 감정을 자극합니다. 끝에 가 보면 결국 모든 내담자들은 공감이나 조언을 넘어서는 어떤 반응을 요구합니다. 내담자들은 상담자와 감정을 서로 나누는 가운데 자연스럽게 나오는 상담자의 반응을 요구하는 것입니다.

특히 젊은 내담자들은 상담자에게 조언을 요구하고 상담자가 자신들을 어떻게 보는지 알고 싶어 합니다. 이에 대해 상담자가 보통 많이 하는 반응은 "제가 어떻게 보고 있다고 생각하나요?"일 것입니다. 이러한 반응은 구체적인 반응을 요구하는 내담자에게 좌절이나 분노 또는 철수라는 반응으로 나타날 수 있습니다. 이 책에서 저는 다양한 임상사례를 제시하면서 각 사례마다 내담자의 여러 감정반응에 제가 어떻게 반응했는지 보여 줄 것입니다. 그리고 또 어떤 특정 개입을 했을 때 왜 그런 개입을 하게 되었는지 제 내면과정을 상세하게 설명할 것입니다. 이렇게 많은 정보를 제공하는 것은 저에게는 비평과 사후 제안을 기꺼이 받아들일 수 있는 기회가 되고 독자에게는 상담과정을 들여다볼 수 있는 열쇠를 제공할 것입니다.

이 책이 특정 임상기법도 제공하기는 하지만, 이 기법을 상담자들이 각자 성향에 맞게 적용함으로써 자기 것으로 만들어 적용할 수 있는 여지도 많습니다. 저는 다른 사람과 어울리기 좋아하는 성향이긴 하지만, 상담자에게 더 적합한 성격이 있다고는 생각하지 않습니다. 이 책에서 제가 추천하는 모든 개입방법은 상담자가 내향 성향이거나 외향 성향이거나 간에 모두 사용할 수 있습니다. 개입방법을 선택하는 가장 중요한 원칙은 감정에 정직하고 거기에 맞는 개입방법을 선택해야 한다는 것입니다. 저는 상담자가 자신에게 익숙하지 않은 반응은 하지 말라고 강력하게 권하고 있습니다. 이유는 간단합니다. 이런 반응은 상담효과가 없기 때문입니다.

이 책은 상담자나 내담자가 모두 느끼게 되는 불안, 희망 그리고 기대에 대해 되짚어 보는 것으로 시작합니다. 이 책은 상담과정, 특히 장기상담에서 상담이 전개되면서 일어나는 복잡한 감정에 대해 논의하고 있습니다. 또 여기에는 보통 잘 논의되지 않는 주제들에 대해서 탐색하고 있습니다. 이런 주제에는 어떻게 공감이 더 깊어지고 더 복합적으로 되는가, 퇴행은 어떻게 파악하고 다루는가, 상담관계를 어떻게 수립하는가, 자기개방과 조언은 어떻게 하는 것이 최선인가, 감정이 별로 나타나지 않을 때 어떻게 감정을 표현하도록 하는가, 성과 관련된 표현과 사랑한다는 표현이 언제 상담에 도움이 되고 언제 되지 않는가, 어떻게 직면을 상담에 도움이 되게 사용하는가 그리고 개입방법이 효과가 있는지 어떻게 평가하는가 등이 있습니다.

저는 독자들이 이 책을 읽으면서 상담과정과 성공적인 상담방법에 대한 통찰을 얻을 수 있기를 기대합니다. 아마도 약간의 안내만으로도 많은 상담자는 상담관계에 존재하는 깊은 감정을 이해할 수 있겠다는 충분한 자신감을 얻을 수 있을 것입니다. 그리고 자신감이 쌓여 가면서 내담자들의 건강과 자유 그리고 대인관계에 도움을 줄 수 있을 것입니다.

차 례

역자 서문 3

저자 서문 5

서 론 7

제1장
정서적 관계형성과 상호영향
-상담초기의 기본 문제들- ··· 21

상담자-내담자 궁합의 중요성 / 24

관계형성 실패 / 32

내담자가 자기 자신에 대해 이야기하는 것에 주의를 기울이기 / 36

내담자 경험에 몰입하기 / 37

상담자의 이해도 측정 / 40

최소 공감 / 42

공감에 대한 과도한 요구 / 45

질문하기 / 47

상담목표 설정하기 / 53

'소강상태' 다루기 / 56

요 약 / 58

제2장

상담자와 내담자의 상호영향과 협력
-주고받는 영향- ·········· 59

내담자와 상담자의 과거 반복 / 61

관계 맺는 방식 알아내기 / 64

상담자에게 반복되는 과거 / 65

협력관계 형성하기 / 70

안드레아 사례 / 73

로라 사례 / 80

상담자-내담자 상호영향과 내담자가 약하다는 미신 / 90

요 약 / 99

제3장

퇴행을 다시 정의하기
-치료적인 취약함을 촉진시키기- ·········· 101

퇴행의 증상과 징후 / 107

퇴행 이해하기 / 110

상담효과가 있는 퇴행 / 111

샐리 사례 / 113

상담효과가 없는 퇴행 / 120

상담시간 외 전화 / 123

상담효과가 없는 퇴행 사례 / 125

상담자가 퇴행을 일으킬 수 있는가 / 134

외상경험이 있는 내담자에게 존재하는 퇴행의 위험성 / 136

어떻게 감당할 수 있는 정도로 퇴행을 유지하는가 / 137

요 약 / 139

제4장

상담자 개입 평가하기
-내담자의 반응 추적하기- ·· 141

내담자가 상담시간을 어떻게 시작하는지 주목하기 / 144

개별 개입 평가하기 / 146

확증 반응 / 149

비확증 반응 / 151

레베카 사례 / 155

행동화 / 166

상담궤도에서 약간 이탈하는 것 / 169

"그건 좋은 질문입니다." / 174

요 약 / 176

제5장

자기개방과 조언
-상담자의 자기개방이 언제 그리고 어떻게 효과가 있는가- 179

자기개방은 자발적인 반응이어야 하는가 / 187

자기개방이 자발적이지 않은 이유 / 191

무엇이 상담효과가 있는 자기개방인가 / 193

자기개방을 위한 기본 지침 / 198

분 노 / 203

슬 픔 / 204

기 쁨 / 204

제임스 사례 / 205

레베카 사례 / 207

제니퍼 사례 / 209

조언하기 / 215

개방하지 않는 것 / 216

자발적인 정보 제공 / 218

요 약 / 220

제6장

감정 다루기
-감정 의사소통과 상호작용의 역할- ·········· 223

유전 대 환경 / 226

감정 처리와 정신병리 / 227

감정과 상담효과가 있는 행동 / 228

다룰 수 있는 수준의 감정 촉진하기 / 230

얼굴에 나타난 감정 파악하기 / 235

감정과 전이-역전이 상호작용 / 236

빅토리아의 상담 내 상호작용 검토 / 244

내담자의 고통을 함께 나누기 / 245

요 약 / 247

제7장

경계성 성격장애 상담에서
정서를 다루는 문제 ·········· 249

경계성 성격에서 유전과 환경 / 250

낸시와 레베카 / 253

기본 신뢰와 그 이상 / 256

수치심 / 260

거짓 정서 / 262

힘과 무력함 / 264

경계성 성격장애 내담자의 우수한 감정-읽기 능력 / 266

감정폭풍 관리 / 267

상담과 내담자 교육 / 270

자 살 / 275

비통해하기와 감정관리 / 279

비유와 뇌 / 282

요 약 / 285

제8장

직면과 역전이 분노
-갈등에 대한 상담자의 혐오감 극복하기- 289

상담료와 직면 / 292

지각과 직면 / 294

분명한 모순과 직면 / 296

직면 사례: 몰리 / 300

해로운 행동과 직면 / 303

상담자의 피학적 굴복 / 307

자신이 아는 사실을 말하지 못하는 내담자와 직면 / 309

내담자의 분노 대처 / 311

역전이 분노와 증오 / 313

상담자의 수동공격 행동 / 316

분노표현을 위한 지침 / 321

요 약 / 324

제9장

성적인 감정
-성적인 감정이 도움이 되는 때와 방해가 되는 때- ·········· 327

상담에 도움이 되는 성적인 전이와 도움이 되지 않는 성적인 전이
  구분하기 / 330

성적인 감정을 드러내기 꺼리는 내담자 다루기 / 333

사랑인가 혹은 권력인가 / 334

성적인 역전이를 수용하고 다루기 / 339

외상경험 피해자들과 '오이디푸스 승리자들' / 341

성적인 애착 유형의 상담자 / 343

성적인 전이와 역전이에서 성차 / 344

동성애 감정에 대한 방어로서 이성애 연애감정 / 345

성적인 역진이 개방하기 / 346

성적인 역전이와 사랑 역전이 수용하기 / 347

상호성과 비대칭 / 349

내담자의 표현 촉진하기 / 350

전이와 역전이에서 성적인 충동 다루기 / 351

요 약 / 353

제10장

내담자에게 권한 주기
-독립의 길- ·· 355

자신과 타인을 읽는 것을 배우기 / 362

경쟁욕구 이해하기 / 363

사랑하고 사랑받기 / 366

관계 향상시키기: 주제 다양화 / 369

종결에 대해 이야기하기 / 375

요 약 / 379

결 론　381

주석 문헌 목록　385

참고문헌　389

찾아보기　409

제1장
_____

정서적 관계형성과 상호영향
-상담초기의 기본 문제들-

상담과정에서 저항이 일어나는 가장 주된 요인은
내담자가 느끼는 감정에 상담자가
저항하기 때문이다.

-Paul Russell(1998, p. 19)

상담자는 현재에 머무르면서 내담자의 고통을 느끼기를 원하지만, 내담자의 고통을 느끼려고 하는 만큼 그 고통을 느끼는 것을 두려워하는 것 또한 자연스러운 일일 것입니다. 내담자가 느끼는 불안한 감정에 상담자가 저항하는 이유 중 하나는 상담훈련과정에 상담자의 감정에 대해 논의하거나 상담자의 감정을 상담에서 어떻게 활용하는지 논의하는 것이 빠져 있었기 때문입니다. 지난 20년간 상담에서는 관계를 많이 강조해 왔습니다. 이 때문에 상담이 성공하는 데는 다른 무엇보다도 상담자-내담자 관계와 관련이 깊다는 주장이 설득력이 있었던 것입니다. 깊은 감정 표현을 하는 관계를 이끌어 가는 것은 당연히 힘든 일입니다. 이 책의 기본 전제는 상담자가 내담자에게 적극 반응하기 위해서는 통찰과 효과 있는 전략이 많이 필요하다는 것입니다. 상담이 진전됨에 따라 상담자는 내담자들이 강한 감정을 어떻게 그리고 왜 표현하는지 잘 이해해야 합니다. 이와 동시에 상담자는 자신의 감정을 어떻게 표현하고 왜 표현하는 가도 잘 이해해야 합니다. 상담자는 또한 내담자에게 가르칠 만한 대인 관계 기술이 있어야 하는데, 상담자 자신이 실생활에서 이 기술을 적용할 수 있어야 합니다.

감정을 다루고 있는 문헌에 따르면, 어떤 관계에서 한 사람이 감정을 강하게 표현할수록 상대방도 그 감정을 의식 수준과 무의식 수준에서 같이 느낄 가능성이 많다고 합니다(Sullins, 1991). 상담자가 내담자를 좋아하고 잘 이해할수록 내담자의 마음을 더 깊게 공감할 것입니다(Hess & Kirouac, 2000). 심한 고통을 겪고 있는 내담자와 같은 방에서 조용히 앉아 있을 때 어떻게 반응하는 것이 좋은지 알려 주는 것은 아무것도 없습니다. 내담자의 감정에 대해 상담자는 감동을 느낄 수도 있지만, 고통을 느낄 수도 있습니다. 그럼에도 내담자의 감정이 상담자에게 미치는 영향은 상담자 훈련에서 가장 경시되어 온 영역입니다.

상담자에게 미치는 '감정전염 요소'를 드러내 놓고 논의한 첫 상담자 집단은 외상 문제를 다루는 상담자들이었을 것입니다. 심한 학대를 받은 내담자를 상담하는 동안 이들은 자신이 내담자와 유사한 신체 증상과 심리 증상을 경험하고 있는 것을 발견하였고, '대리 외상경험'이라고 명명하는 이러한 현상을 피하기 위해 내담자의 감정에 종종 저항해야 했습니다(Pearlman & Saakvitne, 1995). 외상경험이 없는 내담자들과 감정을 공유하는 것은 감당하기 어려운 일은 아니지만, 어쨌든 감정을 공유하는 현상은 존재합니다.

수십 년 동안 대부분의 정신분석가들은 상담자에게 영향을 주고자 하는 내담자의 욕구를 병리적인 저항으로 보았습니다. 그러나 레빈슨(1981)과 시얼스(1979) 등의 분석가들은 내담자가 자신의 감정과 의도를 상담자가 받아서 처리해 줄 것이라고 생각하는 것은 자연스러운 것이라고 하였습니다. 최근에야 이들이 직관으로 이해한 것을 감정연구가 확증하였는데, 감정연구는 감정이란 받아들이고 반응하게끔 되어 있다는 것을 증명하였습니다(Kemper, 2000). 감정의 여러 기능 가운데 하나는 다른 사람에게 영향을 주어 반응하도록 한다는 것입니다. 이 책에서는 상담과정에서 내담자가 얻으려고 하는 것과 필요로 하는 것이 무엇인지 이해하는 데 도움을 주고자 합니다.

그린버그와 미첼(1983) 그리고 미첼(1989)은 프로이트의 '반복 강박'의 의미를 다시 개념화하면서 모든 사람은 부모와 애착을 형성할 때 특정한 관계양식을 습득하고 이 관계양식을 상담관계를 포함하여 모든 인간관계에서 반복한다는 점을 강조하였습니다. 이 관계양식에는 아동기에 습득된 느낌, 생각 그리고 기대가 있는데 이런 것들은 친숙하기 때문에 성인기 대인관계에서 반복됩니다. 신경과학은 이런 양식이 아주 어렸을 때 두뇌에 각인되기 때문에 쉽게 바뀌지 않는다는 사실을 확증해 주고 있습니다. 그래서 초기 애착의 영향으로 상담자들은 상담과정에서 상담자로부터 어떤 정서반응을 일으키고자 하는 내담자들의 욕구를 보게 되는 것입니다. 초기 애착은 뇌에 각인되어 있어서 정서프로그램을 쉽게 촉발시킵니다(Griffiths, 1997). 우리 상담자들이 인정하려고 하지 않는 것 가운데 하나가 우리도 내담자와 마찬가지로 초기 애착양식을 모든 인간관계에서 반복하고 있다는 것입니다. 내담자들이 상담자로부터 정서반응을 구하는 것과 마찬가지로 상담자들도 내담자와 관계를 맺기 시작하면서 내담자로부터 정서반응을 구한다는 것입니다. 상담자의 관계양식은 상담이 잘 진행될 수 있는 내담자는 누구이고 어떤 방식으로 영향을 주고받을지 결정합니다.

♟ 상담자-내담자 궁합의 중요성

상담자와 내담자에게 모두 애착에서 파생된 관계양식이 있다는 사실을 인지한다면 서로 영향을 주고받고자 하는 욕구가 생긴다는 사실을 쉽게 이해할 수 있습니다. 이뿐만 아니라 상담자와 내담자가 서로 잘 맞아야 한다는 사실도 쉽게 이해할 수 있습니다. 나와 너무도 다르고 내가 관계를 맺고 싶지 않은 사람을 상담하려고 한다면 그 상담이 성공할 확률은 낮을 것입니다. 그러나 상담자가 자신을 내담자와 지나치게 동일시하게 되면 내담자의 욕구보다는 상담자의 욕구를 기반으로 내담자에게 영향을 주려는 실수를 범하기가 쉽습니다. 궁합이 맞다는 것은 이상적으로 보면 관계하는 방식이 유사하다는 것입니다. 하지만 상담자와 내담자가 공유하는 초기 정서경험은 상담을 해 나가기에 필요한 정도면 되는 것이지, 이 때문에 상담자와 내담자의 경계가 흐려져서는 안 됩니다.

상담자-내담자의 궁합 문제에 대한 논의에서도 이 점은 강조되고 있으나(Kantrowitz, 1995), 상담자가 어떤 내담자를 상담해야 하고 어떤 내담자는 상담해서는 안 되는지에 대해서는 충분한 조언이 없는 실정입니다. 진단에 기초하여 상담자와 내담자를 짝짓는 것은 상담에 도움이 되지 않는다는 것이 계속 증명되고 있습니다. 예를 들어, 만일 여러분이 양극성 장애 환자를 상담해서 성공한 경험이 있다고 하더라도 대부분의 양극성 장애 환자와 궁합이 맞을 것이라고 생각할 수는 없는 것입니다. 진단에 기초해서 상담자-내담자 궁합을 판단하는 것은 미묘한 감을 요구하는데 이는 오랜 경험 후에나 느낄 수 있습니다. 하지만 초보상담자들에게도 상담자와 내담자의 궁합 여부를 판단할 수 있는 기준이 필요합니다.

초보상담자가 불안 문제를 가지고 있다고 가정해 봅시다. 이 초보상담자는 상담을 받으러 온 내담자를 상담해야 할지 말아야 할지 어떻게 판단할 수 있을까요? 그리고 이러한 평가를 1회차 또는 2회차 상담에서 어떻게 타당하게 할 수 있을까요? 그리고 관계를 형성하고 난 후에는 상담자를 불편하게 할 수도 있는 내담자의 깊은 정서경험을 상담자가 어떻게 외면하지 않을 수 있을까요?

저는 내담자가 처음 상담실에 들어온 순간부터 내담자에게서 받는 느낌을 적습니다. 내가 내담자를 봤을 때 느낌은 어떠한가? 악수를 할 때 내담자는 내 눈을 보았는가? 내담자의 외모에서 눈에 띈 것은 무엇인가? 내담자에게 매력을 느끼는가? 아무런 느낌이 없는가? 만나고 싶지 않은가? ~인 척하고 싶은가? 내담자가 말을 시작할 때 어떤 감정을 일으키는가? 우리 둘 모두에게 도움이 되는 관계라고 생각이 드는가? 「분석가의 정당한 욕구충족」이라는 논문(Maroda, 2005)에서는 상담자가 어느 정도 욕구를 충족시키는 것은 상담이 성공하기 위해 필요하다고 하였습니다. 그리고 특히 장기상담에 필요하다고 하였습니다. 내담자를 상담할 것인지 결정하는 것은 그 순간 상담자가 어떤 느낌을 느끼는가에 달려 있습니다.

누군가가 상담 받으러 왔다고 하면 이는 곧 상담자가 그 사람을 반드시 상담해야 한다는 것을 뜻하는 것일까요? 어떤 상담자도 자신이 내담자를 거부하고 있다는 사실을 인정하지 않는 법입니다. 그러나 상담자가 관심이 없거나 싫어하는 내담자와 짧은 시간이라도 상담을 하는 것은 바람직하지 않습니다(Maroda, 1999). 문헌들에 따르면, 사람이나 장소 또는 물건이라도 긍정 반응이나 부정 반응을 즉각 일으킨다고 합니다(Andersen, Reznik, & Glassman, 2005; Bargh, Chaiken, Govender, & Pratto, 1992; Fazio, 1986; Russell, 2003). 이러한 사실을 감안해 볼 때 상담자가 특정 내담자하고는 상담이 잘 안 될 수도 있다는 사실을 알고 있을 필요가 있습니다.

어떤 상담자들은 내담자에 대한 싫은 느낌을 극복할 수 있고 또 공감을 필요한 만큼 할 수 있다고 믿지만, 이들은 대부분 자신이 틀렸다는 것을 스스로 증명하곤 합니다. 상담관계가 성립하려면 상담자와 내담자가 서로에게 호기심과 관심이 있어야 합니다. 상담자-내담자 궁합이 안 좋으면 내담자가 자신의 감정을 느끼기 위해 필요한 감정 접촉이 형성되지 않습니다.

제가 이런 생각을 어떤 워크숍에서 제시했을 때, 한 참가자가 "만일 호감이 가지 않는 내담자를 상담하지 않는다면 그 내담자는 누가 상담하겠습니까?"라고 질문하였습니다. 그래서 저는 그것은 마치 당신이 누군가를 소개받았는데 당신이 그 사람에게 호감이 없을 때 그 사람은 배우자를 어떻게 찾을까 걱정하는 것과 같다고 대답하였습니다. 일반 대인관계와 마찬가지로 내담자가 열심히 찾는다면 내담자는 분명 자신과 잘 맞는 상담자를 찾을 수 있습니다. 한 상담자에게는 불쾌감을 주는 내담자가 다른 상담자에게는 매력을 줄 수 있는 법입니다. 궁금증과 호감을 주지 않는 내담자를 상담하기로 하는 것은 상담자 자신뿐만 아니라 내담자에게도 옳지 못한 일을 하는 것입니다.

그렇다고 이 말이 성격이 못됐거나 못된 행동을 하는 내담자를 받지 말라는 이야기는 아닙니다. 내담자 대부분은 문제가 오래되었건 아니건 간에 대인관계를 방해하는 문제가 있고, 우리 직업은 이들이 다른 사람과 관계를 잘 맺도록 돕는 것이기 때문입니다. 상담을 하다 보면 어떤 내담자는 상담이 가능한데도 불구하고 상담자가 이전에 실패했던 내담자가 떠올라 상담을 하고 싶지 않은 유혹이 들 때가 있습니다.

한번은 도시 외곽에 있는 상담자가 전화를 해서는 제가 있는 지역으로 내담자가 이사를 가는데 상담을 해 줄 수 있느냐고 물었습니다. 저는 내담자에 대해 몇 가지 물어보았는데 상담자는 마지못해 상담에 진전이 없었다고 털어놓았습니다. 그러면서 재빨리 덧붙여 말하기를, 데브라라는 이 내담자는 학생이었던 20대에는 매우 똑똑하고 사랑스러웠을 가능성이 있다고 하였습니다. 이 상담자는 데브라에게 상담이 잘될 수 있는 잠재력이 있다는 것을 확신시켜 주려고 노력하였습니다. 그러나 이 상담자와 통화할 때 저는 정보를 제대로 주지 않는다는 느낌이 들었습니다. 그러나 저는 데브라를 만나 보겠다고 하였고 데브라가 오면 맞는지 보겠다고 하였습니다.

제가 내담자를 처음 만날 때 늘 그러는 것처럼 대기실에 있는 데브라에게 악수를 청하고 저를 소개하였습니다. 데브라는 수줍어하면서 계속 아래를 보고 있었고 악수도 내 손을 반만 살짝 쥐는 정도로 하였습니다. 데브라의 수줍은 태도는 저에게 문제가 되지 않으나 악수를 살짝 하는 것은 부정적인 반응을 촉발시켰습니다. 저는 데브라의 대인관계 이력에 대해 물어보았는데 이 질문은 제가 초기상담에만 묻는 것입니다. 그 결과 가족 이외의 다른 관계는 거의 없었습니다. 데브라는 10대부터 지금까지 세 명의 상담자에게서 연달아 계속 상담을 받았습니다. 저는 상담자가 데브라의 인생동반자 역할을 하고 있다는 것을 깨닫기 시작하였습니다. 데브라는 가정환경이 부유하여 상담자에게 비용을 지불하면서 자신의 옆에 상담자가 계속 있도록 할 수 있었던 것입니다. 언제나 정신분석 접근을 하는 상담자를 선택하고 즉각 주 2회 이상 상담을 하기로 했는데, 이는 겉으로 보면 분석과정에 열심히 참여하려는 것처럼 보였습니다.

저는 데브라에게 상담이 스스로 헤쳐 나갈 수 있도록 촉진시키는 것이 아니라 다른 사람과 맺어야 할 관계를 상담자에게 대체하고 있는 것 같아 걱정하고 있다고 솔직히 말하였습니다. 데브라는 아니라고 하였습니다. 이렇듯 내담자가 이전에 대인관계가 별로 없다는 사실 그리고 제가 내담자에게 진실한 관심이 없다는 사실을 감안하면 다른 곳에 의뢰했어야 했습니다. 그러나 내담자가 다른 상담자를 만나는 것을 꺼려 했고 또

의뢰한 상담자도 자신이 모르는 상담자에게 내담자를 보내는 것을 염려한 데다가 시간이 비기도 하여 상담을 하기로 하였습니다.

1년간은 상담이 그런 대로 잘되었습니다. 데브라는 자신을 아주 나약하다고 소개했는데 제가 나약하게 대하지 않는 것을 좋아했습니다. 이전 상담자들은 빈번하게 나타나는 자살 강박을 건드릴 것을 두려워하여 직면시키지 않았습니다. 데브라가 자살할 것 같다고 말했을 때 저는 누구에게 화가 났는지 물었습니다. 차츰 데브라는 좋아지기 시작하였습니다. 눈 맞춤도 잘했고 제가 물어봐서 이야기를 하기보다는 스스로 자신의 이야기를 더 잘하기 시작했으며 우울증 증상이 현저히 감소하였습니다. 데브라는 직장에 있는 사람들 이야기를 더 많이 하기 시작했으나, 여전히 어떤 관계도 맺지 않고 있었습니다. 또 운동을 시작하면서 정서상태나 몸상태도 더 나아졌습니다.

하지만 2년째 접어들었을 때 저는 데브라가 더 이상 나아지지 않는다는 것을 깨달았습니다. 오히려 다시 더 우울해졌습니다. 저는 이렇게 나빠진 이유를 이해하려고 노력하였고 이 문제를 두고 데브라와 이야기도 했습니다. 어떤 변화도 없이 데브라는 처음 상담을 시작할 때 호소문제였던 수동 의존적이면서 극심하게 우울한 상태로 급격히 되돌아갔습니다. 정신과 의사는 항우울제 용량을 늘렸으나 효과가 없었습니다. 상담시간은 월요일이었는데 상담시간에 와서는 이상한 웃음을 웃으며 주말 동안 운동을 하지 않았다거나 사람을 전혀 만나지 않았다고 말했습니다. 사실상 데브라는 외출을 전혀 하지 않았습니다. 저는 당연히 이 상황을 반전시키고자 제가 할 수 있는 모든 개입방법을 시도하였습니다. 그러나 모든 것이 허사였습니다. 마침내 저는 이전 상담자들도 이런 패턴이었는지 물었습니다. 데브라는 그렇다고 하면서 덧붙이기를 그래도 이전 상담보다는 이번 상담에서 훨씬 더 진전이 있었다고 하였습니다.

저는 "그래서 좋아졌던 것이 수포로 돌아가 버렸고 당신은 처음 상태로 되돌아가 버렸군요."라고 말했습니다.

그러자 데브라는 "예."라고 답하면서 "이번에는 뭔가 다를 거라고 생각했는데 그러지 못했네요."라고 하였습니다.

특히 이상하다고 생각된 것은 이 말을 할 때 어떤 감정이나 걱정이 없었다는 것입니다. 데브라는 자기-패배적인 행동을 보고할 때는 늘 약간 실실 웃는 경향이 있었습니다. 데브라는 아동기 때 지나치게 통제를 받은 까닭에 어느 누구도 너무 가까이 못 오도록 했고 누군가 긍정적인 영향을 미치려고 할 때면 그 영향을 무력하게 할 필요가 있었던 것입니다. 저는 많은 에너지를 쏟고 나서야 데브라가 더 이상 좋아지지 않고 있다는 사실을 알았습니다. 저는 데브라를 상담하기로 한 것을 후회했습니다. 마침내 저는 데브라에게 상담이 진전이 없는데도 상담을 계속하는 것은 윤리에 어긋나기 때문에 새로운 상담자를 찾아야 할 때라고 말하였습니다. 데브라는 속상해했습니다만 가족이 있는 도시로 다시 이사 가는 것으로 이 상황을 해결하였습니다.

저는 열심히 살지 않고 자기 삶을 책임질 수 없는 사람은 다시는 상담하지 않기로 다짐하였습니다. 그로부터 약 15년 후 레베카라는 내담자가 상담을 받으러 왔습니다. 이 내담자는 제가 이 책 전반에 걸쳐 이야기할 것입니다. 레베카는 최근 제가 있는 지역으로 이사 왔고 좋은 상담자를 찾기 위해 인터넷을 검색하였습니다. 최근 상담자에 대한 안 좋은 경험으로 레베카는 신중하게 새로운 상담자를 선택하고 싶어 했습니다. 레베카는 구글에서 제 이름을 발견하고 제 저서와 강연을 보았습니다. 제 저서 일부를 읽고는 제가 가장 적합한 상담자라고 생각하고는 전화를 걸어 상담약속을 하였습니다. 대기실에 들어갔을 때 저는 20세 남짓한 여성을 보고는 소스라치게 놀랐습니다. 레베카가 데브라와 너무도 닮았던 것입니다. 둘 다 위축되어 있었고 수동적인 태도를 보였으며 같은 피부색에 같은 체형이었습니다 그리고 눈 맞춤을 하는 데 똑같이 어려움이 있었습니다. 또한 둘은 천천히, 거의 발을 질질 끌다시피 하며 처지는 걸음걸이였습니다. 저의 즉각 반응은 이 내담자를 상담하고 싶지 않다는 것이었습니다. 레베카는 데브라와 너무도 비슷하였고 실패경험을 다시 하고 싶지 않았던 것입니다.

레베카가 저에게 어떻게 오게 되었는지 이야기했을 때 데브라와 공통점이 많다는 것이 명확해졌습니다. 둘은 모두 여러 상담자에게서 상담을 받았고 심한 우울증과 자살사고로 병원에 입원한 경험이 있었습니다. 여기에 레베카는 자해한 경험도 있었습니다. 저는 레베카에게 상담시간 이후에 전화통화가 필요한 내담자나 상담 중 입원할 가능성이 있는 내담자는 상담을 하지 않는다고 말하였습니다. 그리고 그런 내담자는 다른 동료에게 의뢰하고 있는데 이들 가운데 한 명에게 상담을 받는 것이 좋겠다고 말하였습니다. 그러나 레베카는 완강했습니다.

"그렇지만 저는 선생님이 좋아요. 선생님 책을 몇 권 읽었는데 제 생각에는 선생님이 저에게 제일 적합한 상담자라고 생각해요. 말썽도 안 일으킬 거고요, 잘 다스려서 전화도 하지 않을 거예요. 그리고 입원은 다시는 하고 싶지 않고요."

저는 레베카에게 불쾌한 일을 숨기는 것은 자신에게 도움이 되지 않는다고 설명하였습니다. 그리고 향후 입원할 필요가 있는지 스스로 결정할 수 있다고 생각하는 것은 타당하지 않다고 말했습니다. 레베카는 경제력이 있어서 다른 사람에게 상담을 받을 수 있었습니다. 처음에 저는 레베카가 단순히 버림받고 싶지 않아서 계속 저에게 상담을 받겠다고 하는 것으로 생각했습니다. 그러나 저는 차츰 레베카가 데브라와 다르다는 것을 깨달았습니다. 둘은 공통점이 있음에도 매우 달랐습니다.

레베카의 단호한 태도에 마음이 움직여 다른 진단을 위해 질문을 시작하였는데 레베카가 인간관계를 맺을 수 있고 오래 사귄 친구도 있음을 알게 되었습니다. 레베카는 가족과도 친밀감을 느끼고 있었는데, 특히 남동생에게는 보호해 주고 싶은 느낌을 가지고 있었습니다. 데브라와 가장 달랐던 것은 저와 관계를 맺는 데 주저함이 없었으며 자신이 상담이 가능하다는 것을 주저하지 않고 저에게 계속 확신시키려 했다는 점입니다. 무엇인가 필요할 때 레베카의 수동적인 모습은 사라졌습니다. 또한 레베카는 재치 있고 활기 있는 면도 보였고 심지어는 상담하기 주저하는 내 흉내를 내며 놀리기도 하였습니다. 저는 그런 면이 좋았습니다. 얼마 후 저도 레베카에게 호감이 있다는 것을 깨달았고 레베카의 수동적이고 약한 외모 이면에는 투지가 있다는 것도 알게 되었습니다. 저는 상담하기로 하였고 데브라와는 달리 이 상담사례는 가장 잘된 사례 가운데 하나가 되었습니다.

과거 경험과 편견은 분명히 상담자의 초기 반응에 영향을 줄 수 있습니다. 보통 느낌이 좋지 않은 내담자를 다른 상담자에게 조기에 의뢰하는 경우보다는 그냥 상담을 진행하는 경우가 훨씬 더 많을 것입니다. 다른 상담자에게 상담을 의뢰할 때 가장 큰 장애물은 상담을 받으려는 내담자의 의지를 꺾지 않으면서 내담자가 상처받지 않게 이 문제를 어떻게 이야기하는가 하는 것입니다. 명심할 것은 상담자 자신이 내담자와 맞지 않는다는 사실을 알았다면 내담자도 역시 그것을 안다는 것입니다.

맞는지 안 맞는지 평가하는 일차 책임을 지고 있는 사람은 물론 상담자입니다. 만일 평가를 내리기 어렵다면 한 번 더 약속을 잡아서 평가하는 것이 좋습니다. 그러나 맞지 않는다는 사실을 바로 알았다면, 다른 상담자와 상담하는 것이 더 도움이 되겠다고 내담자에게 이야기할 수 있습니다. 만일 여러분이 기관에 근무하고 있다면 그 내담자와 잘 맞을 수 있는 동료 상담자가 있을 것이고, 개인상담소를 하고 있다면 선택할 수 있는 방안이 여럿 있을 것입니다. 이 과정은 내담자에게 첫 면담시간의 목적 가운데 하나가 상담자와 내담자가 서로 잘 맞는지 알아보는 것이라고 이야기하면 쉽게 진행될 수 있습니다. 저는 어떤 내담자를 상담하기에 적합하지 않다고 판단하면 "○○ 씨의 문제와 증상을 들어 보니 제 생각에는 이 문제에 경험이 많은 A 박사가 저보다 더 적합한 상담자인 것 같습니다."라고 말합니다.

이 말을 하기 전에 몇 번이고 되짚어 생각해 보고 이 내담자에게 가장 적합한 상담자를 떠올리려고 노력합니다. 일단 상담자를 한 명이나 여러 명 추천한 다음, 만일 이 상담자와 잘되지 않으면 다른 상담자를 소개해 줄 수 있으니 염려하지 말고 언제고 다시 전화하라고 이야기해 둡니다. 이런 과정은 전화로 하는 경우도 있습니다. 이때는 내담자가 처음 전화했을 때 내담자에 대한 느낌이 안 좋거나 자신이 갖추지 못한 전문성이나 경험을 요구하는 경우입니다. 상담을 거절하는 것은 불안을 일으키는 일이기는 하지만, 그렇더라도 성공할 가능성이 별로 없는 내담자를 끼고 있는 것보다는 다른 사람에게 의뢰하는 것이 훨씬 더 낫습니다. 상담자와 내담자가 잘 맞더라도 서로 많은 노력을 기울여야 상담이 잘됩니다. 상담자와 내담자가 모두 실패힐 가능성보다는 성공할 수 있는 기회를 가지는 것이 마땅한 것입니다.

🐦 관계형성 실패

바렛과 위종 크리스-크리스토프와 기븐스(2008)는 내담자가 상담 받는 횟수는 사실상 변화가 없다고 보고하고 있습니다. 자료를 검토해 본 결과, 내담자의 50%가 3회 이전에 조기종결하고 35%는 1회만 하고 끝냈습니다. 내담자 대부분은 6~8회 이상은 하지 않는 것으로 나타났는데 이는 기본적인 행동개입을 위해 요구되는 11~13회에도 못 미치는 것입니다. 이러한 수치는 기관과 개인상담소 모두 마찬가지였는데 무료인 경우에도 같은 결과였습니다. 상담료는 문제가 되지 않았습니다. 대부분의 내담자는 첫 번째 상담(또는 초기 몇 회 상담) 이후 계속 상담하지 않는 것으로 보입니다. 도움이 필요하다는 것을 인정하고, 상담자에게 전화를 해야 하는 과정을 거쳐야 하며, 불안한 마음을 부여잡고 첫 상담에 오는 것이 얼마나 어려운가를 고려해 보면 소수의 내담자만이 상담을 계속하는 이유가 무엇일까요?

내담자들은 상담자와 잘 맞지 않을 때 다른 상담자에게 상담 받아야겠다고 결심하는 것일까요? 어떤 내담자들은 그럴지 몰라도 제가 추측하기에 대부분의 내담자는 그렇지 않을 것입니다. 저는 이러한 통계가 첫 면담 또는 2회 면담에서 상담자가 내담자와 정서적으로 관계를 더 잘 맺어야 한다는 것을 시사하고 있다고 생각합니다.

상담자가 좋아하지도 않고 끌리지도 않는 내담자는 상담하지 말라고 제안하고 있지만, 상담자와 맞지 않는 내담자가 다수가 아니라는 것도 사실입니다. 충분히 호감이 가고 상담에 관심이 있는 내담자는 어떨까요? 이들은 왜 상담을 오래 받지 않을까요? 초기 면담 동안 무슨 일이 일어나길래 또는 일어나지 않길래 이들이 상담을 계속하지 않는 것일까요?

누구나 그렇듯이 상담자들도 새로운 사람을 만날 때 긴장합니다. 경험이 많은 상담자들보다 초보상담자들이 더 불안한 것은 당연합니다. 문제는 이런 불안을 어떻게 다루는가 하는 것이며 불안을 다루는 방법이 효과가 있는가 하는 것입니다. 높은 탈락률을 감안해 볼 때 상담자가 불안을 다루는 방법이 효과가 있는지 생각해 볼 필요가 있습니다.

바렛 등(2008)은 조기종결은 관계를 형성하는 데 실패했기 때문에 생길 수도 있고, 상담 동맹이 약화되거나 손상되었을 때 이를 언급하지 못해서 생길 수도 있다고 말합니다. 그러나 부정적인 감정을 추적하는 것이 어렵다는 것도 인정하고 있습니다. 이들은 다음과 같이 말합니다.

상담 동맹이 약하다는 것을 알아차리고 이에 대해 이야기하는 것은 어렵다. 예를 들면, 리건과 힐(1992)은 상담자와 내담자 모두 부정적인 것은 말하지 않고 내버려 두는 경향이 있다는 것을 발견하였는데, 특히 부정적인 감정이 그러하였다. 부정적인 것을 말하지 않고 내버려 두면 문제를 일으키게 된다. 한 연구에 따르면, 내담자가 이야기하지 않은 부정적인 감정 가운데 17%만을 상담자가 자각하고 있었다. 장기상담에 경험이 많은 상담자들도 말하지 않은 부정적인 감정은 50% 정도만 파악할 수 있었다.

감정조절을 잘 못하는 것과 부정적인 감정에 대해 불편해하는 것도 상담관계 형성을 어렵게 하지만 내담자에게 부드럽게 직면시키는 것도 상담관계 형성을 어렵게 합니다. 상담초기에 강한 상담관계를 형성하는 데 어려움을 주는 또 다른 장애물은 관례로 해 온 상담자 행동들에서 볼 수 있습니다. 이런 행동들이 실제로는 관계 형성을 저해합니다. 병력청취가 그중 하나일 수 있습니다. 허쉬(2008)는 내담자의 병력은 대화하는 가운데 자연스럽게 드러나야 한다고 하였는데 저도 여기에 동의합니다. 그리고 노트에 적는 것이나 이야기하다가 미리 적어 놓은 질문으로 다시 되돌아가는 것 그리고 보험청구서 등의 서류 작업에 많은 시간을 들이는 것도 내담자와 정서적인 긴밀한 관계를 이루는 데 방해가 된다고 말하고 있습니다. 상담 받으러 올 때는 보통 스트레스와 긴장이 많은 상태입니다. 내담자를 처음 만났을 때 악수를 해 보면 손이 땀에 젖어 있는 경우가 많습니다. 내담자가 편하게 자기 이야기를 할 수 있도록 돕는 것이 상담자의 첫 번째 임무입니다. 우리가 할 수 있는 최선의 일은 내담자가 자기 문제를 가능한 한 초기에 이야기할 수 있도록 하고 우리가 잘 듣고 공감할 수 있는 능력이 있다는 것을 보여 주는 것입니다. 내담자와 상담할 수 없다고 결정하지 않는 이상, 내담자가 자신이 연약한 존재가 되지 않을까 하는 두려움 그리고 당황하게 되거나 수치심을 느끼지 않을까 하는 두려움을 극복할 수 있도록 돕는 것이 필요합니다.

　첫 면담은 상담자에게도 역시 어렵습니다. 첫 면담에서는 격렬한 감정이 많이 나타나고 아직은 잘 모르는 낯선 사람이 우리에게 미칠 영향에 대해서도 아직 준비가 되어 있지 않기 때문입니다. 상담자가 거부하는 것은 아닐까 그리고 이해하지 못하는 것은 아닐까 하는 내담자들의 걱정과 마찬가지로 상담자들도 무의식적으로 내담자의 불안, 고통 또는 무기력에 압도당하지 않을까 두려워한다고 생각합니다. 시간이 지나면서 상담자들은 내담자들이 내보이는 감정에 어떻게 맞춰 가야 할지 알게 됩니다. 상담자는 자신의 내면의 반응을 듣고 조절하기 위하여 맥락을 형성합니다. 그러나 첫 면담에서는 잘 모르는 데서 오는 불안감을 어쩔 수 없이 느끼게 됩니다. 첫 면담 전에 이러한 두려움을 자각하고 있으면 내담자가 감정을 쏟아낼 때 상담자가 강한 신체반응과 감정을 느끼더라도 내담자의 감정을 다루는 데 도움이 됩니다. 역전이 감정을 예측하고 이 감정을 자연스러운 것으로 받아들이면 감정이 묻어나는 내담자의 이야기에 초점을 계속 맞출 수 있고 가족력 탐색 등의 다른 주제로 주의가 흩어지는 것을 방지할 수 있습니다.

　상담내용을 적는 것은 넘어야 할 또 하나의 과제를 제시합니다. 상담내용을 적는 것은 눈 맞춤에 방해가 되고 관계를 맺는 데 매우 중요한 비언어 정서 소통을 방해하기 때문입니다. 이 책에서 언제 적는 것이 좋은지에 초점을 맞추어 주기 바랄지도 모르겠습니다. 많이 적는 상담자들은 내담자의 삶에 드러나는 중요한 사실에 반응하고 있다기보다는 상담하는 동안 자신이 느끼고 있는 감정에 반응하고 있는 것이고 이 감정을 조절하려고 애쓰고 있는 것이라고 생각합니다.

❦ 내담자가 자기 자신에 대해 이야기하는 것에 주의를 기울이기

모든 인간관계에서 그러하듯이 상담에서도 내담자들은 첫 면담에서 자신과 관련된 중요한 이야기를 합니다. 예를 들면, 어떤 사람은 우스갯소리를 하듯이 "제 여자친구에게 저는 병적인 거짓말쟁이라고 말했어요. 하하하."라고 말합니다. 이런 내담자와 상담하면 여러분은 이 내담자가 많은 경우 빙빙 둘러 이야기한다는 것을 알게 될 것입니다. 또 어떤 내담자는 "저는 대인관계를 잘 못해요. 대인관계가 제대로 되는 법이 없어요."라고 말합니다. 저는 이 사람을 상담이 제대로 되지 않을 것이라고 즉각 배제하지는 않겠지만, 내담자가 하는 말은 맞을 것입니다. 이 내담자는 상담자에게 상담관계에서 난항을 겪을 것이라고 말하고 있는 것일지도 모릅니다. 이나마도 상담이 잘되었을 때나 말이지요(저는 내담자가 얼마나 오랫동안 관계를 유지할 수 있었는가를 토대로 예후를 판단합니다. 관계를 오래 유지하지 못한다는 것은 나쁜 예후를 나타내는 것입니다).

또 어떤 내담자는 외견상 비교적 건강해 보이고 일상생활도 잘하는 것으로 보입니다. 이 내담자는 옷도 잘 차려입고 외모도 괜찮으며 교양도 있을 수 있습니다. 그런데 이 내담자가 지나가는 말로 정신에 뭔가 심각하게 문제가 있다는 생각을 종종 한다고 말합니다. 이 내담자의 말이 맞을 수도 있습니다. 상담자들은 내담자의 좋은 점을 보고 싶어 하고 내담자를 도울 수 있다고 믿고 싶어 합니다. 하지만 이렇더라도 상담자는 내담자가 자신에 대해 이야기하는 것을 유심히 들어야 합니다. 내담자들이 심각하지 않게 '저는 무가치한 존재예요.' 또는 '우울해요.'라고 할 때 별 문제 아니라고 생각하고 싶은 충동을 이겨 내야 합니다. 이것은 여러분이 곧 경험할 문제에 대한 경고 같은 것입니다.

　상담초기에 보이는 내담자의 행동은 내담자의 말과 마찬가지로 내담자를 잘 드러내 줍니다. 늦게 오는 내담자, 앉으라고 했을 때 상담자와 거리를 두고 앉는 내담자, 그렇게 수줍어하지는 않지만 불분명하게 대답하는 내담자 등의 모든 행동이 장차 무슨 일이 일어날지 여러분에게 말해 주고 있는 것입니다.

　마찬가지로 내담자들이 자신에 대해 긍정적으로 말하는 것들도 사실일 가능성이 높습니다. 대부분 다른 사람들과 잘 지내고 있고 다른 사람들이 자신을 좋아한다고 말하는 내담자는 상담자도 다른 사람과 마찬가지로 내담자를 좋아하게 됩니다. 능력이 있고 성공할 것이라고 말하는 내담자도 몇 가지 검토해 볼 필요는 있겠지만, 그럴 가능성이 높습니다. 우리 모두는 우리가 생각하는 것보다 현재 상태와 미래의 가능성에 대해 더 잘 알고 있습니다.

🐦 내담자 경험에 몰입하기

　우리 직업에서 얻는 혜택 가운데 하나는 상담자라는 직업 특성 때문에 우리에게 닥치는 일상 문제나 작은 위기상황을 해결하도록 요구받는다는 것입니다. 하지만 초보상담자에게는 실패하면 어쩌나 하는 생각과 두려움 때문에 경청하지 못할 수도 있습니다. 힐과 스탈 그리고 로프먼(2007)은 "초보상담자는 거의 누구나 폐쇄형 질문을 많이 하고 조언을 하는 경향이 있으며 개인 정보를 노출하고 친구에게 도움을 줄 때처럼 말을 너무 많이 한다."(p. 365)라고 보고하고 있습니다. 이 연구에서는 초보상담자들이 겪는 어려움을 글로 적게 했는데, 초보상담자들은 좋은 상담자가 되지 못하면 어쩌나 하는 걱정을 많이 하고 있다고 합니다. 초보상담자들이 보고하는 어려움들을 보면, 내담자와 동일시가 지나치게 되거나 너무 안 되는 문제, 한 회 상담을 끌어가는 어려움, 내담자를 너무 밀어붙이거나 너무 수동적으로 되게 하여 내담자가 횡설수설하게 하는 문제 그리고 단기상담을 잘 구조화하는 문제들이 있습니다. 초보상담자를 대상으로 한 연구들은 초보상담자가 스스로를 잘 알아차리는 능력과 함께 임상자료를 어떻게 다루는지 알려 주는 지침이 필요함을 시사하고 있습니다.

개입해야 할 시기와 침묵해야 할 시기를 어떻게 알 수 있을까요? 저는 "어떻게 오게 되었습니까?" 또는 "어떻게 도와 드릴까요?"와 같이 개방형 질문을 하고 나면 가능한 한 조용히 침묵해야 한다고 생각하고 있습니다. 대부분 내담자는 상담자가 많이 개입하지 않아도 상담시간 동안 이야기를 잘합니다. 내담자가 자연스럽게 이야기를 해 나가도록 하는 데 간혹 공감반응이나 질문이 도움이 되더라도 그 이상 하는 것은 좋지 않습니다.

수줍음과 두려움이 많은 내담자는 지나치게 신중할 수 있습니다. 그렇기 때문에 이런 내담자에게는 안심시키거나 격려하는 것이 필요합니다. 이런 내담자는 즉각 알 수 있습니다. 예전 정신분석학계에서는 침묵을 지나치게 강조했다면, 오늘날 훈련과정에서는 침묵을 너무 소홀하게 다루는 것 같습니다.

만일 내담자가 상담자에게 자신이 말하고 있는 내용이나 느끼고 있는 것을 이해하고 있느냐고 질문한다면 상담자는 정직해야 합니다. 만일 여러분이 이해하지 못했다면 이해하지 못했다고 이야기해야 합니다. 예를 들면, "○○ 씨가 ~라고 말할 때 무엇을 뜻하는지 정확하게는 모르겠네요." 또는 "○○ 씨가 슬펐다는 것인지 아니면 화가 났다는 것인지 잘 모르겠습니다."와 같은 말을 할 수 있는데 이런 말들은 내담자에게도 의미를 명료하게 해 줍니다. 어떤 내담자도 상담자가 완벽할 것이라고 생각하지 않습니다. 그리고 솔직한 것이 내담자의 경험에 대해 진실하게 임하고 있다는 것을 전달합니다. 그리고 내담자가 의미하는 것이 무엇인지 상담자가 잘 모를 때는 그 사실을 인정하겠다는 의도가 전달됩니다. 만일 내담자가 말끝을 흐리거나 너무 모호해서 내담자가 전달하고자 하는 것을 상담자가 이해할 수 없다면 내담자도 이러한 사실을 알아야 합니다. 내담자를 이해하는 데 중요하기 때문에 이런 피드백을 준다는 것을 내담자가 알게 해야 합니다.

초보상담자들이 가장 많이 하는 실수는 상담자가 내담자보다 말을 더 많이 해야 한다고 생각하는 것입니다. 내담자가 상담자 반응을 바랄 때는 가만히 앉아 상담자를 빤히 쳐다보거나 어떤 반응을 직접 요구할 것입니다. 상담자가 알고 있는 것을 보여 주려고 하거나 너무 급하게 많은 질문을 하면 내담자가 감정을 표현하도록 하기보다는 피상적인 수준에서만 머물도록 하는 결과를 초래할 가능성이 많습니다.

초보상담자들은 상담자가 내담자 문제를 해결해 주어야 한다고 믿고 그렇게 행동하는 경향이 있습니다. 상담자에게 증상을 완화시킬 수 있는 즉각적인 지침이나 처방을 요구하는 내담자는 필연적으로 상담자의 의무감을 자극하게 됩니다. 상담자는 이런 의무감을 느끼겠지만 내담자의 극심한 불안을 가라앉혀서 무엇이 문제인지 이야기하도록 하는 것이 문제를 빨리 해결하려고 노력하는 것보다 종국에는 상담에 더 도움이 됩니다.

내담자들이 단순히 이야기하는 것만으로도 편안해지는 것을 보면 놀랍습니다. 상담자들이 아무 말도 하지 않고 가만히 앉아 있을 때 아무 일도 안 한다고 생각할지도 모르겠습니다. 하지만 이런 일이 현실에서는 거의 일어나지 않는다는 사실을 생각해 보면 어려움을 겪고 있는 사람에게는 매우 가치 있다는 것을 인정할 수 있을 것입니다. 어떤 문제가 있어서 친구나 가족에게 말하면 대부분 사람들은 "아, 그래. 나도 비슷한 일이 있었어."와 같은 식으로 말하면서 말을 끊고 자기 이야기를 하기 시작합니다. 조용하게 애정을 담아서 듣는 사람은 사실상 거의 없기 때문에 상담을 받고자 하는 사람은 상담자의 이러한 태도를 매우 가치 있게 여기는 것입니다.

🕊 상담자의 이해도 측정

침묵하는 중에 말하는 시기를 어떻게 결정할까요? 그리고 언제가 가장 좋은 시점일까요? 내담자들이 상담자에게 어떤 말을 듣기를 원할 때는 말을 멈춥니다. 내담자는 얼굴에 궁금해하는 표정을 드러내고서 상담자를 똑바로 쳐다볼 수도 있고 자신이 한 말을 이해했는지 직접 물어볼 수도 있습니다. 상담초기의 간단한 공감표현은 내담자로 하여금 더 깊게 탐색하도록 합니다. 제 경우 내담자가 말하거나 느낀 것을 제가 제대로 이해했는지 알 수 있는 기준은 "예, 바로 그래요." 또는 "바로 그거예요." 등처럼 내담자가 단언하는 응답입니다.

대학원 첫 수업시간에 교수님은 우리에게 내담자로 자원한 사람을 면담하라고 하였습니다. 그리고 녹음된 면담 내용 가운데 10분 정도를 풀어 쓰라고 하였습니다. 우리는 두 칸을 만들어 왼쪽에는 내담자가 한 말을, 오른쪽에는 상담자가 한 말을 적으라는 지시를 받았습니다. 이 훈련은 상담 중에는 몰랐던 것을 알 수 있어서 매우 가치가 있었습니다. 상담하는 동안에는 본능적으로 상담이 잘 진행되고 있고 내담자의 어려움을 이해했다고 느꼈습니다. 하지만 축어록을 읽으면서는 뒤통수를 맞는 느낌이었습니다. 제가 상담에 도움이 되는 반응을 한 곳과 놓친 곳이 명확했습니다. 제가 아주 정확했을 때는 내담자가 재빠르게 "맞습니다." "그렇습니다." 또는 이와 동등한 확증하는 말을 하였습니다. 만일 내담자가 "조금은"이나 "그렇게 생각해요."라고 말한다면 저는 약간 빗나가 있는 것이었고, 내담자가 다른 곳을 본다거나 아무 말을 안 하거나 주제를 바꾼다면 제 반응이 완전히 빗나가 있다는 것을 알았습니다.

특히 잘 드러났던 것은 저의 흥미 부족이나 방어 때문에 주제를 실제로 바꾼다는 것이었습니다. 그런데 내담자의 반응에서 놀라운 것은 제가 주제를 바꾸더라도 내담자는 그 주제를 바꾸지 않는다는 것이었습니다. 몇 분 내에 내담자는 그 주제로 되돌아와서 제가 반응할 또 다른 기회를 주었습니다. 그때 지도교수님이 말씀하셨던 내용이 이후 제 임상경험을 통해 거의 모든 내담자에게 나타난다는 것이 확인되었습니다. 내담자들은 중요한 내용을 전달하려는 시도를 포기하지 않습니다. 내담자들은 자신들이 요구하는 반응을 이끌어 내려고 계속 시도합니다. 훈련 초기의 이 경험으로 저는 가장 와해된 내담자들이 자신의 주제로 계속 되돌아오는 것에 대해서도 새롭게 보게 되었습니다. 내담자들이 늘 또 한 번의 기회를 준다는 것을 이해하게 되면서 마음이 편해졌습니다. 제 불안은 줄어들었고 상담할 때 중요한 것을 놓치면 어쩌나 하는 걱정을 덜하게 되었습니다. 불안과 걱정을 덜할수록 내담자의 감정을 보다 잘 느낄 수 있었고 주의를 훨씬 잘 기울일 수 있었습니다.

저는 초보상담자들에게 상담을 녹음해 보라고 권합니다. 녹음해 보면 정보를 많이 얻을 수 있습니다. 상담자 반응이 제대로 되지 않은 지점이 어디인지 알 수 있을 뿐만 아니라 주제를 벗어나게 하는 것에도 초점을 맞출 수 있습니다. 스스로에게 질문을 할 수도 있습니다. "왜 주제를 바꾸었는가? 내담자가 말하고 있는 것이 무엇이었는가? 또는 나를 혼돈스럽게 하거나 내가 몰입하지 못하게 하는 내담자에게 나는 어떻게 느끼고 있는가?" 자신의 약점을 직면할 수 있을 정도로 용기가 있는 상담자는 이렇게 열심히 자기 검토를 함으로써 많은 이득을 얻을 수 있습니다. 상담자가 자신의 고통과 약점을 직면하는 것만이 더 나은 상담자가 되도록 할 수 있다는 것을 안다면 자기 자신을 직면하고자 하는 동기가 생길 것입니다. 내담자를 이해하고 내담자에게 깊은 안정감이나 통찰을 주는 순간을 목격하는 것은 상담자가 자기평가 과정을 진지하면서도 만족스럽게 하는 데 도움을 줄 것입니다. 내담자보다는 상담자-내담자 작용을 검토하는 패턴을 확립하면 새로운 세상이 보이게 될 것입니다.

🕊 최소 공감

상담을 공부하는 대부분의 학생은 훈련 초기에 기본 개념인 공감에 친숙해집니다. 학생들은 다른 사람의 말을 다시 다른 말로 표현하는 연습을 하는데 이 훈련에서는 감정에 초점을 맞춥니다. 초보상담자들이 훈련하는 앵무새 같은 반응을 뛰어넘어야 높은 수준의 공감이 되는데, 이 공감은 내담자의 신체언어 관찰, 얼굴표정 그리고 내담자가 표현하는 생각의 의미를 모두 통합해야 하는 것입니다. 내담사가 감징을 부인히고 있거나 자신의 감정에 대해 죄책감을 느끼고 있을 때 내담자가 느끼는 실제 감정을 반영할 수 있는 상담자의 능력은 내담자를 아주 자유롭게 해 줄 수 있습니다.

때때로 내담자들은 상담자의 공감표현을 거부합니다(McWilliams, 2004). 공감을 거부하는 것은 이치상 맞지 않아 보이는데 이런 일들이 상담자의 과제를 더 어렵게 합니다. 상담자의 공감에 대해 언짢아하고 화를 내는 내담자는 자신의 어떤 약점이나 고통도 인정하지 못하는 사람입니다. 약점이나 고통을 인정한다는 것은 내담자에게 약하다는 느낌을 느끼게 하기 때문입니다. 이러한 내담자에게 공감은 동정과 같은 의미인 것입니다. 누구도 동정을 받고 싶어 하지는 않습니다. 그러므로 공감은 적정하게 양을 조금씩 늘려 가면서 해야 합니다.

제가 이 장 처음에 소개한 레베카는 상담자 몇 명과 면담한 후 저를 선택했다고 했는데 그 이유는 저에게 '상담자 어투'가 없었기 때문이라고 하였습니다. 그게 무슨 의미냐고 물었더니, 레베카는 진지함이 없이 낮고 가라앉은 목소리로 지나치게 배려하는 것처럼 말하는 사람을 흉내 내었습니다. 레베카는 많은 상담자가 상담할 때 우월해 하면서 내담자보다 더 우위에 있는 상황을 만든다고 생각하고 있었습니다. 레베카는 불쌍한 아기를 대하는 것 같은 어투의 상담자는 필요하지 않다고 하였습니다. 레베카는 존중해 주면서도 평등한 관계를 원했습니다. 더욱이 레베카는 정서를 잘 표현하지 않는 성향이었기 때문에 상담자 어투가 없는 공감반응을 더 좋아했습니다.

어떤 내담자가 상담자의 공감과 이해를 거부할지 예측하는 것은 어려울 수 있습니다. 자기애 성향 또는 경계성 성향이 있는 내담자들은 공감을 원합니다. 하지만 많은 공감을 하지 않으면 엄청나게 불평을 늘어놓습니다. 진단명으로 어떤 내담자가 상담자의 공감반응을 받아들일지 또는 거부할지 반드시 예측할 수 있는 것은 아닙니다. 대부분의 내담자들은 상담자가 실제 공감을 하고 있는지 또는 공감하는 것처럼 하는지 상담자가 알게끔 합니다.

예를 들어 보겠습니다. 레베카가 자신의 어머니가 얼마나 자신을 모욕하고 학대했는지 상세하게 이야기했을 때 제가 "상처가 되었네요."라고 하자 레베카는 힘없이 "예, 그랬을 거예요."라고 말했습니다. 그리고 나서 저는 "그리고 화나게 했고요."라고 말했습니다. 그랬더니 레베카는 즉시 화가 났었는지는 잘 모르겠다고 말하면서 몸을 돌렸습니다. 그리고는 말하길 어쨌든 사실 자신이 어떤 식으로든 어머니를 실망시켰을 때는 어머니가 자신을 조롱하기만 했다고 했습니다. 레베카가 느끼는 감정은 어머니와 관련이 있었습니다. 레베카는 어머니에게 절대 화를 내지 않았습니다.

이야기를 더 해감에 따라 레베카는 어머니의 학대를 자기 탓으로 돌리고 있다는 것이 명백해졌습니다. 어머니를 비난한다는 것은 어머니와 사랑하는 관계를 맺고 싶은 욕구를 방해하는 것을 의미했을 것입니다. 따라서 레베카가 어머니에 대해 느끼고 있던 부정적인 감정이 내포된 어떤 공감에 대해서도 바로 거부했던 것입니다. 내담자가 느끼고 있는 감정을 정확히 이해하고 그 감정을 비춰 주었을 때 내담자의 반응이 부정적이면 초보상담자는 당황스러울 수 있습니다.

내담자가 상담자의 공감을 받아들이지 않는 것은 공감이 부정확하거나(잘못 공감했거나) 또는 공감은 정확했지만 내담자를 불편하게 했기 때문입니다. 저는 앞에서 상담자들은 상담자의 반응이 정확하고 도움이 되는지는 내담자 반응에서 찾아야 한다고 말했습니다. 공감을 거부하는 내담자는 이 원리에 상반되는 것일까요? 그렇기도 하고 아니기도 합니다. 상담자가 단순히 공감해야 할 때를 놓치기만 한 경우에는 내담자 반응은 그저 그렇거나 약간 부정적입니다. 앞에서 언급한 것과 같이 내담자는 원하는 반응을 듣지 못하면 주제를 아예 바꾸어 버리거나 침묵한 채 딴 곳을 봅니다. 그렇지만 상담자의 공감 때문에 불안해하거나 죄책감 또는 모멸감을 느끼는 내담자는 강한 방어반응을 하는데, 이 반응은 상담자에게 예민한 곳이 건드려졌고 그래서 내담자가 공감을 받아들이지 않을 것이라는 힌트를 주는 것입니다.

공감을 '약'이 아닌 '창'처럼 느끼는 내담자에게는 상담자가 어떤 말을 해야 할까요? 제 경험으로는 말을 덜 할수록 좋고, 극적이지 않을수록 더 좋은 것 같습니다. "힘들었겠네요."와 같은 말로도 충분한 경우가 많습니다. 이는 심한 외상이 있는 내담자의 경우에도 그렇습니다. 이런 말은 상담자가 내담자의 말을 듣고 있으며, 질문을 하고 있고, 더 말을 하도록 격려하고 있으며, 공감하는 얼굴표정을 하고 있다는 사실을 내담자가 이해를 못하지는 않을 것입니다. 이런 유형의 내담자에게는 더 적은 것이 더 좋은 것입니다.

　가장 최소한의 공감조차도 반복해서 거부하는 내담자는 예후가 좋지
않습니다. 제가 상담했던 한 여성은 감정표현 불능증이었는데 분노 외에
는 어떤 감정도 말로 표현하지 못했습니다. 이 내담자는 "슬퍼 보이네
요." 또는 "화가 나신 것 같네요."와 같은 제 말에 비꼬듯이 반응하였고
종종 제가 했던 말을 저에게 하면서 제가 슬프거나 화가 났는지 물어보
았습니다. 저는 이런 과정에 매우 짜증이 나게 되었고 이 사람이 느끼고
있을 것 같은 것을 말로 표현하도록 하는 것에 점점 지쳐 갔습니다. 모든
만남을 권력투쟁으로 보는 내담자들은 기본 신뢰에 심각한 문제가 있어
서 변화하기에 충분한 정도로 유연해지는 경우는 거의 없습니다.[1]

🐦 공감에 대한 과도한 요구

　제가 몇 년간 상담하고 있는 낸시라는 내담자는 동정을 과장되게 표현
해 줄 것을 요구했습니다. 심지어는 연민을 과장되게 표현해 줄 것을 계
속해서 요구했습니다. 요구를 들어주지 않으면 화를 냈고 상담자가 가만
히 있기만 하고 차갑다고 비난했습니다. 낸시는 어렸을 때 정서외상과
신체외상을 경험하여 다른 사람과 건강한 방식으로 관계를 어떻게 맺어
야 하는지 잘 몰랐습니다. 낸시의 어머니는 지배하고 통제하는 성격이었
습니다. 낸시도 얼마 동안은 자기 자신 안에 어머니와 똑같은 특성이 있
다는 것을 몰랐습니다. 낸시가 요구하는 방식은 안전과 동정을 요구하는
형태였기 때문에 낸시는 자신의 기대가 타당하다고 확신하고 있었습니
다. 자신이 원하는 것을 얻지 못할 때는 분개하면서 상황에 맞지 않는 화

---

1) 저는 이 사례를 저의 저서인 『Seduction, Surrender, and Transformation: Emotional Engagement
　in the Analytic Process』(Maroda, 1999)에 수록하였습니다. 상담은 조금 성공한 편이었지만
　신체 접촉을 원하는 것 때문에 난관에 부딪친 채 끝났습니다.

를 냈습니다.

예를 들면, 낸시는 늘 남편에 대해 불평하면서 자신이 이렇게 느끼는 것이 남편 때문이라고 하였습니다. 자신이 일하느라고 고된 하루를 보냈으면 집에 들어갔을 때 남편은 이 사실을 알아야 한다는 것이었습니다. 자신이 말을 하지 않더라도 남편이 자신의 마음을 공감해서 읽어 주기를 바랐습니다. 만일 남편이 자신의 고통을 알아차리지 못하거나 즉각 그것을 누그러뜨리려고 하지 않으면 무심하고 사랑이 없다고 비난하였습니다.

낸시가 남편에 대한 불평을 주저리주저리 늘어놓을 때마다 저는 낸시에게 동정심이 느껴지지 않았습니다. 사실 저는 낸시의 남편에 대해 안됐다고 느꼈는데, 그 오랜 결혼생활 동안 자기 감정에 남편의 책임이 있다는 낸시의 불평을 어떻게 참아냈는지 신기했습니다. 낸시는 저의 공감 부족을 곧 알아차렸습니다. 제 눈을 똑바로 쳐다보고서는 무엇인가 말해 달라고 요구했습니다. 이럴 때면 저는 보통 "당신이 매우 화가 나 있었다는 것을 이해할 수 있습니다. 남편이 당신의 고통을 덜어 줄 수 있다면 좋을 텐데요."와 같은 말을 했습니다. 그러면 낸시는 "선생님은 고작 그런 말씀만 하시나요? 저는 선생님께 제가 얼마나 기분이 더러웠는지 말하고 있는 거예요. 선생님은 거기 가만히 앉아서는 제가 얼마나 화가 났는지 이해할 수 있다는 말만 하시네요."라고 했습니다. 저는 "그럼 제가 무엇을 말하기 바라는지요?"라고 물었습니다.

낸시는 남편에게 그랬던 것처럼 저에게도 자신이 기대했던 것을 정확하게 설명했습니다. 다친 젖먹이에게 아이 엄마가 할 법한 것과 유사하게 동정하는 얼굴표정을 과장되게 하면서 "에구구구 그렇게 기분이 나빴다니 제가 다 마음이 아프네요. 너무 안됐어요."라고 말했습니다. 이런 말을 할 때 낸시는 등을 다독거리면서 마치 누군가를 위로하듯이 손을 움직였습니다. 저는 "그것이 진정으로 제게 바라는 것인가요?"라고 물었습니다. 그러자 낸시는 "예."라고 답했습니다.

이이서 저는 그건 거들먹거리는 것이어서 공감보다는 연민에 가깝기도 하고 또 내 편에서 보면 감정에 정직하지 못한 것이기 때문에 그렇게 하기는 어렵겠다고 말했습니다. 낸시는 상관없다고 하였습니다. 그것이 자신이 돌봄을 받는다고 생각하는 방식이고 남편이나 아이들이 화가 나 있을 때 자신이 하는 방식이기 때문에 어찌 되었건 그런 방식을 원한다고 하였습니다. 이 말에 더 이상 무엇을 물어볼 수 있었을까요?

저는 낸시에게서 자신의 사례를 제 책에 수록하는 것을 허락받아서 이 책 전반에서 낸시의 사례를 논의할 계획입니다. 낸시의 사례는 상담할 때 나타나는 어려움의 단면을 잘 나타내고 있습니다. 또한 상담자가 진실된 마음으로는 줄 수 없는 것을 내담자가 요구할 때 상담자가 어떻게 곤란한 처지에 놓이게 되는지를 잘 나타내 준다고 생각합니다. 낸시는 실제로 고통을 겪고 있었고 저에게서 그 고통을 이해받기 원했으나, 낸시가 요구하는 그런 종류의 반응은 할 수 없었습니다. 대신 저는 낸시를 불쌍하게 여기는 데 관심이 있는 것이 아니라 낸시가 심각한 고통을 주기적으로 느끼고 있고 그 고통이 종종 감당할 수 없는 것이라는 것을 이해하고 있다고 설명하였습니다. 차츰 낸시가 그 고통을 견딜 수 있게 되면서 저는 낸시가 누군가가 자신을 구원해 주어서 그 고통을 없애 줄 것이라는 확신을 가지고 있는 것 같다고 이야기하기 시작하였습니다. 이런 결과로 낸시는 자신의 감정에 대한 책임을 다른 사람, 주로 남편과 저에게 전가했던 것이지요.

🐦 질문하기

진정한 상호작용을 하는 상담이 되는가 여부는 내담자가 숨기고 있을 수도 있는 것을 이끌어 낼 수 있는 기술이 상담자에게 있는가에 달려 있습니다. 상담을 잘하는 상담자는 형사와 매우 흡사합니다. 여러분은 단서가 될 만한 것은 어디서건 계속 찾을 것입니다. 설령 그 주제가 여러분이나 내담자에게 당황스러운 것이거나 불편하게 하는 것이라도 더 알아보는 것을 주저하지 않을 것입니다. 초보상담자들은 이런 주제를 직접 언급하는 것을 꺼릴 수 있습니다. 자신이 없는 초보상담자는 내담자가 주저할 때 자신도 역시 주저하면서 반응할 수 있습니다. 이런 반응은 아무런 도움이 안 되는 반영(mirroring)이 되게 합니다. 만일 내담자가 상담자의 질문을 무시하거나 거부한다면 상담자는 그냥 지나갈 수도 있습니다. 그러나 내담자가 드러내기 두려워하는 것을 집어내지 못하면 상담은 정체되거나 제대로 진행되지 못합니다.

저는 파버와 버나노 그리고 카포비안코의 보고서(2004)를 보고 깜짝 놀랐습니다. 이 보고서에 따르면 상담에서 정보를 주는 것이 내담자가 해야 할 일이라는 것을 내담자들이 잘 모른다는 것이었습니다. 저는 자유연상을 격려하는 정신분석에서조차도 내담자들은 준비가 되었을 때만 비밀스러운 이야기를 한다는 것을 보곤 합니다. 드러내는 데 방해가 되는 것에는 죄책감과 수치심이 있습니다. 내담자는 자신이 빠뜨리고 있는 내용에 대해 이따금씩 단서를 흘리면서 상담자가 알아차리고 먼저 이야기해 주기를 기다릴 수도 있습니다. 앞의 연구에서 "연구에 참여한 사람들의 절반 이상이 자신의 비밀을 상담자가 좀 더 적극적으로 알아내 주기를 바라고 있었다."라고 보고하였습니다(p. 343).

다음 사례는 비밀을 가지고 오는 내담자라는 개념을 잘 설명해 주고 있는데 비밀을 의식하고 있는 수준은 다양하다는 것을 보여 줍니다. 내담자는 제니퍼라는 대학생이었습니다. 제니퍼는 고등학생인 애인과 결혼할 수 없다는 것을 깨닫고는 관계를 끝내야 한다는 생각에 죄책감이 들었고 자살하고 싶다는 생각이 들어 상담을 받으러 왔습니다. 어떤 사람이 버려지는 것보다는 관계를 끝내야 하는 것 때문에 자살하고 싶은 생각이 든다면 거기에는 관계를 유지할 수 있는 그 사람의 능력과 관련된 무언가가 늘 있습니다. 질문을 더 하자 제니퍼는 남자친구와 몇 년간 사귀면서 남자친구의 사랑과 수용을 날름 받아먹기만 하고 남자친구를 차 버리는 것이 되기 때문에 자신이 나쁜 사람같이 느껴진다고 했습니다.

상담 시작 후 몇 달 동안은 제니퍼의 말을 들어 주고 제니퍼가 죄책감과 불안을 다룰 수 있도록 도와주는 데 중점을 두었습니다. 제니퍼의 가족은 과거에 헤어날 수 없는 곤경에 처한 적이 있었는데 이것이 남자친구와 관계를 끝내려고 할 때 느꼈던 분리불안과 죄책감의 뿌리였습니다. 제니퍼는 부모로부터 독립해 본 적이 없었습니다. 그래서 분리란 버림받는 것이고 사랑이 없어지는 것이라고 믿었는데 이 때문에 죄책감이 생겼던 것입니다. 제니퍼는 일주일에 두 번 상담 받으러 왔고 나아지기 시작했습니다. 비록 노력을 많이 해야 했고 고통스러워 하기는 했으나 이별을 해냈습니다. 이것이 되고 나자 제니퍼는 안정이 되었고 내면의 감정 문제를 다룰 수 있었습니다.

저는 제니퍼가 언급하지 않는 문제가 있다는 것을 감은 있었으나 관계를 정리하는 기간이 감정상 위기상태였기 때문에 언급하지는 않았습니다. 제니퍼는 자신과 남자친구 사이에서 일이 어떻게 틀어지게 되었는지 상세하게 말하면서 시간이 지날수록 남자친구에 대한 흥미가 점차 없어졌다고 슬픈 어조로 말했습니다. 이것이 액면 그대로 받아들였을 수도 있는 내담자의 처지를 다른 말로 간단하게 표현한 한 예입니다. '남자친구에 대한 흥미가 시간이 가면서 없어졌다.' 는 말의 뜻은 명확해 보입니다. 어떤 의미에서는 명확합니다. 그러나 상담자는 명확한 의미 이상을 바라고 있는 것입니다. 상담자의 일은 내담자가 말하는 것을 이해하는 것뿐만 아니라 내담자에게 위협이 되고 어쩌면 상담자에게도 위협이 될 수도 있는 그리고 표면 바로 아래에 있으면서 드러나기를 바라는 문제를 내담자가 탐색하도록 돕는 것입니다. 내담자의 간단한 반응에 보통 우리

상담자들은 간단한 질문을 하면서 다가가지요.

이 사례에서 저는 "남자친구에게 흥미를 잃고 있다는 것을 어떻게 알게 되었는지요?"라고 물었습니다. 제니퍼는 이 질문에 화색이 돌면서 이 문제에 대해 열심히 탐색하였습니다(만일 제니퍼가 이 문제를 무시했거나 주제를 바꾸었다면 저는 더 이상 탐색하지 않았을 것입니다). 제니퍼는 성관계에 흥미가 떨어져서 남자친구와 잠자리에 들고 싶지 않은 때가 잦았다고 말했습니다. 자신은 잠을 자지 않고 인터넷을 검색했다고 했습니다. 저는 어떤 사이트에 들어갔는지 물었습니다. 제니퍼는 얼굴이 빨개져서 말하기를 가벼운 포르노 사이트에 들어갔다고 했습니다. 저는 제니퍼가 성관계에 관심은 있었으나 남자친구와 성관계를 하고 싶어 하지 않는다는 사실을 언급하였습니다. 제니퍼는 동의하였고 누드사진을 보는 자신의 취향에 대해 놀라거나 나쁘게 보지 않자 안도하는 것처럼 보였습니다. 제가 어떤 종류의 누드사진이었는지 묻자 제니퍼는 나체 사진과 성관계 하는 몇몇 사진이었는데 변태스러운 것은 없었다고 말했습니다.

여기서 저는 제니퍼가 제 질문에 답하는 데 주저하지는 않았지만 묻지 않은 내용에 대해서는 스스로 답하지 않았다는 사실을 언급하고 싶습니다. 그래서 저는 매우 중요한 다른 질문을 했습니다. 이 질문은 내담자들이 성과 관련된 사진이나 동영상을 본다고 말하거나 성과 관련한 공상을 한다고 말할 때 늘 하는 것입니다. 저는 선호하는 공상내용이 무엇인지 물었습니다. "그 '그림' 안에 누가 있으며 어떤 일이 벌어지고 있나요?" 제가 초점을 두는 것은 성을 묘사하는 그림 자체가 아니라 그 그림 안에 어떤 인물들이 등장하고 있으며 공상내용이 어떤 분위기로 전개되는가 하는 것입니다. 제니퍼는 몸매가 아주 좋은 사람들이 키스하는 것을 보는 게 좋다고 말했습니다.

저는 제니퍼에게 남자 혹은 여자라고 직접 말하지 않고 "사람들"이라는 단어를 여러 번 사용했다는 사실을 말하였습니다. 그래서 저는 제니퍼에게 "누가" 키스하고 있는지 물었습니다. 제니퍼는 다시 얼굴이 붉어지면서 "아, 예. 다양한 사람들이요. 남자, 여자 때로는 여러 명이요."라고 말했습니다. 그리고 나서는 다른 곳을 보았습니다. "제가 알아야 할 건 더 없나요?"라고 물었고 제니퍼는 "네. 여자를 주로 봅니다." 이것이 제니퍼가 여자에게 관심 있다고 한 첫말이었습니다. 제가 제니퍼에게 여자들에 대해 물었을 때 제니퍼는 여자들을 주로 보았고 남자친구가 잠들고 난 후 몇 시간 동안 인터넷을 웹서핑했다고 마지못해 인정했습니다. 제니퍼는 여자가 키스하는 장면에 매우 흥분된다는 것을 알게 되었습니다.

이 질문을 하는 데 30분 정도 걸렸습니다. 제니퍼에게 민감한 문제를 너무 깊게 탐색해서 위협이 되게 하고 싶지 않았기 때문에 이 질문을 하는 동안 매우 조심했습니다. 저는 제니퍼가 그 문제에 대해 편하게 말하기를 원했고 이성에 대한 관심을 상담할 때와 마찬가지로 동성에 대한 관심도 상담할 것임을 알게 하고 싶었습니다. 저는 제니퍼에게 더 어렸을 적에 여자들과 어떠한 형태라도 성경험을 한 적이 있었는지 물었습니다. 제니퍼는 한 동성친구와 서로 몸 위에 누워 몸을 문지르곤 했다고 했습니다. 이 행위는 아홉 살 때 시작해서 친구의 어머니에게 들켜 그만둘 때까지 2년여 동안 계속되었습니다.

제니퍼는 몇 년 후 또 다른 여자친구와 성기 놀이를 했다고 말했습니다. 저는 그 당시 그것이 성의 의미가 있다는 것을 알았는지 물어보았습니다. 제니퍼는 알았지만 사춘기의 호기심처럼 얼마 가지 않았다고 했습니다. 저는 제니퍼에게 현재 여자에 대해 가지고 있는 관심에 대해 어떻게 생각하는지 물었습니다. 제니퍼는 자신은 절대 레즈비언이 아닌데 그것을 어떻게 이해해야 할지 도통 모르겠다고 했습니다.

제니퍼는 저에게 오기 전 2년 동안 상담을 받았습니다. 저는 제니퍼에게 이 문제를 이전 상담자와 탐색해 봤는지 물었습니다. 제니퍼는 안 했다고 했습니다. 제가 "왜" 그랬는지 묻자 제니퍼는 단지 그 문제가 떠오르지 않았다고 했고 저는 제니퍼를 믿었습니다. 상담초기에 제니퍼가 말하기를, 이전 상담자는 자신이 힘들어할 때 상담시간을 더 늘리고 어느 금요일 밤엔가는 전화로 세 시간이나 통화를 했는데도 그 상담자보다는 제가 더 편하게 느껴진다고 했습니다. 사실상 이전 상담자의 불분명한 경계가 제니퍼를 편하게 하지 못했던 것입니다. 이 사례는 경계를 유지하는 것이 상담의 모든 면에 어떻게 영향을 주는지 보여 주고 있습니다.

저는 동성애와 같이 민감한 주제는 종종 숨겨져 있어서 상담자가 적합한 질문을 하지 않는 한 상담하는 내내 묻혀 있게 된다는 사실을 유념하는 것이 좋다고 생각합니다. 만일 상담에서 마법 같은 것이 있다고 한다면, 내담자에게 불안, 수치심, 죄책감 그리고 혼돈을 일으키는 중요한 주제나 느낌을 드러낼 수 있는 상담자의 능력에 있을 것입니다. 그러한 문제를 계속 의식하지 않도록 노력하는 것은 피곤하게 하고 지치게 하는 것입니다. 대부분 사람들은 이런 주제에 접근하지 못할 뿐더러 자기들 나름대로 탐색하는 것은 더 힘듭니다. 아마도 그것이 프로이트가 정신분석 탐색을 고고학 발굴에 비유하는 이유일 것입니다(한번은 제니퍼가 한 여자를 만났는데 그 여자와 키스를 했다고 하여 저를 놀라게 했습니다. 그때부터 우리는 동성애를 받아들이는 어려움을 해결해 나가기 시작했습니다. 제니퍼는 마침내 다른 젊은 여자를 만나 사랑에 빠졌고 함께 살기 시작했습니다).

상담자는 내담자가 이야기하지 않으려고 하는 것을 알아내는데 어떤 의미에서는 두려움이 없어야 합니다. 종종 내담자가 불편해하는 것이 초보상담자의 불안을 가중시키기도 합니다. 그래서 상담자와 내담자 모두 편해지려고 그 문제를 조기에 마무리 지으려고 할 수도 있습니다. 저는 내담자가 말하기 꺼려 하는 중요한 무언가를 상담자가 건드렸다고 믿을 때는 용감해지고 인내심을 가지라고 독려합니다. 만일 내담자가 거부하거나 방어하느라 화를 낸다면 그 단서를 가지고 내담자가 준비될 때까지 기다리는 것은 어렵지 않은 일입니다.

🐦 상담목표 설정하기

　행동주의 상담자들은 상담목표를 설정하는 것이 상담에서 이루어야 할 목표를 정하는 데 중요하고, 상담자와 내담자 간 상담관계를 형성하고 성과를 평가하는 데도 중요하다고 보고 있습니다. 정신역동 상담자는 통찰과 이해만 있으면 자연스럽게 필요한 변화를 일으킬 것이라고 믿어서 상담목표를 설정하는 것이 필요하다는 사실을 인식하는 데 행동주의 상담자보다 늦었습니다. 그러나 이러한 경향은 바뀌고 있습니다. 레닉(2002) 등의 정신분석가는 정신분석 상담자도 목표를 설정하는 것과 기법을 자세히 설명하는 것을 받아들여야 한다고 주장하고 있습니다.

　목표 설정, 목표 재설정 그리고 상담자와 내담자가 합의한 목표가 효과가 있다는 사실을 감안하면 목표를 설정하지 않을 근거는 없습니다. 정신분석가에 따라서는 더 깊은 통찰과 이해를 달성하는 전반적인 목표를 내담자와 합의하는 경우도 있을 수 있는데 이런 분석가라도 상담을 시작할 때 그러한 목표를 써 두면 도움이 됩니다.

　물론 상담목표는 상담이 진행되면서 종종 바뀝니다. 그리고 상담목표는 상담기간에 따라 달라집니다. 우울증 10회 상담을 위한 목표와 수년간에 걸친 정신역동 상담의 목표는 다를 것입니다. 증상완화만을 위해 상담을 하려던 내담자가 다른 것도 상담이 가능하다는 사실을 알았을 때 마음을 바꾸는 경우가 종종 있습니다. 증상완화는 상담을 시작하는 데 아주 훌륭한 출발 지점입니다. 만일 상담자가 "상담에서 ○○ 씨가 지금 원하고 있는 것은 우울증을 감소시키는 데 필요한 도움인 것 같습니다."와 같이 말한다고 해서 불평할 내담자는 별로 없습니다. 내담자가 동의하면 약처방이 필요한지 이야기한 후 상담을 계속합니다.

상담이 진행되면서 새로운 목표가 나타나는 것은 자연스러운 일입니다. 다시 말하지만 목표는 상담을 얼마나 오래 하는가에 따라 달라집니다. 일단 우울증이 호전되면 내담자는 자신의 잠재력 실현에 대해 이야기하는 것, 자신의 사회기술을 향상시키는 것 혹은 신체건강이 더 좋아지는 것에 관심을 가질 수도 있습니다(저는 늘 내담자들에게 운동을 권하는데 우울증이 있을 때는 특히 더 그렇습니다). 목표 설정은 상담 동맹을 강화시켜서 상담자와 내담자 모두 정해진 계획을 따라 함께 일하고 있으며 각자가 책임이 있다는 사실을 일깨워 줍니다. 현실에 맞는 목표 설정은 상담을 통해 현실에 뿌리내리는 데 도움을 줍니다.

상담을 계속해 가는 가운데 보통 상담목표를 다시 점검하게 됩니다. 특히 내담자가 좋아졌다고 보고하거나 목표로 했던 문제가 상당한 진전이 있을 때 그렇습니다. 예를 들면, 더 주장을 잘하게 되었다거나 감정을 더 자유롭게 표현하게 되었다거나 자각을 더 잘하게 되었다거나 등을 들 수 있습니다. 평가는 형식을 갖추어 할 수도 있고 형식을 갖추지 않고 할 수도 있습니다. 저 자신을 보면, 목표 관련 문제들은 다른 중요한 문제와 마찬가지로 자연스럽게 나타나는 것을 보게 됩니다. 내담자가 자신은 좌절하여 더 이상 나아질 것 같지 않다고 말할 수도 있는데 이럴 때 상담자는 어떨까요? 또한 내담자는 처음 상담을 받으러 왔을 때와 비교해 보면 내면이 달라진 것 같고 처음 왔을 때와는 다른 사람이 되었다고 말할 수도 있습니다. 이것이 바로 그동안 관찰해 왔던 것을 언급할 단서로서 내담자가 호전되고 있다는 것을 확증해 주는 것입니다. 이런 식으로 상담 평가는 자연스럽게 진행됩니다. 평가를 위해 평가시간을 정하는 것도 유용하며 분명 해롭지는 않습니다. 평가 간격이 너무 짧거나 너무 길다고 느끼면 내담자는 상담자가 알게 할 것이며 내담자에 맞추어 평가 간격은 조정할 수 있습니다.

앞에서도 말했다시피 제가 여기서 말한 일반원칙에는 늘 예외가 있습니다. 내담자가 상담에서 원하는 것을 명료하게 하고 현실에 맞는 목표를 정하는 것이 제가 상담했던 모든 사람에게 도움이 되었습니다. 그러나 목표를 평가하는 것은 다른 이야기일 수 있습니다. 제가 앞에서 언급했던 레베카는 자신에게 어머니에 대한 분노가 있다는 것을 제가 알기를 바라지 않았고 좋아졌다는 말을 하는 것 또한 싫어했습니다. 심지어는 사소한 증상완화에 대해 이야기하는 것도 싫어했습니다. 그래서 저는 그 문제에 대해서 이야기하는 것을 그만두고 적기만 하였습니다.

어느 날 저는 "최근에 훨씬 더 좋아 보이는군요. 맞나요?"라고 말했습니다. 레베카는 저를 똑바로 보고는 "자화자찬하지 마세요. 그래요. 저는 조금 좋아졌어요. 하지만 그건 선생님 때문이 아니고 제 남자친구 때문이에요."라고 말했습니다. 레베카는 '통제'가 중요한 주제였는데 어떤 사람이 자신에게 영향력을 행세할까 봐 두려워하였고 몹시 싫어했습니다. 레베카는 저에 대해 애착이 있다거나 상담하는 것이 도움이 된다는 사실을 인정하고 싶어 하지 않았습니다. 우리는 목표를 세웠고 그 목표를 레베카도 알고 저도 알고 있었습니다. 다른 내담자와 달리 레베카에게는 도움이 되지 않아서 정기적으로 평가하는 것은 접어 두었습니다. 레베카는 자기주장을 매우 잘했습니다. 상담이나 제가 말한 것이 뭔가 못마땅할 때는 늘 이야기를 했는데 이런 특성 때문에 우리가 상담을 계속할 수 있었습니다. 다시 말하지만, 가장 중요한 것은 내담자에게 필요한 것이 무엇인지 듣는 것이며 거기에 맞추어 반응을 하는 것입니다. 그러면서 내담자와 상담관계 상황에 맞게 적용하는 것입니다.

🐦 '소강상태' 다루기

새로 상담받으러 온 내담자는 상담시간 동안 감정을 많이 쏟아낼 수 있고 상담초기 몇 회 정도는 많이 울 수도 있습니다. 상담자는 내담자를 공감하고 내담자가 이야기하도록 도우면서 내담자가 진정될 수 있도록 합니다. 2~10회에 내담자는 진정이 됩니다. 이 내담자가 어느 날 상담하러 와서는 "훨씬 좋아졌어요. 오늘은 무슨 말을 해야 할지 모르겠어요. 별다른 일이 없었거든요. 무슨 말을 해야 할지 알려 주시겠어요?"라고 합니다. 모든 내담자가 이러는 것은 아니지만, 많은 내담자가 이렇게 말합니다. 감정상의 위기라는 압박감이 없다면 내담자들은 어떻게 진행해야 할지 걱정합니다. 이럴 때 내담자들은 같은 주제를 계속 이야기해야 할까요? 같은 주제를 이야기하는 것은 도움이 되지 않을까요? 내담자들은 말할 수 있는 주제는 몇 가지 있지만, 어떤 주제를 선택해야 할지 모르겠다고 말할 수도 있습니다. 어떤 주제가 가장 중요한지 내담자들이 어떻게 알 수 있을까요?

제 동료 가운데 한 명인 브라이언 스마더가 사적인 대화에서 말한 "소강상태"라는 현상을 다루는 데 규칙이 별도로 있는 것은 아닙니다. 그러나 대체로 내담자들은 상담과정에 대한 교육을 바라는 것이고 어떤 말을 해야 하고 무엇을 기대할 수 있는지 묻는 것입니다. 어떤 내담자들은 실제로 상담에서 더 이상 원하는 것이 없을 수도 있습니다. 이 내담자들은 이 시점에서 상담을 종결합니다. 그리고 또 어떤 내담자들은 상담을 계속하면서 더 깊은 문제를 다루기 원하지만, 어떻게 해야 하는지 잘 모르는 상태입니다.

저는 보통 내담자들에게 같은 말을 반복하는 것은 걱정할 필요가 없다고 말합니다. 저는 내담자들에게 우리에게는 계속 반복되는 문제가 있고 상담은 문제를 깊게 다루는 것이지 모든 문제를 다루는 것은 아니라고 말합니다. 훈습을 하는 것과 통찰을 얻는 것, 감정을 다루는 법을 배우는 것 그리고 새로운 행동전략을 짜는 것 등 모두 근본 문제를 계속해서 다룰 것을 요구하는 것들입니다.

만일 내담자가 많은 주제 가운데 어떤 것을 이야기해야 할지 모른다면 저는 늘 제일 강한 감정을 일으키는 주제 하나를 선택하라고 합니다. 이 내용을 저는 정기적으로 교육을 시킵니다. 만일 내담자가 상담이 어떻게 효과가 있고 상담에서 무엇을 기대할 수 있는지 말해 달라고 하면 저는 상담에서 얻을 수 있는 이점과 상담에서 경험할 수 있는 고통에 대해서 솔직하게 모두 이야기해 줍니다. 증상완화에 목적을 둔 단기상담이라고 하더라도 효과를 계속 유지시키기 위해서는 정서경험이 필요합니다. 성취에 방해되는 것을 제거한다든지, 정서조절을 향상시키고 대인관계 방식을 바꾼다든지 등의 더 복합적인 목표가 있는 장기상담의 경우에는 보통 깊은 고통의 기간이 필요합니다.

저는 변화는 방어를 내려놓는 것에서, 즉 정서적인 "복종"(Maroda, 1999)에서 시작된다고 설명합니다. 그리고 나서 내담자가 살아온 삶과 상담과정에서 내담자가 다시 경험할 가능성이 있는 감정이 무엇인지 이야기합니다. 이 주제는 제6장에서 더 다룰 것입니다. 저는 내담자들이 방어하는 바로 그 감정이 상담이 진전되기 위해 느껴야만 하는 감정이라는 것을 깨닫도록 합니다. 저는 여기서 문헌을 인용하지는 않겠습니다. 아마도 상담자들이 경험을 통해 아는 내용일 것입니다. 위니콧(1974)이 한 말을 다른 말로 표현하면 우리는 늘 이미 일어난 것을 가장 두려워한다고 말할 수 있습니다. 우리가 가장 두려워하는 것은 알아차리든 못 알아차리든 간에 살아오면서 경험했던 가장 고통스러운 순간을 다시 경험하게 되는 것입니다.

'소강상태'는 어느 때나 나타날 수 있는데 어떤 내담자들에게는 더 빈번하게 나타날 수 있습니다. 상담자에게 중요한 것은 상담이 다시 진행될 수 있도록 노력해야 한다는 것입니다. 상담시간을 이끌어 가야 한다는 책임감 때문에 주제와 상관없는 내담자의 말에 반응을 하거나 이끌어 달라는 부탁을 들어 주고 싶은 유혹을 느낄 수도 있습니다. "어떤 감정을 느끼게 되는 상황에 대해 어떻게 말할 수 있을까요?" 또는 "지난 상담 이후에 ○○씨 감정을 자극했던 생각이나 사건 또는 꾼 꿈이 있었나요?"와 같은 질문은 이야기하는 책임을 상담자보다는 내담자에게 부과하는 것입니다.

🐦 요약

상담을 시작한다는 것은 상담자와 내담자가 현재 감정을 느끼고 반응하도록 노력해야 하는 것이기 때문에 상담자와 내담자 모두에게 어려운 일입니다. 상담을 관계로 보는 관점에서는 상담자가 상남을 시작할 때 자기 자신이 느껴 왔던 감정과 애착방식을 검토할 것을 요구합니다. 상호 영향을 준다는 사실 그리고 감정 의사소통의 중요성을 이해하면 상담자의 자각을 촉진시킬 수 있고 순간마다 임상판단을 하는 데 도움이 됩니다. 첫 평가에 포함되는 내용에는 상담자와 내담자가 궁합이 맞는지 결정하는 것이 있습니다. 일단 상담이 시작되면 상담자는 잘 들으면서 내담자의 생각이나 느낌을 따라갑니다. 상담관계에서 무슨 일이 일어나고 있는가가 개별 개입의 효과를 평가하는 데 중요합니다. 내담자를 자문가로 활용하면 상담자 혼자서 권위 있는 결정을 내리면서 상담관계를 이끌어 가는 부담감을 줄일 수 있습니다.

제2장

상담자와 내담자의 상호영향과 협력
-주고받는 영향-

> 보통은 상담자가 내담자의 무의식을 이해하려고
> 노력한다고 생각한다. 하지만 내담자 역시 알게
> 모르게 상담자의 무의식을 읽고 있다는 사실은 늘
> 인정하지 못하고 있다.
>
> —Patrick Casement(1985, p. 3)

　많은 내담자가 상담에 몇 번 오고 중도에 포기합니다. 그래서 초보상담자는 상담에 계속 오면서 방어를 내려놓고 실제는 그렇지 않더라도 변하려고 노력하는 내담자를 보면서 상담이 제대로 되고 있다는 안도감을 느낍니다. 제1장에서 저는 상담자와 내담자가 서로 합의해서 정하는 목표가 얼마나 중요한지 그리고 이 목표가 어떻게 바뀔 수 있는지 말했습니다. 어떤 목표는 현실에 맞지 않거나 필요가 없기 때문에 폐기되기도 할 것이고 또 어떤 목표는 상담이 진행되고 깊어짐에 따라 더 추가될 수도 있을 것입니다.

하지만 상담과정 그 자체는 어떻습니까? 상담할 때 상담자와 내담자 관계에는 실제로 무슨 일이 일어나는 걸까요? 내담자가 일단 상담하기로 하면 초보 상담자는 또 다른 불안을 종종 경험합니다. 상담자와 내담자는 모두 "지금 무엇을 해야 하나?" 하면서 흥분감과 함께 경이감도 느낍니다. 이 문제에 대해 어떻게 해야 하는지 직접 안내해 주는 것은 거의 없습니다. 상담훈련을 마쳤다고 하더라도 초보상담자들 가운데 상당수는 10회나 20회 이상 내담자를 본 경험이 없습니다. 훈련 상황에서 내담자를 보는 것과 실제 상황에서 내담자를 보는 것은 너무나 다릅니다. 훈련 상황에서는 많은 내담자가 상담자가 훈련받고 있다는 사실을 알고 있습니다. 그 결과 내담자는 상담자를 좋게 보려고 하는데 특히 상담료를 적게 받을 때 그렇습니다.

훈련을 마친 뒤 초보상담자들은 실제 상황에서 내담자를 상담해야 하는 과제에 직면합니다. 이때 슈퍼비전을 받으면서 하는 사례도 있고 받지 않고 하는 사례도 있습니다. 어떤 때는 내담자의 강한 감정반응으로 고통스러울 수도 있고 또 상담자 자신의 내면에서 강한 감정반응이 일어나 고통스러울 수도 있습니다. 또 어떤 때는 상담자와 내담자가 모두 혼란과 불안에 휩싸일 수도 있습니다. 왜 이런 감정들이 일어나는 걸까요? 그리고 상담자와 내담자 관계에서 나타나는 일련의 감정들을 누가 이끌어 갈까요?

퇴행한 내담자들, 특히 외상경험이 있는 내담자들은 상담자에 대해 이상화된 사랑과 무능에 대한 비난 그리고 무자비한 무시 사이를 왔다 갔다 합니다. 상담자는 만날 때마다 내담자에 대해 아주 다르게 느끼지 않기 때문에 무엇이 이러한 급격한 태도 변화를 일으키는지 이해하지 못합니다. 종종 다음 상담시간에 와서는 이전 상담시간에 화나서 했던 독설을 마치 하지 않았던 것처럼 다시 하기도 합니다.

내담자는 상담자의 기분상태를 실제와 다르게 지각할 수도 있고 심지어는 상담자의 생활 상황을 이상하게 지각하고 있을 수도 있습니다. 오늘날 상담자들은 내담자의 증상을 다루는 훈련을 주로 받기 때문에 내담자가 상담관계에서 과거패턴을 반복하는 것이 무슨 의미인지에 대해서는 기본적인 감만 가지고 있을 것입니다. 그리고 상담자도 자신의 과거를 반복하게 된다는 사실에 대해서는 잘 다루지 않습니다. 이는 정신분석 접근에서도 그렇습니다. 이보다는 짜증, 지겨움, 불안 또는 호감과 같은 도처에 있는 역전이만 강조하고 있습니다.

🐦 내담자와 상담자의 과거 반복

전통적인 입장과는 달리, 저는 상담자와 내담자가 상담에서 과거를 많이 반복하고 있다는 사실을 강조하고 싶습니다. 심지어는 상담기간이 짧더라도 과거를 반복합니다. 상담기간이 길수록 그리고 수준이 깊어질수록 상담자와 내담자는 더 긴 시간 동안 과거를 반복합니다. 상담의 핵심은 이 반복되는 과거를 훈습하는 것입니다. 이러한 훈습에는 상담실 밖에서 하는 자기성찰과 조언도 필요하고 상담과정 동안 내담자에게 하는 자문도 필요합니다. 이 장 첫 부분에 있는 인용문은 상호영향의 본질을 나타내고 있습니다. 상담자와 내담자는 서로 무의식 수준에서 알고 있으며 이러한 무의식을 바탕으로 서로 반응하는 것입니다(이 사실은 신경심리학 문헌에서 확증되고 있습니다. 예로, Dimberg, Thunberg, & Elmehed, 2000). 상담자와 내담자는 무의식을 통하여 서로 영향을 주고받으며 관계를 형성하는 것입니다.

상담자의 임무 가운데 하나는 내담자가 과거 경험의 영향을 받아 어떻게 행동하고 있는가 그리고 이 과거 경험이 내담자가 현실을 보는 데 어떻게 영향을 미치고 있는가를 알 수 있도록 하고 이해할 수 있도록 하는 것입니다. 내담자 또한 상담자에게서 같은 점을 보고 있을 것입니다. 내담자가 안 것을 말할지 여부는 내담자가 의식수준에서 알아차렸는지 또는 무의식 수준에서 알아차렸는지를 비롯하여 여러 요소에 달려 있습니다. 상담자를 관찰한 것을 자주 말하는 내담자는 가장 어려운 상대일 것입니다. 이렇게 상담자를 관찰하고자 하는 내담자의 동기가 무엇이든지 간에 초보상담자는 자신의 마음을 읽는 내담자 앞에서 놀라고 불안해하고 방어를 하기 십상입니다.

많은 종류의 상담훈련 프로그램들은 상담할 때 발생하는 정서현상에 대해 언급하고 있지 않습니다. 행동주의 상담에서는 내담자에게 숙제를 내 주어 행동을 바꾸는 작업에 과도하게 초점을 맞춥니다. 때때로 이러한 방법은 잘되기도 합니다. 그러나 내담자들이 숙제를 하지 않는 경우도 많고 어떤 행동변화도 되지 않는 경우도 많습니다. 내담자가 너무 우울하여 변화가 어려울 수도 있습니다.

관계주의 정신분석 접근은 상담사-내담자 관계의 상호영향과 독특성을 강조합니다. 적어도 이론상으로는 상담자와 내담자는 새롭고 독특한 관계를 형성한다고 믿고 있습니다. 그러므로 내담자의 과거 관계방식을 강조하는 것은 상담에 도움이 되지 않는 것으로 간주하고 있습니다. 저는 교조주의적인 행동주의 접근과 관계주의 접근 모두 내담자가 왜 과거의 느낌과 행동을 되풀이할 수밖에 없는지 그 이유에 대해서는 제대로 인식하지 못한다고 생각하고 있습니다. 상담자와 내담자는 자신의 과거 경험이나 자기 정체성과 관계없이 독립해서 상담관계를 형성하지는 않습니다. 내담자는 오랜 기간 적응에 도움이 되지 않았던 방식을 바꾸기 위해 상담을 하러 왔다고 분명하게 말하는 경우가 많습니다. 내담자는 자신이 무엇을 해야 하는지 안다고 말하지만 이들은 노력을 한다고 해도 결국 실패하고 맙니다. 결국에는 과거 방식을 되풀이하면서 실패자 같은 느낌을 갖게 되는 경우가 많습니다.

이렇게 말한다고 해서 제가 상담자-내담자 관계의 독특성을 부인하는 것은 아닙니다. 그보다는 좋은 상담관계가 어떻게 성공하게 되는지 강조하고자 하는 것입니다. 우리는 정서연구를 통해 정서패턴은 어린 시절에 뇌에 각인되어 상당히 지속적으로 유지된다는 것을 알고 있습니다(Schore, 1994). 다른 저서에서 저는 이러한 정서패턴이 어떻게 생겨서 어떻게 현재 자극에 의해 반복되는지 그리고 이러한 정서 자극이 상담과정에 어떻게 중요한지 설명하였습니다(Maroda, 1999). 또한 저는 한 번 생성된 신경경로가 어떻게 절대 지워지지 않는가에 대해서도 설명하였습니다. 신경회로가 지워진다기보다는 새로운 방식으로 반복해서 생각하고 느끼고 행동함으로써 기존에 생성된 신경경로에 상응하는 새로운 신경경로가 생기는 것입니다. 이러한 과정을 거쳐 내담자는 같은 패턴을 반복하기도 하고 새로운 패턴을 형성하기도 하는 것입니다.

저는 상담자에게 가장 유용한 가설은 강하게 반복되는 생각이나 느낌이 모두 과거에 뿌리를 두고 있다는 것이라고 생각합니다. 그러나 이러한 생각이나 느낌이 나타나도록 자극하는 것은 내담자와 상담자의 현재 상호작용입니다. 어떤 자극이 촉발하는지 알아차리는 것은 어렵기도 하고 심지어는 불가능할 수도 있습니다. 하지만 그 자극은 존재합니다. 이렇게 관계주의 접근은 우리에게 반복되고 있는 현상에 대해 생각해 보도록 합니다. 그러나 제가 생각하기에 대부분의 관계주의 이론가들은 과거 패턴이 어느 정도 파악될 수 있는지 그리고 어느 정도 훈습될 수 있는지는 인식하지 못하고 있습니다. 이보다는 과거패턴을 내담자들을 분류하는 데 사용하는 것 같습니다.

저는 상담관계란 유기적이고 계속 변하는 실체라고 봅니다. 내담자가 살아온 방식과 상담자가 살아온 방식이 계속해서 상호작용하는 것이며 내담자와 상담자가 감정을 통해 만나는 과정이라고 생각합니다. 비록 말로는 내담자의 경험을 강조하고 있지만, 상담자가 상담실에서 일어나고 있는 일에 자신이 어떻게 영향을 미치고 있는지 열린 마음으로 솔직해지는 것이 바람직합니다.

🐦 관계 맺는 방식 알아내기

허쉬와 로스(1995)는 설리반(1953)의 신념을 다시금 언급하였는데 이들은 상담 목표는 내담자가 자기 자신이 하는 행동을 제삼자 입장에서 볼 수 있도록 돕는 것이라고 하고 있습니다. 바첼(2007)은 내담자와 상담하는 것을 '안과 밖을 거꾸로 뒤집어서' 라는 관점에서 이야기하고 있습니다. 바첼은 내담자가 자기 자신을 어떻게 보는가, 다른 사람에게 어떻게 비춰지는가 그리고 내담자가 과거 경험과 미래 기대에 부합하는 외부 세계를 어떻게 구성하는가에 대해 이야기하고 있습니다. 내담자가 다른 사람과 어떻게 지내는지 이해하는 것은 상담사의 의무이지만, 상담자가 내담자를 대할 때 어떻게 행동하고 느끼는 경향이 있는지 그리고 상담자가 평소 생활할 때는 어떻게 행동하고 느끼는 경향이 있는지 이해하는 것 또한 상담자의 의무라는 것입니다. 상담에서 우선시해야 할 것은 내담자가 명확하게 그리고 현실에 맞게 자기 자신을 보도록 돕는 것입니다. 교육분석 경험이 없는 상담자는 이 역할을 하는 것이 불가능하지는 않겠지만 분명히 어려울 것입니다.

예를 들어, 과거에 다른 사람으로부터 버림받았다고 이야기하는 내담자는 상담자가 자신을 버릴 것이라고 예상하고 또 상담자가 그렇게 하도록 합니다. 이런 내담자는 상담에 대해서 실망하고 비난하며 희망이 없다고 말하면서 때때로 고마워하지도 않습니다. 마침내는 상담자가 상담을 그만두고 싶은 마음이 들도록 하고 상담자가 상담을 계속 진행하기 위해서는 애를 써야 하는 상황이 되도록 합니다. 만일 상담자도 버림받는 문제가 있다면, 상담자는 내담자를 너무 일찍 거부하거나 거리를 둘 수 있습니다. 또는 죄책감 때문에 감정을 표현하지 못하고 상담을 계속 하는 것으로 과잉 보상할 수도 있습니다. 저는 상담자의 이런 반응이 반 감과 거부를 일으키게 하려는 내담자를 좌절만 시키고 내담자에게 더 반 감과 거부를 느끼게 하는지 이 책 끝부분에서 논의할 것입니다.

🐦 상담자에게 반복되는 과거

상담을 더 복잡하게 하는 것은 모든 상담자에게는 해결되지 않은 정서 문제가 있고 이 문제가 상담하는 동안 되살아난다는 것입니다. 이러한 역전이 양상을 자각하는 것은 효과적인 상담을 하는 데 매우 중요합니 다. 제가 상담을 시작한 지 얼마 안 되어 깨달은 것은 내담자와 깊은 관 계를 형성할 때마다 내담자의 어린 시절 두려움이나 소망과 함께 저의 어린 시절의 두려움과 소망도 의식으로 떠오른다는 것이었습니다. 저는 상담을 마치고 상담실을 나설 때 이유 없이 슬픔이나 불안 또는 희망감 이나 흥분을 느낀다는 것을 알아차리기 시작하였습니다. 어떤 내담자에 게는 지나치게 애정을 느꼈고 또 어떤 내담자에게는 지나치게 분노를 느 꼈습니다. 대체로 하루 종일 내담자를 보면서 감정이 지나치게 자극되고 있다는 것을 발견했습니다. 그래서 저는 자기 분석을 시작하였습니다. 그러면서 점차 완전하지는 않지만 왜 그랬는지 조금은 이해하게 되었습 니다.

한 내담자는 농담으로 저를 재미있게 하기도 했는데 이것은 어머니나 자매들과 있었던 가장 좋았던 순간들을 떠올리게 했습니다. 이때 어머니 나 자매들과 이야기도 많이 하였고 재미있었습니다. 또 다른 내담자는 제가 기술이 부족하다고 화를 내었는데 이는 불안정했던 젊은 시절을 떠올리게 했습니다. 이와는 달리 또 다른 내담자는 저를 솔깃하게 하였는데 제가 매력이 있다고 하면서 매력에 대한 저의 욕구를 충족시키기도 하였습니다. 어떤 경우에는 제 감정이 어디서부터 오는지 알기 어려웠습니다. 상담이 무리 없이 끝났다고 생각한 이후에 이해할 수 없는 깊은 슬픔을 느끼기도 했는데 이런 경험으로 무의식 수준에서도 의사소통이 된다는 사실을 인정하게 되었습니다.

오랫동안 상담을 해 오면서 사례를 정리하기 시작했을 때 제 사례를 관통하는 주제들이 있다는 것을 알게 되었습니다. 문헌을 읽을 때도 같은 것을 발견하였습니다. 특히 많은 사례가 실려 있는 책에서 그 저자의 반복되는 주제를 쉽게 볼 수 있었습니다. 이것을 여러분에게도 적용해 보기 바랍니다. 그러면 제가 지금 말하고 있는 것을 여러분도 알게 될 것이라고 생각합니다. 상담자인 한 저자는 반복되는 주제를 잘 알아차려야 한다는 것을 특히 잘 일깨워 주었습니다. 이 저자의 주제는 너무도 뚜렷했는데 초점이 오로지 한 주제에만 맞춰져 있었습니다. 그 책이 에로티시즘에 관한 것이 아니었음에도 불구하고 저자는 남자건 여자건 모든 내담자들이 성적으로 유혹하는 태도를 보이면서 자신에게 성적인 매력이 있다고들 한다고 서술하였습니다.

이 책의 저자를 만난 후 이 책의 저자가 기가 막힐 정도로 미인은 아니라는 것을 알았습니다. 저자는 외모에 꼼꼼하게 신경을 썼지만 성적으로 끌릴 만한 사람은 아니었습니다. 그 당시 중년이었던 여성의 신체 외모에 내담자들의 호소 문제와 상관없이 그렇게 많은 내담자가 초점을 맞춘다는 사실이 거의 불가능해 보였습니다. 그때서야 저는 저자가 무의식적으로 내담자를 유혹하고 있다는 것을 깨달았습니다. 이것이 이 저자가 관계를 맺는 패턴이었습니다. 저자는 자신이 성적으로 매력이 있다는 사실을 다른 사람이 알아줌으로써 인정을 받았는데 어떤 의미에서는 저자가 상담하고 있던 내담자들에게 이것을 요구했던 것입니다. 불행하게도 저자는 내담자들의 성적인 전이를 계속해서 저항으로 보았습니다. 저에게 이 사례는 상담자가 부인하고 있는 자기 자신의 만족 욕구와 인정 욕구를 상담에서 재생함으로써 상담자가 내담자를 미치게 하는(Langs, 1973) 한 예였습니다.

앞의 내용과는 다소 다르기는 하지만, 까다로운 내담자를 상담하는 것으로 유명한 상담자의 책에서도 이목을 끌 만한 상담자 반응패턴을 보았습니다. 저는 이 저자가 내담자를 몹시 화나게 하여 몇몇 내담자들이 상담자에게 신체적인 위협을 하게 하는 기이한 기술을 가지고 있다는 것을 알았습니다. 저자가 인정한 대로 이 상담자는 내담자들이 자신에게서 어떤 정서반응을 이끌어 내려고 해도 모두 좌절시켰고 마침내 내담자는 조절능력을 상실하여 상담자에게 화를 냈습니다. 그러고 나면 내담자들은 안정을 찾았고 상담자도 그랬습니다. 이 경우에는 상담자가 내담자에게 필요한 정도 이상으로 힘들게 했다고 생각하지만, 결국 내담자들에게 필요한 정서 피드백을 하였고 내담자들은 좋아졌습니다.

좀 더 최근에는 한 동료의 책을 읽었는데, 이 책에서 저자는 자신이 부유하고 성공한 내담자들에게 경쟁 의식을 갖는다는 것을 터놓고 이야기하였습니다. 이 사람은 자신의 취약점을 잘 알고 있어서 이러한 자각을 모호한 힘겨루기(권력 역동)로 부인하기보다는 이를 가능한 한 상담에 도움이 되도록 하는 데 이용하였습니다. 내담자들의 성공을 깎아내리는 방법을 찾으려고 하는 대신 부러움과 자기 자신의 불안정함을 느끼려고 하였고 방어로 우월감이나 열등감을 느끼려고 할 때는 이를 알아차리려고 하였습니다.

제 자신의 사례를 검토하는 가운데 저는 반복되는 제 자신의 감정패턴 또는 행동패턴을 발견했습니다. 상담을 처음 시작했을 때 저는 내담자보다는 제가 더 열심히 하는 방식으로 대부분의 관계를 만들어 갔습니다. 저는 상담시간에 대해 너무 과도하게 책임을 졌고 마침내 괴로움과 무가치함을 느꼈습니다. 제가 무가치함을 느낄 때면 언제나 내담자로 하여금 죄책감을 느끼게 하고 반드시 자신에 대해 안 좋은 느낌을 느끼게 하는 방법을 찾았습니다. 이러한 양상이 반복되고 실망을 나타내거나 더 열심히 하라는 훈계를 하는 저의 미묘한 표정으로 상처를 받았다는 내담자의 피드백을 받은 후에 저는 어떻게 바뀌어야 하는지 깨닫기 시작하였습니다. 상담이 아무리 잘되었다고 하더라도 저와 내담자는 모두 약간은 실패한 느낌을 느꼈습니다. 그런데 결국 제가 이런 결과를 초래했던 것입니다.

저는 또한 저에게 영향을 주려고 하는 내담자가 힘듭니다. 어렸을 때 형제에게 눌렸던 경험 때문에 처음에 이런 식으로 접근하는 사람에 대해 강한 혐오감이 있습니다(제 취약점의 더 많은 것들이 이 책에서 제시하는 사례에 명백하게 나타나 있습니다).

제가 여기서 이야기하는 것은 짧은 총론에 해당되기는 하지만 제가 강조하고자 하는 것이 잘 전달되기를 바랍니다. 모든 상담자는 자신의 경험과 기대를 상담장면에 가지고 옵니다. 그리고 상담 전반에 걸쳐 상담자가 평소 느끼고 행동하고 기대하는 패턴을 어느 정도는 반복합니다. 내담자들이 자신의 보호자가 반응했던 방식대로 상담자가 반응하도록 하게 할 뿐만 아니라 상담자도 어느 정도는 자신이 친숙한 방식대로 내담자가 반응하도록 합니다(Wachtel, 1993, 2007). 이렇게 반복되는 시나리오를 제거하는 것은 불가능하지만, 이 시나리오를 파악하고 다루는 것은 가능하다고 생각합니다. 이런 과정을 시작하는 것은 상담자가 될 수도 있고 내담자가 될 수도 있습니다. 그런데 상담자가 자신이 반복하고 있는 대인관계 패턴을 자각한다면, 내담자를 자기 방식대로 맞추려고 할 때 내담자가 거부하는 것에 대응을 더 잘 할 수 있을 것입니다.

저는 상담자와 내담자가 서로 보완하면서 서로 영향을 주는 구조일 때 잘 맞는 관계라고 생각합니다. 넓은 의미에서 내담자와 상담자는 서로 양립할 수 있는 형태의 관계양식과 애착양식이 있어야 합니다. 상담자와 내담자는 중요한 영역에서는 서로 잘 맞고 다른 영역에서는 서로 보완하는 관계여야 합니다. 그리고 적정 수준에서 서로 좌절시켜야 합니다. 예를 들면, 친근함을 견디지 못하는 내담자는 친밀 욕구를 채우기 위해 상담자라는 직업을 선택한 상담자와는 잘 맞지 않을 것입니다. 우정이나 연애 관계와 마찬가지로 가장 성공적인 상담자-내담자 결합은 많은 부분에서 중요한 가치관이 서로 같고 종종 정서 특성은 같지만, 표현되는 양상만 다른 것이라고 생각합니다. 한쪽이 내성적이면 다른 한쪽은 외향적이기도 하고, 한쪽이 아침형 인간이면, 다른 한쪽은 올빼미형이기도 합니다. 한쪽이 사회성이 강하면, 다른 한쪽은 혼자 있는 것을 더 좋아하기도 합니다. 그러나 성공적인 결합관계에서 보면 상담자와 내담자가 강한 유대를 성립할 수 있을 정도로 유사한 초기경험을 공유합니다. 이러한 중요한 인간 유대에서 한쪽이 다른 쪽에게 좌절감을 주면 관계는 실패하는 것입니다.

　저는 새로운 내담자를 상담할 때마다 내담자에게 드는 생각이나 느낌이 무엇인지 스스로 묻습니다. 왜 이 내담자를 상담하고 싶은가? 상담하고 싶다는 것은 이 내담자를 상담하면 후에 만족감을 줄 것이라고 기대하는 것이 틀림없습니다. 그렇지 않다면 상담하려고 하지 않을 것입니다. 내담자의 느낌이나 욕구가 내 느낌이나 욕구와 유사한가? 이 내담자에게 무엇을 제공해야 하고 제공하지 말아야 하는가? 우리가 비슷한 슬픔이나 공포를 경험했는가? 우리가 어느 정도나 같은 꿈과 욕구를 공유하는가? 어떤 방식에서 이 내담자와 편안한가? 만일 내가 불안을 느낀다면 어디서 느끼는가? 겉으로 표현하는 방식은 다르더라도 같은 말을 하는 것 같은가? 내담자에게 정서 변화를 일으킬 수 있다고 생각하는 것은 무엇이며 어떻게 할 수 있는가? 이렇듯 내담자를 처음 만날 때 떠오르는 생각과 느낌을 거르지 않고 흘러가는 대로 두고 보면 내담자와 잘 맞는지 결정하는 데 도움을 줍니다.

🕊 협력관계 형성하기

내담자와 서로 상담하기로 결정하고 나면 내담자에게 상담과정에 대한 교육을 하기 시작합니다. 교육은 한꺼번에 할 때도 있는데 이런 경우는 내담자가 실리를 추구하는 사람이어서 상담성과를 촉진시키기 위해 자신이 해야 할 일이 무엇인지 즉각 알고 싶어 할 때입니다. 현재 호소 문제를 이야기하는 데만 몇 회의 상담시간이 걸리는 내담자에게는 이후에 상담과정 교육을 합니다. 상담교육을 해야 하는 시기가 별도로 있는 것은 아니고 몇 회의 상담시간 동안 간단한 형태로 할 수도 있습니다. 하지만 상담교육은 상담초기에 해야 합니다.

저는 내담자에게 상담에서 내담자 역할이 수동적인 참여자가 아니라 적극적인 참여자라는 사실을 인식시킵니다. 만일 내담자가 저에게 먼저 이야기를 시작해 달라고 요청하면 저는 상담을 내담자가 시작하는 것이 왜 중요한지 설명합니다. 그리고 감정과 관련된 주제에 주로 초점을 맞춥니다. 감정과 관련된 주제가 무엇인지 상담자가 알아내는 것은 불가능합니다. 과거에 중요했던 주제를 꺼낼 수도 있으나 그 순간에 어떤 것이 감정상 중요한지 아는 것은 내담자의 몫입니다. 제가 강조하고자 하는 것은 상담시간에 할 이야기를 내담자가 책임지는 것이 중요하다는 것입니다. 제가 하는 역할은 무엇이 중요한지 결정하는 것이 아니라 안내하고 촉진하는 것입니다.

제1장에서 제가 '소강상태'라고 언급한 현상 동안 종종 있는 일로, 내담자가 불안해하거나 말을 하지 않으면 저는 생각해 볼 만한 주제를 제안하기도 합니다. 그러나 제가 제안하는 것은 늘 내담자의 경험과 직접 관련된 것에 한정합니다. 여기에는 지난 상담시간에 대한 내담자의 생각이나 느낌, 지난 상담시간 이후에 들었던 생각이나 느낌, 지난 상담시간

이후에 있었던 사건 그리고 오늘 상담에 오는 것에 대한 느낌 등이 있습니다. 내담자에게 상담과정에 대해 교육을 하면서 저는 정서경험을 통하여 어떻게 변화가 일어나는지 설명합니다. 그래서 내담자가 어떤 말을 할까 결정할 때 어떤 주제가 가장 강한 감정을 일으키는지 스스로 물어보라고 합니다.

내담자에게 저는 상담에 대해 어떻게 느끼는지 구체적이든 대강이든 말해 보라고 합니다. 제가 내담자에게 말한 것들에 대해서도 어떻게 느끼는지 주저하지 말고 이야기하라고 합니다. 그리고 상담이 궤도를 벗어나 있으면 알려 달라고 합니다. 저는 상담자가 상담을 안내하고 경계를 유지해야 하는 책임이 있다고 말합니다. 그러면서 이 일을 제가 잘하기 위해서는 우리가 같이 협력하여 가장 깊은 감정과 고민거리를 이야기할 수 있어야 한다고 말합니다. 상담의 본질이 무엇인지 교육받고 안내받기 위해 내담자에게 상담자가 필요한 것과 마찬가지로, 무엇이 도움이 되고 도움이 되지 않는지 알기 위해서는 상담자에게 내담자가 필요한 것입니다. 상담자가 내담자에게 미치는 영향에 대해 서로 알아야 하는데 어떤 형태로든 관계가 와해되는 경우에는 더욱 그렇습니다.

대부분의 내담자는 상담이 같이 협력하는 관계라는 생각을 좋아하는 것 같고 이 생각에 힘을 얻는 듯합니다. 저는 상담관계를 같이 노력하는 것이라고 보는 것이 내담자에게 책임을 조금씩 불러일으켜서 유아기 의존성을 최소로 한다고 믿는데 퇴행이 아주 심한 경우에도 그렇다고 봅니다. 퇴행은 다음 장에서 다룰 것입니다. 교육과정은 내담자가 경험할 것을 준비시키는 데 도움이 되고 잘 모르는 것에 직면할 때 불안을 줄여 줍니다. 자신에게 무슨 일이 일어나고 있는지 이해하는 것은 통제감과 안정감을 훨씬 증진시킵니다.

퇴행한 내담자의 예를 들겠습니다. 이 내담자는 주말에 불안 발작과 우울로 힘들었는데 월요일 상담시간에 와서 다음과 같이 말합니다. "저는 지난 주말에 진짜 힘들었고 무서웠어요. 저는 선생님께 전화하려고도 생각했지만, 곧 제가 왜 이렇게 느끼는지 깨달았고 전화상으로는 선생님이 해 주실 만한 것이 없다는 것을 알았어요. 그래서 선생님을 귀찮게 하기보다는 이번 상담시간까지 기다리기로 결정했지요." 제가 상담을 처음 시작했을 때는 퇴행의 중대한 징후를 지켜보고 있어도 내담자에게 퇴행을 설명하지 않았습니다. 그 결과로 저는 도대체 무슨 일이 일어나고 있는 것인지 불안해하면서 물어보는 내담자의 다급한 전화를 다반사로 받곤 했습니다. 내담자들은 상담과정에 대해 이해를 하면서 어려운 시기를 나름대로 극복해 나갔고 무기력감과 상담자에 대한 의존심을 줄였습니다.

어떤 내담자들은 다른 내담자에 비해 더 많을 것을 알기 원하기도 하고 또 그럴 필요가 있는 경우도 있습니다. 저는 대체로 목표 설정, 상담료, 상담 횟수 그리고 상담초기에 감정을 솔직하게 이야기하는 것이 필요한 이유에 대해서 알려 줍니다. 제기 말한 것과 같이 내담자의 정서 상태와 현재 욕구를 언제나 우선시합니다. 이 정보를 첫 상담시간에 언급하는 경우도 있고 상담이 몇 회 진행될 때까지 기다리는 경우도 있습니다. 상담을 하면서 필요하면 교육을 더 하기도 합니다. 종종 내담자의 질문에 답하는 식으로 하기도 하지만, 다른 경우에는 같이 협력하는 것을 필요로 하는 일이 발생하면 거기에 맞춰 교육을 하기도 합니다.

예를 들어 보겠습니다. 한 내담자가 갑자기 상담시간에 늦기 시작했습니다. 저는 내담자에게 왜 늦는지 생각해 보라고 하였습니다. 많은 경우 처음 반응은 "잘 모르겠는데요."라거나 "근래 들어서 직장에서 빠져나오는 게 힘들어지는 거 같아요."와 같은 말입니다. 내담자는 즉각 답을 하지 못합니다. 이유는 내담자가 늦는 진짜 이유는 무의식에서 탐색해야 하기 때문입니다. 저는 내담자가 왜 늦었는지 열심히 생각하도록 하기보다는 이 문제를 저와 내담자가 함께 생각하고 이야기할 '이야깃거리'로

봅니다. 만일 내담자가 침묵하면 저는 다음과 같은 말을 합니다. "자, 지난 시간까지 연이어 세 번 늦었습니다. 제 추측에는 대략 한 달 전에 상담시간이든 일상생활이든 무슨 일이 일어났고 이 때문에 ○○ 씨가 상담받으러 오는 것에 갈등이 생긴 것 같습니다. 저는 그것이 무엇인지 궁금합니다."

이 지점에서 저는 내담자가 하려는 말이 무엇인지 알 수도 있고 모를 수도 있습니다. 어떻든 간에 제가 그 문제에 대해서 제 의견을 말하기 전에 내담자가 그 문제를 파악할 기회를 주고 싶은 것입니다. 예를 들면, 한 달 전에 무슨 일이 있었느냐고 간단하게 물어보는 것도 내담자의 대답을 이끌어 낼 수 있습니다. 내담자는 "세상에! 완전히 잊어버리고 있었어요. 저는 예전 상담시간에 선생님이 제게 말한 것 때문에 진짜 짜증이 나 있었어요. 하지만 그걸 까마득하게 잊고 있었네요."라고 말할지도 모릅니다. 또는 내담자가 "저는 부모님에게 얼마나 화가 나 있었는지 이야기하고 나서는 상담이 끝난 후 죄책감을 느끼면서 후회했던 기억이 나요. 저는 부모님 뒤통수를 친 것이죠. 다시는 그러고 싶지 않았어요."라고 말할지도 모릅니다. 만일 내담자가 어떤 기억도 하지 못하면 제가 생각하고 있는 한두 가지 가능성을 내담자에게 이야기하고서 이 생각에 대해 어떻게 생각하는지 물어봅니다. 이러면 종종 "아하!"라며 기억하는 경험을 하기도 하지만 어떤 경우에는 성과가 별로 없기도 합니다. 어떤 성과도 얻지 못하면 저는 "우리가 알아내지 못한 것이 분명히 있는 것 같은데 상담하면서 그게 뭔지 알 수 있기를 바랍니다."라고 말합니다.

🐦 안드레아 사례

안드레아는 변호사였습니다. 안드레아는 한 법무법인에서 새로 일을 시작했고 이 자리를 잃고 싶지 않아서 상담을 받으러 왔습니다. 안드레아가 처음 상담을 시작한 것은 30대 초반이었는데 이때 이미 두 군데의 법무법인에서 해고를 당한 경험이 있었습니다. 해고를 당한 이유는 동료 변호사와 직원이 분노를 느끼도록 행동했기 때문이었습니다. 안드레아는 의뢰인과 대체로 일을 잘했고 성공적인 변호사였습니다. 그러나 결국에 가서는 안드레아가 동료 변호사들과 행정직원들에 대해 논쟁하는 듯하고 무례한 행동으로 상사들을 질리게 하였습니다.

안드레아는 자신에게 뭔가 문제가 있다고 결론을 내렸습니다. 이렇게 결론을 내리게 된 것은 이전 동료들과의 관계에서도 늘 문제가 있었다는 점 그리고 연애를 해도 관계를 오래 유지하지 못한다는 점 때문이었습니다. 안드레아는 매우 외롭다는 것을 인정하였고 더 이상 이렇게 살 수는 없다고 했습니다.

안드레아는 친구 몇 명이 있는데 친구들이 자신을 거부하고 무시하는 느낌을 자주 느낀다고 했습니다. 안드레이는 능력도 많고 삶에 대한 열정이 있는데도 불구하고 직장도 없이 외롭게 인생이 끝나게 되는 것은 아닌지 걱정했습니다. 안드레아는 주변 사람들에게 화가 나 있었습니다. 안드레아는 그들이 과민하고 약하다고 표현하였습니다. 안드레아는 어떤 누구도 자신의 행동에 대해 직접 이야기해 주지 않고 상사에게 어린애처럼 고자질이나 한다고 했습니다. 그러면서 "왜 그렇게 비겁하지요?"라고 물었습니다. 안드레아는 불만이 있으면 자신에게 직접 말해서 일이 잘되게끔 하면 간단한데 왜 그렇게 안 하는지 이상하다고 했습니다.

안드레아가 자신의 문제에 대해 다른 사람을 비난하는 경향성은 심했지만, 사람들이 건전하게 화를 내거나 갈등을 잘 해결하려고 하지 않는다고 한 그녀의 말에는 공감하지 않을 수 없었습니다. 안드레아가 비록 몇몇 동료에게 지나치게 공격적이어서 이런 행동이 이들에게 위협이 된다는 것은 틀림없었지만, 이 문제가 온전히 안드레아의 문제만은 아니었습니다. 제가 안드레아의 좌절감에 거짓 없이 공감한 것이 우리 사이에 끈끈한 관계를 이루는 데 도움을 주었습니다. 그리고 상담이 진행되면서 그 상황에 대해 안드레아도 책임이 있다는 사실을 이야기할 수 있게 되었습니다. 안드레아는 "만일 제가 계속 해고를 당하고 아무도 저와 데이트하거나 결혼하고 싶어 하지 않는다면 제게 뭔가 문제가 있는 것이겠지요."라고 반복해서 말했습니다. 안드레아가 자각을 하게 된 이후 저는 안드레아가 자기 삶을 조절할 수 있고 행동을 변화시킬 수 있는 잠재력이 있다고 느꼈습니다. 만일 안드레아가 자기 문제에 대해 다른 사람을 비난만했다면 저는 안드레아를 상담하겠다고 하지 않았을 것입니다.

안드레아의 증상 프로파일은 경계성 성격장애의 특징을 보였습니다. 안드레아는 자기애가 강한 어머니로부터 받은 정서적인 무시와 학대로 고생했습니다. 안드레아의 아버지는 안드레아가 겨우 6살이었을 때 집을 나갔습니다. 어머니는 재혼하지 않았는데 이로 인해 어머니와 딸 사이에 완충할 수 있는 여지가 없었습니다. 안드레아가 13살이 되었을 때 고집이 강한 두 여인은 서로 헐뜯으면서 부딪치기 시작했습니다. 곧 안드레아는 길거리를 배회하면서 마리화나를 피웠고 자기를 원하는 사람이면 누구하고나 성관계를 했습니다. 그러나 결국 안드레아는 이런 선택이 재앙을 불러올 수도 있겠다는 것을 깨닫고 그러지 말아야겠다고 결심했습니다. 안드레아는 고등학교에서 열심히 공부했고 좋은 대학과 로스쿨을 졸업하였습니다.

저는 안드레아에게 어떻게 삶의 방향을 바꿀 수 있었는지 물었습니다. 안드레아는 이 모든 게 방과 후 아르바이트했던 직장에서 만난 아저씨 덕분이라고 했습니다. 이 사람은 안드레아와 성관계를 갖기는 했지만 매우 잘 보살펴 주었고 친절했습니다. 그는 안드레아에게 능력을 낭비하면서 인생을 망쳐 가고 있다고 했습니다. 그는 자기처럼 중년에 벌어 놓은 것도 없이 어디 갈 곳도 없는 처지가 되지 말라고 강하게 말했습니다. 안드레아는 그 말을 따랐습니다. 이 이야기는 안드레아에 대해 두 가지를 말해 주고 있습니다. 첫 번째는 안드레아가 누군가와 가까워져서 그 사람을 중요한 사람으로 받아들일 수 있다는 것이고, 두 번째는 안드레아가 의지가 있다면 조언을 듣고 변할 수 있다는 것입니다. 그래서 저는 안드레아를 도울 수 있을 것이라고 판단했습니다.

상담 첫해에는 주로 아동기와 성인기에 있었던 불행한 이야기를 듣는 데 시간을 할애했습니다. 안드레아가 자신의 좌절감, 두려움, 분노 그리고 외로움에 대해 이야기할 때 저는 열성을 다해서 들었습니다. 차츰 안드레아가 그런 감정을 견디어 낼 수 있게 되었을 때 저는 조금씩 제가 관찰했던 것을 이야기하기 시작했습니다. 예를 들어 보겠습니다. 한번은 안드레아가 화가 난 채로 상담시간에 온 적이 있었습니다. 화가 난 이유는 법률사무소 직원이 안드레아가 하는 욕설에 대해 불평을 했기 때문이었습니다. 저는 안드레아에게 서로 어떻게 이야기했는지 하나씩 자세히 이야기해 보라고 했습니다. 우리 목표 가운데 하나가 안드레아가 이 직업을 유지하고 법조계에서 퇴출되지 않는 것이었기 때문에 저는 안드레아가 행동을 바꿀 수 있도록 돕는 데 일종의 책임감을 느꼈습니다.

화를 지나치게 내는 사람들에게 종종 그렇듯이 촉발 사건이 있습니다. 그날 법정에서 필요한 중요한 서류를 변호사 보조원이 제대로 해 놓지 않았던 것입니다. 더구나 일을 제대로 해 놓지 못한 것이 처음이 아니었습니다. 안드레아가 보조원을 불러내어 잘못한 일에 대해 불만을 이야기했으면 좋았을 텐데 그러지 않고 다른 직원들이 있는 앞에서 그 직원에게 화를 내면서 큰소리로 그 직원을 모욕했습니다. 그 보조원은 울음을 쏟아내면서 다른 곳으로 가 버렸습니다.

안드레아는 자신의 행동으로 다른 직원들이 당황한 모습을 보았습니다. 안드레아는 저에게 "이해할 수가 없어요. 이 여자는 사무실에서 빈둥거려요. 제대로 일을 하지도 않고요. 제가 그걸 지적한 거고 그래서 저는 나쁜 년이 된 거죠."라고 말했습니다. 이 사건으로 저는 사회에서 허용되는 행동에 대해서 교육할 수 있는 기회를 갖게 되었습니다. 저는 안드레아의 과도한 반응으로 원래는 합당했을 호통이 어떻게 퇴색해 버렸는지 강조했습니다. 어떤 사람이 무슨 행동을 하든지 간에 만일 당신이 지나치게 심한 말을 하면 당신이 자동으로 잘못한 사람으로 되는 거라고 설명했습니다. 안드레아의 처벌은 늘 상대방이 잘못한 정도보다 더 심했습니다. 시간이 지나면서 저는 대부분의 사람들은 갈등이 극한까지 가는 것을 피하는 반면 안드레아는 극한까지 간다는 것을 깨닫도록 도울 수 있었습니다. 우리는 생산적인 의사소통과 갈등 해결이라는 면에서 두 입장 모두 어떻게 도움이 되지 않는지 이야기하였습니다.

저는 안드레아의 정서 문제가 일부는 유전 때문이기도 하고 일부는 환경 때문이라고 생각하지만, 사라지지 않고 있다고 말하면서 안드레아의 정서 문제에 대해 교육했습니다. 안드레아는 격렬한 감정을 조절하는 것을 배워야 했고 공격적인 행동은 줄이고 자기 표현방법을 배워야 했습니다. 저는 안드레아에게 일상생활에서 좌절되는 일이 줄어들 때까지는 충동 조절에서 큰 성과는 없을 것 같다고 말했습니다. 성과가 크려면 만성으로 느끼고 있는 외로움과 거부당하는 느낌이 감소되어야 했습니다. 가까운 관계도 없고 갈등이 잦아서 매일의 일상생활에서 만족감을 느낄 만한 일이 별로 없었습니다. 저는 극도의 정서 박탈상태에서 좋아진다는 것은 누구에게나 힘든 일이라고 말했습니다. 제가 이 말을 했을 때 안드레아는 이해받는 느낌을 느꼈고 동의하였습니다. 예측한 대로 안드레아가 데이트를 시작하고 이 관계가 몇 번 이상 만나는 정도로 지속되자 안드레아는 안도감을 느끼기 시작하였습니다. 그리고 직장의 다른 사람들과의 관계에서도 더 편해졌습니다.

어느 날은 안드레아가 매우 속상해하고 당혹스러워했습니다. 전날 밤에 일을 마치고 비디오 대여점에 갔는데 거기서 직원과 안 좋은 일이 있었다고 말했습니다. 비디오 대여점에서 오래 기다렸고 이때 짜증이 났다고 했습니다. 마침내 비디오를 가지고 카운터에 갔을 때 직원이 "비디오를 던지지 마세요. 당신이 뭔데요? 다른 데서 비디오를 빌리세요."라고 했습니다. 안드레아는 모욕감과 화를 느끼면서 붐비는 가게를 나왔습니다. 그리고 나서 이와 너무 비슷한 일이 자동현금인출기 앞에서나 식품점에서도 일어났다는 것이 떠올랐습니다. 한번은 어떤 남자가 안드레아를 때리려는 위협을 하기도 하였습니다.

안드레아는 정말 이해하지 못하겠다고 고백했습니다. 저는 비디오 대여점에서 있었던 때로 다시 돌아가 보자고 했습니다. "비디오를 그 점원에게 던졌나요?"라고 물었습니다. 안드레아는 "아니요. 저는 던지지 않았어요."라고 답했습니다. "자, 그럼 왜 그 점원은 던졌다고 확신을 했을까요?" 안드레아는 잠깐 침묵하다가 말했습니다. "예, 저는 정말 집어던지지는 않았어요. 하지만 툭 내던졌을지는 몰라요. 그러지 말았어야 했는데. 저는 오래 기다려서 짜증이 나 있었어요. 하지만 비디오를 점원에게 던지지는 않았어요." 안드레아는 자신의 행동을 어느 정도 조절해도 종종 다른 사람의 화를 자극하게 된다고 계속 말했습니다. 안드레아는 자신의 패턴을 이해할 수 있도록 제가 도울 수 있는지 물었습니다.

저는 안드레아에게 같은 느낌을 느낀 적이 있었기 때문에 도울 수 있다는 것을 바로 알았습니다. 사무실에서 안 좋은 일이 있는 날이면 안드레아는 화난 얼굴표정을 하고 몸짓으로도 화가 나 있다는 것을 나타내면서 상담실에 들어왔습니다. 자세와 얼굴표정 그리고 움직이는 동작에서도 원초적인 분노를 뿜어내고 있었습니다. 괜찮았던 날조차도 저는 긴장감을 많이 느꼈고 안드레아의 분노가 어느 때라도 터져 나올 수 있다는 것을 느꼈습니다. 그래서 저는 안드레아에게 방어로 나타나는 좌절과 분노가 평상시에도 얼마나 많은지 설명하였습니다. 안드레아가 '괜찮다.'고 느낄 때조차도 다른 사람에게는 화난 것처럼 보였고 그래서 다른 사람들은 안드레아가 있으면 경직되고 방어를 하였습니다. 이 사례는 감정이 무의식 수준에서 '전염' 되는 요소임을 보여 줍니다.

저는 종종 안드레아의 살짝 감추어진 분노를 다루는 데 애를 먹었습니다. 그 이유는 저에게 안드레아 만큼 심하지는 않지만 같은 문제를 가지고 있는 자매가 있었기 때문입니다. 저는 제 자매가 세상에 대해 느끼고 있던 분노에 희생당한다는 느낌을 종종 느꼈습니다. 이런 경험이 안드레아와 같은 내담자를 깊게 이해할 수 있고 안도감을 느끼도록 해 주었습니다. 이 경험이 없었다면 이해하기가 힘들었을 것입니다. 그러나 어떤 경우에는 안드레아의 비판과 언어 공격에 과도하게 민감해지기도 했습니다. 안드레아에게 설명해 주고 있던 방어를 제가 보이기도 했는데 안드레아는 이것에 주의를 기울였고 이 문제가 나타나면 서로 이야기했습니다.

그럼에도 불구하고 제가 안드레아의 억압된 분노에 대해 설명했을 때 처음에는 실망하는 반응을 보였습니다. 자각조차 못하고 있는 것을 어떻게 변화시킬 수 있을까요? 성격의 가장 중요한 부분을 어떻게 바꿀 수 있을까요? 저는 안드레아에게 늘 싸우려고 하는 태도가 완전히 무의식 상태에 있는 것일 수도 있겠다고 이야기했습니다. 그렇습니다. 안드레아는 그런 태도와 함께 사는 것을 배워 왔기 때문에 자신이 얼마나 방어를 하고 있고 얼마나 화가 나 있는지 자각하지 못했던 것입니다. 하지만 안드레아가 진짜 자각하지 못하고 있는 것일까요? 제가 안드레아에게 긴장감을 못 느끼는지 그리고 다른 사람의 반응을 알아차리지 못하는지 물으면서 이 생각에 대해 안드레아와 계속 이야기했습니다. 안드레아는 못 느낀다고 말할 수밖에 없다고 했고 어떻게 해야 할지 모르고 있었습니다. 안드레아는 상담시간 동안 자신을 있는 그대로 받아들이고 감정을 자각하며 폭발하기 전에 적절히 표현하는 연습을 했습니다. 경계성 성격장애가 있는 내담자들 가운데 상당수는 자기 표현을 극도로 하지 않아서 심지어는 수동적인 태도를 보이기도 하는데 감정에 압도될 때는 그저 폭발하기만 합니다. 안드레아는 수동적인 태도가 덜하기는 했지만, 경계성 성격장애가 있는 다른 내담자처럼 짜증과 분노가 폭발할 때까지 표현하지 않는 경향이 있었습니다. 이와 함께 우리는 감정에 압도되었을 때 감정을 가라앉히면서 이완할 수 있는 방법을 배우는 것이 왜 중요한가에 대해서도 이야기했습니다.

지금까지 이야기하면서 저는 저와 내담자 사이에 오갔던 강렬한 감정을 제쳐 놓았습니다. 이는 상담에서 교육과 협력이 얼마나 중요한지 강조하고 싶어서였습니다. 교육과 협력은 매우 어려운 내담자에게도 중요합니다. 저는 제7장에서 안드레아에 대해 더 논의할 것입니다. 제7장은 경계성 성격장애가 있는 내담자를 상담할 때 부딪치는 특수 문제에 대해서 다루고 있습니다.

🦩 로라 사례

저는 로라를 대략 1년 반 정도 상담했습니다. 로라는 저소득층 내담자였는데 의사가 문진하는 동안 갑자기 울음을 터뜨려서 의뢰되었습니다. 의사는 혈압이 너무 높으니 살을 빼야 한다고 말했습니다. 로라의 나이는 50세였고 이혼했으며 아이는 없었고 혼자 살았습니다. 로라는 사무실 관리자로 일하고 있었는데 일중독이었습니다. 일할 때를 제외하고 주로 하는 활동은 먹는 것과 텔레비전을 보는 것이었습니다. 주말에는 근처에 살고 있는 부모님을 찾아뵈었고 일주일에 한 번 정도는 형제나 동료 또는 친구를 만났습니다. 로라는 10년 전 이혼한 이후 계속 우울했는데 지난 몇 년간 증상이 더 심해졌다고 했습니다. 로라는 이전에 한 번도 상담을 받아 본 적이 없었지만 의사가 상담을 권하면서 제 명함을 주었을 때 거부감은 들지 않았다고 했습니다.

상담한 지 6개월이 되어 갈 즈음에 로라에게 일주일에 2회 상담을 받을 수 있도록 상담료를 깎아 주겠다고 했습니다. 로라는 죄책감과 무가치감이 느껴진다고 말하면서 이 제안을 꺼려 했지만 마침내 받아들였습니다. 이때까지 로라는 저에게 강한 애착을 형성하였고 뚜렷한 증상 완화를 보였습니다. 제가 일주일에 2회 상담을 제안한 이유는 증상이 호전되는 것이 아니라 실망스럽게도 퇴행을 하기 시작하여 퇴행과 관련된 과도한 고통과 갈망의 신호가 보였기 때문입니다.

상담시간이 늘어난 후 로라는 다시 호전되기 시작했습니다. 저에 대한 애착은 계속 증가하였는데 어느 날은 저에게 사랑한다고 말하기도 하였습니다. 상담시간에는 감정을 많이 표현하였고 생생하게 대화가 오고갔습니다. 이때 이후로 우리 사이에는 두 번의 중요한 감정적인 격전이 있었습니다.

이후로는 상담시간에 저나 로라 모두 감정을 더 투여하게 되었습니다. 로라와 관계는 좋았습니다. 하지만 처음 로라를 상담하기로 했을 때는 그렇게 기쁘지는 않았습니다. 상담 약속을 잡기 위해 로라가 처음 전화했을 때 목소리가 나이보다 젊게 들렸고 활기찼고 유쾌했습니다. 로라는 제가 정신분석을 한다고 들었으며 우울증의 핵심에 도달하고 싶다고 이야기했습니다.

당연히 이 말은 제 귀에 음악처럼 들렸고 저는 만날 날을 고대했습니다. 로라가 대기실 문을 열고 들어섰을 때 제가 본 것은 나이 많고 뚱뚱한 여자였습니다. 머리 빗질은 잘했지만 외모가 전혀 멋스럽지 않았습니다. 상담자들은 자신이 상담하는 교양 있고 매력 있으며 부유한 사람들에 대해서는 잘 언급합니다. 그러나 반대되는 경우 기술하는 경우는 거의 없는데 제 사례에서 제가 낙담한 것은 변하기에는 분명히 나이가 많고 좌절감을 다루기에는 너무 많이 먹으며 건강을 위해 별로 운동도 하지 않으며 똑똑하지만 정규교육을 받지 않은 사람을 상담해야 할지도 모른다는 것이었습니다. 설상가상으로 로라는 돈도 없었습니다. 로라의 정부 보조금이 적어서 일주일에 한 번 상담 받는 것도 어려웠고 신용카드 빚도 많았습니다. 로라는 제가 기대했던 훌륭한 내담자가 아니었습니다.

어쨌거나 저는 로라를 상담하기 시작했습니다. 상담을 시작하게 된 주된 이유는 첫 시간 동안 너무 많이 울었고 고통이 심했기 때문이었습니다. 로라는 우울증을 완화시키고 싶은 욕구는 절박했으나 약은 먹고 싶지 않고 상담으로 완화시키고 싶다고 했습니다. 저는 약 대신 음식을 잘 선택하는 것이 도움이 될 수 있을 것 같다고 말했고 로라는 동의했습니다. 특히 로라의 혈압이 문제였기 때문에 의사의 승인을 얻어 운동을 권했습니다. 로라는 동의하고 걷는 운동을 시작했습니다. 상담 첫 회를 마칠 즈음 로라를 상담하는 데 대해 매우 좋은 느낌이 들었고 좋아질 수 있겠다고 생각했습니다. 비록 로라가 정신분석 상담에 적합한 사람은 아니었지만 괜찮고 호감이 가는 여성으로서 상담이 절대 필요했습니다. 그리고 자신의 삶을 바꾸고 싶어 했습니다.

상담을 시작한 지 몇 달 지나서 저는 로라와 상담하는 시간을 기다리고 있다는 사실을 알게 되었습니다. 로라는 농담을 잘하고 유머감각이 있었지만 너무 자신을 희생시키는 농담과 유머가 많았습니다. 로라는 상담시간마다 과도한 환희와 절망감을 함께 보여 주었습니다. 말을 많이 해서 한 시간을 쉽게 채웠습니다. 그리고 제 해석을 듣고 받아들여 자신의 삶을 통찰할 수 있었습니다. 로라는 피드백 받는 것을 좋아했고 그 피드백으로 자신이 한 것을 저에게 보여 주는 것을 좋아했습니다. 제가 대기실에 로라를 만나러 가면 로라는 인사를 하면서 환한 웃음을 보였습니다. 상담이 로라에게는 기운을 북돋아 주는 일이 되는 것 같았습니다. 이내 저는 제가 얼마나 로라에게 애정을 가지고 있는지 알게 되었습니다.

로라는 관계가 가까워질수록 더 많은 고통을 보고했습니다. 로라는 인생에서 가장 큰 고통이 자신이 누구에게도 중요하지 않은 존재인 것이라고 늘 이야기했습니다. 로라는 자신이 다른 사람에게 제공할 만한 중요한 것이 전혀 없음을 아는 것이 참을 수 없는 일이라고 했습니다. 자신이 다른 사람의 삶을 더 풍요롭게 해 줄 수 없다고 생각하는 것이 싫다고 했습니다. 이 말을 듣고 저는 그렇지 않다는 것을 바로 알았는데 그 이유는 로라가 제 삶을 풍요롭게 해 주고 있었기 때문입니다. 그리고 저는 로라가 걱정하고 있는 문제의 특성을 보고 감동했습니다. 저는 내담자 가운데 다른 사람과 세상에 자신이 기여할 수 있는 존재인지 걱정하는 사람을 많이 보지 못했습니다. 로라는 간절히 달라지기를 원했지만 그러지 못했고 앞으로도 그럴 수 없을 거라고 믿고 있었습니다.

이것이 로라와 상담하는 가운데 첫 번째로 온 어려운 순간이었습니다. 이 이야기를 여러 시간에 걸쳐 반복한 후에 저는 로라가 저에게서 어떤 반응을 원하고 있다는 것을 알았습니다. 그러나 뭘 원하는 것인지? 로라는 친구와 가족들은 언제나 자신을 안심시켜 주고 문제를 해결해 주려고 노력했다고 하였습니다. 로라는 자신이 친구나 가족들이 보기에 안쓰러운 어떤 행동을 하고 있음에 틀림없다는 것을 알기는 하지만 그렇다고 무기력하고 도움이 필요한 사람으로 보이는 것은 싫다고 말했습니다. 그래서 저는 과도한 동정이나 공허한 위로를 담은 어떤 말도 하지 않았습니다. 로라는 제가 고통을 제거해 주기를 바라지는 않았지만 뭔가를 원하고 있었습니다. 그렇다면 무엇을 원하고 있었을까요? 저는 늘 당신을 생각하고 있다고 말하는 것을 포함하여 로라를 구원하는 여러 가지 환상이 잠깐 떠올랐습니다. 하지만 어리석게 이런 환상을 행동으로 옮기지는 않았습니다.

다음 시간에 로라와 저는 누군가에게 중요한 사람이 절대 될 수 없을 것이라는, 즉 가치 있는 무엇인가를 줄 수 없을 것이라는 로라의 각본을 다시 썼습니다. 저는 "그럼 왜 나는 로라 씨를 만나기 고대하는 것일까요?"라고 말했습니다. 로라는 저를 빤히 보고 있었는데 제 말을 듣고는 고개를 돌려 조그마하게 "몰라요."라고 말했습니다. 로라는 제 말에 대해서는 아무 대꾸도 없이 계속 말을 이어 갔는데, 저는 로라의 얼굴표정과 몸짓에서 제가 어떤 영향은 주었다는 것을 알 수 있었습니다. 로라는 다음 상담시간에 자신을 만나기 고대한다는 제 말이 자신에게는 충격이었고 많은 의미를 주었다고 말했습니다. 그러나 곧바로 덧붙이기를, 그 말을 믿을 수 없다고 했습니다. 저는 로라에게 거짓말한다고 생각하는 건지 물었습니다. 로라는 "아니요. 선생님이 거짓으로 그렇게 이야기했다고 생각하지는 않아요."라고 말했습니다. 로라는 자신에 대해 느끼고 생각하는 방식을 바꾸기가 너무도 어려운 것뿐이라고 말했습니다. 로라는 자기가 생각하는 자기 모습과 제가 말한 자기 모습을 통합시킬 수가 없었던 것입니다. "아시다시피 선생님이 말씀하셨다고 해서 제가 쉽게 바뀌기는 힘드니까요." 저는 미소를 지으면서 이해한다고 했습니다. 저는 로라에게 자기를 보는 방식이 바뀌기 위해서는 오랜 시간이 필요하다고 말했습니다. 로라는 자기혐오의 느낌이나 표현을 계속하였으나 제가 이해한다는 것을 알게 되어 기쁘고 제 말이 희망을 주었다고 했습니다. 이 말이 바로 로라가 저에게 원했던 말입니다. 즉, 제가 잘 돌봐 주고 있어서 언젠가는 자신이 저에게 중요한 사람이 될 것이라는 희망이 있다는 것을 아는 것 말입니다.

그리고 로라가 무의식 수준에서 알고 있는 사실, 즉 자신이 저에게 진짜 중요하다는 사실을 저에게 확인받고 싶어 했던 것입니다. 앞에서 제가 이야기한 것과 같이 저는 로라를 존중했습니다. 그리고 로라와 로라에게 일어난 일에 대해서 마음을 많이 쓰게 되었습니다. 제가 정서 관련 문헌에서 읽은 내용들은 제 임상경험과도 딱 들어맞습니다. 임상경험에 따르면, 사람들은 상대방이 느끼고 있는 것을 무의식 수준에서도 서로 안다는 것입니다. 상대방이 느끼는 것을 언제나 서로 안다는 관점에서 상담을 바라보니 상담은 완전히 다른 것으로 보였습니다.

초기경험은 내담자가 당면한 현실을 받아들이는 데 방해물이 될 수 있습니다. 바첼(2007)이 지적했듯이 로라가 자신을 바라보는 관점은 저나 다른 사람들이 로라에 대해 실제로 느끼고 있는 방식으로 바뀔 필요가 있었습니다. 그러나 이 변화는 통찰만으로는 어려웠습니다. 자기 자신에 대해 느끼는 방식에 변화를 가져올 수 있는 정서경험을 많이 하는 것이 필요했습니다.

다음은 앞의 내담자에게 다른 개입방법을 사용한 예를 들어 보겠습니다. 제가 앞에서 이야기하지 않은 것이 한 가지 있는데 그것은 로라가 환심을 사는 수단으로 친구와 가족에게 자주 선물을 사 준다는 것이었습니다. 상담초기에 우리는 자기가 사랑받을 수 없는 존재라고 생각하기 때문에 사랑을 사려고 하는 로라의 욕구에 대해 이야기했습니다. 크리스마스가 다가오자 로라는 저에게 뭔가를 드리려고 하는데 어떠냐고 물었습니다. 로라는 종종 공예 작업을 하기 때문에 뭔가를 분명히 만들 거라고 했습니다. 저는 "로라 씨가 저에게 뭔가를 주는 게 필요할까요? 그런 욕구가 있다는 것에 대해 이야기하는 것이 낫지 않을까요?"라고 말했습니다. 로라는 저에게 뭔가를 주는 게 낫다고 했습니다. 제가 한 질문은 로라에게 너무나 낯선 것이어서 선물을 하지 않는다는 것은 로라가 상상도 하지 못한 일이었습니다. 그래서 저는 비싸지 않은 선물을 한다는 조건으로 허락했습니다. 로라는 그건 문제가 되지 않는다고 말했습니다. 로라는 저를 위해 뭔가를 만들 계획을 하고 있었습니다.

크리스마스 직전 상담시간에 로라는 몇 가지 물건이 들은 선물 가방을 주었습니다. 저는 선물포장을 한 물건들을 보면서 "로라 씨가 이것들을 만들었나요?"라고 물었습니다. "아니요. 샀어요. 하지만 비싼 것은 아니에요."라고 했습니다.

"저한테 줄 것을 만든다고 했는데 어찌 된 일인가요?"

"그게 시간이 별로 없었어요. 그래서 선생님에게 드릴 것을 산 것뿐이에요."

"최근에 로라 씨는 저에게 돈도 없고 궁핍하다고 말했는데 그럼에도 불구하고 저에게 줄 물건을 사느라고 돈을 써 버렸네요."

"예. 그래야만 했어요. 만일 제가 선생님에게 뭐라도 드리지 않는다면 기분이 아주 안 좋았을 거예요."

저는 불만족스러운 표정을 지었고 선물에 대해서는 약하게 감사 표시를 했습니다. 저는 상담시간 내내 그 선물을 열어 보지 않았는데 그 이유는 선물 주는 행동이 강화되지 않기를 바랐기 때문입니다. 로라가 저에게 선물을 주어야 한다는 강박감을 느끼고 있었다는 것을 알게 되어 마음이 안 좋았습니다.

그다음 상담은 제 휴가 때문에 10일 후에 했습니다. 상담을 시작하면서 로라는 울기 시작하였습니다. 그러면서 말하기를, 제가 로라에게 실망스러워하고 선물에 대해 알아주지도 않은 것에 상처를 받았고 창피했다고 했습니다. 로라는 저에게 선물을 준 후 계속 두려움을 느꼈다고 말했습니다. 그리고 나서 제가 바라는 것과는 다른 행동을 한 멍청한 자신을 계속해서 비웃었다고 했습니다. 저는 로라에게 상처 준 것은 미안하다고 말하고 선물 주는 행동을 못하게 하고 싶었던 것이지 상처를 주려 했던 것은 아니라고 말했습니다. 로라는 계속해서 자신의 불찰이라고 말했습니다. 로라는 자신이 상처받게끔 생겨 먹어서 그렇지 제가 비난받을 것은 아니라고 계속 우겼습니다. 이 상담시간에는 이 문제를 다룰 여지가 보이지 않았고 로라는 다른 주제를 이어 나갔습니다. 하지만 저는 이 주제가 마무리된 것은 아니라는 것을 알고 있었습니다.

로라가 이야기했던 주제 중 하나는 자매 가운데 한 명에게 난 화였습니다. 이 자매는 로라가 집에 갔을 때 다른 자매들과 하는 모임에서 일부러 로라를 소외시켰습니다. 지난번에 이 자매가 마을에 왔을 때는 아무에게도 이야기하지 않고 다른 자매와만 지냈습니다. 이 사실을 알고서 로라는 상처를 받았고 화가 났습니다. 그 자매의 행동이 자신은 사랑받는 존재가 아니며 중요한 존재가 아니라는 로라의 믿음을 강화시켰습니다. 로라는 이전에도 저와 이야기했던 자매의 행동에 대해 상담시간에 이야기해야겠다고 생각했습니다. 하지만 계속해서 자신이 얼마나 갈등이 생기는 것을 싫어하는지에 대해서만 이야기했습니다.

그다음 주에는 꿈을 보고했습니다. 꿈은 큰 액수의 수표를 예금해야 하는데 예금하는 것을 잊었고 그 수표를 서랍에서 발견했을 때 극심한 불안을 느꼈으며 그렇게 중요한 일을 미루었다는 것을 믿을 수 없었다는 내용이었습니다. 저는 로라에게 이 꿈이 무엇을 의미하는지 물어보았습니다.[1] 로라는 해야 할 무엇인가를 덮어 버리는 것이 분명하다고 말했습니다. 그것이 무엇인 것 같냐고 물어보았더니 로라는 자매의 행동에 대해 이야기하지 않았다고 말했습니다. 말하고 싶었으나 두려웠다고 했습니다.

이를 계기로 저는 로라에게 다른 사람에게 그러는 것같이 저에게도 다 드러내고 있지 않다고 말할 수 있었습니다. 그리고 크리스마스 때 있었던 일에 대해 더 들었던 생각은 없었는지 물어보았습니다. 로라는 그것에 대해 많이 생각했다고 말했습니다. 저는 의도 없이 "저를 용서한 건가요?"라고 물었습니다. 그랬더니 로라는 바로 "아니요."라고 답했습니다. 로라는 자신의 반사적인 응답에 스스로 놀랐고 즉각 태도를 바꾸어 너무 지나치게 예민했다고 말했습니다. 결국 처음에 로라는 잘못한 것이었습니다. 분명히 로라는 거절을 자초했습니다. 로라는 무엇을 기대했던 걸까요?

---

1) 이 꿈은 제가 여기서 언급하는 내용보다도 더 의미 있는 내용을 담고 있는 것이 명백합니다. 그러나 저는 이 지점에서 로라와 저 사이에서 일어난 것에만 논의를 한정하고자 합니다.

　저는 로라에게 흥미 있는 질문거리를 주었다고 말했습니다. 무엇을 기대했을까요? 로라는 제 선물을 사기 위해 쇼핑하고 제가 좋아할 것 같은 것들을 주는 것이 진짜 즐거웠다고 말했습니다. 로라는 이 선물을 사느라고 쇼핑할 때 아주 좋았다고 했는데 그것은 저와 긴밀하게 연결되어 있다는 것이었습니다. 이것이 로라를 행복하게 했습니다. 로라는 저에게 뭔가를 주어야 했다고 말했습니다.

　저는 "로라 씨는 저를 사랑하기 때문에 저에게 뭔가를 줘야 했어요. 그리고 제가 로라 씨의 사랑하는 감정을 느끼고 받아주기를 원했지요."라고 말했습니다.

　로라는 "그래요."라고 답했습니다. 그러면서 "하지만 제가 받은 것이라고는 선생님의 못마땅한 표정뿐이었어요."라고 말했습니다.

　"그리고 저는 이 문제를 제대로 다루지 못했지요. 그렇지요?"

　"아니요. 그렇지 않아요. 사람들에게 선물을 사서 주는 문제를 가지고 있는 저에게 선생님은 직힙하게 히신 거에요."

　"그럼 제가 옳다고 확신한다면 왜 저를 용서하지 않은 걸까요?"

　로라는 이 질문에 약간 놀란 것처럼 보였습니다. 저는 너무 빨리 변화되기를 기대하고 있었던 것 같다고 말했습니다. 로라에게는 저를 사랑하는데 뭔가를 주지 않고 사랑을 표현하는 것이 불가능했던 것입니다.

　"결국 로라 씨 편에서 보면 그 선물은 저에 대한 사랑을 표현하는 것이었어요. 저는 그 선물을 감사하게 받아야 했고 저는 로라 씨가 스스로 변화할 시간을 줬어야 했고요."

　"하지만 선생님은 그럴 수 없었을 거예요."

　"아니요. 할 수는 있었지만 그러지 않았지요. 저는 다른 말은 하지 말고 감사하다고만 말했어야 했어요."

　로라는 큰 소리로 웃었습니다. 그리고 "역시 제 잘못이네요."라고 말했습니다.

로라와 상담하면서 저는 내담자에게 느끼는 강렬한 감정을 바로 내담자에게 전달하는 것이 아니라 제가 이 감정을 느끼면서 조절하고 난 후 이 조절된 감정을 내담자에게 전달하는 지혜로움에 대해 이해하게 되었습니다. 내담자에게 느끼는 강렬한 감정을 제가 품고서 조절하지 않으면 이 감정은 내담자를 과도하게 자극하거나 유아처럼 의존하게 만듭니다. 로라의 관계 맺는 방식은 무기력하고 결핍되어 있으면서 사랑받지 못하고 의존하려고 하는 역할로 반복되었습니다. 로라의 주변 사람들은 로라에게 조언을 해 주면서 잘못된 판단을 하고 제대로 생활을 하지 못하고 있는 로라를 꾸짖었습니다. 여동생 둘을 비롯해서 자매들은 모두 로라를 깔보는 태도였습니다. 로라에게는 교류해도 별로 얻을 것이 없는 사람들과 관계를 맺는 방식이 있었습니다. 로라도 자신이 사람들로 하여금 자신을 모욕하게 하고 깔보게끔 하게 한다는 것을 알고는 있었으나 어떻게 바꾸어야 할지는 모르고 있었습니다.

저의 역할은 로라에게 느끼게 되는 동정과 구원해 주려는 환상을 행동으로 옮기지 않도록 하는 것과 동시에 제가 로라에게 느끼는 것을 솔직하게 피드백해 주는 것이었습니다. 하지만 로라에게 필요한 긍정적인 피드백은 주기가 어려웠습니다. 왜냐하면 로라가 계속해서 동정을 느끼게 하고 안심시켜 주기 원했기 때문입니다. 그러나 로라에 대해 느낀 것과 상담하는 동안 경험한 것을 이야기하지 않았다면 상담은 조기종결되었을 것입니다.

로라는 거부당하는 것을 너무 두려워해서 다른 사람들의 약점이나 안 좋은 행동에 대해서는 절대 이야기를 하지 않았습니다. 저는 제 행동방식이 상담효과도 없었을 뿐만 아니라 제 편에서 보면 자기 본위이고 저만 생각하는 방식이었다는 것을 로라에게 이야기한 것이 상담에 도움이 되었다고 생각합니다. 저는 로라가 변화되어 저에게 기쁨이 되기를 원했습니다. 저는 저에게 선물을 사 주지 않고서도 로라가 만족하기를 바랐기 때문에 로라의 욕구에 무감각했던 것입니다. 제 행동이 적합했다고 쉽게 합리화할 수도 있습니다. 그러나 저는 조바심이 났었고 그래서 로라에게 가장 이득이 되게 할 수도 있었을 텐데 그러지 못했던 것입니다. 로라 스스로가 지적했듯이 로라의 선물 주는 행동은 자신이 별로 가치 있는 사람이 아니라는 느낌에 토대를 하고 있어서 제 편에서 보면 이 행동을 강화하는 것은 도움이 되지 않았을 것입니다.

제 반복되는 패턴으로 되돌아가서 보면 로라가 열심히 하고 또 상당한 진전이 있었음에도 불구하고 자신에 대해 안 좋은 느낌을 느끼게 하면서 불필요하게 로라에게 상처를 준 것은 분명합니다. 이런 사실을 모두 로라와 나눈 것은 아니지만 이렇다는 것을 깨달았습니다. 로라와 나눈 것은 고통을 느끼게 한 제 실수와 안 좋은 행동이었습니다.

저는 이 사례가 상담자나 내담자가 서로에게 과거에 중요했던 사람들이 했던 방식으로 행동하게끔 하려고 무의식 수준에서 얼마나 노력하고 있는가를 잘 보여 준다고 생각합니다. 하지만 저와 로라는 또한 뭔가 새로운 것을 창조하려고 노력하였습니다. 저는 로라가 크리스마스쯤 상담했던 이후 몇 주간 보통 때와 달리 뚱해 있는 것을 보면서 제가 실수했다는 것을 알았습니다. 모든 것을 자기 탓으로 하는 사람처럼 로라도 자신에게 상처를 주었지만 상담과정에 문제를 일으키지 않은 저를 멀리하지 못할 것이라는 것은 알았습니다.

🐦 상담자–내담자 상호영향과 내담자가 약하다는 미신

슐레싱거(2003)는 내담자에게 영향을 준다는 상담자의 잘못된 생각에 대해 재치 있는 논평을 하고 있습니다.

모든 분석가들이 전이를 방해하지 말라고 훈련받는다고 확신한
다. 나는 전이를 방해할 수 있는 쉬운 방법을 알기만 한다면 차라리
그렇게 해서 더 풍요로워지겠다고 종종 생각했다(p. 226).

슐레싱거 외에 로마스(1987)를 비롯한 다른 많은 사람도 전이에 대해
비슷한 지적을 하고 있습니다. 저는 역전이에 대해서도 마찬가지로 말할
수 있다고 덧붙이고 싶습니다. 상담자가 내담자와 깊은 관계를 형성해
나갈 때 어쩔 수 없이 서로에게 영향을 주려고 하게 되는데 서로를 익숙
한 방향이나 욕구를 충족시켜 주는 방향으로 알게 모르게 끌어당기게 됩
니다.

정신분석가들은 자신들이 내담자가 무엇을 하도록 의도적으로 말한
다는 사실을 인정하지 않는 경향이 있지만 저는 그렇게 한다는 것을 거
리낌 없이 말합니다. 제가 이렇게 하는 경우는 내담자가 잘못된 길로 들
어서는 것이 분명할 때입니다. 예를 들면, 돈 문제로 도박을 하는 경우,
스트레스 때문에 칼로 긋거나 자해를 하려고 계획하는 경우 또는 당뇨병
경계라는 진단을 받고서도 계속해서 잘못된 식습관을 계속하는 것들입
니다. 한 내담자는 운전 면허증이 없었는데 독립의 한 방편으로 면허증
을 따는 문제를 일정 간격을 두고 계속해서 이야기한 적이 있었습니다.
외래에서 몇 년간 상담하면서 발견한 것인데 상담자들이 이미 잘 알고
있는 것이기는 하지만 내담자에게 영향을 주려는 의도로 어떤 것을 하려
고 할 때는 시험을 해 봐야 한다는 것입니다. 제 경우를 예로 들면, 내담
자는 자신이 가고 싶은 방향으로 제가 영향을 주려고 할 때만 영향을 받
지, 가고 싶지 않은 방향으로 제가 영향을 주려고 할 때는 영향을 받지
않았습니다.

행동주의 기법에서 행동 계획이 종종 잘 먹혀들지 않는 것과 마찬가지
로 내담자로 하여금 무엇인가를 하도록 하려고 할 때는 그것이 내담자가

진정으로 원하는 것이 아니라면 상담자가 하려는 시도는 어떤 것이든 실패하기 십상입니다(앞에서 말한 운전 면허증 없는 내담자는 상당한 진전이 있었고 삶에서도 여러 큰 변화가 있었지만 면허증은 절대 따지 않았습니다. 이 여성 내담자는 운전하는 것을 두려워했고 운전하고 싶어 하지 않았을 뿐이었습니다). 하지만 내담자들이 원하는 변화를 위해 상담자의 지원을 요청할 때는 조언을 해 달라고까지 하기도 합니다. 이 주제에 대해서는 연구가 많지 않은데, 한 연구(Curtis, 2004)에서는 내담자가 자신이 요구한 조언은 가치 있게 생각하지만 요구하지 않은 조언은 도움이 안 되고 상담효과도 없다고 보는 것으로 나타났습니다.

'영향'이라는 개념에 대한 반론은 주로 상담자가 내담자에게 몇 년간 어떻게 영향을 주었는지 설명하는 개인 경험 수준의 증거로부터 나옵니다. 증거들을 보면 영향은 상담효과가 전혀 없거나 심지어 해를 끼치는 것으로 나타나고 있습니다. 오래전에 정신분석을 받았던 사람들은 말없고 신비스러웠던 자신들의 분석가에 대한 이야기를 합니다. 이들에 따르면 자신들은 분석가에게 인상을 남기려고 했고 의도에 맞추려고 했다고 합니다. 이들의 분석가들은 중립성을 지키려는 노력으로 어떤 감정이나 관심을 거의 보이지 않았기 때문에 내담자들은 얼굴표정이나 신체 언어에서 조그마한 변화가 나타나기를 기다렸다고 말했습니다. 분석가를 "읽는 것"이 내담자의 또 다른 일이 되었고 심지어는 집착이 되기도 했습니다. 분명히 이 내담자들은 분석가들이 인정해 준다고 생각하는 방향으로 몇 가지 행동을 수정했을 것입니다. 이러한 사실이 내담자가 상담자를 만족시키기 위해 행동을 변화시키는 경향이 있다는 사실과 부당한 영향은 분명히 우려할 일이라는 사실을 증명하고 있지 않을까요? 그렇기도 하고 아니기도 합니다.

첫 번째로 불가사의한 상담자는 언어로든 비언어로든 내담자가 피드백을 거의 받지 못하는 분위기를 조성합니다. 감정을 배제하고 침묵을 지키는 상담자는 내담자에게 필요한 정서 의사소통을 촉진시키기보다는 정서상의 공백을 만들게 되어 이 공백을 내담자가 채우도록 애쓰게 합니다. 정서상의 공백을 채우려고 하는 내담자들은 자신의 욕구에 초점을 맞추기보다는 상담자에게서 눈에 띄는 감정 반응을 이끌어 내려고 애쓰는 처지가 될 수도 있습니다. 저는 상담자가 감정을 얼굴에 기꺼이 드러내고 감정을 내담자가 이끌어 내려고 할 때 피드백을 주면(Maroda, 1991, 1999), 내담자가 상담자를 어떻게 만족시켜야 할지 알아내느라 헛된 시간을 쓰지 않는다고 생각합니다. 제 임상경험으로 보면 제가 감정을 되도록 드러내지 않으면서 내담자에게는 감정을 표현하도록 하면 시간이 지날수록 존중보다는 비판을 받는 경향이 더 많았습니다.

물론 상담자의 행동과는 상관없이 지나치게 만족시키려고 하고 아부하는 내담자도 있습니다. 로라 사례는 영향이라는 문제의 양면을 아주 잘 보여 주고 있습니다. 로라는 언제나 저를 만족시키는 것에 과도하게 열중해서 제가 조금이라도 거부하는 것 같거나 제 편에서 관심이 없는 것 같으면 상처를 받았습니다. 상담이 진행되면서 로라는 한 남자와 사귀게 되었는데 이 남자는 결혼한 이전 애인을 잊지 못하고 있었습니다. 처음에 그 남자는 로라와 이전 애인을 둘 다 만났는데 성관계는 로라와만 한다고 했습니다. 그러나 남자친구가 이전 애인과 헤어질 것이라고 말한 이후에도 오랫동안 이전 애인을 계속 만나자, 로라는 좌절하고 상처받았으며 화가 났습니다.

로라가 친구나 가족을 만나든지 일을 하느라 저녁 시간에 남자친구와 떨어져 있으면 남자친구가 전 애인과 만난다는 것을 얼마 안 있어 알게 되었습니다. 남자친구는 성관계는 맹세코 없었다고 부인하면서 단지 "좋은 친구"라고 말했습니다. 일 년 정도 사귀다가 로라는 이 남자와 같이 살기 시작했습니다. 불행하게도 전 애인이 계속해서 자주 나타났습니다. 로라는 그들이 단지 친구라는 사실을 받아들이고 더 이상 질투하고 화내지 않고 싶다고 말했습니다. 저는 로라가 농담처럼 하는 말인 줄 알 았습니다. 농담처럼 하는 말이 아니라는 것을 알았을 때 로라에게 그 목 표는 이루기 어렵다고 말했습니다. 이 여자가 자신과 남자친구 사이에 있다는 사실에 분개하는 것은 당연한 것이었고 특히 이 여자가 남자친구 인생에서 유일한 사랑이지만 남편과 이혼하고 자신과 결혼하는 것은 거 절했다고 남자친구가 말해서 질투가 나는 것은 당연한 것이었습니다.

제가 로라에게 남자친구에게 화를 내고 더 요구해도 될 권리가 있다고 말했을 때 로라가 눈에 띄게 기분이 상했다는 것을 알았습니다. 전 애인 과 관계를 정리하겠다고 했던 1년 전 남자친구의 약속은 어떻게 되었습 니까? 로라는 제가 직면시키는 것을 싫어했습니다. 이것이 자신의 인생 을 통틀어 처음 하게 된 사랑이고 50세의 나이에 포기하지 않을 것이라 고 말했습니다. 로라는 다른 선택의 여지가 없다면 남자친구와 전 애인 의 관계를 참을 수 있다고 말했습니다. 그리고 남자친구가 성관계가 없 었다고 말했을 때 그 말을 믿었습니다.

로라가 남자친구에게 자기 생각을 표현하도록 하고 요구를 더 하도록 하며 자신의 감정을 받아들이도록 격려한 저의 온갖 노력은 무참하게 실 패했습니다. 로라에게 영향을 주려고 했던 저의 노력은 전혀 먹히지가 않았던 것입니다. 그런데 이런 제 노력이 전혀 먹히지 않은 사람이 바로 제 지시로 운동을 시작해서 몸무게를 상당히 줄이고, 자기 표현이 부족 하다고 지적했을 때 친구와 가족에게 자기 표현을 더 많이 하고, 저에게 불만이 생기면 말할 수 있게 된 내담자였던 것입니다. 로라는 처음에 영 향받는 것을 좋아했고 저에게서 지지받는 것을 좋아했습니다. 이는 로라 가 수년간 하고 싶었던 것을 할 수 있도록 제가 도왔기 때문에 가능했던 것입니다.

남자친구와 관련된 문제는 더 깊고 중요한 문제였습니다. 남자친구와 의 관계는 다른 모든 관계에서 나타나는 가학피학성 경향성(이러한 경향성은 크리스마스 선물에서도 볼 수 있습니다), 신속하게 확립된 공생관계와 의존성 그리고 합당한 요구조차도 거부당할 것이라는 두려움이 되풀이된 것입니다.

로라는 상담에서 상당한 진전이 있었습니다. 갑작스럽게 쏟아내는 울음이나 과식 그리고 다른 우울증상이 없어졌습니다. 또한 더 많은 사람과도 관계를 맺을 수 있게 되었습니다. 여기에 더하여 일도 줄여서 평균 정도의 업무량이 되도록 했습니다. 그러나 상담은 제가 보기에 건강하지 못한 애정관계에 걸려서 진전이 되지 않았습니다. 우리는 솔직하게 터놓고 이야기했습니다. 로라는 남자친구와의 관계를 망칠 수 있는 더 이상의 어떤 변화도 원하지 않는다는 것을 분명히 했습니다. 그래서 우리는 여기서 상담을 종결하기로 합의했습니다. 로라는 감사하기도 하고 상담 결과에도 만족하지만 자신이 저에게 실망스러운 사례라는 느낌을 떨치기 어렵다고 말했습니다.

저의 역전이 패턴에 대해 생각해 보면, 로라가 만나고 있는 남자 문제로 상담이 난관에 부딪친 것이 확실하기 때문에 상담을 천천히 종결하면서 더 잘 마무리할 수도 있었습니다. 처음에 저는 상담을 해 가면서 어떻게 되는지 두고 봐야 한다고 생각했습니다. 하지만 로라는 남자친구와의 관계에서 일 년 후에도 여전히 같은 상태였고 상담을 더 진전시키는 데는 관심이 없었습니다(잠시 동안 로라는 남자친구가 전 애인과 관계를 정리하겠다는 약속을 지켜 주기 바랐습니다. 하지만 상황은 계속 반복되었고 로라는 마침내 약속을 지키라고 계속 주장하기보다는 요구하는 것을 포기했습니다).

돌이켜 생각해 보면 상담 대부분은 아주 잘되었다고 생각하지만 종결을 덜 고통스럽게 그리고 우리 둘 모두에게 덜 실망스럽게 할 수도 있었습니다. 여기서 저는 로라와 같이 두려움이 많고 인정을 받고 싶어 하고 자존감이 낮은 내담자라고 하더라도 상담자가 적정선까지만 영향을 끼치도록 허용한다는 사실을 말하고 싶습니다. 저는 로라가 남자친구에게 자기 표현을 더 하고 위험을 무릅쓰고 변화할 필요가 있다고 생각했지만 로라는 저항했습니다. 이 저항이 일어난 시기는 남자친구와 관계에서 자신이 이기느니 차라리 자신이 지고 상처받으려고 하는 로라의 욕구에 대해 분석하고 이해하려고 서로 계속 노력한 다음이었습니다. 저는 이 사례가 반복되는 과거 가운데 일부는 얼마나 다루기가 어려운지 그리고 내담자들이 어떻게 변화하려고 하지 않는지 잘 보여 주고 있다고 생각합니다.

젊은 상담자들은 종종 내담자의 삶을 완전히 바꾸어 놓겠다는 야망을 품지만 실제 상담 결과는 로라의 사례와 비슷합니다. 장담하기는 어렵지만 마일 제가 로라를 20~30대에 상담했다면 상담 결과는 달랐을 수 있습니다. 그러나 이번 기회가 사랑과 우정을 나눌 수 있는 마지막이 될지 모른다는 생각과 세상에 홀로 남겨질지 모른다는 두려움은 자유롭고자 하는 욕구보다도 훨씬 더 컸습니다. 상담자가 변화하는 것이 이득이 된다고 아무리 확신한다고 하더라도 모든 내담자는 변화하지 않고 현 상태를 유지하고 싶어 하는 영역이 있습니다.

이 장에서 첫 사례로 제시한 변호사인 안드레아의 경우 영향의 효과를 볼 수 있습니다. 몇 달간 상담한 후 안드레아는 상담기간을 단축시키기 위해서 자신이 할 수 있는 게 있는지 물어보았습니다. 안드레아는 화가 난 의사 친구가 소리치면서 진단명을 이야기하는 바람에 자신의 진단명을 알고 있었습니다. 저는 안드레아에게 경계성 성격장애 상담을 연구한 문헌들에서는 일주일에 두 번 상담할 것을 권하고 있다고 설명하였습니다. 안드레아는 일주일에 두 번 하면 비용이 너무 많이 들고(안드레아는 비용을 어렵지 않게 감당할 수 있었습니다), 시간 소모가 많아 불편해서 그렇게 하는 것은 지나치다고 생각한다고 말했습니다. 저는 이 주제를 퇴행을 암시하는 신체 증상이 나타난 몇 달 후까지 제쳐 두었습니다. 안드레아의 주치의는 신체 증상은 스트레스와 관련된 것이라고 말했습니다.

안드레아는 다른 사람에게 통제당하는 것을 경계하여 누가 무엇을 하라고 제안하거나 요구하는 것을 싫어했습니다. 그러나 제가 안드레아에게 자신의 문제에 대해 교육을 하고 나서 이완과 조절 그리고 자기 표현을 더 잘할 수 있도록 하는 전략이 도움이 될 것이라고 제안하자 안드레아는 열심히 참여하였습니다. 저는 내담자들에게 어떤 것이 기분을 더 나아지게 하는지 그리고 감정을 진정시키기 위한 행동 가운데 어떤 것이 효과가 있는지 물어봅니다. 어떤 사람은 책을 읽을 때 기분이 나아진다고 하고 어떤 사람은 운동을 할 때 기분이 나아진다고 합니다. 그리고 또 어떤 사람은 가까운 친구에게 이야기할 때 기분이 나아진다고도 합니다. 또 어떤 사람은 목욕하면서 편안함을 느끼기도 합니다. 저는 자신을 안정시킬 수 있는 행동방안이 많으면 많을수록 좋다고 강조합니다(여기에는 약물을 사용한다든지 술을 과다하게 마신다든지 음식을 과다하게 먹는 것은 제외됩니다). 저는 또한 자신을 안정시키기 위해 쓰고 있던 방법이 효과가 있다가 효과가 없어지더라도 낙담하지 말라고 합니다. 어떤 방법이든지 시간이 지나면서 효력이 떨어질 수 있으므로 여러 방법을 섞어서 사용하는 것이 좋다고 말합니다. 만일 하나가 잘 듣지 않으면 잘 듣는 방법을 찾을 때까지 다른 방법을 사용해 보라고 말이지요.

안드레아는 상담을 열심히 받았고 상당한 호전을 보였습니다. 화가 났을 때 자신의 행동을 더 잘 통제하고 자기 표현을 더 잘하며 스스로 진정시킬 수도 있게 되었습니다. 법무법인에서 한 사람과 가까워져서 몇 차례 만나다가 사랑하게 되어 결혼도 하였습니다. 종결할 때 안드레아는 처음 상담을 시작할 때 바랐던 것을 모두 이루었다고 말했습니다. 우리는 서로 고맙다고 하고 작별인사를 나누었습니다.

안드레아는 어떤 문제에서는 자진해서 영향을 받으려고 했지만 또 어떤 문제에서는 그러지 않았습니다. 안드레아는 가까워지는 것을 두려워해서 상담을 두 번 받으러 온다는 생각은 안정이 아니라 위협이 되었습니다. 그러나 문제를 해결할 때는 자신이 현실 감각이 있고 현실에 맞게 문제를 처리한다는 자부심이 있었습니다. 비록 자신에게 심각한 정신건강 문제가 있다는 것을 인식하는 것은 싫어했지만, 자신이 할 수 있는 한 그 문제를 다루고 언급하려고 했습니다. 재판에 대비해서 다른 변호사와 함께 일할 때처럼 저와 상담할 때도 협력을 잘했습니다. 정서 면에서 제가 지나치게 가깝게 가지 않는 한 '무엇이든지 간에 내 삶을 바꾸고 싶다.'는 태도였습니다.

상담자가 내담자에 해를 끼치는 일은 일어날 수도 있고 실제로 일어나기도 합니다. 상담자가 내담자에게 해를 끼치는 경우는 윤리를 위반하거나 미숙할 때입니다. 또한 현실 토대가 미약한 내담자들은 제가 이 장에서 예로 들고 있는 내담자들보다도 해로운 영향에 더 취약합니다. 피학 성향이나 강박 애착의 이력이 있는 내담자는 자신에게 도움이 되지 않는 상담관계를 계속 유지하기 쉬운데, 어떤 경우는 해로운 상담관계조차 계속 유지하는 경우도 있습니다.

제 경험으로는 상담과정에서 가장 해를 입는 내담자는 장기상담에서 상담자의 '애정 대상'이 되는 사람들입니다. 몇 년간 상담을 하는 상담자는 내담자가 자신의 욕구, 즉 존경받고 사랑받고 심지어는 이해받고자 하는 욕구를 충족시켜 주기 때문에 내담자에게 상당한 해를 줍니다. 제 내담자들 가운데에는 이전에 다른 몇 명의 상담자에게 상담을 받다가 상담 결과에 실망하여 저에게 오는 사람들이 있습니다. 대부분 몇 회 또는 몇 달 동안 상담을 받고 상담을 그만둔 사람들입니다. 이들은 실망했다는 정도의 표현만 합니다. 그런데 자신들이 착취당했다거나 해를 입었다고 강하게 느끼는 내담자들도 있는데 이들은 자기애 성향이 있는 상담자에게 몇 년간 상담을 받은 경우입니다. 이들은 상담자의 약한 자존감을 떠받치는 데 이용되었던 것입니다. 성적인 접촉도 이런 결과와 연관된다고 보지만, 실수나 한계를 벗어난 행동이 명백하게 성적인 행동으로 드러나지는 않습니다(Celenza, 2007). 윤리를 지키려고 하지만 자기 문제가 있는 상담자는 성과 관련된 한계선을 넘지 않으면서도 자신이 사랑하는 내담자로부터 상당한 것을 얻을 수 있는 것입니다.

제가 여기서 이야기하고 싶은 것은 상담자가 내담자의 취약성이나 내담자에 대한 상담자의 책임을 당연하게 여겨야 한다는 생각이 잘못되었다는 것이 아닙니다. 그보다는 우리가 상담하고 있는 대부분의 내담자가 너무 약해서 내담자 자신이나 상담자에 대한 진실을 견디기 어려워한다는 생각이 잘못되었다는 것입니다. 그렇다고 하더라도 작업 동맹이 잘 맺어지기도 전에 내담자에게 직면시켜도 된다는 것은 아닙니다. 저는 내담자가 좌절하는 상담관계를 너무도 많이 보았습니다. 이런 상담관계를 보면 내담자는 피드백을 요청하고 더 깊게 나가기를 원하는데도 상담자는 머뭇거리면서 갈등을 회피하여 내담자가 진전하지 못하게 하였습니다. 내담자에 대해 달걀 위를 걷듯이 조심조심하고 과잉보호하며 심지어는 립서비스 같은 소리를 하는 것은 도움이 되는 자세가 아닙니다. 그러한 자세는 자신감을 불어넣지도 못할 뿐더러 변화를 일으키지도 못합니다.

🐦 요약

상담자와 내담자는 자신의 핵심이 되는 정체성과 삶의 방식을 상담관계에 가지고 옵니다. 주로 내담자를 강조하기는 하지만, 상담에서 진정으로 진전이 있기 위해서는 상담자도 똑같이 과거를 반복하고자 하는 자신의 욕구가 있다는 것을 자각해야 합니다. 어쩔 수 없이 상담자와 내담자는 서로 감정을 자극하며 이전에 느꼈던 두려움, 죄책감, 슬픔, 수치심, 분노 그리고 욕망을 다시 느낍니다. 어떤 감정상태도 본질적으로 파괴적인 것이 아니라는 것을 이해하면 상담자와 내담자가 현재 자신의 상태를 받아들이는 데 도움이 됩니다. 자신만의 이익을 추구하고 서로 영향을 주려고 한다는 사실을 인정하면 상담자는 상담과정에서 자신의 역할을 수월하게 받아들이는 데 도움이 됩니다. 세상살이에 어려움이 있는 내담자들은 자신의 현실을 충분히 알지 못하며 다른 사람들을 충분히 관찰하지도 않습니다. 상담자가 해야 할 일은 완벽한 상태가 되는 것이 아니라 내담자의 실수와 이기심을 기꺼이 인정하는 불완전한 사람이 되는 것입니다. 이렇게 하는 것이 새로운 사고방식과 관계방식을 촉진시키며 이와 동시에 성장과 영구적인 변화를 증진시킵니다.

제3장

퇴행을 다시 정의하기
-치료적인 취약함을 촉진시키기-

상담자가 내담자의 감정에 너무 압도되거나 놀라서
감정을 막는다거나 불필요한 입원을 시키게 되면
내담자는 자신의 감정을 인내할 수 있는 힘을
키울 수 없을 뿐만 아니라 감정에 대한
두려움이 더 커지게 된다.

-Henry Krystal(1998, p. 29)

상담자와 내담자가 라포를 형성하고 서로 의사소통을 잘하기만 하면
상담자-내담자 관계는 자연스럽게 서서히 발전하기 시작합니다. 이렇
게 관계가 발전하는 데 영향을 미치는 요소에는 내담자와 상담자의 정서
표현 정도, 예상되는 상담기간 그리고 내담자 문제의 깊이 등이 있습니
다. 어떤 내담자들은 표면 수준의 경험에만 머물러 있는 반면, 어떤 내담
자들은 '퇴행'이라고 일컬어져 온 고통스러운 깊은 감정을 드러냅니다.
퇴행은 심도 있는 변화를 위해서 필요합니다. 그 이유는 퇴행이라는 것
이 방어가 약화되면서 내담자가 상담자와 함께 새로운 경험을 창출할 수

있는 과정이기 때문입니다.

내담자가 퇴행하는 것을 보면서, 특히 내담자가 실직이나 결별과 같이 명백하게 뚜렷한 문제를 호소했는데도 불구하고 퇴행하는 것을 보게 되면 상담자는 흥분감과 약간의 두려움을 느끼게 된다는 것을 이해할 수 있을 것입니다. 상담자와 내담자는 분위기에서 어떤 변화를 감지합니다. 내담자는 해야 된다는 압박감으로 말하는 대신 긴 침묵을 할 수도 있고 이전에는 누구에게도 말하지 않았던 것을 이야기할 수도 있습니다. 그리고 뭔가 중요한 일이 일어나고 있다는 느낌을 느낄 수도 있습니다.

예를 들어 보겠습니다. 40대 사업가인 로버트는 가족 사업이 실패한 것이 공공연하게 알려지게 된 문제를 다루기 위해 상담 받으러 왔습니다. 그는 대중매체에 난 기사 내용에 모욕감을 느꼈는데 이는 특히 아버지가 이 사업을 시작했기 때문이었습니다. 로버트가 사업을 확장시키고 더 성공시켰지만, 갑작스러운 시장의 변화 때문에 실패하게 되었습니다. 로버트는 우울증에 대한 단기상담을 받아서 자신이 하고 있는 새 사업을 긍정적으로 생각하는 데 도움을 받기를 원했습니다. 그는 자신을 믿는 새 동업자를 구했고 자신의 삶을 다시 시작하고 싶어 했습니다. 로버트는 자신의 분노와 공공연한 모욕감을 적절하게 다루지 못했다고 느꼈습니다. 이렇게 느낀 이유는 그가 누구하고도 이 문제에 대해 상의하는 것을 피했기 때문이었습니다. 심지어는 아내하고도 상의하는 것을 피했습니다. 로버트는 아내가 파산으로 너무 고생을 많이 해서 자신의 스트레스까지 짊어지게 하고 싶지는 않았습니다.

로버트는 첫 번째 상담과 두 번째 상담 동안은 사업 실패상황과 사업 실패가 자신에게 미친 영향에 대해 이야기했습니다. 로버트는 좌절감, 분노 그리고 수치심을 느낀다는 것을 인식하고 있었습니다. 그의 감정은 자명했습니다. 그리고 쏟아내듯이 쉬지 않고 말했습니다. 세 번째 상담 시간에는 10년 전에 돌아가신 아버지에 대해 이야기했습니다. 로버트는 다른 사람들이 아버지를 존경했다는 것을 강조했습니다. 로버트가 아버지 이야기를 할 때 저는 그의 얼굴에서 심한 고통이 드러나는 것을 보았습니다. 아버지와 연관되어 있는 이 고통을 탐색할 것인지 아니면 로버트가 아버지에 대해 깊은 존경심을 가지고 있다는 정도만 말하면서 표면에서 머무를 것인지 결정해야 할 시점이라는 것을 알았습니다.

상담을 얼마나 깊게 할지 결정하는 데 상담 횟수는 중요한 요소입니다. 로버트와는 상담 횟수에 제한을 두지 않아서 저는 얼굴에 나타난 깊은 고통에 대해 언급하기로 결정하였습니다. 저는 매우 슬픈 표정을 보았다고 말하면서 아버지를 매우 그리워하고 있는 것 같다고 말했습니다. 로버트는 갑자기 울기 시작했는데 수치심이 얼굴에 만연했습니다. 나머지 상담시간은 아버지에 대한 느낌을 이야기하였고 로버트는 예기치 못한 감정으로 혼란스러워하기도 하고 좋아하기도 하면서 상담을 마쳤습니다.

브리지스(2003)는 강한 감정을 자주 느끼면 종종 설명할 수 없는 깊은 갈망을 느끼게 된다고 했습니다. 그가 말하기를, 더욱 깊은 감정이 나옴에 따라 종종 감정불균형 상태가 되고 감정불균형의 정도에 따라 내담자는 불안이나 공황을 느끼게 된다고 합니다. 내담자가 이전에 이런 경험을 해 보지 않았다면 자신이 미치는 것은 아닌지 또는 상담 때문에 더 악화되는 것은 아닌지 두려워합니다(내담자가 이런 식으로 느끼지 않는다고 하더라도 가족과 친구들은 왜 더 나빠진 것처럼 보이는지 알고 싶어 합니다).

방어를 느슨하게 하여 이전에는 탐색하지 않았던 깊은 슬픔과 갈망을 표현하기 시작하는 것을 관행으로 '퇴행'이라고 해 왔습니다. 불행하게도 이 용어는 대부분 노련한 임상가들에게만 의미가 있습니다. 왜냐하면 이들은 퇴행이 나타날 때 퇴행을 알아볼 수 있고 퇴행을 어떻게 다루는지 시행착오를 통해 이미 배웠기 때문입니다. 모든 사람이 퇴행의 의미를 알 것이라고 생각하여 문헌에는 퇴행이란 무엇인지 명확하게 정의되어 있지 않습니다. 정신분석학계에서는 퇴행에 대해 논란이 많았습니다. 이러한 논란에는 퇴행이 저절로 나타나는 것인가 아니면 유도되는 것인가, 상담효과가 있는 것인가 아니면 없는 것인가, 두 사람에게 모두 나타나는가 아니면 한 사람에게만 나타나는가, 누구에게나 나타나는 것인가 아니면 외상경험이 있는 내담자에게만 나타나는 것인가 등입니다[문헌에 대한 자세한 검토와 논의는 Aron & Bushra(1998)를 참조하시기 바랍니다]. 이 장의 목적 중의 하나는 이 개념이 임상에서 어떤 의미가 있는지 이해하는 것입니다.

퇴행은 퇴색해 버린 용어가 되었는데, 특히 정신분석을 제외한 다른 접근법에서 그렇습니다. 상담자도 어느 정도 그렇기는 하지만 내담자가 더 원초적인 감정 수준에서 의사소통을 할 목적으로 방어를 내려놓는 과정을 정의하는 새 용어도 아직 만들어지지 않았습니다[상호 간에 하는 퇴행에 대한 논의는 Aron & Bushra(1998), Maroda(1991, 1998a), Coen(2000)을 참조하시기 바랍니다]. 퇴행을 하게 되는 전형은 사랑에 빠질 때, 장기간의 상담을 받을 때, 아기를 가졌을 때(여성들은 이것도 사랑에 빠지는 한 형태라고 말해 줄 것입니다) 그리고 병에 걸렸을 때입니다. 이런 상황에서는 방어를 내려놓게 되는데, 이는 의식에서 선택하는 것이 아니라 방패를 뚫고 들어오는 사람 또는 사건의 결과로서 방어를 내려놓는 것입니다. 이런 일이 일어날 때면 예상하지 못한 통제하기 어려운 감정에 휩싸이게 됩니다. 종종 이런 감정들은 완전히 새로워 보입니다. 사랑에 처음으로 빠진 사람들은 이런 경험을 이전에 전혀 해 본 적도 없고 자신에게 있는지도 몰랐던 새로운 면을 발견하게 된다고 말하는 경향이 있습니다. 처음 아기를 가진 여성도 유사한 말을 합니다. 출산이 어떻게 자신을 돌이킬 수 없을 정도로 변화시키는지 모르겠다고 말이지요. 심각한 상해나 병을 앓고 있는 사람들도 유쾌하지는 않지만 똑같이 나약한 느낌을 강하게 느끼고 새로운 정서경험을 한다고 말합니다.

퇴행은 초기 상담자들이 정의한 것과 같이 내담자가 하는 방어적인 변화로 간주되었습니다. 여기서 방어적인 변화란 발달의 초기단계로 되돌아가는 것을 말합니다. 그러다가 차츰 주된 방어가 아니라 깊게 잠복해 있는 원초적인 감정이 떠오르는 것을 막는 벽을 '열어젖히는', 즉 무너뜨리는 것을 퇴행으로 보게 되었습니다. 제 생각으로는 퇴행을 처음에 안 좋은 현상으로 본 것은 임상에서 다루기가 너무 어려웠다는 데 일부 원인이 있는 것 같습니다. 그러나 점차 상담자들은 퇴행 이후 많은 변화가 일어난다는 것을 이해하게 되었습니다.

그렇다면 왜 '퇴행'이라는 용어가 소외되고 사용되지 않았을까요? 저는 이렇게 된 것이 최면과 관련이 있다고 보는데 최면상태에서 '지나간 삶'을 회상시키기 때문이라고 생각합니다. 많은 사람이 이런 과정에 대해 회의를 품고 희망이 없다고 생각하는 것은 이해할 만합니다. 거의 매일 상담하는 상담자들은 내담자에게 젖병을 물던 유아기 상태로 되돌아가라고 격려합니다. 이런 상담자들이 퇴행에 악명을 부여해 왔던 것입니다. 이 책에서 말하는 '퇴행'이란 앞에서 언급한 것과 같이 내담자가 상담자의 공감을 받으면서 그리고 상담자에게 애착이 생기면서 방어를 내려놓는 것을 말합니다. 이렇게 정의된 퇴행은 깊은 내면을 다루는 상담이 성공하는 데 매우 중요합니다.

하지만 퇴행에는 이면이 있어서 상담자가 퇴행을 촉진시키는 데 능숙하지 못하면 통제할 수 없을 정도로 증폭될 수 있습니다. 방어를 내려놓는 것, 즉 퇴행은 깊이 있는 변화를 위해 필요합니다. 그러나 초기 외상이 있거나 정신병 중핵이 있는 많은 내담자들은 방어를 내려놓을 때 취약한 상태 그 이상이 됩니다. 이들은 잠깐이더라도 쉽게 기능을 상실할 수 있습니다. 초보상담자나 그 문제를 다루는 훈련이 안 된 상담자는 내담자가 기능을 상실하는 것을 보면 놀라게 됩니다. 불안 애착의 이력이 있는 내담자 또는 정신병 중핵이 내재되어 있는 내담자는 더 이상 상담에 도움이 되지 않는 수준까지 급격히 기능이 악화됩니다.

예를 들어 보겠습니다. 저는 한 사례회의에 청중으로 참여했는데 이 사례회의에서는 경계성 성격장애가 있는 50대 여성의 사례가 제시되었습니다. 이 여성은 상담자에게 급격히 의존애착을 형성하고는 상담효과가 없는 퇴행을 했고(어떤 때는 상담실에 태아 자세로 누워 있는 경우도 있었습니다) 점점 더 많은 상담 횟수를 요구했습니다. 이 여성은 부유해서 상담 횟수를 늘려 달라고 요구했고 더 많은 전화통화도 원했는데 상담자가 휴가를 떠나 있는 동안에도 전화를 했습니다. 이 사례를 내놓은 상담자의 의도는 좋아 보였고 상담자 스스로는 내담자를 돕고 있다고 믿고 있었습니다. 그러나 제가 보기에는 상담자가 내담자의 유아기 의존 욕구와 구원 환상을 충족시켜 주고 있었습니다. 이러한 유형의 과도한 의존과 유아기 행동을 조장한 상담자는 적당한 시점에서 안 된다고 말해야 할 것입니다.

상담과정에서 발생하는 퇴행에 대해 교육을 받아 본 적이 없거나 상담해 오는 동안 퇴행과 유사한 현상을 본 적이 없는 상담자는 내담자의 정서가 와해되는 것을 보면 놀라고 움찔하게 됩니다. 무엇인가 바람직한 것이 일어나고 있음을 감지할 수 있는 상담자라도 그것을 어떻게 설명해야 하는지 그리고 어떻게 적절하게 다루어야 할지 어쩔 줄 몰라 할 수 있습니다. 상황을 더 복잡하게 하는 것은 내담자의 퇴행으로 상담자도 어느 정도 퇴행을 경험할 가능성이 있고 상담자와 내담자 모두 통제를 상실한다는 느낌을 느끼기 시작할 수 있다는 것입니다. 로버트 랑스(1974)는 다음과 같이 말하고 있습니다.

상담자들은 정신신체 반응, 공포증 또는 불안 발작 그리고 다른 퇴행 현상, 예를 들면 갑작스러운 해리상태나 현실검증력 상실, 편집증 반응, 정신병과 유사한 기능상실과 같은 증상들이 갑작스럽게 나

타나게 되면 놀라서는 잘못된 '지지' 개입을 하면서 스스로 안심하
려는 경향이 너무도 자주 있다. 이러한 현상에 대한 통찰이나 이해
없이 공허한 반응을 하거나 약을 복용하도록 권유하는 것은 환자의
불안을 증가시킬 뿐이다. 왜냐하면 보통 환자는 상담자가 놀라서 당
황하고 있으며 어떤 의미에서 상담자도 퇴행하고 있다는 사실을 무
의식 수준에서 알아차리기 때문이다. 심지어는 의식 수준에서 알아
차리기도 한다(p. 387).

  몇몇 퇴행한 내담자들에게는 약물이 실제 필요할 수도 있습니다. 약물
이 필요한 내담자들은 아동기 외상이 있는 사람들로서 심한 퇴행상태에
서는 현실을 영위하는 데 어려움이 있습니다. 랑스가 매우 심각한 정서
상태에 있는 내담자에게 약을 복용하게 하지 말라고 제안하는 것은 아닙
니다. 그보다는 내담자의 퇴행 또는 상담자 자신의 퇴행을 어떻게 다루
어야 하는지 모르는 상담자는 지금 무슨 일이 일어나고 있는지 설명해
주고 감정을 다룰 수 있도록 도와주기만 해도 될 내담자를 너무 성급하
게 그리고 공황상태에서 약을 복용하게 하거나 입원을 시킬 수 있다는
점을 지적하는 것입니다.

🐦 퇴행의 증상과 징후

  상담에 도움이 되는 퇴행을 촉진시키는 방법을 배우는 첫 단계는 내담
자가 방어를 내려놓게 할 수 있는 상담자의 행동이 무엇인지, 내담자가
퇴행하고 있음을 알 수 있는 방법은 무엇인지 그리고 퇴행이 언제 효과
가 있는지 아는 것입니다. 어떤 내담자들은 퇴행을 빨리 합니다(2~3개
월 정도). 퇴행 증상이 상담 후반기까지 나타나지 않을 수도 있는데 그 이

유는 내담자가 자신이나 상담자에 대해 느끼는 감정을 인정하기 어려워하기 때문일 가능성이 높습니다. 당황하게 되는 것이나 상처받는 것을 두려워하는 것도 이러한 감정을 억압할 수 있습니다.

　제가 상담했던 한 내담자는 첫 상담을 마친 후 만일 저를 다시는 보지 못하게 된다면 죽을 것 같다는 느낌이 들었다고 했습니다. 말할 것도 없이 이 내담자는 상담초기에 퇴행성 의존이 생겼고 상담이 어려워졌습니다. 그러나 많은 내담자가 심각할 정도로 퇴행하지는 않습니다. 만일 내담자가 일주일에 한 번 상담을 받거나 내담자의 나이가 중년 또는 그 이상이라면 더욱 그렇습니다.

　정신분석에 대한 반론 중에는 퇴행이 일주일에도 여러 번 관찰할 수 있는 인위적인 것이어서 실제 상담에 가치가 없다는 주장도 있습니다. 이는 주로 다루기도 어렵고 때로는 안 좋게 끝나기 때문이라고 합니다. 증상완화에 초점을 둔 단기상담을 하는 사람이면 누구나 일주일에 단 한 번 퇴행하는 내담자들이 많다는 것을 보고하는데 이는 상담자가 퇴행을 격려하지 않더라도 그렇다고 합니다. 제 관점은 이렇습니다. 상담자가 장기상담이나 정신역동 상담 또는 이와 유사한 상담에 관심이 있건 없건 간에 그리고 심지어는 일주일에 한 번 이상 내담자를 절대 안 본다고 하더라도 때때로 내담자가 퇴행하는 것을 보게 된다는 것입니다. 그래서 초보상담자는 퇴행에 대해 더 많이 알면 알수록 더 좋습니다. 여기 퇴행을 암시하는 몇 가지 내담자 행동이 있습니다.

1. 내담자는 자신이 경험하고 있는 것에 대해 혼란을 느낀다고 말합니다. 그리고 이 혼란은 이전에는 경험하지 않았던 것으로 약간 두려운 것입니다.
2. 내담자가 '와해' 되는 증후를 보입니다. 이러한 증후는 주로 상담을 시작할 때 심하게 그리고 쉽게 우는 것으로 나타납니다. 내담자는

통제할 수 없을 정도의 울음이 수시로 터진다고 보고합니다.

3. 내담자는 전이에 초점을 맞추기 시작할 수 있습니다. 이때는 상담자를 상담자가 아닌 사람으로 대할 수 있는데 이러한 행동에는 애정 표현, 이성으로서 유혹 그리고 존경 등이 있습니다(거부당하는 데 대한 두려움이나 상담자에 대한 열등감도 나타날 수 있습니다).

4. 내담자가 병에 걸릴 수도 있는데 심각한 병은 아닙니다. 감기나 독감에 자주 걸리는데 종종 상담자가 없어서 상담을 받지 못할 때 생기는 경우가 많습니다.

5. 내담자는 뒤숭숭한 꿈자리나 악몽으로 잠에서 깰 수도 있고 울면서 깰 수도 있습니다. 그리고 극심한 불안이나 심지어는 불안 발작 때문에 꿈에서 깰 때도 있습니다.

6. 더 많은 상담 횟수를 요구할 수도 있고 전화에 녹음을 자주 남겨 놓을 수도 있습니다. 그리고 이메일을 보내기 시작할 수도 있습니다. 내담자는 음성답문을 요구할 수도 있고 단순히 메시지만 남겨 놓을 수도 있습니다. 이런 행동은 접촉을 위해서입니다. 대상 영속성에 문제가 있는 내담자일수록 그렇지 않은 내담자보다 더 많은 접촉을 요구합니다.

7. 내담자는 상담이 너무 고통스럽다고 불평하기 시작할 수도 있고, 나아지지 않는다고 두려워할 수도 있으며, 상담자를 비난할 수도 있습니다. 이런 행동은 상담자를 이상인물로 만들면서 사랑하는 행동과 번갈아 가며 나타납니다.

8. 내담자는 다른 사람들하고는 만나지 않으면서 상담에만 초점 맞추는 것을 더 좋아할 수도 있습니다. 내담자는 가족이나 친구를 보통 때 만나는 횟수보다 덜 만나려고 할 수 있는데 이러한 행동은 상담이 내담자를 더 나빠지게 하고 있다고 생각하게 할 수도 있습니다.

9. 내담자는 상담자를 보고 매우 좋아하는 표정을 지을 수 있는데 대

기실에서 상담자를 볼 때 그리웠다는 표정을 짓기도 합니다.

물론 이 목록이 모든 퇴행 현상을 망라한 것은 아닙니다. 하지만 퇴행을 파악하는 출발점은 됩니다. 상담이 주는 즐거움 가운데 하나는 내담자는 상담자가 이전에 경험해 보지 못한 무엇인가로 상담자를 놀라게 한다는 것입니다. 내담자가 퇴행할 때 상담자는 통제를 못하는 것이 두려워서 퇴행이 진행되지 못하게 해서는 안 됩니다. 이와는 반대로 너무 퇴행을 하도록 해서 상담이나 일상생활이 어려울 지경까지 되도록 해서도 안 됩니다.

🐦 퇴행 이해하기

어느 정도의 퇴행이 상담효과가 있는지 어떻게 알 수 있을까요? 퇴행은 정지되어 있는 상태가 아니라 상담 때마다 바뀌고 심지어는 순간순간 바뀌기 때문에 판단하기가 어렵습니다. 이렇듯 퇴행은 유동성이 있고 규정하기 어려운 특성이 있어서 퇴행을 정의하려는 노력이 없었던 것 같습니다. 밸린트(1968)는 과감하게 임상 관점에서 퇴행을 상세히 기술하고 상담효과가 있는 퇴행과 상담효과가 없는 퇴행의 유형을 상세하게 설명하려고 하였습니다. 그는 이를 위해 '양성 퇴행'과 '악성 퇴행'이라는 용어를 만들어 냈습니다. 이러한 '질병' 범주는 진부하고 많은 사람에게 거부감을 줄 수도 있지만 상담효과가 있는 퇴행과 상담효과가 없는 퇴행을 이해하는 데는 매우 도움이 되는 것입니다. 명심할 것은 내담자들을 범주로 묶는다는 것이 그렇게 쉬운 일은 아니며 내담자는 이 두 유형의 퇴행을 왔다 갔다 한다는 것입니다. 이렇게 되는 것은 그 순간에 내담자가 보이는 취약함과 상담에 도움이 되는 반응을 할 수 있는 상담자의 능력에 달려 있습니다.

🦚 상담효과가 있는 퇴행

내담자의 방어가 깨지고 상담자에게 마음을 열 때 상담효과가 있는 퇴행이 발생합니다. 이러한 과정은 애착을 바탕으로 하지만 의식하지는 못합니다. 밸린트에 따르면, 상담을 증진시키는 이런 긍정적인 형태의 퇴행은 다음과 같은 특징이 있다고 합니다.

1. 상담자와 신뢰할 수 있는 관계를 형성할 수 있는 내담자의 능력
2. 갈등을 해결하고 통찰과 통합을 이룰 수 있는 내담자의 능력
3. 깊은 유아 수준의 감정을 표현하고 처리하며 통합할 수 있는 내담자의 전반 역량
4. 내담자가 보이는 약간 높은 정도의 요구나 기대 또는 욕구
5. 내담자는 심각한 히스테리나 행동화 경향을 보이지 않음

상담효과가 있는 퇴행을 경험하는 내담자들은 경우에 따라 전화통화를 요구할 수도 있고, 퇴행은 상담과정의 일부로서 정상 과정이라고 안심시켜 줄 것을 요구할 수도 있습니다. 또는 상담을 마치고 나서 내담자가 마음에서 우러나 상담자를 포용할 수도 있습니다. 이러한 소소한 만족 욕구는 떼를 쓰는 것이 아니라면 문제를 일으키지는 않습니다. 상담자가 상담에 도움이 되는 정도로만 만족감을 줄 때 중요한 점은 내담자가 요구하지 않은 것은 해 주지 않는 것입니다. 그리고 상담자가 해 주는 것이 불편하다면 하지 않는 것입니다. 한편으로 편안할 수 있는 것이 또 다른 편으로 보면 불편할 수 있다는 점을 명심하는 것이 좋습니다.

　　예를 들어 보겠습니다. W박사는 제가 사례 발표할 때 참석하였습니다. W박사는 내담자들이 마음에 우러나서 포옹할 때 상담자가 거리를 두거나 긴장을 하면 내담자에게 심한 모욕이 될 수 있다고 이야기하였습니다. W박사는 질문하는 시간에 1년 동안 상담한 내담자에 대해 이야기했습니다. 이 내담자는 강렬한 감정을 드러냈던 상담시간 가운데 몇 차례 정도 상담이 끝났을 때 자신을 포옹했다고 했습니다. W박사는 포옹한 시간은 짧았고 자신에게는 문제가 되지 않았다고 했습니다. 하지만 최근 들어 내담자는 상담시간이 끝날 때마다 포옹을 하기 시작하였고 자신은 이것이 당황스럽고 불편하다고 했습니다. 하지만 포옹을 그만두라고 요구하여 내담자에게 모욕을 주고 싶지는 않다고 했습니다.

　　W박사는 저에게 이에 대해 어떻게 생각하느냐고 물었습니다. 저는 W박사에게 그렇게 포옹하기 시작한 것이 언제부터인지 물었습니다. 잠시 생각하더니 "약 3개월 전부터입니다."라고 말했습니다. 저는 "그즈음 상담에서 어떤 변화가 있었는지요?"라고 물었습니다. W박사는 잠시 생각하더니 그 당시 자신에게 가족 문제가 있었고 이 문제로 W박사는 내담자의 감정에 집중할 수 없었다는 것을 깨달았습니다. 저는 W박사에게 이 주제를 내담자에게 조심스럽게 꺼내 보라고 제안하면서, 내담자에게 자신이 그즈음 가족 문제로 정신이 없어서 내담자가 자신을 포옹하는 것을 허용하기 시작했다고 말해 보라고 했습니다. 내담자는 상담에 대해 어떻게 느꼈는지 말했을까요? 그리고 내담자가 상담이 끝날 때마다 포옹하고자 하는 내담자의 욕구는 어떻게 되었을까요?

　　사례 발표가 다른 지역에서 열렸기 때문에 이 상황이 어떻게 해결되었는지는 모릅니다. 그러나 제 경험으로 볼 때 이렇게 자문을 해 주면 서로 이해할 수 있도록 해 주고 어떤 일이 일어나고 있든지 간에 해결하도록 해 줍니다. 저는 W박사에게 내담자가 다음과 같은 사실을 아는 것이 중요하다고 말했습니다. 상담자에게 포옹은 내담자가 그 상담시간에 필요로 하고 있는 것을 얻지 못하고 있다는 것을 의미하는 것이라고 말이지요. 이렇게 하면 내담자는 당황스러워하지 않고 포옹의 문제를 자유롭게 이야기할 수 있습니다. 여기서 초점은 잘못을 누가 저질렀느냐가 아니라 관계에서 무슨 일이 일어나고 있는지 이해하는 데 있습니다.

♟ 샐리 사례

샐리는 30대 여성으로 자매의 성화로 마지못해 저에게 약속을 하려고 전화했습니다. 그 자매는 몇 년간 정신분석을 받았는데 정신분석이 도움이 된다는 것을 알고 있었습니다. 샐리는 아동기에 매일 어머니로부터 신체학대와 언어학대를 받았습니다. 이런 학대에도 살아남았다는 것에 자긍심을 가지고 있었고 다소 어린 나이에 결혼했습니다. 샐리의 남편은 성실하고 성공한 사람이었고 다소 보수적인 성향이어서 안정을 중요시했습니다. 남편은 샐리가 어렸을 때 얻지 못했던 것들을 해 주었습니다. 이들은 자녀 둘을 두었고 부유하여 샐리는 일하지 않고서 집에서 아이들을 키울 수 있었습니다.

샐리는 아이들을 사랑했고 극진히 돌보았습니다. 어머니가 자신에게 해 주지 못한 것을 자녀들에게 해 주고 싶어 과도하게 몰두하였습니다. 그래서 자녀들이 요구가 많고 순종을 잘 하지 않을 때는 상처를 받았고 화가 났습니다. 샐리는 결혼과 가정 생활이 안정되었을 때 상담을 받으러 왔습니다. 처음에는 만족을 주었던 결혼과 아이들이 점차 우울과 화를 느끼게 했기 때문입니다. 그리고 자녀들이 청소년기에 접어들면서 독립성이 강해지자 외로움과 불행을 느꼈습니다.

샐리의 남편은 샐리의 잦은 분노 폭발에 지쳐 가고 있었습니다. 그리고 샐리와 가까운 느낌이 없고 신체 접촉도 없다고 불평하였습니다. 샐리는 결혼생활에서 도망가는 생각을 자주 했다고 했습니다. 하지만 남편은 좋은 사람이며 자신을 사랑하고 있고 남편과 헤어지는 것은 자신을 파괴하는 것이라는 것을 알고 있었습니다. 샐리는 자신이 벼랑 끝에 있는 느낌이라고 했습니다. 제가 도울 수 있을까요?

몇 번의 상담을 한 후 명백하게 드러난 것은 어렸을 때 받았던 거부와 학대를 과잉 보상하느라 고통을 받고 있었다는 것이었습니다. 완벽한 아내와 어머니가 되고자 15년간 지나치게 노력한 것이 이러한 결과를 낳았던 것입니다. 아이들이 독립하기 시작하면서 샐리가 더 이상 아이들에게 신경을 쓸 필요가 없어졌습니다. 그리고 한때는 완벽하고 안정된 성격의 남편이 샐리를 만족시키기보다는 성가시게 하기 시작하였습니다. 남편은 아이들의 성적이 좋지 않거나 바람직하지 않은 행동을 하면 샐리를 비난하면서 바로잡으라고 하였습니다. 샐리는 지치고 우울했습니다. 그리고 화가 나고 죄책감이 들었습니다. 결혼과 가정 생활에 들였던 노력이 더 이상 제대로 되지 않는다는 것이 명백해졌습니다. 공허함, 부적절감 그리고 어린 시절의 외로움이 수면으로 떠올랐습니다. 샐리는 자신이 해야 할 일들이나 아이들의 삶에 몰두하는 것으로 이런 문제를 더 이상 해결할 수 없었습니다.

샐리가 상담이 어떻게 도움이 될 수 있는지 물었을 때 저는 조금씩 심해지고 있는 우울과 분노는 슬픔과 외로움에 대한 방어라고 말해 주었습니다. 우리는 앞으로 이야기를 해 나갈 것이고 그러면서 서로 알아 갈 것이라고 했습니다. 상담이 잘되어 가면 방어를 점차 내려놓기 시작할 것이고 이면에 있던 감정들이 표면으로 올라와서 이전에 처리하지 못했던 감정들을 처리할 수 있고 그러면서 이런 감정들에 대한 자각이 증가하고 더 잘 조절할 수 있을 것이라고 말했습니다. 샐리는 이런 일을 자신이 할 수 있을지 모르겠지만 한번 해 보겠다고 하였습니다.

첫 몇 개월 동안은 아이들 문제를 해결하는 데 보냈습니다. 저는 사춘기 딸이 가지고 있는 독립에 대한 욕구를 이해할 수 있도록 도왔습니다. 딸에게 지나치게 많은 것을 해 주는 것은 자율성과 자기 삶의 주인이 되고자 하는 욕구를 저해하는 것이기 때문에 딸이 고마워하지 않는다고 설명하였습니다. 다소 어렵기는 했지만 샐리는 딸을 지나치게 살피고 보호하는 것을 줄이기 시작했습니다. 저는 샐리가 이 단계를 지나 바람직하게는 좀 더 깊은 단계로 진행해 나가기를 바라기는 했지만 어쨌든 샐리를 상담하는 것은 좋았습니다. 저는 비판하지 않으면서 자신의 행동이 아이들과 남편에게 미친 영향을 교육함으로써 샐리가 저에게 부과한 시험을 통과했습니다. 샐리는 양육방식의 실수를 직면하기를 마다하지 않았고 고치는 것도 주저하지 않았습니다. 그리고 상담시간마다 열심히 하였으며 가정에서 향상을 보인다고 보고하여 기쁘게도 하였습니다. 샐리는 단순히 제 조언에 따라서 변화하기보다는 통찰력이 있어서 자신의 행동 이면의 동기를 재빨리 파악하였습니다. 저는 조언을 할 때도 샐리의 요구에 따라서만 했고 샐리에게 먼저 상황을 철저히 생각해 보라고 한 다음에 조언을 했습니다. 만일 샐리가 뭔가 중요한 것을 놓치고 있는 것을 보였다면 저는 그것을 샐리에게 지적해 주었을 것입니다.

예를 들어 보겠습니다. 샐리는 딸이 학교 갈 시간에 맞춰 일어나지 않는다고 심하게 불평했습니다. 샐리는 딸이 일어났는지 확인하러 아침마다 여섯 번이나 이층에 있는 딸 방에 올라가는 것이 짜증이 난다고 말했습니다. 저는 이러한 전략이 성공하기는 어려울 것이라는 사실을 상처받지 않고 알도록 하였습니다. 샐리는 딸이 일어나지 않는 행동을 강화하고 있었던 것입니다. 저는 "알람시계를 딸에게 주고 아침에 일어나 학교에 가는 것을 스스로 책임지도록 하지 그러세요."라고 말했습니다. 간단한 이 해법이 들어 먹혔을 때 샐리는 놀랐습니다. 그 결과로 샐리는 몇 가지 다른 행동들을 다시 생각하기 시작하였습니다.

약 6개월 후 저는 샐리가 상담시간보다 일찍 도착하여 대기실에서 기다리는 동안 편안하게 있는 것을 보았습니다. 제가 샐리를 맞이하러 문을 열었을 때 샐리는 저를 보고 웃음을 보였고 상담시간을 시작할 때 편안해 하고 저를 쳐다보는 것도 즐거워한다는 것을 느꼈습니다. 더 큰 무엇인가가 일어나려고 하고 있었습니다. 조심스럽게 어린 시절에 대해 이야기하기 시작했습니다. 샐리는 자기-연민이 없어서 바로 이 점 때문에 저는 샐리를 더 쉽게 좋아하게 되었고 샐리의 고통을 더 쉽게 이해할 수 있었습니다. 하지만 이 점 때문에 '서둘러 빨리 하자.'는 태도를 더 부추겨서 고통스러운 느낌에 더 머무르게 하려는 저의 노력은 방해를 받았습니다. 샐리는 스스로 어려움을 이겨내는 것이 중요하다고 믿었기 때문에 과거에 집착하지 않았습니다. 저는 샐리의 강인함에 감탄했는데, 특히 만나기는 하지만 일정 거리를 두고 있는 어머니를 아직도 사랑할 수 있는 능력이 그랬습니다. 샐리는 어머니가 마음에 병이 있어서 그 이상 하는 것은 어렵다는 것을 알고 있다고 말했습니다. 화를 낼 수도 있겠지만 이렇게 마음에 병이 든 사람을 어떻게 미워할 수 있겠습니까? 저는 어머니보다는 자신에 대해 더 연민을 느끼는 것이 필요하다는 것을 감으로 알았고 이러한 태도가 샐리를 구했다는 것 또한 알고 있었습니다.

무엇이 샐리로 하여금 더 깊은 감정을 느끼게 촉진할 수 있을까 생각하고 있을 때 운명이 찾아왔습니다. 상담한 지 1년이 다 되어 갈 때쯤 샐리의 친한 친구가 말기암 판정을 받았습니다. 이 일은 자신에게 일어난 것만큼이나 슬픈 일이어서 더 깊게 탐색할 수 있는 촉진제가 되었습니다. 이 슬픔은 너무 무섭고도 자기-연민을 일으키는 것이어서 자기 자신에 대해서는 느낄 수 없었지만 친구를 잃을지도 모른다는 생각에 연민을 느낄 수 있었습니다.

샐리가 저에게 처음 이 사실을 말할 때는 그저 "진짜 안 좋은 일이에요."라고만 했습니다. 그러나 저는 샐리의 얼굴에 깊은 슬픔이 있는 것을 보았고 관찰한 사실을 말해 주었습니다. 사실 저는 그동안 긴장감을 해소하기 위해 샐리가 유머를 사용했을 때 그것이 설사 웃긴 내용이라서 제가 웃었더라도 샐리의 얼굴에 나타난 표정에 주의를 기울이면서 그 감정을 언어로 표현하도록 하는 작업을 해 왔습니다.

친구가 암에 걸렸다는 사실에 샐리는 매우 슬퍼하기 시작하면서 처음으로 울었습니다. 또한 수심에 잠겨서 말이 없어졌고 끊임없이 해 왔던 활동들도 안 했습니다. 사실상 어머니로서 그리고 아내로서 자신에게 요구되는 최소한의 것만 했습니다. 샐리는 이렇게 하는 것이 매우 두려운데도 이상하게도 기분은 괜찮다고 말했습니다. 샐리에게 무슨 일이 일어나고 있는 것일까요? 괜찮은 것일까요? 아니면 계속 철회되어 마침내 아무도 보고 싶지 않게 된 것일까요? 아니면 완쾌되는 것일까요? 아이들이 학교로 떠나기만 하면 집 근처에서 나른하게 앉아 있거나 조는 것이 진짜 괜찮은 것일까요? 왜 샐리는 사람 만나는 것에 관심이 없는 것일까요? 더 나빠지고 있는 것이었을까요?

저는 샐리에게 스스로 느끼기에는 어떠냐고 물어보았습니다. 샐리는 이상하기는 하지만 괜찮으며 계속 그러지는 않을 것 같다고 말했습니다. 저는 샐리 말이 맞다고 하고서 퇴행이 무엇인지 그리고 퇴행이 상담에 어떻게 도움이 되는지 설명하였습니다. 샐리는 상담이 진전이 있다는 것과 자신이 경험하고 있는 것을 제가 이해하고 받아들이고 있다는 사실에 안도감을 표현하였습니다. 샐리는 매우 명석하였고 감정을 말로 잘 표현하였으며 통찰력과 유머감각이 있어서 샐리와 상담하는 시간은 늘 빨리 지나갔습니다. 얼마 안 있어 샐리는 상담이 휙휙 지나가 버리는 것 같다고 했는데 저 또한 그렇게 느끼고 있었습니다. 샐리는 자신이 가지고 있는 무기들, 즉 유머, 울음 그리고 전략을 짜는 것 등이 없더라도 같이 있기에 즐거운 사람이었습니다. 우리 둘 모두 샐리의 나지막한 이야기와 슬픔에서 일종의 평화로움을 느꼈습니다. 여느 상담과는 달리 드라마 같은 순간이나 내용도 없었습니다. 샐리는 어떤 것에 대해서도 많이 이야기하는 것 같지 않지만 항상 나아지는 느낌이 든다고 말하였습니다. 샐리는 성과가 있는 것일까요? 저는 샐리가 말하는 뜻을 이해한다고 하였습니다. 저는 샐리와 농담을 하면서 샐리와 상담할 때 겉으로 보면 아무것도 아니지만 사실상은 그것이 모든 것이라는 면에서 샤인필드[1]가 연상된다고 하였습니다. 샐리는 크게 웃으면서 동의했습니다.

샐리의 퇴행은 밸린트가 정의한 양성 퇴행, 즉 상담효과가 있는 퇴행의 정의에 잘 들어맞습니다. 다시 말하면 샐리는 신뢰할 수 있었고(비록 즉각 그렇지는 않았지만), 요구가 거의 없었으며, 기꺼이 고통을 경험하려고 하였습니다. 그리고 그 고통에 내재한 가치를 알았으며 마침내 고통을 표현할 수 있었고 그 고통을 더 큰 통찰과 통합에 이용할 수 있었습니다. 그리고 실제로 행동화가 줄었는데 이는 자신의 감정을 더 많이 느낄수 있었기 때문이었습니다.

샐리는 자신의 퇴행을 관리할 수 있었습니다. 이는 다음과 같은 요소 때문이었습니다. 첫 번째는 샐리가 마땅히게 받아아 할 대우에 대한 건강한 감각이 부족했다는 것입니다. 즉, 다른 사람에 대해 가지고 있는 샐리의 기대는 너무 낮았습니다. 무엇을 요구하기보다는 인내하는 데 익숙해져 있었고 또 그것을 잘 받아들였습니다. 두 번째는 아이들에 대해서나 가정주부로서 마음가짐과 책임감을 가지고 있었는데 이것이 자아기능과 현실검증을 일정 수준으로 유지하게 했습니다(다른 사람과 만나지 않거나 실직 상태인 사람 또는 일상생활에 대해 기대하지 않는 사람이 퇴행하도록 도울 때는 조심해야 합니다). 세 번째는 제가 경계를 유지했다는 것입니다. 이렇게 경계를 유지함으로써 상담효과가 있는 퇴행을 가능하도록 했습니다.

---

1) 역자 주: 1990년에서 1998년까지 NBC에서 방영한 시트콤. 뉴욕을 무대로 활동했던 코미디언인 제리 샤인필드가 자신과 친구들인 코스모 크래머, 조지 코스탄저 그리고 엘라인 빈스 등이 벌이는 우스꽝스러운 상황에 대한 이야기를 직접 연기한 작품이다.

예를 들어 보겠습니다. 상담기간 중 언젠가 샐리의 친구 한 명이 저에게 상담을 받을 수 있는지 샐리에게 물어봐 달라고 부탁한 일이 있었습니다. 저는 내담자의 친구나 가족 또는 가까운 사람은 상담하지 않으며 다른 곳에 의뢰해 줄 수 있다고 말했습니다. 샐리는 매우 안도하면서 타당하다고 말하였습니다. 저는 샐리의 상담시간이 빨리 지나가 버려서 다음 상담시간이 비어 있다면 상담시간을 늘리고 싶은 심정이었습니다. 하지만 아무리 이러고 싶은 마음이 크더라도 상담에 도움이 되지 않는다는 것을 상담을 시작한 지 얼마 되지 않았을 때 알았습니다. 상담시간을 연장하는 것은 내담자에게 만족을 즉각 충족시켜 주고 특별한 존재라는 느낌을 느끼게 한다는 점에서 인도주의와 관대함이라는 이름으로 합리화될 수는 있습니다. 하지만 대체로 보면 이것은 좋지 못한 생각입니다. 제가 초보자였을 때 상담시간을 늘린 적이 있었습니다. 그런데 어느 날 상담시간을 늘리는 것이 어려워지자 내담자는 혼란스러워하며 상처를 받았고 화를 냈습니다. 상담시간을 늘리는 것은 사랑과 의존 문제가 있는 내담자를 지나치게 자극시킬 수 있습니다. 만일 상담자가 상담시간을 늘림으로써 틀을 깬다면 다음에는 무엇을 하게 될 가능성이 있을까요?

상담시간을 늘리게 되면 내담자가 추가 시간을 얻으려고 상담시간이 다 되어 갈 때 자신도 모르게 상태가 악화될 수 있습니다. 저는 퇴행한 내담자가 자신을 충분히 추스르도록 돕는 것은 상담자의 책임이라고 생각합니다. 이는 상담시간이 내담자에게 5분 남았다고 말할 필요가 있을 때도 그렇습니다. 사실 저와 상담하는 많은 내담자가 감정에 빠져 있을 때는 시간을 지키기가 어렵다고 하면서 추가 시간을 요구합니다. 이것은 타당한 요구로 보여서 상담시간 마지막을 유효하게 이용하도록 합니다. 다만 몇 분을 넘지는 않도록 합니다.[2]

샐리는 매우 조용하고 요구를 하지 않는 내담자여서 상담시간 이외에는 저에게 전화를 하지 않았습니다. 하지만 대부분의 퇴행한 내담자는 상담시간 외에도 저에게 전화를 합니다. 저는 이것을 허용하기는 하지만 격려하지는 않습니다. 저는 대략 10분 정도로 전화통화를 허용합니다. 그리고 내담자에게 전화로 갑작스럽게 상담하는 것은 만나서 하는 상담과 같지 않으며 효과가 없을 가능성도 있기 때문에 이렇게 하고 있다고 알려 줍니다. 만일 내담자가 고통이 심하면 내담자에게 별도의 상담시간을 잡아서 오도록 하는데 내담자가 진정으로 필요한 경우라면 이렇게 별도 상담을 위해 제 원칙에서 벗어나기도 합니다. 재미있는 것은 이러한 제안이 종종 리트머스 테스트[3]의 역할을 한다는 것입니다. 전화에서 1분 정도 큰 소리로 울던 내담자가 금세 태도가 바뀌어 "내일 갈 시간이 없겠네요. 너무 바빠요."라고 말합니다. 저는 이것을 조종할 의도가 있다기보다는 인간본성이라고 봅니다. 우리 모두는 고통을 받고 있을 때 어느 정도의 만족감을 얻기 원합니다. 그러나 고통이 실제로 계속된다면 내담자는 보통 상담을 받으러 옵니다.

🐦 상담효과가 없는 퇴행

상담효과가 없는 퇴행은 주로 불안정한 애착으로 감정을 조절할 수 없는 내담자에게 나타납니다. 이런 유형의 퇴행은 내담자의 불안정한 자아 때문에 일어날 수도 있지만, 상담자가 한계를 설정하지 못하는 문제나 내담자의 강한 정서경험에 반응할 때 상담자가 두려움이나 혼란을 느끼

---

2) 저는 추가 몇 분을 얻으려고 악화되는 내담자는 보지 못했습니다. 필요하다면 내담자가 말을 끝내거나 감정을 추스립니다. 저는 정각에 시작해서 정각에 끝냅니다. 그리고 필요한 경우 1분이나 2분 정도 허용합니다. 1회 상담시간은 50분이며 10분은 상담기록을 하고 전화를 하기 위해 남겨 둡니다.

3) 역자 주: 리트머스 종이를 이용하여 산성과 알칼리성을 구분하는 실험

는 것 때문에 악화될 수도 있습니다. 또는 이 두 가지 모두 때문에 악화되기도 합니다. 과도하게 안심시키거나 화를 누그러뜨리게 하는 것도 상담효과가 없는 퇴행을 오래가게 합니다. 이러한 형태의 역기능적인 상담자-내담자 애착은 다음과 같은 특징이 있습니다.

1. 관계가 계속해서 악화되고 내담자는 과도하게 매달리면서 상담자를 믿지 못하고 상담시간 외에도 계속 연락을 하려고 합니다.
2. 내담자는 분출되는 감정을 새로운 발견을 위해 사용하지 못하고 강한 고통에 대해 어쩔 줄 몰라 하며 공포 반응을 보일 수도 있습니다.
3. 상담자와 갈등을 해결하는 데 어려움이 있고 통찰하려고 하기보다는 만족만을 얻으려고 합니다. 내담자는 진정되기 위해서 상담자에게 더 많이 요구할 수도 있습니다.
4. 상담자가 도와주려 해도 감정을 조절할 수 없는 감정폭풍이 있습니다.
5. 내담자는 진정시켜 주거나 구해 주기 바라는 자신의 기대가 충족되지 않을 때 자해하겠다는 위협을 합니다. 상담자에 대한 불안정한 애착으로 더 이상 견디기 힘들 때 이러한 위협을 행동으로 옮길 수 있습니다.

많은 상담자가 고통받고 있는 내담자에게 안심시키는 표현을 통해서 본인도 모르게 상담에 도움이 되지 않는 퇴행을 일으킵니다. 내담자는 추가 상담시간, 잦은 전화통화나 긴 전화통화, 상담자의 개인 정보, 상담료 인하 또는 신체 접촉을 요구할 수도 있습니다. 내담자가 전화하는 것과 같이 작은 것부터 부탁하기 시작하면 이런 요청을 상담자가 들어주게 되는 것은 드문 일이 아닙니다. 많은 경우 상담자는 이렇게 조금씩 증가하는 요구를 들어줍니다. 왜냐하면 상담자는 대안이 없기도 하고 내담자가 상담자에게서 뭔가를 더 얻지 않으면 자해하겠다는 위협을 행동으로 옮길지도 모른다는 두려움을 느끼기 때문입니다.

내담자가 과도한 절망감에 빠져서 상담자가 만족스럽게 하고 있지 않다는 불평을 할 때 상담자는 내담자가 어린 시절에 충족받지 못했던 요구, 즉 일종의 구원이나 사랑으로 치유해 달라는 요구를 충족시키려는 유혹에 빠질 수 있습니다. 가바드(1996b)와 셀렌자(2007)는 이렇게 전개되는 방식이 성관계로 발전하기 전에 가장 빈번하게 일어나는 것이라고 보고하고 있습니다. 밸린트(1968)는 "퇴행한 내담자를 상담할 때 상담자들이 끊임없는 고통으로 힘들어하는 내담자에게 더 이상 불필요한 고통을 주지 않는 환경을 만들어야 한다는 유혹에 어떻게 빠지게 되는지"를 말하고 있습니다. 그리고 "이것이 매우 그럴싸한 이유처럼 보일지 모르겠지만, 경험을 통해 보면 거의 효과가 없다."(p. 111)라고 밝히고 있습니다.

상담에 도움이 되지 않는 퇴행의 고전 사례는 엘리자베스 서번을 상담한 산도르 페렌치의 사례(1932/1988)에서 볼 수 있습니다. 페렌치는 유명한 실험을 했는데 이 실험에서는 추가로 상담을 더 하고 내담자의 요구는 대체로 다 들어주었습니다. 이 요구에는 내담자가 너무 힘들어서 집을 나서기 어려울 때는 내담자의 집에서 상담하는 것과 페렌치가 '쌍방분석'이라고 부른 것을 위해 2회당 한 번씩 카우치에 눕는 방향을 바꾸는 것이었습니다[좀 더 자세한 내용은 Ragen & Aron(1993)과 Fortune(1993)을 참조하기 바랍니다]. 이렇게 계속 들어주자 엘리자베스는 좋아지는 게 아니라 계속 나빠졌습니다. 내담자는 계속 악화되었고 계속 요구가 많아졌습니다. 상담초기에 내담자의 감정을 이해하고 공감하는 것이 상담에 도움이 되었다는 것을 확신하고서 과거 어느 때보다 내담자가 더 깊게 느낄 수 있도록 도왔는데 상담이 진행될수록 왜 더 나빠지는지 설명하는 것이 곤혹스러웠습니다.

저는 이 사례를 다른 곳(Maroda, 1998a)에서 자세하게 논의했습니다. 페렌치가 엘리자베스의 사례에서 도출한 가장 중요한 사실은 페렌치가 언급한 것과 같이 그가 점차 내담자에게 화가 나던 시기 동안 내담자를 진정시켰다는 것입니다.

🐦 상담시간 외 전화

제가 상담을 시작한 지 얼마 안 되었을 때는 공감을 지나치게 표시하면서 내담자의 전화를 받았습니다. 그런데 이런 저의 행동은 내담자에게 거의 언제나 더 깊은 고통을 안겨 주었습니다. 상담시간에 공감을 깊게 하면 효과가 있었기 때문에 전화로 내담자와 이야기할 때도 같은 방식으로 응대했습니다. 내담자가 스트레스를 받을 때 전화통화를 요구하는 경우에는 다르게 응대해야 한다는 생각을 전혀 하지 못했습니다. 종종 이런 전화통화는 길어졌고 어떤 경우는 한 시간까지 이르기도 하였습니다. 그리고 이 무료 전화통화는 내담자의 욕구를 충족시켜 주고 있었습니다. 이것이 좋은 방법이 아니라는 것을 깨달을 때까지는 시간이 걸렸습니다. 제가 다른 일이 있어서 전화를 받을 수 없거나 짧게 통화해야 할 때면 내담자는 혼란스러워하면서 상처받고 화를 냈는데 이런 일이 몇 번 반복되고 나서야 저는 제 방식이 도움이 되지 않는다는 사실을 깨달았습니다. 전화통화에 대한 지침서도 없었고 슈퍼비전도 받아 보지 못했기 때문에 저는 전화통화를 어떻게 다루어야 하는지 힘든 과정을 거쳐서 배워야 했습니다.

전화통화는 되도록 최소로 하고 가능한 한 하지 않도록 하는 것이 필요하다는 사실을 깨달은 후 퇴행한 내담자를 대상으로 한 상담은 한결 잘되었습니다. 내담자가 자신의 감정을 다룰 수 있도록 돕기 위해 제가

10분 남짓의 통화해 주는 것은 상담시간에는 내담자가 얻지 못하는 것이기도 했습니다. 비중이 줄어들자 전화통화를 통해 얻는 만족이 감소되었고 이에 따라 횟수도 줄어들었는데 내담자에게도 더 좋았고 저는 물론 가족이나 친구들에게도 좋았습니다.

전화통화와 관련하여 제 태도를 바꾸기로 결정했을 때 저는 전화를 하는 내담자에게 통화방식을 바꾸고 있다는 사실과 이유를 설명하였습니다. 내담자들 가운데에는 탐탁치 않아 하는 사람도 있었는데 이는 받고 있던 것을 포기해야 했기 때문이었습니다. 거의 모든 내담자가 전화통화는 너무 예측 불가한 것이어서 도움이 되지 않는다는 사실을 인정했고 이 변화를 받아들였습니다. 저는 이전의 통화방식 때문에 내담자가 받은 고통에 대해 충분히 다루었습니다. 어떤 내담자에게는 그들이 잘못된 행동을 한 것이 아니며, 이러한 변화는 처벌이 아니라 상담자 편에서 더 안정적이고 효율적인 상담을 하기 위한 것이라고 하면서 안심시켰습니다.

새로 상담을 시작한 내담자가 고통스러울 때 전화를 해도 되느냐고 물으면 처음부터 저는 전화통화는 최소한으로 한다고 말합니다. 그리고 주중이나 주말에 전화통화를 위해 잡아 놓은 시간을 말해 줍니다. 이 시간에 통화한 후 응급상황이 발생하면 내담자들은 24시간 응급전화를 이용하거나 응급실로 가야 합니다. 제가 진정으로 내담자에게 필요하다고 판단되는 상황에서도 내담자들, 특히 가장 혼란되고 퇴행한 내담자조차 전화통화를 최소로 한다는 사실을 발견하고는 놀랐습니다(이메일도 중요한 문제가 되기 때문에 내담자들에게 이메일을 보내도 되지만, 저는 답메일은 보내지 않고 받기만 한다고 말합니다. 더 급한 것이 있다면 내담자들은 전화를 할 겁니다. 저는 보내온 모든 이메일을 읽고 프린트하여 다음 상담시간에 그 이메일 내용을 다룹니다. 그리고 상담기록지에 보관해 둡니다). 내담자에 대한 상담자의 욕구에 비례하여 내담자는 상담자를 필요로 한다는 것을 믿게 되었습니다. 그래서 자기 문제가 아직 해결되지 않은 초보상담자가 이러한 엄격한 제한을 지키는 것은 불가능할 수도 있습니다(자신이 필요한 존재라는 욕구를 포함하여 말입니다). 그러나 저는 그것이 향후 해 나가야 할 과제라고 말해 두겠습니다. 그리고 초보상담자에게 당부하는 것은 아무리 남는 시간이라도 통화시간을 늘려 가면서 욕구를 충족시켜 주고자 하는 함정에 빠지지 말라는 것입니다. 이런 종류의 관심을 계속해서 유지하는 것은 불가능할 뿐만 아니라 많은 내담자에게 지극히 은밀한, 심지어는 로맨틱한 경험이 되게 합니다. 그리고 전화통화에 대해 상담료를 안 받는다면 대면 상담에서 상담료를 받지 않는 것과 유사한 효과가 나게 됩니다. 다르게 생각할까요? 상담자가 책임이 있는 것일까요? 상담자가 너무 지나치게 개인적인 관계를 맺는 것일까요? 상담자는 부적절하다고 느낄까요? 내담자는 다를까요?

이 모든 요소는 전화통화와 관련되어 있는데 내담자가 퇴행되어 있든 아니든 마찬가지입니다. 그러나 빈번하게 전화하는 내담자들은 앞에서 정의한 대로 퇴행되어 있고 전화통화에 더 의미를 둘 가능성이 많습니다. 상담자가 피곤한 것도 더 복잡한 상황으로 만듭니다. 즉, 저녁에 전화로 이야기하는 것은 경계를 더 모호하게 할 수 있습니다. 전화에서 경계를 유지하는 것은 실제 상담시간 동안과 마찬가지로 중요하며 상담자 편에서 보면 처음부터 자기인식과 긴장감을 더 요구할 수 있는 것입니다.

🐦 상담효과가 없는 퇴행 사례

상담효과가 없는 퇴행의 사례를 기술하는 것은 상담효과가 있는 퇴행의 사례(샐리의 사례)를 설명하는 것보다 어렵습니다. 여기에는 몇 가지 이유가 있습니다. 가장 중요한 것은 정직한 상담자는 상담효과가 없는 환경을 조성하고 유지하는 데 큰 역할을 한다는 것을 인정한다는 것입니다. 이러한 상황에 처한 상담자가 해야 할 첫 단계는 '지금 내가 무엇을 하고 있어서 이런 퇴행이 조장되었고 과거에 무엇을 해서 이런 퇴행이 조장되었는가'라고 자문하는 것입니다. 우리는 모두 퇴행한 내담자가 상담효과가 없는 퇴행에 빠지기도 하고 벗어나기도 하는 경험을 합니다. 하지만 상담이 안 좋게 끝난 상황에 처한 상담자만이 상담효과가 없는 퇴행의 사례를 기술해야 하는 처지가 되는 것입니다. 이런 결과에 대해 이야기하는 것은 저를 포함하여 어떤 상담자에게도 쉽지 않은 일입니다.

제가 여기 제시하고 싶은 사례는 이전 저서(1999)에 자세하게 실었던 사례입니다. 오늘날까지도 이 내담자가 상담 가능한 내담자였는지 잘 모르겠습니다만, 제가 아는 것은 상담이 내담자와 저에게 모두 불만족스럽게 끝났다는 것입니다. 저는 이전 책에서 이 내담자를 수잔이라고 불렀는데 이 이름을 여기서도 계속 사용하겠습니다. 간단히 말하면 수잔은 지극히 어려운 내담자였습니다. 아마도 제가 상담한 내담자 가운데 가장 상담하기 어려웠을 겁니다. 수잔은 이전의 상담자와 성관계를 했고 상담자를 경멸하는 말을 하고는 관계를 끝냈습니다. 수잔은 자신을 희생자로 표현하기보다는 정반대로 표현했습니다. 수잔의 관점에서 보면 상담자는 자신에게 어울리지 않는 사람이었고 이런 사실을 깨달았을 때 그 관계를 끝냈습니다. 수잔은 어렸을 때 정서학대와 신체학대를 받은 경험이 있었습니다. 그리고 감정표현 불능증이었습니다(분노 외에는 다른 어떤 강한 감정을 표현하지 못했고 통찰도 별로 없었습니다). 수잔은 다른 사람과 잘 어울리고 있고 자신을 잘 조절하고 있다고 소개했습니다. 그래서 가장 최근의 상담자는 이렇듯 자기 확신에 찬 수잔에게는 상담이 필요하지 않다고 말하고서는 상담을 그만두었습니다.

저에게 온 계기는 우울증이 점점 심해져서 일을 제대로 할 수 없었고 관계를 유지할 수 없었기 때문입니다. 수잔이 저에게 왔을 때는 친구가 몇 명 있기는 했으나 애인도 없었고 직업도 없었습니다. 제가 의뢰를 받아들인 것은 제 친구 상담자가 의뢰하였고 두 명을 막 종결한 상태여서 두 시간이 비어 있었기 때문이었습니다. 수잔과의 상담에서 처음부터 복잡 미묘한 감정을 느꼈습니다. 저는 이 감정에 더 주의를 기울여야 했습니다. 수잔에게 외상경험이 있었을 뿐만 아니라 주도권을 쥐려는 경향이 있는데도 아무런 통찰이 없었다는 사실 그리고 깊은 감정을 의식 수준에서 느낄 수 없다는 사실을 볼 때 수잔을 상담하는 결정을 더 신중하게 했어야 했습니다. 그리고 이런 사실은 일주일에 두 번 이상은 상담을 해서는 안 된다는 것을 분명히 시사하는 점이었습니다.

처음에 저는 수잔을 일주일에 두 번 상담했습니다. 하지만 수잔은 상속받은 유산이 많아서 쉬는 동안 시간을 최대한 활용하고 싶다고 하였습니다. 그리고 정신분석 관련 책을 읽었기 때문에 실제로 해 보고 싶다고 하였습니다. 이 말은 제가 내담자에게서 들어 보지 못한 말이어서 수잔을 분석할 수 있을 것 같아 흥분되었습니다. 정신분석에서 오래된 제일의 법칙은 상담자는 내담자가 주당 몇 회를 원하는가에 따라야 하고 이를 상담에 도움이 되도록 조정해야 한다는 것입니다. 과거에 저는 이 기준을 지켰습니다(제가 생각하기에 이 기준은 적합하다고 생각하지만 예외는 있습니다). 대부분 내담자가 일주일에 두 번 또는 세 번만 온다는 점을 생각해 보면 일주일에 네 번 오는 내담자를 상담한다는 데 대해서 흥분되기까지 하였습니다.

분석에 들어가자마자 일이 잘못되기 시작했습니다. 수잔은 카우치를 사용하기 원했고 곧바로 기능상실의 신호를 보였습니다. 상담시간이 끝났을 때 수잔은 가기 싫어했고 늘 화가 난 채로 문을 쾅 닫고 가 버리곤 했습니다. 저는 수잔에게 이완을 하면서 고통을 경험하도록 했는데 이때 수잔은 자주 현실감을 잃었습니다. 현실감을 잃었다는 의미는 제가 고통을 경험하도록 촉진하고 있는데도 수잔은 제가 그러지 않는다고 확신하고 있었다는 것입니다. 수잔에게는 제가 어린 시절의 경험을 묻는 것은 중요하지 않았습니다. 수잔이 만일 어떤 사람 앞에서 고통을 느낀다면 바로 그 사람이 수잔의 고통을 느끼게 한 사람인 것입니다. 우리는 이 문제에 대해 수잔이 차분해진 상담시간에 이야기했습니다. 저는 수잔에게 만일 이 상황에서 벗어나지 못한다면 상담이 제대로 되지 않을 것이라고도 말했습니다. 수잔은 제가 자신에게 해를 끼치지 않고 있다는 지적인 말만 하면서 저를 안심시켰으나 그 순간에 논점을 놓치고 있는 것이 확실했습니다. 수잔은 인내를 가지라고 하면서 자신은 괜찮아질 거라고 했습니다. 그래서 저는 참았습니다.

그러는 동안 수잔은 저에게 자주 전화를 하기 시작했습니다. 제가 응급상황에서 특정 시간에만 전화하라고 명백히 말했지만, 집전화로도 하기 시작하였습니다. 수잔은 제가 정해 놓은 시간은 지켰으나 보험 관련 문제를 물을 때도 집으로 전화했습니다. 저는 주방에서 전화를 받으면서 일행이 있어서 지금 말하기가 어려우니 이 문제는 월요일 상담시간에 이야기하자고 간단히 말했습니다. 월요일이 되었을 때 저는 수잔에게 이런 목적 때문에 집전화로 해서는 안 된다고 말했습니다. 수잔은 동의하지 않았고 저와 통화할 수 없다는 것에 화를 냈습니다. 저는 이성적으로 대화하려고 노력하였으나, 수잔은 실제로 퇴행되어 있었고 떼쓰는 아이의 정신 수준에서 이야기하고 있다는 것을 알았습니다.

저는 이런 상황을 깨닫고 수잔을 교육하려는 노력을 중단하면서 수잔에게 집에서 전화를 언제 받을 것인지 정하는 것은 내 권한이며 보험회사 건은 명백히 타당하지 않다고 간단히 말했습니다. 수잔은 순응하기는 했지만, 제가 틀렸고 부당하다고 생각하고 있었습니다. 수잔과의 갈등 가운데 많은 것이 미묘하게 전개되거나 드러내 놓고 힘겨루기로 전개되었습니다. 하지만 저는 이런 갈등을 다르게 바꾸는 방법을 찾지 못했습니다. 우리가 힘겨루기를 하고 있다는 것을 인정했을 때도 다르지 않았습니다. 갈등의 핵심은 제가 주려고 하는 것이나 줄 수 있는 것이 수잔이 원하는 것이나 필요하다고 생각하는 것과는 차이가 있다는 것이었습니다.

수잔은 또한 다른 시간에도 전화를 했습니다. 특히 목요일 저녁에도 전화를 했는데 목요일은 한 주 상담이 끝나는 때입니다. 수잔은 처음에 잠깐 이야기를 하려고 하였고 저는 외롭고 긴 주말 동안 어떻게 적응할지 조언을 해 주었습니다. 그러나 점차 요구가 많아졌고 전화를 끊으려 하지 않았습니다. 그리고 "만일 제가 자살 생각을 한다고 해도 저와 이야기를 하지 않을 건가요?"와 같이 말하기도 했습니다. 말할 필요도 없이 이런 행동은 참기가 어려웠습니다.

또한 저는 수잔이 남은 유산이 얼마나 되는지에 대해 거짓말을 했다는 것을 알게 되었습니다. 어느 날 수잔은 상담비를 상당히 깎아 주지 않으면 상담 받으러 오기 어렵다고 말했습니다. 저는 놀라서 상담을 시작할 때는 다르게 이야기했다는 사실을 지적했습니다. 수잔은 제가 잘못 이해한 것임에 틀림없다고만 말했습니다. 수잔은 처음부터 오랜 기간 동안 상담 받을 수 없다는 것을 알고 있었습니다. 수잔은 저에게 분명히 이야기했다고 했지만 수잔은 이야기하지 않았습니다. 수잔이 그때 한 이야기를 잊어버린 것인지 아니면 거짓말을 한 것인지 확실히 알 수는 없습니다. 저는 수잔에게 제가 깎아 줄 수 있는 최대치는 일주일에 두 번 상담을 하는 것이라고 말했고 이것이 수잔을 얼마 동안 굉장히 화가 나게 했습니다.

그러나 수잔은 돈이 필요해져서 일을 구해야 했고 직장의 바쁜 일정 때문에 일주일에 두 번 오기도 어려웠습니다. 수잔은 초저녁 상담시간에 맞추기 위해 일을 마치는 것이 번번이 어려웠고 제가 다른 상담자들처럼 오랫동안 일을 하지 않는다며 매우 화를 냈습니다. 수잔은 제가 이기적이며 자신이 필요한 것을 주지 않으려 한다고 생각했습니다.

이 상담에는 더 많은 일이 있었습니다. 이 사례와 같은 복잡한 임상상황은 한 권의 책이 될 수도 있습니다. 제가 여기서 초점을 맞추고 싶은 것은 수잔의 퇴행이 어떻게 급속하게 상담효과가 없게 되었으며, 어떻게 그런 상태가 계속되었고, 결국 동의는 했지만 불만족스러운 종결을 하게 되었는가입니다. 수잔은 늘 제가 연인이 되어 주기 원했고 상담시간을 늘려서 해 주기 원했습니다. 그리고 상담료를 싸게 해 주고 전화를 자주 하기 원했습니다. 또한 더 편한 상담시간도 원했습니다. 무엇보다 수잔은 제가 자신을 보듬어 주고 달래 주기를 바랐습니다. 이런 것들 가운데 어떤 것도 해 주지 않자 화가 났고 자신은 맞고 저는 틀리다고 확신을 하였습니다.

제 편에서 보면 수잔을 도우려고 열심히 노력했던 많은 시간 동안 수잔은 죽는 소리를 했습니다. 저는 지치고 소진되었을 때도 수잔의 전화를 받았습니다. 수잔이 안됐다는 느낌도 들었으나 싫다는 느낌이 더 많이 들었습니다. 수잔은 계속해서 주목을 받으려고 했는데 이것은 진정한 감정교환을 방해하였고 저는 화가 니기 시작했습니다. 또 수잔은 신체접촉에 대한 집착이 있었습니다. 이것이 모성의 의미이건 성적인 의미이건 간에 상담하는 시간이나 그 외 시간에도 계속되어서 저를 짜증 나게 하기 시작하였습니다. 저는 처음에 수잔이 이런 생각을 포기하게 하는 방법을 찾을 수 없어서 좌절했으나 점차 화가 났고 자신감이 떨어졌으며 심지어는 우울해졌습니다.

상담하던 중 저는 수잔이 울고 있을 때 옆에 앉아 수잔의 손을 잡아 주었습니다. 그러자 수잔은 수위를 높여 제 어깨에 머리를 기대었습니다. 저는 곧 큰 실수를 했다는 것을 깨닫고 천천히 제 자리로 돌아왔습니다. 다음 상담시간에 수잔은 들떠 있었고 저에게 지난 시간에 얼마나 좋았는지 말하면서 저보고 더 편하게 있었더라면 더 좋았을 것이라고 말했습니다. 다음번에는 긴장하지 말라고 하면서 제가 얼마나 자신감이 없었고 긴장되어 있었는지 느낄 수 있었다고 했습니다. 만일 이것이 상담에 도움이 된다면 그냥 놔두었을 것입니다(저는 이 말이 경험이 많은 연인이 경험이 적은 연인에게 하는 말같이 들려서 놀랐습니다).

저는 제가 실수를 했다는 것을 수잔에게 말했고 이 점에 대해 사과했습니다. 다음부터는 이런 일은 없을 것이라고 말했습니다. 수잔이 원하는 신체 접촉의 양은 제가 해 줄 수 없는 것이었습니다. 수잔은 예상대로 화를 냈습니다.

수잔에 대해 쓰다 보니 상담하는 동안 느꼈던 감정들이 몰려옵니다. 저 자신도 방어를 하고 있다고 느끼는데 상담하면서 힘들었던 일과 상담이 안 좋게 끝난 점에 대해 수잔을 비난하고 싶은 마음입니다. 하지만 이런 관계를 만드는 데 저 또한 기여했다는 사실을 알고 있습니다. 수잔에게 방어를 하지 않는 것이 어려웠는데 이는 제가 수잔을 그만큼 편하게 느끼지 않았기 때문입니다. 우리가 종종 인정하지 않는 것 가운데 하나는 내담자가 어느 정도의 안전감을 느끼는 것이 필요한 것처럼 상담자도 필요하다는 것입니다.

다른 내담자도 저를 비난하거나 제 행동 가운데 어떤 점을 직면시키면 저는 방어를 할 수 있습니다. 그렇게 행동하는 것은 자연스러운 인간본성이라고 생각합니다. 하지만 저는 제가 위축되는 느낌을 느끼는지에 주의를 많이 기울입니다. 제가 위축되는 느낌을 느낀다는 것은 내담자가 말하는 것이 무엇이든지 간에 사실이라는 확실한 신호이기 때문입니다. 저는 저 자신에게 진정하고 들으라고 말하면서 비난을 받아들이고 책임을 지라고 말합니다. 여러분은 완벽해지려는 노력을 멈추고 상담에 매우 도움이 되는 내담자의 말들, 즉 여러분이 어떻게 실수를 했는지 또는 어떻게 상처를 줬는지에 대해 말하는 것을 잘 받아들이시기를 바랍니다. 왜냐하면 이것이 대부분의 부모가 하지 않았던 것을 할 수 있는 기회가 되기 때문입니다. 그리고 잘못했다는 자기애적인 상처를 받아들이고 인정하고 용서를 구하십시오.

수잔의 요구는 타당하지 않았기 때문에 제가 수잔에게 이런 일들을 하는 것은 어려웠습니다. 이 말은 내담자가 상식에서 벗어난 행동을 하는 사람들과 관계를 맺게 될 때 내담자에게 제가 하는 말을 연상시킵니다. 내담자들이 이러한 불행한 관계에서 어떻게 해야 하는지 물을 때 저는 그 관계가 어떻든 간에 그것은 두 사람의 책임이라고 늘 말합니다. 하지만 여러분이 말이 전혀 통하지 않는 사람과 관계를 맺는다면 관계에서 발생한 문제에 여러분이 얼마나 영향을 미쳤는지 평가하는 것은 매우 어렵습니다. 상대방의 과잉반응과 처벌하려는 태도 때문에 여러분의 잘못과 약점을 파악하는 것은 거의 불가능합니다. 과도한 처벌은 상대방이 자신을 되돌아볼 수 없게 합니다.

수잔에게도 그러했습니다. 저는 수잔이 보디워크를 하는 다른 심리학자에게 상담을 받기 위해 상담을 종결한 지 얼마 안 있어 워크숍에서 수잔 사례를 발표했습니다. 그 워크숍에 참가했던 한 상담자는 제 역전이가 상담을 방해했다고 말했습니다. 저는 그 말을 어떻게 생각했을까요? 저는 동의한다고 말했습니다. 하지만 제 역전이가 어떻게 상담을 방해했는지 꼭 집어낼 수는 없었습니다. 상담하는 동안 이 점을 밝히려고 애썼지만 그러지 못했습니다. 저는 수잔이 제가 싫어했던 친척을 연상시킨다는 것을 알고 있었습니다. 수잔에게서 매력을 찾을 수 없었고 이것이 수잔에게 뻔하게 보여서 처음부터 수잔의 감정과 자부심에 상처를 주었습니다(이런 이유로 수잔을 상담하지 않았을 수도 있습니다). 수잔은 자신을 좋아해 주고 자신에게서 매력을 발견하는 데 제가 필요했던 것입니다. 이렇게 해서 관계에서 끌려다니지 않고 주도하는 느낌을 느낄 수 있었습니다. 제 생각에 수잔과 맞는 이상적인 상담자는 저보다 수잔을 더 좋아하고 수잔에게서 충분한 매력을 발견할 수 있는 사람일 것이라고 생각합니다. 하지만 저는 그러지 못해서 신체 접촉에 대한 수잔의 요구가 과도하게 느껴졌던 것입니다.

저는 또한 이따금씩 수잔에게 화가 나서 가학적인 피드백을 주었습니다. 예를 들면, 저에게 무언가를 요청할 때 당신에게 관심 없다고 말하는 것입니다. 저는 수잔이 깊은 감정을 표현하지 못하는 것에 대해 과도하게 좌절을 느꼈습니다. 저는 비난을 계속 받는 것이 싫었고 제가 얼마나 좋지 못한 상담자이며 나쁜 사람인가를 듣는 것이 싫었습니다. 더욱이 그때는 제 아버지가 위중한 상황이어서 힘든 상태였습니다.

아마도 제가 너무 자기애 성향이 강해서 그런 많은 비난을 다루지 못했을 수 있습니다. 대부분 내담자들은 가끔씩 저를 비난하면서도 인정해 주기는 했습니다. 수잔은 저를 사랑한다고 말했지만, 상담받는 동안 저나 상담에 대해서 좋다는 말은 한 마디도 하지 않았습니다. 그래서 제가 좋지 않은 피드백을 다루지 못했는지도 모르겠습니다.

지금 생각해도 더 나은 결과를 위한 다른 대안이 떠오르지 않는 것을 보면 수잔을 상담하지 말았어야 했습니다. 저는 제 역전이를 잘 의식하고 있었고 그 역전이에 대해 동료에게 이야기했습니다. 그리고 내담자에게 조언해 주는 대로 저 자신도 했습니다. 그러나 우리는 늘 우리가 가지고 있는 맹점과 약점에 대해 적절한 처방을 찾지 못합니다. 때때로 우리가 할 수 있는 것과 할 수 없는 것 그리고 상담할 수 있는 사람과 상담할 수 없는 사람에 대한 한계를 받아들여야 합니다. 비록 이 상담을 통해 수잔이 환상을 수용할 수 있는 역량을 키우고 자신의 감정을 더 잘 파악하고 관계를 맺을 수 있게 되어 다시 일할 수 있게 되는 등의 성과가 있었지만 상담경험은 저와 수잔에게 스트레스가 되었습니다. 저는 수잔이 다른 누군가를 만났다면 더 낫지 않았을까 생각해 봅니다. 그러나 수잔이 한 상담자와는 성관계를 했고 다른 두 상담자로부터는 "더 이상 상담을 받을 필요가 없다."라는 말을 들으며 상담을 거부당했기 때문에 어떠했을지는 잘 모르겠습니다.

🐦 상담자가 퇴행을 일으킬 수 있는가

정신분석 문헌을 보면 퇴행이 바람직한가 그리고 불가피한가에 대해서 논쟁은 많은데 합의된 것은 없습니다. 어떤 상담자들은 퇴행, 특히 상담에 도움이 되는 퇴행은 상담자가 일으킬 수 있다고 생각합니다. 하지만 저는 늘 퇴행하는 역량과 퇴행하려는 의지는 상담자보다는 내담자에게 달려 있다고 보고 있습니다. 그렇다고 하더라도 예를 들면, 기본적인 신뢰와 긍정적인 존중을 수립하는 상담자와 내담자 간의 좋은 관계는 상담효과가 있는 퇴행에 필요한 요건입니다. 그러나 저는 가장 좋은 상담관계라고 하더라도 퇴행에 필요조건은 되지만 충분조건은 되지 않는다는 사실을 발견합니다. 보험으로는 상담료를 충당하지 못하기 때문에 주로 부유한 사람들을 상담하게 되면서 깊은 작업을 덜 하게 되는 것을 수년 동안 관찰해 왔습니다. 저는 부유하고 성공한 사람들은 나약해지지 않음으로써 세상에서 자신의 길을 개척해 왔다는 것을 압니다. 퇴행을 통해서 아무리 많은 이득을 얻을 수 있다고 하더라도 이들은 쉽게 퇴행하지 않습니다. 퇴행은 이들이 세상에 적응해 온 방식이 아닐 뿐더러 바람직하다고 보지도 않습니다. 필요하다면 오겠지만 나약해지는 느낌이나 통제할 수 없다는 느낌을 피하기 위해서 옵니다. 자수성가한 한 백만장자는 울면서 몸을 부르르 떨기 시작했을 때 스스로 놀랐습니다. 이 내담자는 당황스러워했습니다. 아마도 수치스러웠을 것입니다. 다음 시간에 이 내담자는 "저는 우울증 문제 때문에 약간의 도움을 받으러 온 것입니다. 우울증만 해결되면 상담을 그만두려고 합니다. 우는 것은 못난 사람들이나 하는 것이지요."라면서 웃었습니다. 하지만 저는 이 내담자의 농담에 약간의 진실 이상이 있다는 것을 알았습니다. 그는 우울증이 완화되자마자 상담을 그만두었습니다.

　상담자인 우리는 퇴행을 하도록 하기보다는 못하게 하는 데 더 큰 능력을 가지고 있는 것 같습니다. 내담자가 깊은 감정을 표현할 때 상담자가 지나치게 주지화한다든가, 눈에 띄게 철회된다든가 또는 긴장하게 되면 내담자에게 드러나는 법입니다. 한 내담자는 저에게 오기 전에 만났던 상담자가 자신이 울기 시작하자 민트사탕을 주었다고 했습니다. 그래서 10회도 안 되어 그만두었다고 했습니다. 내담자를 안정시키려는 잘못된 시도에 내담자는 상처를 받았고 화가 났던 것입니다. 그리고 내담자는 상담자가 자신을 도울 수 없다는 것을 알았습니다.

　마지막으로 미국 의학 모형으로서 정신분석이 한창 유행하던 1940～1950년의 정신분석 문헌에 보면, 상담자의 침묵에 대한 반응으로 어린 시절의 원초적인 분노 수준까지 퇴행하는 여러 사례를 볼 수 있습니다. 앞에서 말한 것과 같이 오늘날 대부분 상담자들은 자신의 불안을 다루는 한 방법으로 너무 많은 말을 하는 경향이 있습니다. 그래서 얼마나 많은 상담자가 이런 유형의 '박탈' 분노를 이끌어 내고 있는지 의문이 듭니다. 그러나 제 생각으로는 초기 박탈경험과 거부경험이 있는 내담자는 자신에게 필요한 반응을 상담자에게서 얻어내지 못할 때 원초적인 분노가 미세한 수준에서 일어나기 때문에 한 마디 언급해 두는 것은 의미가 있다고 생각합니다. 그 순간에 아동기부터 억압되었던 분노는 매우 강하게 촉발될 수 있습니다. 이러한 경우에 가장 좋은 반응은 상담자가 내담자에게 필요한 것에 초점을 맞추면서 적극적으로 말로 개입하는 것입니다.

🐦 외상경험이 있는 내담자에게 존재하는 퇴행의 위험성

최근 문헌을 보면 외상경험이 있는 내담자들에게 외상경험을 재경험하도록 하는 것이 효과가 있는지에 대해 논란이 많습니다. 이 논쟁은 이 책의 범위를 넘어가기는 하지만, 저는 퇴행과 외상경험 간의 관계에 대해 중요한 점은 언급하고 싶습니다. 우리는 어린 시절에 학대받은 경험이 있는 내담자가 더 쉽게 퇴행하고 상담에 도움이 되지 않는 퇴행을 할 가능성이 많다는 것을 알고 있습니다. 이런 결론은 신경과학에서 뒷받침하고 있습니다. 윌킨슨(2006)은 외상경험이 있는 내담자들은 '불쏘시개'라고 불리는 신경반응을 보이기 쉽다고 적고 있습니다. 이 신경반응은 강한 감정반응이 "과거 장면 회상, 간질 발작 그리고 악몽"을 일으키는 내부 자극에 의해 일어난다는 것을 의미합니다.

> 환자가 초기의 반복되는 외상경험으로 인해 익숙해져 있는 엔돌핀이 높은 상태를 경험하기 위해 환자가 무의식적으로 외상을 다시 경험하려고 하는 상황을 피하도록 하기 위해 조치를 취해야 한다 (p. 79).

저는 최근에야 이 현상을 알게 되었습니다. 그래서 수잔을 상담할 때 중독성이 있는 이러한 환경을 저도 모르게 어느 정도로 다시 형성했는지 궁금합니다. 중요한 것은 내담자가 과거에서 비롯된 정서 고통을 다시 경험하지 못하도록 하는 것이 아니라 외상을 다시 경험할 가능성이 존재한다는 것을 아는 것이고 이것을 방지하도록 해야 한다는 것입니다. 일단 그러한 외상재발이 일어나면 이러한 가능성에 대해 내담자에게 교육하는 것 또한 도움이 됩니다.

🪑 어떻게 감당할 수 있는 정도로 퇴행을 유지하는가

상담자는 상담을 해 가면서 어떤 사람이 상담효과가 없는 퇴행을 할 가능성이 있는지 알 수 있습니다. 하지만 상담초기에 이러한 판단을 하는 것은 어렵습니다. 초기 외상과 상실경험이 있는 내담자는 효과가 없는 퇴행을 하기 쉽기 때문에 조심성 있는 상담자는 한계를 잘 정해서 이러한 퇴행이 일어나지 않도록 합니다. 바람직한 한계의 예로는 전화는 짧게 하고 자주 하지 않도록 하는 것, 정각에 상담을 시작하고 끝내는 것, 정해진 상담 이외에 추가로 더 상담을 하지 않는 것 그리고 내담자를 일주일에 두 번 이상 보지 않는 것 등이 있습니다.

효과가 없는 퇴행을 자극할 수 있는 다른 요소에 지나치게 캐묻는 것 (이것은 마치 끼어드는 것 같은 느낌이나 침범당하는 느낌이 들게 합니다), 상담자에 대한 내담자의 느낌에 초점을 너무 맞추는 것(특히 내담자가 이 주제를 꺼내지 않았을 경우), 내담자의 성생활에 지나친 관심을 가지는 것(유혹하는 것처럼 느낄 수도 있습니다), 상담자에 대한 지나친 개인 정보(모든 내담자에게 한계가 있어야 합니다) 등이 있습니다. 이 책에서 저는 나중에 상담효과가 있는 퇴행을 유지하는 것과 관련된 많은 주제 가운데 몇 가지를 논의할 것입니다. 그리고 기법이 효과가 없을 때 관계를 어떻게 도로 회복하는가에 대해서 논의할 것입니다. 대체로 말해서 상담효과가 없는 퇴행을 피하는 가장 좋은 방법은 가바드(1994)의 임상 조언을 따르는 것인데, 이 조언을 저는 다음과 같이 다른 말로 풀어 쓰고 싶습니다. "한계를 정하십시오. 한계를 정하십시오. 그리고 더욱더 한계를 정하십시오."

내담자가 실제 고통을 느낄 때 거절하는 것은 어렵습니다. 내담자가 추가로 상담을 요청할 때 들어주어야 하지 않을까 하는 압박감을 느끼지 않거나, 내담자의 요구를 거부할 때 죄책감을 느끼지 않는 것은 거의 불가능하다고 생각합니다. 상담자에게 어려운 점은 내담자의 고통과 자신의 죄책감을 느끼면서 감정 개입을 계속해야 하는 반면 내담자가 상처받지 않게 하면서 상담시간을 연장한다든지, 의지할 만한 물건(transitional object)을 준다든지 또는 진실하지 않은 사랑표현이나 안심시키는 표현을 하지 않는 것입니다. 이러한 어려운 순간은 와해된 환자의 상담에서 주로 나타납니다. 내담자 말을 들어주는 것은 쉽습니다. 그러나 결국에 가 보면 상담이 제대로 되지 않습니다.

퇴행한 내담자가 울면서 무엇인가를 더 요구할 때 상담자들이 명심해야 할 몇 가지가 있습니다. 첫째, 상담자들은 다른 사람의 고통에 대해 죄책감과 책임감을 느끼는 경향이 있습니다. 그래서 다음 사항을 되새기는 것이 도움이 됩니다. 상담자가 내담자의 고통을 만들어 내지 않았다는 점 그래서 상담자가 그것을 없앨 수는 없다는 점 그리고 고통을 훈습하고 다루는 것을 배우는 것은 내담자라는 점입니다. 둘째, 고통스러워하는 내담자를 돕는 데 사용할 수 있는 기법이 있다는 것입니다. 몇 시간내에 곧 괜찮아질 거라고 내담자를 안심시킬 수도 있습니다. 내담자는 상담을 마치고 나가 일상생활을 하기 시작할 때 알아서 방어를 다시 수립하기 시작합니다. 어떤 경우에는 하루 또는 그 이상 걸릴 수도 있으나 고통은 시간이 가면서 감소합니다. 셋째, 만일 내담자가 두려워하면서 더 나아지지 않고 나빠지면 어떻게 해야 하느냐고 여러분에게 묻는다면 내담자에게 정해진 시간에 메시지를 확인하고 전화를 할 것이라고 이야기할 수 있습니다.

다시 말하지만 이런 전화통화는 짧아야 합니다. 그리고 내담자가 겪고 있는 고통이 아동기에서 발생한 것이며, 아동기에 실제로 그렇게 느꼈기 때문에 현재 고통을 심하게 느끼고 있다는 사실을 이해할 수 있도록 해야 합니다. 어른으로서 내담자는 이런 고통을 감당하고 이해하는 것을 배울 수 있으며 여러분은 내담자가 그럴 수 있도록 돕는 것입니다. 그런데 이것은 여러분이 그 역할을 떠맡는 것과는 전혀 다른 것입니다. 내면의 경험이 무엇이든지 간에 그것을 받아들일 수 있는 능력이 있음을 내담자에게 확신시켜 주는 것은 시간이 오래 걸린다고 하더라도 내담자가 고통의 본질이 무엇인지 인정하도록 하고, 고통을 다룰 수 있으며, 나아가 넘어설 수 있는 잠재력이 있음을 인정하는 것이 됩니다.

🐦 요약

퇴행은 방어를 내려놓는 단순하면서도 자연스러운 과정입니다. 퇴행은 어떤 변화가 일어나기 위해서는 필요합니다. 내담자가 얼마나 퇴행하는지는 내담자의 초기경험과 자신을 내려놓으려는 의지에 달려 있습니다. 또한 퇴행은 상담자의 감정활용 능력과 퇴행경험을 다루는 기술에도 달려 있습니다. 저는 퇴행의 신호에 대해 설명하였고 퇴행이 상담효과가 있는지 알 수 있는 방법도 설명하였습니다. 그리고 내담자의 깊은 고통을 가만히 받아들이고 있다는 것을 표현하는 동안 경계를 유지하는 것이 중요하다는 점도 강조하였습니다.

저는 상담효과가 있는 퇴행과 상담효과가 없는 퇴행의 예를 제시하였습니다. 퇴행한 많은 내담자들이 어느 정도는 두 수준을 왔다 갔다 합니다. 외상경험이 있는 내담자들은 상담효과가 있는 퇴행에서 중독성 있는 불쏘시개인 과거의 외상사건으로 되돌아갈 수도 있습니다. 다른 유형의 내담자들은 상담효과가 있는 퇴행과 상담효과가 없는 퇴행을 왔다 갔다

할 수도 있습니다. 장기상담은 눈에 띌 정도의 퇴행이 일어나게 하는 경향이 있습니다. 또한 경계성 성격장애가 있는 내담자들은 상담초기에 퇴행하는 경향이 있습니다.

저는 가장 극한의 상황에서도 경계를 유지하고 한계를 설정하는 것이 중요하다는 점을 강조합니다. 이 점을 강조하는 이유는 이러한 전략이 내담자가 자신의 감정을 통제하기 위해 다른 사람에게 의지하지 않고 스스로 통제하는 것을 배울 수 있게 도와주기 때문입니다. 또한 이 전략은 내담자의 고통에 대해 상담자가 책임을 지는 것은 아니라는 사실과 그 고통을 다룰 수 있는 내담자의 능력을 믿고 있다는 사실을 전달합니다.

제4장

상담자 개입 평가하기
-내담자의 반응 추적하기-

나는 상담에 도움이 되는 반응을
하는 것은 가르칠 수 있는
기술이라는 것을 경험을
통해 알게 되었다.

–Paul Wachtel(1993, p. 2)

저는 내담자가 저의 개입에 어떻게 반응할지 마음속으로 미리 예측하는 것을 제 첫 번째 정신분석 슈퍼바이저에게 배웠습니다. 이 분의 생각은 제가 예측을 더 잘할수록 더 좋은 상담자가 된다는 것이었습니다. 슈퍼비전 시간 동안 저와 슈퍼바이저는 상담시간에 내담자가 느끼고 생각하는 것에 대해 자세하게 이야기했습니다. 내담자의 반응을 통해서 제가 한 개입이 내담자에게 어떤 영향을 미쳤는지 자세하게 탐색했습니다. 그리고 나서 향후 이런 문제가 발생할 때 반응을 어떻게 개선시킬지에 대해서 이야기했습니다. 저에게 가장 반가운 소식은 중요한 주제는 분명

다시 떠오른다는 것이었습니다. 저는 처음부터 반응을 정확하게 하지 않아도 되었습니다. 모든 내담자는 우리가 올바른 반응을 하도록 계속해서 기회를 줍니다. 물론 우리가 내담자의 반응을 정확하게 예측할수록 상담은 성공적으로 될 것입니다. 슐레싱거(2003)는 목표가 있는 모든 개입에 대해서 상담자는 반응을 예상할 수 있어야 한다고 합니다(p. 227). 게다가 바첼(1993)이 지적했듯이 좋은 개입을 하는 것은 배울 수 있습니다.

사람들은 두 가지 방식으로 예측할 수 있습니다. 첫 번째는 우리는 모두 이미 확립된 반응패턴을 가지고 있다는 것입니다. 두 번째는 긍정적인 반응, 예를 들면 내담자에 대한 정확한 공감적 이해는 긍정적인 반응을 만들어 낼 것이고, 시의적절하지 못하고 민감하지 못하거나 틀린 개입은 반대의 효과를 낸다는 것입니다. 그렇습니다. 우리는 때때로 예측과 달리 행동하고 반응하기도 합니다. 그것은 우리가 선물로 받은, 개인 각자의 불가사의한 면입니다. 그러나 계속해서 내담자가 어떻게 반응할지 예측하지 못하거나 상담자의 개입에 내담자가 어떻게 반응할지 정확하게 예측하지 못하는 것은 무언가 잘못되었음을 나타냅니다. 상담자가 충분히 훈련받지 못했거나, 그 직업에 성격적으로 잘 맞지 않거나 또는 상담자-내담자 조합이 적절하지 않은 경우입니다.

많은 상담자가 자신의 개입이 정확한지 그리고 시의적절한지 평가할 수 있는 위치에 있다고 믿고 싶어 하겠지만, 상담자의 개입이 도움이 되는지 판단할 수 있는 궁극적인 권위를 가진 사람은 바로 내담자입니다. 상담자가 말하는 것을 내담자가 들을 수 없고 그 의미를 이해할 수 없고 생산적으로 사용할 수 없다면 무의미한 것입니다. 슐레싱거(2003)도 상담자가 아니라 내담자가 심판이라고 강조합니다.

초보상담자가 배워야 할 것은 다른 무엇보다도 개입이 상담에 도움이 되었건 도움이 되지 않았건 방어를 하지 않고 모두 인정하고 받아들이는 것입니다. 이 장은 이러한 결정을 하는 데 도움을 주기 위해 썼습니다.

상담자가 추구하는 이상이 '모든 것을 아는' 사람이어서는 안 됩니다. 이보다는 적절하게 반응하는 유연한 사람으로서 중요한 지점을 놓치는 것이 상호 이해할 수 있는 한 단계임을 이해하는 사람입니다(Bacal, 1998). 숙련된 상담자라고 하더라도 자신의 자기애적인 평형상태를 유지하기 위해 개입의 효과가 없다는 내담자의 말을 무시하고 싶은 마음이 생깁니다.

상담자가 개입에 대한 내담자의 반응을 합리적으로 평가하지 못하면 다음에 어떤 개입을 할지 결정하기가 어렵습니다. 상담자가 틀린 것에 대해 방어하면서 내담자가 거부한 주제를 계속 다루거나 내담자가 침잠하여 더 이상 정서를 다루지 못하는 것을 알아차리지 못할 때 상담이 가장 잘 안 됩니다.

광범위한 이론 지식과 임상경험이 많지 않은 젊은 상담자들도 상담에 성공할 수 있고 실제로 성공하기도 합니다. 인지과정을 우선시하는 이론들은 결과연구와는 상충됩니다. 스테판 미첼(1997)과 같은 저명한 정신분석가마저도 실제적인 상담효과는 지적인 이해보다는 상담자와 내담자 사이의 정서경험과 더 많이 관련되어 있는 것으로 보인다는 것을 인정하고 있습니다.

임상경험은 상담 결과에 영향을 주는 중요한 변수로 작용하는 듯합니다(Luborsky, Auerbach, Chandler, Cohen, & Bachrach, 1971). 하지만 초보상담자들은 상담하는 동안 지적인 공식보다는 내담자의 반응에 더 초점을 둠으로써 성과를 극대화할 수 있습니다. 내담자의 상황과 정신역동에 대한 광범위한 지적인 이해가 중요하지만, 이런 이해는 상담이 끝난 후나 시작하기 전에 하는 것이 더 도움이 됩니다.

상담시간 동안은 상담경계를 유지하면서 정서를 얼마나 이용할 수 있는가 그리고 공감반응을 얼마나 잘할 수 있는가가 가장 중요합니다. 지적인 통찰은 계속해서 흘러가는 정서맥락 속에서 마음에 떠오를 때 더 의미 있고 효과가 있는 것입니다.

🐦 내담자가 상담시간을 어떻게 시작하는지 주목하기

제 첫 번째 분석 슈퍼바이저는 상담을 시작할 때 내담자가 어떤 말로 시작하는지 주의 깊게 들으라고 가르쳐 주었습니다. 그는 그 말들이 매우 중요한데 내담자가 할 말이 무엇인지 실마리를 줄 것이라고 했습니다. 내담자의 첫 번째 말은 비록 간접적일지라도 지난 상담의 성공이나 실패를 종종 이야기합니다. 랑스(1974)가 지적했듯이, 의사나 다른 권위 인물에 대한 부정적인 언급은 상담자에 대한 살짝 가려진 부정적인 언급일 가능성이 있습니다. 유사하게 긍정적인 언급도 상담자에 대한 말일 가능성이 있습니다.

상담자의 사무실, 사무실이 있는 건물, 주차장, 장식 또는 심지어 상담자의 의상에 대한 부정적인 언급 역시 상담에 대한 불만족의 표현일 가능성이 있다는 것을 덧붙여 말하고 싶습니다. 물론 항상 그런 것은 아닙니다. 예를 들어 보겠습니다. 여름이 되면 제가 있는 건물 건너편 공원에서는 매주 음악공연이 펼쳐집니다. 늦은 오후 동안은 거리에 주차할 수도 없고 공연할 밴드가 소리를 맞추느라 시끄러울 때도 있습니다. 내담자가 이런 상황에 대해 불편함을 이야기할 때 저는 동감하면서도 그것에 의미를 두지는 않습니다. 그러나 제가 이러한 불편과 방해에 대해 미안하다고 이야기한 후에도 내담자가 이상하게 계속 반복한다면 그때는 내담자의 화가 뭔가 다른 것입니다. 상담에 관련되었을 수도 있지만, 직장에서 있었던 나쁜 일 등 뭔가 다른 일 때문일 수도 있습니다. 내담자가 어떤 사건에 대해 계속해서 부정적인 언급을 하면 저는 내담자의 분노를 관찰하기 시작하고, 그것에 대해 어떻게 생각하는지 묻는 단서로 이용합니다.

어떤 내담자들은 상담으로 들어가기 전에 몇 분간 가벼운 이야기를 요구합니다. 이러한 요구에는 사회 관습을 넘어서는 어떤 이유가 있습니다. 어떤 내담자는 최소 5분 이상의 잡담을 늘 요구하였는데 이러한 잡담은 저와 연결을 구축하고 저의 기분상태를 평가하는 매개물이었습니다. 상담으로 들어가기 전에 저의 정서 온도를 측정하는 것은 자기를 보호하고자 하는 것입니다. 저는 이러한 것을 포기하지 않는 사람들을 상담해 왔는데 저를 잘 알고 있고 믿고 있는 사람들도 그랬습니다. 그래서 내담자가 어떤 말을 처음으로 하는지 주의 깊게 들으라는 첫 번째 정신분석 슈퍼바이저의 조언을 따르기 위해서는 이러한 잡담이 끝날 때까지 기다려야 하는 경우도 있습니다.

마지막으로 이 슈퍼바이저는 내담자가 사무실에 늘 있었던 무언가를 보고 "새로 장만했나요?"라고 묻는 것은 내적으로 어떤 변화가 일어났다는 것을 의미한다고 가르쳐 주었습니다. 일반적인 생각은 내담자는 무의식적으로 새로운 관점, 통찰 수준 또는 상담과 관련된 통찰을 인식하고 자동적으로 이 변화를 상담 환경에 투사한다는 것입니다. 저는 진전을 보이는 내담자들이 "저것은 새 의자인가요?" 또는 "저것은 멋진 식물이군요. 계속 저기에 있었나요?"와 같은 말을 하는 경향이 있다는 것을 발견했습니다. 이러한 말들은 늘 중립적이거나 긍정적인 것이지 부정적인 의미는 아닙니다. 그리고 이런 말들은 재배치를 포함하여 변화가 없었다면 의미가 있습니다.

🐦 개별 개입 평가하기

상담사례를 슈퍼비전할 때 저는 항상 내담자가 무엇을 요구하는지, 상담자가 놓쳤을 수 있는 반응 기회가 무엇인지 그리고 어떻게 다음에는 반응할 것인지에 대해 생각하도록 합니다. 그리고 나서 다음 상담시간에 하기로 한 개입에 대해 내담자가 어떻게 반응할지에 대해 생각하고 추측해 보도록 합니다. 상담을 녹음하도록 하고 제가 생각하기에 특별히 좋거나 부족하다고 생각되는 개입이 있은 후 테이프를 멈추고 물어봅니다. 그 후 저는 개입에 대한 제 평가에 근거하여 내담자가 어떻게 반응할지 예측합니다. 슈퍼바이지는 제 예측이 얼마나 정확한지 보고 종종 놀랍니다. 예측은 처음에는 약간 두렵고 위협적이지만, 저는 상담자들이 배울 수 있다는 점을 강조합니다. 이 과정은 그들이 생각하는 만큼 신비한 것이 아닙니다.

경험 있는 많은 상담자가 이론적인 수준에서는 랑스(1973)의 기준을 인정하고 있지만, 개입에 대한 내담자의 반응을 직접 읽어내는 것을 강조하는 사람은 드뭅니다. 즉, 출판된 사례연구를 보면 내담자는 상담자의 개입에 내담자가 고통스러워 하면서 상담자의 전문성이나 인간성에 의문을 던지고 있지만, 상담자는 개입이 잘되었다고 확신하고 있습니다. 이것에 대해 제가 말할 수 있는 것은 많은 내담자들이 상담에서 상처를 주거나 해를 입히는 말을 하는 상담자와 상담을 계속하는 이유는 이렇게 하는 것이 이례적인 것으로 내담자가 필사적으로 관계를 유지하기를 원하거나 내담자의 전체 관계가 가학피학적인 행위의 연속으로 이루어져 있기 때문이라는 것입니다.

우리가 랑스(1973)가 언급한 "상담시간 동안 또는 상담시간 이후의 행동화"와 같은 개념을 임상에서 적용하려고 할 때는 문제가 발생할 수 있습니다. 이에 대해서는 이 장의 다음 부분에서 자세히 논의할 것입니다. 최근 경향은 이런 식의 평가보다는 상담자는 그러한 판단을 내릴 수 있는 위치에 있지 않다고 보는 것을 더 선호하고 있습니다. 우리는 어떤 절대적인 판단을 내릴 수는 없지만 관찰을 할 수 있습니다. 우리는 "당신은 제가 방금 당신에게 이야기한 이후 긴장한 것 같기도 하고 화가 난 것 같기도 하고 침잠된 것 같기도 합니다."와 같이 말할 수 있습니다.

상담자의 결정이 사적으로 된다는 점에서, 다시 말하면 내담자의 명백한 피드백과 잠재적인 피드백에 대한 상담자의 민감성과 반응성에 달려 있다는 점에서 이러한 유형의 상호작용은 랑스가 제안하고 있는 것을 넘어서고 있는 것입니다. 그는 제가 한 것과 같은 내담자와 적극적이고 지속되는 상호작용을 추천하지 않습니다. 상담자가 생각하고 있는 것을 내담자에게 말한다는 생각은 지속적인 협력과 관련된 제 철학의 일부로서, 여기에는 관찰한 것을 확인하고 목표를 다시 설정하고 발생하는 명백한 갈등이나 장애에 대해 내담자에게 자문을 하는 것이 포함됩니다. 내담자가 진실을 다루기에는 약하다거나 병들어 있다거나 또는 너무 나약하다고 보는 대신 내담자를 존중하기 때문에 협력과 정보 공유는 관계 정신분석 기법의 핵심을 이루게 됩니다. 어떤 일정 시점에서 상담자와 내담자 사이에 일어나는 일들을 분류하는 것을 포함하여 상담의 모든 측면에 내담자를 필연적으로 포함시킵니다.

최근에 어떤 사람이 제가 어떻게 상담하는지 물어보기 위해 저에게 전화를 했습니다. 이 내담자는 제 웹사이트를 보고 제가 상호작용 정신역동 접근을 지지한다는 것을 보았습니다. 그리고 저에게 그것이 무엇을 의미하는지 물었습니다. 저는 상호성과 협동에 대해 제가 가지고 있는 관점에 대해 알려 주었습니다. 그러나 저는 이것이 각 개인에게 행동으로 실현되는 방식은 각 내담자의 필요와 요구에 따라 달라진다는 점도 말했습니다. 저는 어떤 내담자에게는 주로 듣고 좋은 질문을 하고 공감

반응을 할 것입니다. 반면 어떤 내담자들은 직관적으로 그들이 필요로 하는 것을 이해하고 주로 자신을 따라와 주고 방해하지 않는 기본 기술을 갖춘 상담자를 필요로 할 것입니다.

또 다른 내담자들은 필요에 따라 피드백이나 조언 또는 직면이 필요합니다. 외상을 경험했거나 경계선 성격장애 또는 양극성 장애가 있는 어려운 내담자들은 여러 가지 수많은 개입을 동시에 계속해서 처리해야 할 수도 있습니다. 저는 내담자의 행동을 예측해야 한다는 주장을 지지하고 있지만, 다양한 상담 레퍼토리를 요구하는 다양한 행동방식이 존재한다는 사실을 부인하는 것은 아닙니다. 특히 한순간 기쁨에서 분노로 넘어갈 수 있는 불안정한 내담자의 경우 상담자는 유연해야 하고 창의성이 있어야 합니다.

상담자는 내담자가 상담시간을 어떻게 시작할지 그리고 무엇을 느낄지 미리 알 수는 없습니다. 예측가능성이란 '상담자의 의도를 감안해 볼 때 상남사의 개입에 내담지가 어떻게 반응하는가'를 의미합니다. 만약 제가 상담시간에 통제를 잃은 내담자가 감정을 다스리는 것을 도우려 시도하고 있다면 제 개입이 그 목적을 이룰 것이라고 생각하는 것은 타당합니다. 그러나 내담자가 통제를 얻는 것을 도우려는 시도에 대한 반응으로 분노를 폭발한다면 제 개입이 실패한 것이 분명합니다.

내담자가 자신의 경험 속으로 더 깊이 들어가기를 원해서 제가 질문을 할 때, 내담자가 경험을 차단하고 저에게서 눈길을 돌린다면 저는 실패한 것입니다. 그러나 이러한 실패는 필연적이고 교훈을 주기 때문에 제 목표는 실패가 없도록 하는 것이 아니라 실패를 관찰하고 그로부터 배우는 것입니다. 우리의 궁극적인 성과는 이렇게 매일 벌어지는 실패를 알아차리고 이에 반응하는 능력에 있습니다. 정신분석가 에드가 레벤슨 (1996)은 상담자의 결함과 실수의 상담 기능을 다음과 같이 멋지게 묘사했습니다. "환자는 분석가와 분석에 대해 조금씩 실망이 쌓여 가면서 자

신의 작은 목소리를 듣는 것을 배운다."(p. 696)

🐦 확증 반응

확증 반응이란 상담자의 개입이 도움이 되었음을 확인해 주는 반응입니다. 랑스(1974)는 가장 보편적으로 나타나는 진실된 즉각적인 확증 반응을 다음과 같이 인용하고 있습니다.

> ① 과거에 억압되었던 생각, 환상, 경험 그리고 아동기 기억을 회상하는 것, ② 많은 종류의 새롭고 신선한 자료를 추가하는 것, ③ 예전에는 설명되지 못했던 문제와 증상을 명료하게 하는 것, ④ 증상이 경감되고 와해된 행동이 변화되는 것, ⑤ 상담자가 지각한 것에 대해 간접적으로 인정하는 것(p. 81)

내담자가 의식적으로는 도움이 되는 개입을 받아들이지 않더라도 상담자가 옳았던 이전 시간을 언급하여, 상담자가 정확했다는 것을 알 수 있도록 해 줍니다. 랑스(1974)는 "다른 비슷한 확증 반응은 똑똑하고 영리하며 어떤 점에서는 이해해 주거나 식견이 있는 사람에 대해 언급하는 것이다."라고 말했습니다(p. 58).

저는 긍정적인 반응(확증 반응)보다 개입에 대한 내담자의 부정적인 반응(비확증 반응)을 공개적으로 이야기하는 것이 일반적으로 더 중요하다고 생각합니다. 긍정적인 반응은 상담이 앞으로 나가도록 하는 데 기여하기 때문에 거의 눈치채지 못하고 지나갑니다. 이상적으로 그것들은 계속되는 작은 사건들이고 따라서 언급하는 것은 불필요할 수 있습니다. 랑스의 예처럼, 내담자가 권위적인 인물에 대해 불분명하지만 긍정적인 이야기를 할 때, 이러한 언급에 내담자가 주의를 기울이도록 하는 데 저는 많이 성공하지 못했습니다.

내담자가 상담자에 대해 긍정적인 말을 하는 것 같다고 말로 표현하는 것은 역설적이지만 부정적인 개입이 될 수 있습니다. 그것은 당황스러움을 유발할 수 있습니다. 이것은 상담자가 너무 바라고 있다거나 너무 자기애적이라고 해석될 수 있습니다. 또는 상담자가 다음에 말하려는 것에서 내담자들의 주의를 단순히 분산시킬 수도 있습니다. 이러한 경우 저는 긍정적인 말에 말없이 주목하면서 순조롭게 나가는 것을 의미하는구나 정도로 생각해 둡니다.

내담자가 직접 감사하는 마음이나 증상 경감의 경험을 이야기하려는 경향이 있으면 저는 기쁩니다. 내담자가 진전되는 것에 대해 감사하면 제가 한 일에 대해서 하는 긍정적인 말로 받아들이기는 하지만, 모든 성공은 우리가 같이 노력한 결과라는 것 또한 강조합니다. 다시 말하면, 이것은 내담자의 단점과 실패뿐만 아니라 내담자의 강점과 성취에 대해서도 내담자가 했다는 것을 인정하고 자신의 것으로 받아들이도록 하는 것입니다.

내담자에게서 얻게 되는 정보의 다른 중요한 출처는 비언어적인 의사소통입니다. 이 주제는 랑스가 집필했던 시기의 어떤 문헌에서도 거의 언급되지 않았습니다. 그러나 내담자의 말없는 얼굴표정, 신체 움직임 그리고 배에서 나는 소리는 내담자가 어떻게 느끼고 있는지 풍부한 정보를 줄 수 있습니다. 이 장의 후반부에 나오는 사례에서는 비언어적인 반응을 포함하여 다양한 확증 반응과 비확증 반응을 보여 줍니다.

🐦 비확증 반응

비확증 반응은 상담자의 개입이 도움이 되지 못했다는 것을 알려 주는 부정적인 반응입니다. 랑스(1974)는 정신역동적 임상가들이 그렇게 하는 것이 바람직하다는 것을 받아들일 준비가 되기 훨씬 전인 30여 년 전에 개입을 평가하는 것에 대한 기본적인 가르침을 주었습니다. 슐레싱거(2003)와 같이 그는 어떤 개입에 대한 내담자의 반응을 주의 깊게 지켜보라고 조언했습니다. 그는 비확증 반응의 범주, 즉 내담자로부터 상담자의 개입이 도움이 되지 못했다는 것을 내담자가 암시하는 것을 제시했습니다. 이러한 암시로는 상담시간 도중이나 이후의 정신신체적인 반응을 포함하여 증상의 급성적인 발현, 자아 기능의 저하, 지각과 결석 그리고 종결하겠다고 위협하는 것을 포함하는 상담 동맹의 명백한 와해 등이 있습니다.

상담시간 동안 또는 상담시간 이후 나타나는 급성 증상의 예는 불안부터 철수, 신체적 고통, 다른 사람들과 생긴 이례적인 갈등까지 다양합니다. 여러분은 아마 내담자가 자주 보이는 증상과 상담자의 개입에 대한 반응으로 보이는 증상을 어떻게 합리적으로 구분할 수 있는지 질문할 것입니다. 만성 우울, 불안 또는 해리의 완화를 위해 상담 받으러 온 내담자를 상담한다면 언제 그러한 증상이 잘못된 개입의 결과로 나타나는 것인지 어떻게 알 수 있을까요? 틀림없이 더 만성적이고 심한 증상을 가진 내담자일수록 이러한 평가는 더욱 어려워집니다. 게다가 진실을 아는 것이 언제나 가능한 것은 아닙니다. 그러나 이전 장에서 설명했듯이 상담자가 상호 협동과 자문의 분위기를 구축한다면 개입을 평가하는 것은 훨씬 더 쉬워질 것입니다.

제3장에서 양성 퇴행, 즉 상담에 도움이 되는 퇴행의 예로 든 샐리의

경우는 제가 잘못 개입해서 나타난 증상과 퇴행으로 나타난 증상을 구분하는 것이 상대적으로 쉬웠습니다. 그러나 내담자의 증상이 왜 나타났는지 확신할 수 없다면 단순히 내담자에게 어떻게 생각하는지 물어봅니다. 샐리의 경우, 평소에는 끊임없이 움직이던 사람이 퇴행이 있은 후에는 아이를 등교시킨 후에 어떤 일도 하고 싶어 하지 않는 상태로 바뀌었습니다. 자주 낮잠을 잤고, 누군가를 만나고 싶은 마음도 거의 생기지 않는다고 말했습니다. 제가 이전에 말했듯이 남편은 이렇게 나타나는 행동에 대해 많이 걱정하였고 샐리가 점점 나빠지고 있다고 생각했습니다.

샐리가 이러한 증상을 제게 보고했을 때 저는 상담에 도움이 되는 퇴행에 따른 증상들인지 관찰했습니다. 저는 샐리가 다르다는 것을 느낄 수 있었습니다. 샐리는 집에서 덜 부산했을 뿐만 아니라 상담시간에 더 차분하고 감정을 더 많이 드러냈습니다. 샐리는 달리는 것을 멈추고 느끼기 시작했습니다. 샐리의 슬픔은 눈에 쉽게 띄었으나 방어적인 말이나 자신을 비난하는 유머보다 훨씬 바람직했습니다. 우리는 둘 다 중요하면서도 긍정적인 무언가가 일어나고 있다는 것을 느꼈습니다.

내담자가 상담자의 실수보다는 깊은 감정의 노출에 따른 증상을 보고할 때는 별로 주저하지 않으며, 상담하는 것에 대해 기쁘게 생각하고, 자유롭게 말하며, 보통은 지나치게 걱정스럽게 느끼지 않습니다. 샐리가 몇 주에 걸쳐 슬픔을 느끼고 활기가 없다고 보고한 후에 저는 이 과정이 부담스럽게 느껴지는지 물었습니다. 샐리는 이 단계를 통해 해방된 것처럼 느낀다고 말했습니다. 보다 평화롭게 느끼고, 보다 내면을 들여다보며 평온해진 것은 매우 멋진 일이었습니다. 그러나 재빨리 덧붙이기를, 남편과 아이들은 특히 이유와 상관없이 자신의 철수로 기뻐하지 않는다고 하였습니다.

이해받지 못하고 침범당하고 무시당하거나 거절당한다고 느끼는 내담자가 경험하는 것과 샐리의 반응을 비교해 보십시오. 상담자가 실수를 할 때 내담자는 더 동떨어져 있다고 느끼고 철수되어 있다고 느끼며, 어쩌면 통제할 수 없다는 느낌을 느끼거나 상담자나 상담과정에 대해 비판적인 느낌을 느끼면서 상담을 받으러 옵니다. 방 안에는 긴장감이 감돌고, 상담자는 지난 상담시간이 잘되지 않았다는 것을 의식적으로나 무의식적으로 자각하면서 방어하게 되거나 죄책감을 느낄 수도 있습니다(제2장에서 보고된 크리스마스 선물에 대해 제가 별로 고마워하지 않으며 받은 것에 대해 거절당했다고 느꼈던 로라의 사례를 생각해 보기 바랍니다). 이러한 상담 동맹이 깨지는 것은 상담시간 중 언제든 일어날 수 있습니다. 그것은 극복될 수 있지만 또다시 발생합니다. 제가 말했듯이 좋은 상담자라는 표시는 완전한 것이 아니라 오히려 불가피한 실수를 민첩하고 신속하게 회복하는 것입니다. 과정이 다시 진행되면 또 다른 실수를 할 여지가 있습니다. 이러한 것들을 상담시간 중에 말하지 않으면 상담시간이 아닌 때 높은 긴장, 자살적 사고, 다른 사람과의 논쟁 그리고 정신신체 증상이 발생할 수 있습니다.

저는 의문이 들 때 내담자에게 경험하고 있는 것에 대해 어떻게 생각하는지 묻습니다. 확신하지 못할 때면 저는 항상 그저 묻습니다. 최근 한 내담자가 며칠 동안 남편과 다퉜습니다. 이 내담자는 새롭게 발견한 감정을 통제할 수 있는 능력에 남편이 적응하는 데 어려워하고 있으며 자신의 행동화를 그리워한다고 전에 말한 적이 있었습니다. 하지만 이 내담자가 힘든 한 주를 보냈고 부부 문제가 지난 상담시간 직후 시작되었기 때문에 저는 내담자의 고통이 상담과 관련이 있는지 물어보았습니다. 내담자는 바로 그렇지 않다고 말했습니다. 내담자는 시선 접촉을 잘하면서 바로 대답하였는데 이는 문제가 우리 사이에 있는 것이 아니라 내담자와 남편 사이에 있다는 것을 알려 주는 것입니다. 제가 상담시간 또는 저와 관계에 대해서 계속 질문했다면(제가 상담에서 많이 저질렀던 실수) 내담자는 저에게 비확증 반응을 했을 것입니다.

제가 생각하기에 우리는 알 수 없는 것에 너무 많이 중점을 두는 반면, 우리가 알 수 있는 것에는 너무 중점을 두지 않는 것 같습니다. 내담자가 상담자의 비위를 맞출 가능성에 대해서 강조합니다만, 제 경험에 따르면 처음부터 협력관계를 맺으면 비위 맞추는 것이 극적으로 감소합니다. 아무리 겁이 많고 인정을 받고 싶어 하는 내담자라도 저의 정확하지 않은 해석은 받아들이지 않습니다. 내담자가 감정에 집중하는 데 어려움을 느낄 때 저는 "그것이 당신을 화나게 만들었나요?"라고 말합니다. 제가 정확하지 않다면 제 반응에 대해 내담자는 고개를 젓거나 시선 접촉을 거두거나 또는 "아니요."라고 반응합니다. 그리고 종종 내담자가 제 반응을 수정합니다. 어떤 경우에는 "예, 그런 것 같아요."라는 대답을 듣습니다(이것은 종종 "선생님이 그렇게 말씀하신다면"을 의미합니다). 그러나 이러한 약한 확증은 시선 접촉을 잘하지 않는 것뿐만 아니라 몸을 돌린다거나 "그럴지도 모르죠."와 같은 덧붙이는 말로 나타나는 것이 보통입니다. 내담자는 상담에 도움이 되지 않는 상담자 반응에는 잘 반응하려고 하지 않습니다.

상담자와 갈등을 피하는 데 목적이 있거나 자기인식이 충분하지 못하기 때문에 나타나는 약한 호응하는 반응은 확신이 별로 없습니다. 내담자는 자신이 알고 있지 못한 것을 상담자가 보고 있으면서 이것을 상담자가 잠정적으로 염두에 두고 있다고 생각할 수도 있습니다. 극도로 약하고 모호한 반응에는 확증해 주지 않는 신체반응이 따라옵니다. 관찰력이 있는 상담자는 이런 상황을 파악할 수 있고 적절하게 개입할 수 있습니다. 가능한 적절한 개입은 다음과 같습니다. "이 지점에서 제가 약간 빗나간 것같이 보이는군요. 당신이 경험하고 있는 것을 제가 더 잘 이해할 수 있도록 도와줄 수 있겠습니까?"

이렇게 내담자에게 자문 구하는 것을 상담자들이 얼마나 자주 피하고 있습니까? 상담자가 실력이 없어 보일까 봐 말이지요. 상담이 진행되기 위해서는 관찰을 계속해서 하고 실수를 빨리 알아차려서 실력이 없다는 느낌을 느끼지 않으면서 경로를 바꿀 수 있는 능력이 요구됩니다. 초보 상담자들은 내담자와 상담할 때 이러한 구체적인 가르침을 받은 적이 없다고 보통 말합니다.

결국 이것은 그들을 사기꾼처럼 느끼게 합니다. 잘못된 길을 계속 가면 상담시간이 끝나는 시점에 상담자와 내담자 모두 공허감과 불편감을 느끼게 됩니다. 내담자는 심지어 "오늘은 제 마음을 제대로 이해하지 못했다는 생각이 듭니다."라거나 "이 상담시간은 어떤 이유 때문인지 지난 상담시간만큼 좋은 것 같지 않습니다."라고 말할 수도 있습니다. 물론 이렇게 어긋나는 데는 이유가 있습니다. 상담자의 실수나 감정을 제대로 다루지 못했기 때문입니다.

🐦 레베카 사례

제1장에서 소개한 레베카는 로스쿨에 다니기 위해 이사를 왔고, 2년 전에 상담을 시작했습니다. 이전에 세 차례의 상담경험이 있었습니다. 그래서 레베카는 상담에 대한 지식이 있었을 뿐 아니라 회의적이었습니다. 레베카는 이전 상담에서 진전이 별로 없었고, 여전히 심각한 우울, 잦은 자해, 중간 정도의 섭식장애, 이인화와 해리의 뚜렷한 에피소드 그리고 다른 사람에 대한 깊은 불신을 가지고 있었습니다. 레베카는 자신의 의지와는 상관없이 강제로 입원당한 적이 있었고 그 경험은 트라우마가 되었습니다. 상담 첫해에 제가 레베카에 대해 걱정하는 어떤 말을 하거나 증상의 심한 정도에 대해 물으면 레베카는 겁을 먹었고 제가 자신을 입원시키려는 의도가 있는지 물었습니다. 레베카는 대체로 예후와 상담에 대해 냉소적이었으나 여전히 도움을 원했습니다.

저는 이 사례가 너무 복잡하고 증상이 상담할 때도 그렇고 일상생활에서도 너무 만연하여 개입을 평가하는 사례로 이용하고 있습니다. 레베카는 자신이 어떻게 느끼는지 말하는 것을 꺼립니다. 또한 거부당하고 유기되는 것을 무서워합니다. 그 결과 어떤 대가를 치르더라도 자신의 삶에서 중요한 사람과 갈등을 피합니다. 그리고 다른 사람을 필요로 한다는 생각을 부끄럽게 여깁니다. 이런 까닭에 저의 개입반응에 대해 긍정적이든 부정적이든 피드백하는 것을 꺼립니다.

하지만 저는 레베카에게 한 개입을 추적할 수 있었고 알 수도 있었습니다. 이렇게 할 수 있었던 것은 레베카의 특정 반응양식을 계속 관찰했기 때문이었습니다. 포커를 하는 사람들이 말하기를 사람들은 얼굴 표정이나 다른 신체 징표로 "말을 한다"고 합니다. 무표정하게 조용히 있으려고 아무리 애써도 말이지요. 좋은 상담자는 내담자들이 반응하는 패턴을 파악하고 내담자의 직설적인 반응과 마찬가지로 내담자가 '말하고 있는 것들'을 빨리 알아차려야 합니다(물론 때로는 내담자는 상담자를 읽는 데도 똑같이 잘하게 됩니다).

더욱 중요한 것은 레베카가 아주 빠른 진전을 보인 이유 중 하나가 제가 매일하는 실수와 이 실수를 기꺼이 인정한 태도 때문이기도 하다는 것입니다. 상담자는 내담자를 실망시킴으로써 성공한다는 레벤슨(1994)의 생각은 제가 한 실수를 빨리 인정함으로써 레베카가 편안함을 느낀 것에서 쉽게 볼 수 있습니다. 레베카의 부모는 자신들의 권위에 대한 복종을 요구했고 실수를 절대로 사과하거나 인정하지 않았습니다. 그래서 제가 주저하지 않고 그렇게 한 것이 레베카에게 특별히 상담효과가 있었던 것입니다. 레베카와 같은 내담자의 경우는 피할 수 없는 일상적인 상담자 실수를 말로 인정하는 것이 상담의 성공에 매우 중요합니다. 다른 내담자들은 확인을 위해 묻지 않고도 상담자의 작은 오류나 실수를 알 수 있습니다. 늘 그렇듯이 상담자는 어떤 반응이 필요한지 내담자로부터 단서를 얻는 것입니다.

개입에 대한 비언어적인 반응

레베카는 상담시간에 자주 침묵했습니다. 저는 레베카의 신체언어, 얼굴표정 그리고 잦은 꼬르륵 소리 등에서 레베카에게 익숙해졌습니다. 제가 흥미를 느꼈던 것은 상담시간 동안 저도 처음으로 약한 꼬르륵 소리를 느꼈다는 것입니다. 저는 레베카가 보이기 싫어하는 깊은 감정을 경험하고 있는데 이것이 꼬르륵 소리로 변형되었던 것입니다. 그래서 저는 꼬르륵 소리가 비언어적인 공감의 형태였다고 결론 내렸습니다. 저는 내담자가 깊은 감정을 표현할 때 종종 이런 경험을 합니다. 하지만 상담시간 내내 그런 경우는 거의 없습니다. 언제 그리고 어떻게 그런 소리가 나는지와는 관계없이, 이러한 소리가 날 때 우리는 어떤 깊은 감정을 공유하고 있는 것입니다. 따라서 레베카와 상담에서 개입의 성공과 상담시간의 깊이를 평가하는 방식 가운데 하나가 우리가 이러한 비언어적인 경험을 공유하고 있는가였습니다.

모든 내담자가 그런 것은 아니지만 어떤 내담자는 개입이 정확하게 맞아떨어지면 꼬르륵 소리에 즉각 반응합니다. 내담자가 느끼고 있는 것을 드러내지 못하면 저는 보통 꼬르륵 소리에 주목하고 느끼는 것이 무엇인지 묻습니다. 내담자가 자신이 느끼는 것을 스스로에게조차 받아들일 준비가 되어 있지 않을 때 이러한 비언어적인 반응은 의식적인 통제를 벗어나고 진실을 감지하는 역할을 한다는 것을 알게 되었습니다. 그러나 내담자가 신체반응을 아무것도 아닌 것으로 무시한다면 저는 그 말을 수용하고 계속 나아갑니다. 어떤 것을 느끼거나 알 준비가 되어 있지 않은 내담자에게 어떤 식으로든 자각을 강요하는 것은 상담효과가 없습니다. 저는 단순히 내담자의 말을 받아들이고 내담자가 다른 말을 할 때까지 기다립니다. 어떤 사람이 식사를 걸렀거나 감기에 걸렸기 때문에 꼬르륵 소리를 낸다면 이것은 내담자가 언급할 것이고 이런 반응은 상담자와 내담자 간에 의미 있는 상호작용이 없을 때 나타날 것입니다. 또한 꼬르륵 소리가 나지 않는 것이 내담자가 깊은 감정을 느끼고 있지 않다는 것을 의미하지 않습니다. 이러한 신체반응은 흔하지만 보편적인 것은 아닙니다.

따라서 제가 레베카의 경험을 추적하는 한 방식은 레베카가 보인 신체반응과 우리가 공유하고 있는 반응을 통해서입니다. 다른 비언어적인 반응도 많이 있습니다. 제 사무실에는 내담자들이 앉아 있는 곳에서 볼 수 있는 곳에 교회 탑의 큰 시계가 있습니다. 제가 잘못된 방향으로 가거나 너무 길게 이야기하거나 그들이 듣기를 원치 않는 무엇인가를 이야기하려고 할 때, 내담자들이 언제나 자신의 시계나 벽에 걸린 시계를 보는 것을 보고 놀랐고 약간은 불편한 마음이 들었습니다. 제가 무엇을 말하건 내담자가 시간을 확인할 때는 제 개입이 상담에 도움이 되지 않는다는 것을 의미하는 것입니다.

이와는 달리 어떤 내담자들은 상담시간이 끝나는 것에 대해 초조해하며 시간을 확인합니다. 이들은 상담시간이 끝나지 않기를 바라서 또는 때때로 어떤 것에 대해 이야기하는 것이 끝나지 않았기 때문에 또는 새로운 주제를 시작하고 싶은데 그럴 수 있는 시간이 남았는지 확인하고 싶어서입니다. 이러한 이유로 시간을 확인하는 것은 보통 상담시간이 끝나갈 때 일어납니다.

또한 강박-충동적 증상과 같이 완전히 다른 이유로 시간을 유난히 확인하는 내담자일 가능성도 있습니다. 내담자가 시간을 확인할 때 제 반응은 말을 마친 후 멈추는 것입니다. 혹은 오랜 기간 동안 작업해 온 내담자의 경우는 말을 다 하지 않고 중간에 멈춥니다. 내담자들이 이러한 제 행동을 거의 알아채지 못하고 질문하지 않는다는 것에 놀랐습니다.

왜 제가 말을 마치지 않는지 궁금해하기보다는 내담자가 정말 말하기 원하는 것으로 거리낌 없이 옮겨 갔습니다. 제 말이 지루하거나 불쾌한지 직접 묻는 것은 그다지 효과가 없는데, 그 이유는 주로 내담자가 저의 기분을 상하게 하고 싶어 하지 않기 때문입니다. 사회 관습을 지키는 것에 얽매이지 않는 내담자는 때로 "선생님은 제 시간을 사용하고 있어요." "저는 이것에 대해 알고 싶지 않아요." "아까 이야기하던 것으로 돌아갈 수 있을까요?"라고 말할 것입니다.

초보상담자였을 때 저는 이러한 종류의 피드백이 약간 당황스러웠고 때로는 다소 상처가 되었습니다. 그러나 제가 제대로 하도록 내담자가 노력한다는 것을 인정하고 나서는 혹독한 반응도 잘 받아들이게 되었습니다. 저는 모든 초보상담자가 자신에게 너무 높은 기대를 하고 있어서 자기애에 취약할 수 있다는 것을 받아들일 필요가 있다고 생각합니다. 초보상담자들은 종종 야망이 커서 상담과정에 대한 비현실적인 기대를 갖습니다. 그것은 필연적으로 확증해 주지 못하는 내담자의 반응을 보면서 감정에 상처를 받고 자부심이 손상되며 심지어 수치심을 느끼고 과도하게 반응하는 경향으로 나타납니다. 대부분의 상담자들은 이러한 상처받은 느낌을 말로 표현하지 않지만, 내담자는 무의식적으로 감지하고 분명히 다음 행동에 영향을 받습니다. 상담자가 말하는 것에 대한 내담자의 거부는 보통 침묵으로 나타납니다.

자세 변화는 이런 정보를 기꺼이 받아들이는 상담자에게 의미 있고 지속적인 피드백을 제공합니다. 제가 내담자의 마음을 읽어내는 무언가를 하면 내담자가 저를 향해서 다리를 꼬는 것을 꼭 보게 됩니다. 제가 틀리거나 엉뚱하거나 위협이 되는 것을 말하면, 몸을 돌리거나 저로부터 먼 방향으로 다리를 꼽니다. 이것은 매우 단순하고 분명한데도 이러한 종류의 피드백을 충분히 강조하지 않는 것 같습니다.

레베카로 돌아가서, 레베카는 다른 내담자보다 제게서 더 멀리 떨어져 앉습니다. 저는 의자에 앉고 내담자들은 건너편 소파에 앉습니다. 대부분 내담자들은 저에게서 가장 가까운 팔걸이가 있는 끝 쪽에 앉습니다. 레베카는 아래 방향으로 2/3 근처에 앉는데, 이것은 레베카가 제게서 훨씬 더 떨어져 있을 뿐만 아니라 팔걸이가 없기 때문에 약간 불편합니다. 레베카는 소파 위의 장식용 쿠션들로 장벽을 칩니다. 상담시간 내내 이러한 자세를 유지하기 때문에 레베카의 신체 위치로는 어떤 단서를 얻기가 더 힘듭니다. 다행히도 계속 바뀌는 얼굴표정과 꼬르륵 소리로 이 단서를 얻습니다.

철회와 해리

앞서 언급했듯이, 레베카가 가장 자주 하는 방어는 철회입니다. 레베카가 심각하게 위협을 느낄 때는 해리됩니다. 레베카는 첫 상담시간에 해리를 늘 경험한다고 말했고 제가 그것을 다룰 수 있는지 물었습니다. 저는 레베카에게 일어나는 것을 정확히 묘사해 달라고 했고 그래서 무엇을 기대할 수 있는지 알 수 있었습니다. 레베카는 바깥에 나왔을 때 걷는 것이 힘들고 이상한 기운과 자신의 몸 밖에 있는 감각을 느낀다고 말했습니다. 계속 걸으려면 다른 사람이 있는 데서 한 발자국을 옮기기 위해 스스로에게 이야기해야만 했습니다. 상담시간에 레베카의 눈은 게슴츠레해지면서 레베카는 해리됩니다. 레베카가 단순히 철회한 것인지 아니면 해리된 것인지 확인하는 것에 동의한다면 그 문제를 다룰 수 있다고 말했습니다. 저는 또한 레베카가 이러한 해리 에피소드가 발생할 때 지금 순간으로 돌아오는 것을 제가 돕기 원하는지 아니면 자신이 스스로 돌아올 때까지 기다리기 원하는지 물었습니다. 레베카는 때때로 되돌아오는 것에 어려움을 느끼며 자신이 몇 분 이상 침묵할 때 제가 개입하면 좋겠다고 말했습니다.

현재까지 거의 2년 동안 레베카를 상담하고 있습니다. 현재 레베카는 해리가 거의 일어나지 않는 수준까지 되었습니다. 제가 말하고 있는 내용으로 인해 레베카가 철회하려 할 때는 즉시 멈춥니다. 그리고 제가 레베카에게 위협이 되는 내용을 물을 때 레베카가 손을 휘젓는데 자신도 모르게 팔를 뻗어서는 우리 사이를 가릅니다. 레베카가 이렇게 할 때 제가 하고자 하는 것이 무엇이든 포기해야만 합니다. 레베카는 "우리는 더 이상 그것에 대해 말할 수 없어요." 또는 "아니요. 더 이상 말하지 마세요." 등의 말을 하면서 이러한 동작을 합니다. 그리고 저는 물론 "좋아요."라고 대답하거나 말하던 것을 멈춥니다. 시간이 흘러서 레베카는 자신의 어머니가 했던 것과는 반대로 제가 침범하거나 지배하지 않을 것이라는 것을 알게 되자 극단적인 해리를 할 필요를 느끼지 않으면서 포기했습니다. 레베카는 자신이 불편해하는 것은 말하도록 강요당하지 않는다는 것을 알게 되면서 자신이 통제하고 있고 상담자에게 이해받는다고 느끼게 되었습니다. 레베카는 자신의 감정을 통제할 수 있었고 내부나 외부의 압력으로부터 자신을 보호하기 위해 해리로 도피하지 않았습니다.

부정적인 감정표현 대 비확증 반응

상담자 반응이 도움이 되지 않을 때 내는 내담자의 화와 개입이 효과가 있을 때 내는 화를 구분하는 것은 중요합니다. 레베카가 저를 믿는다는 표시는 상담한 지 6개월 후에 나타났습니다. 이때 레베카는 자신의 괴로움이나 화를 조금씩 표현하기 시작했습니다. 레베카가 너무나 많은 것을 드러내지 않았기 때문에 무엇이 레베카를 드러내게 할 수 있는지 알아내기가 어려웠습니다.

처음에는 기대하지 못했던 레베카의 분노표현에 약간 놀랐습니다. 그러다 점차 레베카의 분노표현은 레베카가 저를 믿음으로써 애착이 형성되었다는 신호라는 것을 알게 되었습니다. 레베카의 경우 퇴행은 보통 때라면 담아 두었을 분노를 담아 둘 수 없음을 의미했습니다. 실제로 레베카는 일상생활에서 완벽에 가까운 자신의 평정심(침착함)에 대해 자부심이 있었습니다. 저는 레베카의 분노에 놀랐지만 레베카는 자신의 분노를 두려워했습니다. 레베카가 이성을 잃었던 상담시간 후에 전화를 했고 제게 자신을 용서하고 "상담에서 내쫓지 말아 달라."고 간구하는 음성메시지를 남겼습니다.

제가 고통스러운 주제를 꺼낼 때 레베카가 화내는 것은 이상한 일이 아닙니다. 상담을 마칠 때쯤 화가 나면 문을 쾅 닫고 나갑니다. 과거에는 이러한 행동을 한 다음에 과도한 사과와 유기 공포가 뒤따랐습니다. 문을 쾅 닫았다는 것에 당황했고 다시는 이런 일이 없도록 하겠다고 말했습니다. 건물 안의 다른 사람을 방해하거나 문에 손상이 갈 만큼 세게 닫은 것은 아니었기 때문에 저는 너무 염려하지 않아도 된다고 말했습니다. 왜 화가 났는지 이야기하고 나면 화를 내어 후련해 할 수 있는 레베카의 능력이 향상되는 것을 봅니다. 레베카는 최근에 상담을 마친 후 문을 쾅 닫고 나갔는데, 간단히 "미안합니다."라고 전화를 했습니다. 저는 "괜찮습니다."라고 대답했습니다. 그리고 그것이 끝이었습니다. 자책하는 전화 메시지는 없었습니다. 레베카는 실제로 괜찮다는 것을 알았습니다. 이러한 행동이 행동화로 규정될 수 있다 하더라도, 자신의 진전을 방해하거나 제 개입에 어떤 문제가 있다는 것을 보여 준다고는 믿지 않습니다. 그것은 레베카가 저로부터 독립하는 것을 도와주는 작은 일탈 행동인 것입니다. 이러한 행동을 인정해 주지 않는 것은 레베카가 저로부터 분리되는 것을 제가 실제로 '허용'하지 않을 것이라는 레베카의 공포를 강화할 뿐입니다.

제가 앞에서 언급했듯이 내담자가 보이는 정서반응 가운데 상담효과가 있는 부정적인 반응과 상담효과가 없이 내담자를 멀어지게 하는 부정적인 반응을 구분하는 좋은 방법은 내담자의 행동을 보는 것입니다. 레베카가 저에게 화를 내도 제가 불쾌해하지 않는다는 것을 일단 안다면 상담은 순조롭게 진전됩니다. 레베카는 다음 상담시간을 철회나 적대적인 상태에서 시작하지 않습니다. 제가 도움이 되지 않는 어떤 것을 하고 있기 때문에 레베카가 화가 났는지 궁금하면 저는 그냥 물어봅니다. 최근 상담한 예를 들어 보겠습니다.

전에 레베카가 거의 언급하지 않았던 아동기 외상을 탐색하려고 할 때, 레베카는 부모가 할 수 있는 최선을 다했고 자신이 더 나은 대우를 받을 만한 아이가 아니었기 때문이라고 하면서 자주 부모를 방어해 주었습니다. 레벤슨(1993)은 학대하는 부모에게 강하게 매여 있는 내담자를 상담할 때 상담자가 하게 되는 줄타기를 언급했습니다[이에 대해 Schngold (1989)를 참조하기 바랍니다]. 부모를 너무 많이 비난하는 것은 이 내담자들을 '이방인'인 상담자에 대항해서 방어적으로 부모의 편에 서도록 압박하게 만듭니다. 그래서 아동기에 있었던 심리적 위해의 정도를 밝히는 과정과 책임감/비난과 같은 매우 예민한 주제는 주의 깊게 다루어야 할 필요가 있습니다. 또한 너무 지나친 공감은 내담자의 개인적인 평형을 위협할 수도 있는데 이로 인해 부모를 방어하고 싶은 욕망뿐만 아니라 강렬하고 다룰 수 없는 감정도 휘젓게 됩니다.

하루는 레베카가 어머니의 혹독한 비난과 고함 그리고 일상적인 언어폭력에 대해 언급하였습니다. 저는 그것을 매일 참는다는 것은 정말로 끔찍했을 것이라고 말했습니다. 레베카는 울기 시작했지만 소리는 내지 않았습니다. 저는 더 이야기했습니다. 레베카는 더 많이 울었습니다. 몇 분이 지난 후 저는 레베카의 어머니가 폭력적이었음에 대해 다른 말을 덧붙였습니다. 레베카는 저를 올려다보며 "선생님, 그만하면 충분해요. 선생님은 이미 하고 싶은 말은 다 했어요. 더 이상 말하는 것은 그저 가학적일 뿐이에요."라고 말했습니다. 레베카는 이미 멈출 수 없는 눈물로

녹아들어 갔다고 덧붙였고, 제가 더 이상 무엇을 위해 계속하는지 알지 못했습니다(사실 저는 레베카가 단지 눈물을 흘리는 것 대신 실컷 울도록 하기 위해 계속했었습니다. 저는 레베카가 저와 함께 있으면서 통제를 내려놓을 준비가 되어 있기를 바랐습니다. 하지만 레베카는 그렇지 않았고 그래서 제가 느꼈던 좌절감이 레베카를 더 세게 압박하고 가학적으로 표현하는 것으로 나타났던 것입니다).

물론 저는 즉시 멈추고 사과했습니다. 레베카는 계속 화가 나 있었으나 상담을 마칠 쯤에는 괜찮았습니다. 레베카는 제가 다시 그렇게 하는 것을 원하지 않는다고 말했고 저는 그러지 않겠다고 말했습니다. 그러나 더 깊이 작업해 감에 따라 저는 가끔씩 어떻게 해야 할지 곤란한 지경이 되었습니다. 레베카는 저에게 자신의 고통에 다가가는 질문을 하도록 요구하였고 좋은 상담시간은 자신이 감정을 깊게 느끼는 시간이라는 것에는 동의했습니다. 하지만 너무 지나치지 않게 할 것을 약속했습니다. 제가 언제 멈춰야 할지 어떻게 확실하게 알 수 있을까요?

최근에 저는 레베카와 '감정표현이 없는' 상담을 한 적이 있습니다. 그다음 날 레베카에게 중요한 시험이 있었기 때문이었습니다. 상담시간이 늦은 오후라서 감정을 깊게 건드리면 회복되기 위해서는 저녁까지 시간이 필요했습니다. 그리고 때때로 그다음 날 오전에는 약간 생각에 빠져 있거나 정신없어 합니다. 그래서 저는 시험 전에 너무 깊게 들어가지 않도록 주의했습니다. 레베카는 저에게 왜 더 깊은 내용을 묻지 않는지 물었고 저는 그 이유를 설명했습니다. 저는 레베카에게 염려할 필요는 없고 다음 상담시간에 다시 정상적인 작업을 시작할 것이라고 말했습니다.

레베카는 시험에 통과하여 의기양양하게 상담시간에 왔고, 깊은 작업을 다시 시작할 준비가 되어 있었습니다. 레베카는 종종 터놓고 말하기 꺼려 하는 것은 노트에 적습니다. 레베카는 주말 동안 저를 그리워했으나 이러한 감정을 느끼는 것에 대해 수치심, 메스꺼움, 공포, 분노가 섞인 감정을 느꼈다고 적었습니다. 저는 우리 둘 다 터놓고 이야기하지 않는 것을 적는다는 것에 제가 약간 좌절했다고 말했습니다. 저는 어느 지점에서 균형을 맞추어야 하는 것일까요? 레베카는 그것에 대해 일반적으로 말할 수는 있다고 말했습니다. 하지만 자신은 '그리웠다.'를 의미하는 'M'으로 시작하는 단어를 말할 수 없었다고 했습니다. 레베카는 만약 자신이 그것을 터놓고 말했다면 살이 찢어지는 느낌을 느끼고 제가 순식간에 자신을 죽일 것 같은 느낌이 들었다고 했습니다. 우리 둘 다 상담목표가 글로 쓰는 것이 아니라 말하는 것이라는 것에는 동의했지만, 때때로 글로 쓰는 것이 여전히 필요하다고 말했습니다. 레베카가 저에 대한 애착을 인정하는 것은 엄청난 것입니다. 그래서 저도 동참했습니다.

이 시점에서 레베카와 저는 서로 바라보며 앉아 있습니다. 레베카는 저에게 매우 애착되어 있는 자신의 모습 그리고 그 애착을 이용해 제가 상처를 줄까 봐 두려워하는 자신의 모습을 제가 알고 있다는 사실을 알고 있습니다. 레베카는 더 깊게 들어가기 원하지만 두려워합니다. 저는 레베카와 더 깊은 작업을 하고 싶으나 망설여집니다. 왜냐하면 레베카는 과거에 제가 너무 중요하다고 생각한 것에 대해 저를 비난했고, 너무 나약한 상태라고 분명히 느끼고 있었으며, 자신의 고통에 대해 너무 많이 말하는 것이 침범당하고 가학적이라는 느낌이 들 수 있다고 말했기 때문입니다. 그러면 저는 무엇을 할까요? 저는 레베카를 자문가로 사용하고 레베카에 대한 저의 난처한 입장을 단순히 제시하기로 결정했습니다. 레베카는 나름대로 명료화하여 응답했습니다. 레베카는 "제가 하기 어려운 것을 선생님이 탐색하는 것은 좋습니다. 하지만 제가 일단 울면 그때는 정말 멈추셔야 해요. 상처를 여는 것은 좋습니다. 하지만 계속하시면 상처에 소금을 뿌리는 것같이 느껴집니다. 아시겠어요?"라고 말했습니다. 저는 "물론입니다. 분명하군요. 그렇게 할 수 있겠습니다."라고 했습니다.

제 행동에 대한 내담자의 반응에 대해 내담자와 더 많이 의논할수록 무엇이 상담효과가 있고 무엇이 상담효과가 없는지 더 잘 이해하게 됩니다. 저는 이제 레베카가 화를 내며 나가는 것이 큰 문제가 아니라는 것을 압니다. 이렇게 화를 내며 나갈 때는 과거 사건으로 분노를 느낄 때이거나 또는 어쩌면 상담실을 떠나고 싶지 않아서일 수도 있습니다(이것은 레베카가 말하지 않았는데 레베카가 저를 필요로 하면서도 저에게 파괴될 것 같은 공포가 있어서 이것이 사실이라고 하더라도 묻지는 않을 것입니다. 이것은 제가 아니라 레베카가 꺼내 놓아야 하는 것입니다). 그러나 만일 레베카가 저에게 화가 나서 쳐다본다든지 비난하거나 철회하고 뾰로통해 한다면, 제 행동이 상담효과가 없다고 생각하는 근거가 됩니다. 그리고는 저는 그것에 대해 묻습니다. 페렌치(1976)가 말한 것처럼 "분석하는 중에는 한쪽 눈은 무의식적인 거절 표현이나 불신 표현에 열려 있어야 하고 가차 없이 공개해야" 하는 것입니다(p. 221).

🪑 행동화

랑스(1973)는 '행동화'란 개입이 상담효과가 없다는 표시라고 말합니다. 행동화란 정신분석 용어로서 상담장면에서 말로 표현하기보다는 행동으로 나타나는 감정과 갈등을 일반적으로 일컫습니다. 행동화는 전형적으로 부정적인 사건으로 여겨졌지만, 상담을 그르치기보다는 상담을 촉진하기 위해 하는 것이 빈번합니다. 저는 여기서 특히 상담자 실수에 대한 반응으로 하는 자기파괴적인 행동화에 관심을 가지고 있습니다.

자기파괴적인 행동화에는 상담자와 전투나 권력투쟁으로 들어가는 것, 상담 후 상사나 중요한 타인과 말다툼하는 것, 상담자에 대해 화를 내며 상담실을 나가는 것, 불필요하게 상담을 빠지는 것, 부당한 성관계를 하는 것, 술에 취하거나 약물을 과다복용하는 것, 속도위반 딱지를 떼는 것 또는 충동적으로 먹거나 도박하는 것 등이 있을 수 있습니다. 저는 이런 내담자의 행동이 빈번하게 또는 심지어 언제나 잘못된 상담 개입의 결과라고 단정 짓는 것은 아닙니다. 내담자가 불안이나 우울 또는 행동화의 과도한 증상을 보고한다면 이것이 상담자와 내담자 사이에 발생한 어떤 것의 결과인지 의문을 가지는 것이 가치 있다고 말하는 것입니다.

　이런 행동화를 습관적으로 하는 내담자에게 어떤 판단을 하는 것은 더 어렵습니다. 이러한 행동화 중 이미 하나 또는 그 이상을 하고 있는 내담자에게 상담의 성공 여부를 판단하는 데 행동화를 사용하는 것은 불가능해 보일 수 있습니다. 하지만 제 경험으로는 정도의 문제이지 여전히 유용합니다. 예를 들어, 보통은 술을 많이 마시지 않는 내담자가 다음 상담시간에 와서 술 마신 다음 날 머리도 아프고 속도 메스꺼웠다고 하면서 술을 너무 많이 마셨다는 것에 놀라고 부끄러웠다고 말할 수 있습니다. 하지만 술을 많이 마시는 내담자는 지난 상담시간 이후 술을 더 많이 마셔서 쓰러질 정도로 취했다고 말하면서 자기주장을 정당화하는 경향이 있습니다. 기저선이 중요하고, 기저선에서 이탈된 정도에 대해 관심을 가지는 것이 도움이 됩니다.

　마지막으로 앞에서 언급했듯이, 내담자가 상담자와 협력하려는 자세와 의지는 내담자가 느끼거나 행동하는 것과 상관없이 관계의 현 상태를 나타내는 중요한 지표입니다. 자기파괴적인 행동을 했지만, 그것을 자유롭게 논의할 의사가 있는 내담자는 철회되고 뾰로통해 있거나 비협조적인 내담자와는 다릅니다. 후자의 상태는 내담자의 고통이 실제로 상담자가 말했거나 행한 것들과 관련되어 있다는 신호일 수 있습니다.

　저는 자아 기능의 와해와 상담을 그만두겠다는 위협은 상담자와 내담자 사이에 뭔가 잘못되고 있다는 신호라고 한 랑스(1974)의 의견에 동의합니다.

만약 의사소통이나 관계에 장애가 있는 것이 아니라면 내담자에게 상태를 물어볼 때라고 생각합니다. 내담자에게 어려움이 있거나 보통 때와는 다르게 절망적으로 느끼거나 상담에 열심히 참여하지 않고 있다는 것을 알려 줄 때 편중되지 않고 비판적이지 않게 한다면 온전한 새로운 대화를 시작할 수 있고 상담 동맹을 다시 맺을 수 있습니다.

또한 랑스는 정신신체적인 불편감이 비확증 반응일 가능성에 대해서 말하고 있습니다. 이것들은 두통, 신체 통증, 암이나 다른 질병에 대한 공포, 복통, 변비나 설사 또는 피부감염을 포함할 수 있습니다. 저는 자기애적 성격장애를 가진 내담자에게서 종종 본 것을 덧붙이고 싶습니다. 자기애적 성격장애를 가진 내담자는 상담자나 중요한 타인으로부터 상처받았다고 느낄 때 거의 즉각 병이 날 수 있습니다. 제가 젊은 상담자 시절 이것을 처음 발견했을 때 저는 제가 뭔가 잘못한 것이 틀림없다고 생각했습니다. 내담자는 아파서 전화했을 것이고 저에게 화가 나서 상담을 빠졌을 거라고 생각했습니다. 그러나 이것은 잘못된 것으로 판명되었습니다. 그때 저는 이것이 우연의 일치임에 틀림없다고 생각했습니다. 건강하게 집에 간 사람이 불과 몇 시간 후에 어떻게 고열과 몸살이 걸릴 수 있습니까? 자기애적인 상처가 신체적으로 건강한 사람을 그렇게 빠르고 완벽하게 쓰러지게 하는 것이 정말 가능할까요? 이러한 현상을 반복적으로 목격한 후 저는 그렇다고 믿습니다. 특히 고열이 나는 것은 이러한 갑작스러운 발병의 보편적인 증상이라는 것을 알게 되었습니다. 아팠던 내담자를 다음 시간에 상담해 보면 늘 그런 것은 아니었으나 계속해서 드러나는 것이 제가 그 내담자에게 매우 상처가 되었던 말이나 행동을 했다는 것입니다. 프로이트가 말하듯이 "때때로 시가는 그냥 시가"일 뿐이고 자기애 성향이 있는 내담자가 단지 감기에 걸렸을 뿐입니다. 하지만 상담자가 지난 상담이 잘 진행되지 않았다고 느낀다면 고려해 볼 만한 가치가 있습니다. 그것은 또한 상처를 주는 말을 상담 중에 했을 때 그에 대해 사과하는 것을 미루지 말아야 할 타당한 이유가 됩니다. 사과나 어떤 주제에 대한 명료화가 병이 나는 것을 방지할 수 있을 때 이를 미루면 병이 날 수도 있습니다.

🐦 상담궤도에서 약간 이탈하는 것

지금까지 저는 특정 개입의 긍정적인 영향과 부정적인 영향 그리고 특정 상담시간의 긍정적인 영향과 부정적인 영향을 내담자가 확증해 줄 때 상담자가 이를 어떻게 알아차리는지에 대해 논의했습니다. 하지만 내담자가 어떤 문제에 대해 화가 난 채로 상담을 시작하고 상담시간 내내 그것에 대해 이야기하지만 화가 풀리지 않아 보일 때는 어떻습니까? 훈련 프로그램에서는 내담자의 즉각적인 문제를 해결하는 데 초점을 두는 경향이 있습니다. 하지만 이 문제는 진짜 문제가 아닐 수 있습니다.

누구나 어떤 일에 대해 화가 나서 친구나 파트너 또는 심지어 상담자에게 말했을 때 상대방이 들어 주어서 기분이 조금 나아지지만, 그래도 여전히 기분이 안 좋았던 경험이 있을 것입니다. 이런 일이 상담시간에 벌어질 때 상담자는 무언가 궤도를 좀 이탈했다는 것을 알아야 합니다. 상담자가 공감하고 있고 내담자가 이해받고 있다는 것을 알아도 진정되지 않고 상담이 진행되는 동안 기분이 더 나아지지 않는다면 무언가 놓치고 있는 것입니다. 아마도 내담자는 자신이 실제로 느끼고 있는 감정을 불안이나 분노로 방어하고 있을 수도 있고 또는 엉뚱한 사람에 대해 이야기하고 있을 수도 있습니다(내담자가 상담자에 대해 긍정적이거나 부정적인 감정을 느끼고 있는데 다른 사람에 대해 이야기하면서 상담시간을 보낸다면 내담자의 감정은 누그러들지 않을 것입니다). 만약 전체 상담시간을 이런 방식으로 보낸다면 '잘못' 된 것이 없다 하더라도 두 사람 모두 결국 이상하게 불만족하게 됩니다. 정곡을 찌르지 못했다는 느낌입니다. 정말로 무엇이 진행되는지 내담자에게 물어본다고 하더라도 알게 될 가능성이 적습니다. 그러나 내담자가 같은 주제에 대해 감정을 표현하는 것이 일정 수준을 벗어나지 못할 때면 다른 좋은 방안이 무엇일지 생각해 보는 것이 좋습니다(이 장에서 지금부터 제가 말하는 대부분은 임상에 전해 내려오는 오래된 정신역동 관점의 지혜입니다. 일부는 가르치고 있지만, 많은 상담자에게 새로운 것으로 다가옵니다). 상담자가 그 방안을 알아내지 못한다면 내담자의 말을 멈추게 하고 내담자를 괴롭히는 것에 대해 말하는 것이 감정을 진정시키지 못하는 것 같다고 이야기하라고 조언합니다. 이것에 대해 내담자는 어떻게 생각할까요?

샐리는 자녀들에 대해 말하고 싶다고 이야기하면서 면담을 시작했습니다. 샐리는 상담 내내 저와 양육 문제에 대해 이야기해 왔습니다. 샐리의 자녀들이 청소년기에 갖는 어려움과 자신의 과잉보호는 제가 제3장에서 이야기했듯이 호소 문제 중 하나였습니다. 자녀들에 대해 이야기할 때 저는 어떤 이야기가 나오든 간에 샐리가 어떤 역할을 했는지에 초점을 맞추도록 했습니다. 그리고 샐리는 자신이 어떤 역할을 했는지 보통 알고 있었습니다.

그래서 샐리가 아이들과 문제에 대해 이야기할 필요가 있다고 하면서 상담을 시작했을 때 저는 현재 문제와 그 문제에 자신이 어떻게 영향을 미치고 있는지에 대해 이야기할 것이라고 생각했습니다. 그런데 샐리는 이런 말 대신에 아이들이 얼마나 게으른지 믿을 수 없다고 말했습니다. 샐리가 그렇게 게으르고 목표도 없는 아이를 어떻게 키웠을까요? 샐리는 주말 내내 두 자녀에게 더 열심히 공부하지 않는 것이 얼마나 자신을 괴롭게 하는 것인지 말했습니다. 삶에 대한 아이들의 열정이 부족하다는 것도 이야기했습니다. 아이들에게 열정만큼 중요한 것도 없어 보인다고 말이지요. 어디부터 잘못된 것일까요? 샐리가 자신에 대해 안 좋게 느끼고 있는 것이 명백했지만, 자녀들도 그 문제에 일부 기여하고 있기 때문에 샐리가 자신에 대해 느끼고 있는 부정적인 감정은 이들이 잘하지 못할 때마다 자신을 책망하는 경향과 관련이 있다고 추측했습니다.

샐리는 실패와 실망의 감정에 대해서는 쉽게 말했습니다. 저는 샐리가 어떻게 느끼는지 이해했습니다. 모든 것이 잘되어 가는 것처럼 보였습니다. 상담시간이 반 정도 흘렀을 때 우리가 진정으로 마음이 움직이고 있지 않다는 것을 깨달았습니다. 샐리는 단순히 자신의 감정을 재진술하거나 자신을 괴롭게 한 자녀의 행동들에 대해서만 말하고 있었습니다. 통찰, 즉 어떤 특별한 감정이나 사건에 대해 갑작스럽게 깨닫는 것도 없었습니다. 그리고 샐리는 감정이 가라앉지도 않았습니다. 샐리는 이야기를 시작했던 순간과 똑같이 낙담하고 부정적이었습니다. 일단 여기에 주목하자 저는 샐리가 자녀들에 대해 자주 말하기는 했지만, 오늘은 자신에 대해 말하고 있다는 것을 깨달았습니다. 그래서 저는 "오늘 특별히 자신에 대해 안 좋게 느끼고 있는지요?"라고 말했습니다.

샐리는 말하는 것을 멈추었습니다. 잠시 후 샐리는 "예, 그렇습니다."라고 말했습니다. 그러고 나서 저는 "그러면 샐리 씨가 바로 너무 게으르고 열정이 부족하고 자신의 삶을 잘 살지 못하고 있다고 생각하는 그 사람이군요."라고 말했습니다. 샐리는 "예. 저는 제 아이들에게 모든 비난을 퍼붓고 있다는 것을 믿을 수 없습니다. 선생님이 그렇게 말씀하시니까 선생님이 옳은 것 같아요. 맙소사, 저는 이것에 대해 잘못했다는 느낌이 들어요. 아이들에게 사과를 해야 한다고 생각해요."라고 대답했습니다. 그리고 샐리는 왜 자신에 대해 안 좋은 사람이라고 느끼는지에 대해 이야기하는 것으로 발전했고 상담은 우리 둘 다 무언가를 성취한 것 같이 느끼면서 끝났습니다. 샐리가 상담시간에 말한 내용이 너무 명백해서 독자들을 놀라게 했을지도 모르겠습니다. 물론 저는 항상 내담자가 다른 사람의 잘못에 대해 이야기하는 데 상담시간 대부분을 사용할 때 내담자가 자신에 대해 말하는 것은 아닌지 의문을 가집니다. 그러나 샐리의 자녀들이 성적이 다소 부진하고 어떤 것에도 특별히 열정적이지 않으며, 부분적으로는 아이들의 기강을 세우는 데 도움을 얻기 위해 상담을 받기 시작했다는 것을 명심하십시오. 샐리는 자신에 대한 감정을 전치시키기보다는 아이들에 대해 이야기하면서도 자신이 어떤 역할을 했는지 쉽게 자각했습니다. 그래서 제가 시간이 오래 지나지 않아 무엇이 일어나고 있는지 알 수 있었던 것입니다.

샤론의 사례는 내담자를 이해하기 위해서 더 애를 쓰고 더 탐색해야 하는 또 다른 예입니다. 중년의 미망인인 샤론은 남편을 잃은 것을 애도하기 위해 그리고 그들의 긴 결혼생활 동안 남편이 자신을 속였던 것에 대한 화를 표현하기 위해 상담 받으러 왔습니다. 샤론은 외로웠고 다른 관계를 맺기 원했지만, 상처받는 것이 두렵기도 했습니다. 샤론은 상담을 시작한 지 몇 달 뒤 사업상의 거래를 통해 알고 지내 온 연하의 남자와 데이트를 시작했습니다. 샤론은 나이 차를 감안해 볼 때 이 관계가 얼마나 갈지 잘 모르겠다고 했습니다. 그러나 재혼에는 관심이 없다고 재빨리 덧붙였습니다. 샤론은 연애만 하는 것을 더 선호했습니다.

관계가 진전되자, 샤론의 연인은 샤론을 사랑하고 결혼하고 싶다고 말했습니다. 그러나 이러는 동시에 자신에게 관심이 있는 여자 동료와 정기적으로 점심식사를 했습니다. 샤론은 2주 정도 떨어져 지내며 혼자 고향으로 휴가를 떠나기로 결정했습니다.

샤론이 돌아온 후 첫 번째 상담시간에 샤론은 우울하고 약간 철회되어 있는 것처럼 보였습니다. 저는 샤론이 달라진 것에 주목하고 어떤 점 때문에 괴로운지 물었습니다. 샤론은 괜찮다고 말했지만, 별로 믿기지 않았습니다. 저는 샤론에 대해 알고 있는 내용과 직관에 근거해서 자신이 어떻게 느끼는지 말해 보라고 하였습니다. 상담시간 대부분은 자신의 여행과 복귀에 대한 잡담으로 채워졌습니다. 우리가 이야기를 많이 할수록 샤론이 애인 이야기를 피하고 있다는 것이 더 분명해졌습니다. 저는 샤론에게 애인이 그리웠는지 물었습니다. 샤론은 그렇지 않다고 말했습니다. 여행 직전에 그를 사랑한다고 말했기 때문에 저는 샤론의 반응에 놀랐습니다. 저는 애인이 샤론을 그리워하지 않았다거나 다른 여성과 시간을 보내지 않았을까 두려워 샤론이 부인하고 있다고 생각했습니다. 제가 샤론에게 이러한 가능성에 대해 물었을 때 샤론은 저의 눈을 쳐다보며 제가 틀렸다고 분명하게 말했습니다.

이때 저는 정말로 혼란스러웠습니다. 제가 한 해석을 방어하지 않으면서 그렇게 쉽게 일축하는 것은 제가 틀렸다는 것을 의미합니다. 하지만 저는 샤론이 조금 우울했고 보통 때처럼 적극적이지 않았기 때문에 제가 맞다는 것을 알았습니다. 좌절감을 느꼈지만, 결국 상담시간이 끝나기 전에 샤론에게 자문을 구하기로 결정했습니다. 저는 샤론에게 곤혹스러움을 이야기했습니다. 무엇인가가 일어나고 있다고 확신하고 있지만, 직접 질문하거나 해석하려는 노력은 어떤 의미 있는 결과물을 내지는 못했다고 말했습니다. 샤론은 제가 이해하도록 도울 수 있었을까요? 샤론은 죄책감을 보이는 표정을 지으며 아래를 바라봤습니다. 몇 분의 침묵 후 "글쎄요, 선생님이 맞아요. 무언가 진행되는 것이 있어요. 그러나 저는 선생님에게 말하고 싶지 않았어요. 너무 당황스럽고 심지어는 수치스러워요. 저는 그것에 대해 말하지 않고 상담시간을 마치고 싶었어요."라고 했습니다. 저는 제 느낌이 맞았다는 것을 알게 되어 마음이 놓인다고 했습니다. 저는 그것에 대해 논의할지 여부는 샤론에게 달렸다고 말했습니다. 샤론이 그것에 대해 말한다면 아마 기분이 더 나아질 것입니다. 샤론은 휴가 동안 바람을 피웠다고 말했습니다. 그 사실이 끔찍하게 느껴졌고 제가 안다면 자신에 대해 좋지 않게 생각할까 봐 두려웠습니다. 우리는 샤론이 느낀 죄책감, 수치심 그리고 자신이 한 행동에 대한 생각에 대해 계속 말했습니다. 물론 저는 샤론을 판단하지 않았고, 자신의 생각과 감정을 말하도록 격려했습니다.

제가 샤론의 예를 든 이유는 내담자가 의식적으로 무언가를 숨기거나 무의식적으로 억압하는 것은 드문 일이 아니라고 생각하기 때문입니다. 내담자가 중요한 무언가를 자신이나 상담자 또는 둘 다에게 숨기고 있으면 그 상담시간은 언제나 결국에 가서는 지지부진하게 됩니다. 숨겨진 것이 방 안의 코끼리(아무도 꺼내고 싶지 않은 문제)가 되고 거의 진전이 되지 않습니다. 내담자가 실제로 어둠 속에 있다면 내담자를 배려한 질문을 하거나 꿈에 대해 물어보는 것은 숨겨진 내용을 표면으로 가져오는 데 충분한 자극을 제공할 수 있습니다. 개입을 평가할 때는 상담시간의 전체적인 정서 톤과 깊이도 가늠합니다. 뭔가 찜찜하고 상담이 제대로 되고 있지 않다고 느껴진다면 취조하는 느낌이 들지 않게 질문하거나 내담자의 생각을 물어보는 것은 상담효과가 있을 수 있습니다.

♟ "그건 좋은 질문입니다."

가끔씩 내담자는 "그건 좋은 질문입니다." 또는 "그건 흥미로운 질문이네요."와 같은 식으로 유사확증 반응을 합니다. 처음 이런 반응을 들었을 때 저는 순수하게 확증 반응이라고 생각했고, 제 질문에 대해 솔직한 대답이 바로 나올 것이라고 생각했습니다. 그러나 이러한 반응을 주목하고 그다음 나오는 반응을 관찰한 지 몇 년이 지나서는 이런 내담자 반응은 확증 반응이기도 하지만, 방어이기도 하다는 결론에 도달하였습니다.

장기상담을 받고 있는 폴은 매우 솔직하고 정직하지만, 자기애 성향이 있으며 친한 사람과 갈등이 생기는 것을 피합니다. 그는 사업에서는 협상을 잘할 수 있으나, 자녀들 앞에서 아내가 자신을 무시하고 모욕할 때는 아무 말도 못합니다. 그의 어머니는 매우 비판적이고 늘 아버지를 모욕했습니다. 폴은 아내에 대해 양가감정을 가지고 있는데 어머니의 나쁜 성향을 아내가 얼마나 많이 가지고 있는가에 대해 이야기합니다. 폴과 수년간 상담하면서 아내에게 자기 표현을 하는 것이 두 사람에게 더 좋다는 것을 설득하려고 노력했지만 성공하지 못했습니다. 그는 여전히 아내와 갈등이 있으면 조용하게 이성적으로 있는 것이 더 효과적이며 감정을 빨리 누그러뜨리는 방법이라고 믿고 있습니다(폴 사례는 상담자가 이루려고 하는 변화를 내담자가 하려고 하지 않고서는 제대로 되지 않는다는 사실을 다시 한 번 보여 줍니다). 폴은 상담에서 전반적으로 의미 있는 진전을 보였으나 방어로 부인을 주로 사용하였습니다. 폴에게 방어를 뚫는 질문을 할 때 "그것은 좋은 질문입니다."라고 대답하는 경우가 많이 있었습니다. 그리고는 침묵합니다. 저는 그가 대답하기를 기다립니다. 초보상담자일 때는 "좋은 질문입니다." 또는 "대단한 질문입니다."라는 말을 들으면 내담자가 '아하' 하는 순간에 곧 도달하리라 생각했습니다.

그러나 폴과 같이 어떤 영역에서 철통 같은 방어를 하는 많은 내담자는 이런 말을 들을 때 많은 것을 기대하지 않도록 가르쳐 주었습니다. 이 반응이 의미하는 것이 무엇인지 알려 주는 것은 없습니다. 사실 저는 수년 전에 이 주제에 대한 짧은 논문을 정신분석 잡지에 투고했습니다. 모든 심사자들이 다른 의견을 보였고 논문은 출판되지 않았습니다. 그래서 "좋은 질문입니다."라는 반응에 대한 저의 의견은 저만의 임상경험의 결과입니다.

저는 "좋은 질문입니다."라는 대답은 내담자가 사실이지만, 부인하고 있는 무엇인가를 즉각 방어하고 있음을 의미한다는 결론에 도달했습니다. 그는 물러서서 상담자의 개입을 관찰하고 평가하고 있습니다. 내담자는 정곡을 찌른 상담자의 질문에 감정반응을 하도록 스스로에게 허용하지 않는 것입니다. 제 경험을 통해 보면 "좋은 질문입니다."라는 말 뒤에는 새로운 통찰이나 깊은 감정의 표현보다는 짧은 침묵이나 다소 긴 침묵이 따라옵니다. 전형적으로 침묵 후에 내담자는 주제를 다른 것으로 바꿉니다. 제가 "우리가 조금 전 이야기로 다시 돌아갈 수 있을까요?"라고 하면 내담자는 "좋은 질문입니다."라고 말했습니다. 제가 "어떤 생각이나 감정을 느꼈습니까?"라고 말했을 때 내담자는 "아, 기억이 나지 않아요."(또는 "사실 뭐 별로 그다지.") "좋은 질문이라고 여겨졌지만, 실제로는 아무것도 마음에 떠오르지 않았어요."라고 말합니다. 그래서 저는 내담자에게 이런 반응을 받을 때면 중요하지만, 내담자가 방어하고 있거나 이야기하고 싶지 않은 영역을 건드렸다고 결론을 내립니다. 물론 이모든 것이 무의식적인 수준에서 일어나기 때문에 더 질문을 해도 중요한 어떤 것도 얻어내지 못합니다.

🐦 요약

개입을 평가하는 것은 초보상담자에게 벅찬 일로 보입니다. 그러나 이는 대체로 가능합니다. 내담자가 자신을 둘러싼 세계를 보고 반응하는 방식을 기본적으로 이해하는 상담자는 내담자가 상담자의 개입에 어떻게 반응하는지 평가합니다. 대부분 개입은 자동적으로 일어나는 것이 아니지만 설사 자동적으로 일어난다고 하더라도 내담자에게 미친 영향은 관찰할 수 있습니다. 그리고 저는 내담자의 강한 부정적인 반응은 좋은 개입으로부터 나온다고 말하는 의견에 동의하지 않습니다.

상담자가 얼마나 자주 궤도를 벗어나는지 보는 것은 수치스러울 수 있지만 진정으로 성공할 수 있는 유일한 방법입니다. 매일 하게 되는 실수를 정상으로 보고 상담이 성공하는 데 필요한 상호작용의 일부로 받아들이는 것은 상담자가 보다 더 깨어 있고 덜 자기비판적이 되도록 도와줌니다. 이 장에서 언급된 많은 상담자가 말했듯이, 불화는 서로의 소통과 이해를 위한 기회를 가져다줍니다. 또한 상담자를 이상화시키지 않고 내담자가 자기 목소리를 낼 수 있는 토대를 마련해 주는 데 기여합니다.

어떤 책이라도 내담자가 할 수 있는 모든 잠재적인 반응을 올바르게 평가할 수는 없습니다. 더욱이 항상 창조적인 예외가 있을 것입니다. 그러나 저는 한순간의 상호작용이나 한 시간의 상담시간 동안 일어나는 상호작용을 대강 읽는 것은 가능하다고 믿습니다. 두 사람이 언제 진실하게 의사소통하고 있는지 그리고 수면으로 떠오르는 오래된 고통을 잘 수용하는지 느끼는 것은 그렇게 어렵지 않은데, 특히 내담자의 생각을 물어보면 그렇습니다. 상담자로 인한 잘못된 의사소통이나 부주의, 거절 또는 불필요하게 끼어듦으로 인해 생기는 고통은 매우 다릅니다.

상담관계 내에서 자신이 이해받지 못할 것이고 심지어는 해를 입을 것이라고 생각하는 까다로운 내담자는 상담자의 공감능력과 평가기술을 시험대에 올릴지도 모릅니다. 하지만 상담자가 이 지점에서 부딪치게 되는 어려움은 '내담자가 상담자나 다른 사람을 자신이 기대하는 사람이 아니라 어떻게 있는 그대로 보도록 도울 것인가' 입니다.

제5장

_____

자기개방과 조언
-상담자의 자기개방이 언제 그리고 어떻게 효과가 있는가-

> 정서경험에 상담자가 기여한 바를 개방함으로써
> 상담자는 어떠한 정서적인 고통이라도, 심지어는
> 의도하지 않은 정서적인 고통에 대해서도
> 기꺼이 책임을 지는 부모가 된다.
>
> -Arnold W. Rachman(1993, p. 93)

　자기개방은 계속해서 논쟁의 주제가 되어 왔는데 문헌에는 아주 다양한 의견이 있습니다. 저의 경험으로는 임상가들이 자기개방의 내용과 양에 대해 개방하지 않는 경향이 있는데 이는 아마도 비난을 피하기 위해서인 것 같습니다. 그리고 자기개방을 옹호하는 사람들마저도 현실적인 지침 원칙이 없습니다. 자기개방은 사례별로 논의되고 있는데 어떤 사례나 동일하게 해서는 안 된다는 주의도 함께 받습니다. 이 때문에 초보상담자는 자기개방이 실제로 상담에 도움이 되는지 혼란스러워하고 자신은 자기개방을 제대로 하기에는 너무 경험이 없다고 생각합니다.

심지어 자기개방의 정의에서도 문제가 제기되고 있습니다. 의도가 있는 표현과 불쑥 내뱉은 표현도 자기개방이라고 할 수 있을까요? 정서와 정보는 똑같이 자기개방일까요? 옷 입는 스타일과 사무실을 꾸민 스타일과 같이 상담자의 정보를 주는 것도 자기개방의 형태로 간주될까요? 최근 들어 상담자의 즉시성은 자기개방의 동의어가 되어 왔습니다. 이 주제는 이 책의 범위를 넘기 때문에 부록으로 제시된 참고문헌을 참조해 주시기 바랍니다.

저는 자기개방을 의도가 있든 없든 상담자 측의 개인적인 감정이나 느낌을 말로 표현하는 것으로 정의합니다. 그러나 상담자가 자각하고 있고 내담자에 대한 강렬한 정서반응을 억압하지 않고 있을 때 충동적이고 예기치 않은 자기개방이 일어나는 경향은 덜하다는 점을 강조하고 싶습니다. 저는 상담자의 얼굴에 나타난 자연스러운 표정은 대부분 무의식 수준에 있고 내담자에게 거의 영향을 주지 않기 때문에(화나게 하지 않기 때문에) 자기개방의 범주에 넣지 않습니다. 반면 상담자가 생각하거나 느끼고 있는 무언가를 말로 표현하는 자기개방은 부정적이거나 긍정적인 영향을 줄 수 있는데 이런 자기개방은 상담자의 통제하에 있다고 보는 것이 타당할 것입니다.

자기개방의 임상 논의로 돌아와서, 우리는 자기개방이 상담효과가 있을 가능성에 대해 알고 있는 게 무엇일까요? 자기개방은 언제 유용할까요? 언제 주제를 벗어나기 쉽거나 해가 될까요? 누가 더 이득을 볼까요? 상담자일까요? 내담자일까요? 자기개방의 동기는 무엇일까요? 그리고 상담자의 자기개방을 효율적으로 사용할 시기와 방법에 대해 안내해 줄 수 있는 일반적인 원칙을 세울 수 있을까요?

초보상담자는 잘못하게 될까 봐 두려워서 전혀 자기개방을 하지 않거나 너무 많이 하는 경향이 있습니다. 자기개방에 대해 제가 한 논의와 관련 있는 최근의 논문들을 인용하고자 합니다. 데이비스(2002)는 초보상담자는 전이와 역전이의 개념에 대해 충분하게 인식하지 못한다고 생각하고 있습니다. 결과적으로 전이와 역전이를 어떻게 다루는지 알지 못해서 현실에 바탕을 둔 이야기를 하여 전이 발생을 막는 자기개방을 하는 경향이 있습니다. 그래서 그는 초보상담자는 너무 적거나 너무 많지 않게 자기개방을 함으로써 실수를 범하지 않도록 자기개방에 대해 더 많이 교육받을 필요가 있다고 제안합니다.

조라드(1971)와 트럭스와 카르크허프(1965)는 "쌍방 영향", 즉 자기개방이 자기개방을 낳는다는 사실을 증명하였다는 단순한 이유로 자기개방을 추천합니다. 여러분이 누군가가 여러분에게 개방적이길 원한다면 자신을 그에게 개방하십시오. 이들의 생각은 문화가 인본주의와 평등주의에 치우쳐 있는 동안 확고해졌습니다. 이러한 문화적 개념들이 사라지기 시작했을 때, 자기개방에 대한 관심도 사라져 갔습니다. 특히 정신분석가들은 자기개방을 환자의 심리내적인 세계로 침입하는 것으로 간주하면서 자기개방에 대해 비판적이었습니다.

자기개방의 치료적인 유용성을 이해하려고 한 고킨(1987)의 노력은 선구적입니다. 그가 유용하다고 열거한 것들을 보면 내담자의 현실감각을 확증해 주는 것, 상담자의 솔직함과 인간다움을 보여 주는 것, 내담자가 상담자 및 다른 사람에게 미치는 영향을 명료하게 해 주는 것 그리고 난관을 극복하는 것이었습니다. 그가 자기개방을 사용하는 이유로 드는 것을 보면 지극히 실용적인 것이었는데 의심할 여지없이 귀납적인 추론으로 나온 것입니다. 이것은 그가 임상에서 관찰한 후 다른 사람들에게 일반화시킨 것입니다. 저는 그가 처음으로 자기개방에 대해 저술했을 때 그에게 동의했고 지금도 여전히 그렇습니다.

보다 최근에는 마이어스와 헤이즈(2006)가 자기개방을 '조심스럽게 사용하는' 것이 상담에 도움이 될 수 있다는 결론을 내렸습니다. 그들은 동맹관계가 튼튼할 때는 자기개방이 작동하지만, 상담자가 자신이 생활에서 겪는 갈등이나 문제에 초점을 맞출 때는 도움이 되지 않는다는 것을 발견하였습니다. 그들은 자기개방을 상담자가 내담자에게 인정을 받는 방법으로 사용할 수 있으나 그것은 상담관계를 약화시키는 경향이 있다고 경고했습니다.

크녹스, 헤스, 페터슨 그리고 힐(1997)도 자기개방이 도움이 될 수 있다고 결론 내렸습니다. 다시 언급하면, 상담자가 자신의 관심사를 불쑥 개방하지 않으면 더 잘 받아들인다는 것입니다. 또한 그들은 내담자마다 자기개방에 다르게 반응한다는 것도 관찰했습니다. 비록 이 주제와 관련하여 구분할 수 있는 충분한 정보를 축적하지는 못했지만, 어떤 내담자들에게는 상담자가 개인적인 정보를 노출하는 것이 경계를 흐릿하게 하고 불안하게 만든다는 것이 분명했습니다. 이와 비슷하게 마이스너(2002)는 구타일과 가바드(1998)를 인용하면서 상담자가 내담자에게 자기 문제를 부담 지우게 하고 상담자와 내담자 역할이 뒤바뀌게 하는 것에 대해 경고했습니다. 그는 이러한 형태의 자기개방이 상담에 도움이 되지 않는 것으로 보는데 저도 그렇게 생각합니다.

보다 최근의 연구에서 얻은 정보를 보더라도 무엇을, 언제, 어떻게 그리고 누구에게 개방할지에 대한 어려움은 남아 있습니다. 이 질문에 답이 될 만한 이론 틀을 제공한 연구는 거의 없었습니다.

제가 초보상담자일 때, 저는 자기개방에 대한 저의 생각을 공식화하기 시작했습니다. 저는 문헌들을 아주 열심히 읽었고 상담자와 내담자 사이에 겉으로 드러나는 감정교류가 있을 때 중요한 무언가가 일어난다는 것을 알아차리기 시작했습니다. 그 당시 사례에 대한 설명들은 어떠한 해석이 지속적인 감정교류를 방해할 수 있는가라는 관점에서 논의되었습니다. 저는 스스로에게 묻기 시작했습니다. 상담자와 내담자의 정서적인 만남이 때때로 상담에 매우 도움이 되고 상담의 난관을 극복할 수 있게 한다면 왜 내담자와 모든 정서적인 만남을 피해야 하는가 하는 의문을 가지기 시작했습니다.

그래서 곧 연구자들이 내린 결론을 무시하고 상담자와 내담자 사이의 교류에 대해 보고된 것들을 자세히 살펴보았습니다. 이와 동시에 내담자들이 종종 저에게 더 솔직해질 것과 자신을 더 드러낼 것을 요구하고 있다는 것을 알게 되었습니다. 그들 중 일부는 필사적으로 피드백이나 보다 강력한 한계 설정을 원했고 저의 개입이 때때로 도움이 되지 않았다고 솔직하게 말했습니다.

제가 내담자에게 한 실험을 연대기 순으로 써 내려가면서 어느 순간 제 감정을 표현하고 싶은 강한 충동을 느꼈습니다. 제가 받은 훈련에서는 이러한 충동을 무시하라고 배웠습니다. 제가 훈련을 통해 믿게 된 것은 내담자는 어린 시절에 겪은 부정적인 정서경험을 반복하기 위해 상담자로 하여금 무엇인가를 하도록 한다는 것이었습니다. 저는 단호하면서도 참아 내야 하고 침착함을 유지해야 한다고 들었습니다.

그러나 하루를 마쳤을 때 기분이 좋지 않다는 것을 발견하였습니다. 스스로 올바른 일을 하고 있다고 계속 말했지만, 제가 느끼는 것에 대해 더 개방하고 솔직하게 말해 달라는 내담자들의 요청을 떨칠 수 없었습니다. 저는 모든 젊은 임상가들이 내담자로부터 이렇게 굉장히 강력한 피드백을 받는 것은 아니라는 것을 압니다. 분석적인 전통에서 요구하는 상담자 역할이 제게는 실제로 편하지 않았고 내담자들이 이러한 불편함을 느꼈기 때문에 그렇다고 생각합니다. 저는 그들이 제가 본능적으로 표현을 더 많이 하고 그들에게 더 많이 관여하기를 원한다는 것을 알았다고 생각합니다. 저는 감정적인 사람이기 때문에 내담자들은 저의 얼굴 표정을 보다 빨리 읽었고 이러한 비언어적인 반응을 말로 표현하기 원했습니다. 내담자들은 자신들의 상태를 확인받고 싶었던 겁니다. 어떤 의미에서 저의 강한 공감적인 비언어표현이 내담자들에게는 참을 수 없는 놀림으로 작용했습니다. 강한 감정을 덜 보이는 상담자나 표현을 덜하는 상담자는 내담자에게 그런 강한 요구를 일으키지 않을 것은 당연합니다.

그래서 저는 그 순간 제가 내담자들에 대해 느끼는 것에 정확하게 초점을 맞추면서 저의 역전이를 표현하기 시작했습니다. 제가 다른 이야기를 하면서 내담자에게 본 다른 면을 포함시키거나 내담자를 방해하지 않으려고 제 감정을 최소화하려고 노력했을 때 저는 그다지 효율적이지 못하다는 것을 발견했습니다. 저에 대해 너무 많이 말하는 것 역시 상담과정을 정체시켰습니다. 저는 대부분의 내담자들이 상담자 자신에게 초점을 옮기는 데 대해 분개하고, 몇몇 내담자들은 화가 난다고 말한다는 것을 알게 되었습니다.

제 자기개방이 내담자의 자기개방을 방해할지 모른다는 두려움이 있었으나 대부분의 경우 그렇지 않은 것으로 판명되었습니다. 대개 내담자는 저와 비슷할 정도로 더 많이 감정표현을 하였고 더 솔직해졌습니다. 때때로 내담자는 강한 부정적인 감정을 표현하여 겁을 먹었습니다. 그러나 이런 이유로 표현을 안 하게 되는 것은 보통 빨리 없어졌습니다. 또한 내담자에게 다 드러내 놓고 이야기하라고 격려하는 것은 대화가 계속 이어지도록 했습니다.

처음부터 제가 하는 접근은 내담자가 상담자를 자극하는 것뿐만 아니라 한 사람의 인간으로서 나, 그리고 내가 내담자를 자극하고 있는 것을 처리하는 데 중점을 두었습니다. 자기개방 실험을 착수할 때 저는 이 점에 대해서 이해하게 되었습니다. 자기개방에 더 편안해지고 더 성과가 나면서 그러한 개입을 언제, 어떻게 그리고 왜 하고 있는지에 대해 더 많이 생각하기 시작하였습니다. 다음으로 든 의문은 제가 얻은 결과가 얼마나 특이한 것인지 그리고 제가 하고 있는 작업이 얼마나 일반적인 현상인지였습니다.

저는 역전이를 개방하고자 하는 제 결정이 어떤 동기에서 비롯되는지 관찰하려고 의도적으로 노력하였습니다. 저는 곧 내담자가 드러내 놓고 묻거나 반복되는 이야기에서 제가 정서적으로 자극될 때 주로 자기개방을 한다는 것을 깨달았습니다. 또한 내담자와 제가 긴 침묵을 포함한 어떤 종류의 난관에 부딪쳤을 때도 자기개방을 하였습니다. 저는 내담자 질문의 차이를 구분하기 시작하였습니다. 지극히 반어적인 의미를 담고 있어서 답이 필요 없는 질문, 질문을 하기는 했지만 답을 요구한다고 보기에는 강조점이 별로 없는 질문, 비웃는 듯한 느낌의 짜증이 나게 하는 질문, 악의는 없지만 주제를 덜 위협적인 것으로 바꾸기 위해서 하는 질문, 마지막으로 직접 그리고 분명히 답을 구하는 진지한 질문 등입니다.

사람들이 저에게 내담자의 표현이 어떤 범주에 해당되는지 어떻게 확신할 수 있느냐고 묻는데 이 질문의 의미는 분석가가 모든 것을 알고 있는 권위자이기를 요구하는 시대착오적인 관점은 아닌가 하는 것입니다. 사실은 그렇지 않습니다. 내담자가 원하는 것을 이해하는 것은 모든 것을 다 알고 있다는 자세보다는 얼마나 잘 듣는가에 달려 있습니다. 내담자가 제가 자기개방할 것을 요구하는지 의구심이 들 때면 저는 단순히 물어봅니다. 내담자가 "아니요." 혹은 "확실히 모르겠습니다."라고 말하면 저는 대답하지 않습니다. "예."라는 대답은 제가 대답하는 것이 편하다면 그렇게 하라는 것을 의미합니다. 엡스타인(1995)은 자기개방에 대해 의문이 들 때 내담자에게 물어봄으로써 유사한 결과를 얻는다고 보고하고 있습니다.

때때로 개방을 할 것인가 말 것인가에 대한 갈등은 말로 표현할 것인가에 대한 갈등이라기보다는 자기개방의 근원이 분명하지 않다는 어려움이 있다는 것입니다. 내담자의 말은 종종 제가 느끼고 있는 감정과 일치하지 않았습니다. 하지만 분명히 저는 강렬한 정서반응을 느끼고 있었습니다. 이러한 방식이 오랫동안 반복되면서 저는 저의 정서반응을 내담자에게 표현하는 것이 난관을 극복하고 상담의 흐름을 복원하는 데 매우 효과가 있음을 발견했습니다. 이러한 경우에는 내담자가 투사적 동일시를 하고 있다고 생각합니다. 투사적 동일시는 정서로 하는 의사소통인 것입니다(투사적 동일시를 위한 정의는 용어사전을 보십시오).

실연의 형태로 충동적으로 표현되기 전까지는 의식 수준에 있지 않다고 주장하는 레닉(1993)에 동의하지 않습니다. 저는 의도하지 않은 행동을 상담자가 하게 되는 결과를 초래하는 상호 간 투사적 동일시의 경우를 '실연(enactment)'이라고 정의합니다(Maroda, 1999). 이 말은 상담자와 내담자 모두 그들의 과거에 뿌리를 둔 강하고 받아들이기 힘든 정서를 경험하고 있으며 상담관계에서 이 정서를 행동으로 나타낸다는 것입니다. 실연은 내담자가 무의식적으로 상담자의 강렬하고 계획되지 않은 반응을 자극할 때 일어납니다. 예를 들면, 오랫동안 침묵하는 내담자는 상담자에게서 가학적인 말을 들을 수 있습니다. 그때 그들은 동시에 화를 내고 종종 죄책감을 느낍니다. 그러나 실연의 정의에 맞기 위해서는 어떤 예기치 못한 불쾌한 사건이 일어날 때까지 상담자와 내담자가 그들이 서로에게 무엇을 자극하는지 의식하지 못하고 있다는 것을 주의해야 합니다.

저는 실연이 일어날 때 상담자의 역전이가 강렬하면서도 무의식적이라는 것에 동의합니다. 그러나 모든 강렬한 역전이 반응이 무의식적이라고 말하는 것은 아닙니다.

어떤 실연들은 불가피합니다. 그리고 역전이 반응을 언제나 자각하고 있는 것은 불가능합니다. 저의 임상경험으로는 정서반응이 성적이고 폭력적이라고 하더라도 저 자신을 표현하려고 하고 감정에 호기심을 가지려고 하고 또 판단하지 않으려고 할수록 정서반응을 더 잘 자각할 수 있었습니다. 제가 더 많이 자각하고 표현할수록 내담자도 더 많이 자각하고 표현하였습니다. 이렇게 개방성이 증가한 결과로 상담에서 곤경과 격렬한 실연이 더 감소하였습니다.

강한 역전이 감정은 저뿐만 아니라 저와 이야기하거나 제가 지도하는 다른 임상가들도 자각합니다. 시간이 지나도 강한 역전이 감정을 완전히 자각하지 못하는 것은 예외적인 경우입니다. 우리는 내담자와 사랑에 빠진다거나 성적으로 강하게 끌린다거나 살의를 느낄 정도로 격노하는 것과 같이 상담을 잠재적으로 방해할 수도 있는 감정을 가능한 한 최소화하는 경향이 있다고 생각합니다. 그러나 완전히 자각하지 못하는 것일까요? 저의 경험으로는 그렇지 않습니다. 정서연구에 따르면, 미묘한 감정은 쉽게 억압될 수 있지만 강렬한 감정일수록, 특히 강렬한 부정적인 감정의 경우에는 인식하지 못할 가능성이 적다고 합니다.

우리 자신의 반응패턴과 취약성을 고찰해 봄으로써 우리는 내담자에 대해 어떤 감정을 느끼고 있는지 자각할 수 있습니다. 그리고 우리가 관찰한 것을 새로운 기법을 만들어 내는 데 적용할 수 있는 것입니다. 내담자를 관찰하려는 시도는 개인의 복합성과 과정의 복합성을 부인하는 것이라는 일부 동료들의 의견에 동의하지 않습니다. 과다하게 하지 않고 편차와 개인차를 고려한다면 일반화는 도움이 될 수 있습니다.

🕊 자기개방은 자발적인 반응이어야 하는가

레닉(1995, 1999)은 자기개방에 대한 임상지침이 필요하다고 했습니다. 그러나 막상 그의 임상 저술에서는 직관과 즉시성을 강조하고 있습니다. 심지어 자기개방을 옹호하는 레닉과 에런버그(1982) 등의 분석가들은 그 순간의 인간적인 만남에 중점을 두는 경향이 있습니다. 저는 자기개방에 대한 몇몇 기본적인 지침을 만들었습니다(Maroda, 1991). 그리고 자기개방이 어떻게 그리고 왜 작동하는지 상담자들이 이해하는 것이 필요하다고 믿습니다. 그러나 저 역시 자발적인 자기개방을 하여 상당히 성공을 거둔 경험이 있습니다. 이렇게 명백히 상반된 사실이 어떻게 조화될 수 있을까요?

저는 '자발성 논쟁'이라고 부른 것에 이의를 제기합니다. 자발성에 대한 문헌에 수록된 수많은 보고와 자각의 한계 때문에 자기개방은 배울 수 없다거나 효과적으로 통제할 수 없다는 데 일반적으로 동의하고 있습니다. 하지만 상담효과가 있는 자기개방은 각 내담자와 독특하고 창의적인 순간에 하는 직관적이고 예술적인 반응의 결과라고 보는 입장이 점차 선호되고 있습니다.

저는 어떤 상담자들은 공감, 직관 그리고 창의적인 상담 개입의 영역에서 타고난 재능이 더 많다는 것을 부인하지는 않지만, 자기개방이 이러한 재능에 달려 있다는 생각에는 강력하게 반대합니다. 그것이 사실이라면 자기개방을 생산적으로 사용할 수 있는 상담자는 당연히 매우 적을 것이고, 그것이 사실이라고 믿지 않습니다.

자기개방은 잘 통제할 수 없다는 신념은 뇌의 작용방식에 대한 시대에 뒤떨어진 신념체계에서 비롯됩니다. 신경심리학의 많은 현행 연구가 있기 이전에 사람들은 무의식적인 통제와 전혀 통제하지 않는 것을 같은 것으로 여겼습니다. 이와는 반대로 자기개방을 포함하여 자발적이고 통제되지 않는 것으로 보이는 모든 종류의 행동은 일차적으로 무의식적인 내면화된 지식, 경험 그리고 정서반응의 체계에 의해 실제로는 통제됩니다. 하신(2005)은 『The New Unconscious』에서 "의식되지 않는 통제는 논리적으로도 가능할 뿐만 아니라 엄연한 심리적인 현실이다."라고 했습니다(p. 215). 같은 책에서 글라서와 킬스트롬은 "인간의 마음은 마음의 자동적인 과정을 무의식적으로 계속 통제할 수 있는 능력이 있다. 이것은 무의식의 의지적인 성질을 시사하는 것으로 많은 사람에게는 자기모순적으로 보일 수 있는 생각이다."라고 언급했습니다. 학습된 것은 자동적이 됩니다(자전거를 타거나 피아노를 연주하는 것에 대해 생각해 보십시오). 고통스럽게 의식해야 하는 행동들이라도 마침내는 무의식적인 과정을 통해 숙달되고 통제됩니다.

이러한 사실을 감안해 보면 초보상담자들은 훈련 초기에 필연적으로 더 많이 애를 써야 하고 자신의 행동에 더 많이 의식을 하게 된다고 가정해 볼 수 있습니다. 결국 그들이 배우고 실습하는 모든 것은 무의식에 저장되어 '애를 쓰지 않고, 손쉽게' 인출할 수 있습니다. 무의식에 정보를 저장하고 정서경험과 인지경험 모두에 근거하여 결정을 내리는 과정은 의식적인 통제 밖에서 이뤄지는 것이기 때문에 논리적으로는 명명할 수 없습니다.

연구자들이 의식적인 과정과 무의식적인 과정 사이의 관계가 실제로 어떻게 작용하는지 정확히 확신하지는 못하지만, 가장 설득력 있는 가설은 자동과정과 통제과정은 함께 작용할 뿐만 아니라 연이어 작용한다는 것입니다. 울만과 블라더 그리고 토드로프(2005)는 "적합한 질문은 자동적인 것인가 아니면 통제되는 것인가가 아니라 얼마나 자동적이고 얼마나 통제되는 것인가 하는 것이다."라고 지적했습니다(p.373).

초보상담자들은 익숙하지 않은 상황에 초조해져서 무엇을 해야 하는지 허둥댑니다. 그들은 임상경험이 부족하여 의사결정의 대부분을 의식적으로 하기 때문에 그들이 받아들이는 엄청난 투입량 때문에 문자 그대로 현기증을 일으킬 수 있습니다. 경험 있는 상담자라고 하더라도 새로운 사람이나 상황과 만날 때 약간의 불안을 경험하며, 의사결정과정을 자동적으로 하기보다는 의식적으로 하는 경향이 있습니다. 경험이 많고 잘하는 상담자일수록 무의식적으로 편안하게 행동하게 됩니다.

불행하게도 경험을 일반화하는 경향으로 인해 경험이 많은 상담자는 자신이 초보상담자와 같은 방식으로 상담을 한다고 생각합니다. 그러나 숙련된 상담자와 경험이 없는 상담자가 같은 임상 결론에 도달하고 같은 개입을 한다고 하더라도 상담 동안 거치는 경로는 매우 다릅니다.

상담 대가들, 특히 기존의 기법에서 벗어나서 다른 형태의 자기개방을 시험해 본 상담자들은 작은 실험을 반복한 결과에 근거하여 작업을 합니다. 처음 이러한 실험을 할 때는 의식적일 수 있지만, 저장된 지식이 축적되면서 무의식적으로 움직이는 자동적인 행동이 됩니다. 숙달된 상담자는 필연적으로 연역 추리에 근거한 자기만의 이론을 만들어 갑니다. 그의 행동은 자동적으로 되기 때문에 상담 개입은 직관적으로 했다고 생각합니다.

도넬스템(1997)은 정서경험이 의식 수준에서 자각되고 나서 억압되는 것이 아니라 체계적이지 않게 저장된다고 하였습니다. 그가 말하기를, 억압되어 있는 생각과 느낌과는 다르게 상담에서 의식으로 떠오르는 상당 부분은 의식의 바로 아래 있었지만, 명확히 표현된 적이 없는 것이라고 합니다. 이것을 '체계적이지 않은 경험'이라고 부릅니다. 그는 이렇게 생각이 표면으로 떠오르지 못하게 하는 과정을 방어로 보지만, 저는 사람들이 종종 무의식적인 지식을 표면으로 가져올 필요가 있는 작업을 하려는 충분한 동기가 단지 없는 것뿐이라고 생각합니다.

무의식 수준에서 경험이 많은 상담자는 무엇이 효과가 있고 없는지 자신이 생각하는 것보다도 더 잘 알고 있습니다. 그러나 어떤 사람들에게는 이러한 지식이 의식 바로 밖에 있을 수 있습니다. 그래서 이들은 무슨 기법인지, 심지어는 어떤 이론인지 말로 설명하기 어렵다고 말합니다. '체계화되지 않은 기법' 또는 '체계화되지 않은 이론'이라고 보고 있습니다. 의식은 연속선상에 있는 것이기 때문에 어떤 사람이 어떤 것을 알거나 알지 못하는 정도는 상대적입니다. 임상 작업에 대해 생각하고 저술하는 데 자신을 적용하는 상담자들이나 임상 연구를 하는 상담자들은 자신의 지식을 의식으로 불러오기 위해 열심히 일하고 있는 사람들입니다.

⚑ 자기개방이 자발적이지 않은 이유

자기개방이 자발적이지 않다는 한 주장은 상담자가 취약하다는 느낌을 느낄 때 하게 되는 상담자의 '모두 털어놓기'에 초점을 맞추고 있습니다. 이 장의 후반부에서 자기개방을 할 때 상담자가 통제감을 느끼는 것이 왜 중요한지 설명합니다. 그러나 지금은 초보상담자들이 자기개방을 할 때 모험을 하기보다는 조심하는 것이 좋다고 말하는 것으로 충분합니다. 특히 따를 만한 합리적인 지침이 없을 때 정서적으로 과잉 자극된 초보상담자는 자기개방을 왜 하는지 이해하지 못한다면 실수를 범할 가능성이 커집니다.

자기개방은 방어로 사용될 수 있습니다. 그렇기 때문에 다른 개입이 그럴 수 있듯이 상담에 도움에 되지 않을 수도 있습니다. 내담자의 고통이나 의존성 또는 상담자에 대한 사랑이나 깊은 증오로 위협을 느끼는 상담자는 긴장을 깨뜨리기 위해 자기개방을 할 수 있습니다. 또한 내담자가 상담자에 대해 가지고 있는 강렬한 감정을 희석시키기 위해 자기개방을 할 수도 있습니다. 내담자와 과잉동일시가 되면 상담자는 부적절한 자기개방을 쉽게 할 수 있습니다. 초보상담자는 내담자가 자신의 과거나 현재의 삶에서 경험한 것과 비슷한 고통스러운 경험을 표현할 때 방심할 수 있습니다. 상담자는 일시적으로 자신의 경험에 대한 생각과 감정들로 휩싸일 수 있습니다. 상담자는 이러한 자각을 자신의 과거를 개방하는 데 몰두하지 말고 내담자를 공감하는 데 사용하는 것이 바람직합니다.

내담자가 필요하다거나 원한다는 징후가 없는데도 상담자 편에서 자신의 경험을 개방하는 것은 무분별한 방종이며 통제를 상실한 행동이라고 보는 관점에 동의합니다. 심지어 "이와 같은 일이 당신에게도 일어난 적이 있나요?"라는 내담자의 질문도 실제로 알 필요가 있는 것으로 해석해서는 안 됩니다. 종종 내담자는 단순히 상담자가 자신을 이해할 수 없거나 관계를 맺을 수 없을 정도로 자신이 이상한 것은 아니라고 안심시켜 주기를 요구하고 있는 것입니다.

저의 경험에 따르면, 상담자가 비슷한 경험을 했는지 내담자가 직설적으로 물어볼 때라도 내담자가 보통 알기 원하는 것은 내담자가 느끼는 방식으로 상담자가 느낀 적이 있었는가 하는 것입니다. 내담자가 상담자의 개인 경험을 자세하게 공개하기를 바라는 경우는 드뭅니다. 내담자는 자신의 질문이 자신의 삶에서 상담자의 삶으로 초점을 옮기고 싶다는 요구로 해석될 때 자주 부담감을 느낍니다. 상담훈련의 일부는 내담자가 한 말이나 행동으로 과잉 자극을 받은 후에 조망과 정서의 균형을 다시 회복하도록 내면에서 작업하는 것입니다. 상담자의 개인 정보를 불쑥 말함으로써 순간 편안해지는 것은 나중에 후회를 불러일으킬 가능성이 있습니다.

녹스 등(1997)은 그들의 연구에서 "어떤 내담자들은 상담자가 자기개방하기를 열렬히 바란다."라는 재미있는 관찰을 했습니다(p. 282). 이러한 일부 내담자들은 상담자에 대한 보다 많은 정보를 얻기 위해 상담자가 상담하고 있는 다른 내담자와 만나는 자리를 마련하기까지 합니다. 저는 이런 욕구를 침범 또는 상담자에게 영향을 미치려는 시도로 보는데 이런 종류의 '알고자 하는 욕구'로 인해 상담자가 움츠러드는 것은 당연하다고 생각합니다. 약간 개방한 것 이상으로 더 많이 요구하는 내담자는 자기개방에서 이득을 얻지 못한 사람이며 자기개방을 경계를 넘나들거나 침범하는 것으로 경험한 사람인 것입니다. 녹스 등은 상담자의 자기개방을 처음부터 두려워하는 내담자에 대해서도 논의하고 있는데 이들은 자기개방을 경계를 흐리게 하는 것과 연관 짓고 있습니다.

이 연구는 우리가 임상경험으로 이미 알고 있는 것을 분명하게 설명해 줍니다. 즉, 여러분은 내담자의 진단명을 토대로 자기개방을 할지에 대해 임의로 결정할 수 없습니다. 그리고 자기개방에서 도움을 받은 내담자와 유사하다고 해서 또는 그 순간 내담자로부터 듣는 내용과 상관없는 다른 증거에 근거하여 임의로 자기개방을 결정할 수는 없습니다.

🐦 무엇이 상담효과가 있는 자기개방인가

상담효과가 있는 행동이란 긍정적인 결과를 가져오는 저변의 원리를 말합니다. 상담효과가 있는 행동으로서 자기개방에 대해 물을 때 "무엇이 상담효과가 있는 자기개방에 관한 것인가? 그리고 그러한 상담효과를 극대화할 수 있는 방법이 있는가?"라고 합니다. 자기개방을 하기 전에 자기개방에 대해 어느 정도 확고한 생각을 가지는 것이 얼마나 중요한지 반복해서 말하고 싶습니다. 제가 앞서 말했듯이 임상 지식과 전문성을 가진 상담자는 결국 그 지식을 저장하고 무의식적으로 적용합니다. 초보상담자 개개인이 처음부터 다시 시작하여 수년간의 시행착오를 거쳐 무엇이 효과가 있는지 발견하도록 하기보다는 약간의 교육이 학습기간을 효과적으로 단축시켜 줄 수 있다고 생각합니다.

자기개방은 간단한 어구이지만, 간단한 개념은 아닙니다. 임상가들이 특정한 자기개방이 왜 상담효과가 있는지 설명하려고 시도한 수많은 '소이론'들이 문헌에 넘쳐납니다. 그러나 정말로 상담효과가 있다면 각자가 하는 자기개방에 연료를 공급하고 틀을 만들어 주는 기본 이론을 밝혀내고 언어로 표현할 수 있어야 합니다. 일단 상담효과가 있는 개입에 대한 이론을 가지고 있다면 여러분은 임상에 적용할 수 있습니다. 마지막 단계는 복잡한 임상 적용을 분석하는 것인데, 분석대상에는 개인차, 편안함을 느끼는 수준 그리고 정서의 평형상태를 유지하는 것 등이 있습니다. 이러한 미시적인 임상 논의에는 해가 될 가능성, 잘못된 판단에 따르는 비용 그리고 성공할 가능성 예측 등의 주의사항이 반드시 있습니다.

제 의견으로는 자기개방 가운데 상담효과가 있는 행동은 서로 엮여 있는 인간발달의 세 측면으로 구성되어 있습니다. 이 세 가지 측면은 정서 관리, 개인의 정체성 강화 그리고 분리-개별화에 중점을 두고 있습니다. 이 세 갈래의 중요한 이론은 상담자가 자기개방을 할 것인지, 한다면 어떻게 할 것인지 생각할 때 참고할 수 있는 기본 틀을 제공합니다.

첫째는 정서 의사소통의 순환을 완성하라는 것입니다. 저는 이전 책에서 이 주제에 대해 이야기했지만(Maroda, 1999; Aron & Harris, 2005에 재출판됨), 여기에서 기본 생각을 간략하게 살펴보겠습니다.

쇼어(1994)는 비고츠키(1978)의 저서를 인용하면서 "모든 고등 기능은 사회적인 상호작용의 결과로 나타난다."라고 결론 내렸습니다(p. 358). 따라서 심리내적인(개인 내의) 모든 것은 무엇보다 대인관계와 관련이 있습니다. 엄마와 유아의 상호작용을 연구한 스턴의 연구(1985)에 따르면, 유아는 엄마와 반복되는 교류를 통해 어떻게 느끼는지, 언제 느끼는지 그리고 어떻게 조절하는지 배운다고 합니다. 엄마가 아기의 마음을 잘 비추어 주고 유아의 감정에 맞게 잘 반응할 때 '감정을 잘 이해하고' 있다고 말합니다.

초기의 정서 대응은 정서를 명명하고 표현하고 유보할 수 있는 능력을 결정할 뿐만 아니라 정체성과 내면의 조직을 형성합니다. 한 개인이 느끼는 능력은 생각하는 능력에도 영향을 미칩니다. 클로어(1994)는 "감정이 인지에 매우 핵심적인 영향을 미치는 것 같다."라고 말합니다(p. 110). 팬크세프(1994)는 그레이(1990)를 인용하면서 "사고, 전략 그리고 설득이라는 고등 정신과정을 점화하는 가장 쉬운 방법은 기본 정서체계를 활성화시키는 것이다."라고 말했습니다(p. 313). 더욱이 생애 초기에 뇌에 저장된 정서패턴은 새로운 정서경험을 통해서만 변화할 수 있습니다. 우리가 이러한 연구를 진지하게 그리고 진심으로 받아들인다면, 의미 있는 변화를 촉진하기 위해서는 다룰 수 있는 정도의 생생한 감정이 상담에 명백하게 나타나야 하는 것입니다.

저는 정서 의사소통의 순환을 완성하는 데 있어 치료자가 하는 역할에 대해 이야기하고 있는데 여기에는 내담자의 정서 표현에 상담자가 정서를 이용해 선택적으로 반응하는 것이 있습니다. 그렇게 하는 목적은 내담자가 아동기에 받지 못했던 정서 재교육과 정서조절을 통한 지원을 하기 위해서입니다. 이것은 때때로 좌절이나 분노 또는 슬픔을 표현한다는 것을 의미하는데 이런 식으로 해서 양육과 수용을 주로 제공한다라고 하는 매우 널리 퍼진 일반적인 생각에서 벗어나는 것입니다.

둘째는 내담자가 자신을 보다 분명하게 볼 수 있도록 하고 다른 사람과 관계에서 자기 위치를 정할 수 있도록 돕는 행동 피드백을 하라는 것입니다. 이 개념은 설리반(1953)이 처음 설명하였고 보다 최근에는 바첼이 자세하게 설명하고 새롭게 확대하였습니다. 이들의 연구는 개인의 내면에 주로 초점을 맞추는 분석적인 전통과는 달랐습니다. 설리반과 바첼은 사람들이 사회에 소속되는가의 여부에 매우 민감하기 때문에 어떤 누구라도 사회 맥락을 벗어나서 자신을 의미 있게 정의할 수 없다고 말하고 있습니다. 바첼(2007)은 내담자가 자신을 '안팎을 뒤집어서' 보도록 돕는 것에 대해 말하고 있습니다. 내담자가 "선생님은 저를 어떻게 보세요?" 혹은 "저와 있을 때 선생님이 보게 되거나 느끼시는 것은 무엇인가요?"라고 물을 때는 아주 중요한 정체성의 핵심적인 한 측면을 언급하고 있는 것입니다.

어린 시절에는 부모, 형제, 친척 그리고 이웃 사람들이 이러한 사회적인 피드백을 제공하는 것이 바람직합니다. 그러나 핵가족, 잦은 이사 그리고 쉼 없는 활동이 특징인 현대 사회에서는 이렇게 개인별로 해 주는 피드백이 부족합니다. 성인이 되고 나면 다른 사람들에게 이런 유형의 질문을 할 수 없습니다. 그렇게 한다고 하더라도 정직한 대답을 얻기가 힘듭니다. 사회에서 쉽게 얻을 수 있는 피드백은 모두 위협이 되지 않는 것으로 피상적인 칭찬('예쁜 옷'이나 '멋진 헤어스타일')이나 분명하지 않은 거절로 구성되어 있습니다("미안해, 못 갈 것 같아." 또는 "네가 가야 할 것 같아 걱정돼.").

상담자들은 자신들이 지각한 것이 너무도 이상한 것일까 봐 두려워서 자세하고 깊은 피드백을 꺼릴 수 있습니다. 또한 어떤 모욕이나 강렬한 부정적인 표현이 포함되지 않은 경우에도 내담자에게 상처를 줄까 봐 과도하게 걱정합니다. 어떤 상담자는 자신이 말한 것을 내담자가 궁극적인 진실로 받아들여서 치료적인 대화를 중단하게 되지는 않을까 걱정하기도 합니다. 제가 상담하는 입장은 내담자가 어느 정도는 자신에 대한 진실을 이미 알고 있다는 것입니다. 종종 여러 가지 이유로 내담자들은 다른 사람들과 관계를 맺으려고 하고 목표를 이루려고 하고 또 자신이 원하는 위치에 이르려고 노력할 때 좌절을 느낍니다. 내담자의 증상은 세상에서 진실된 자기가 될 수 없음에서 종종 발생합니다. 이것은 사회의 압력과 강화에 대한 반응으로 '거짓 자기'가 출현한다는 위니콧(1956)의 이론과 맥을 같이합니다. 그러나 진실된 자기를 촉진시키는 가장 좋은 방법으로 무조건적인 수용과 지속적으로 품어 주는 환경의 제공을 강조하는 위니콧의 입장에는 동의하지 않고, 이러한 공감 기능이 내담자와 갈등을 회피하는 데 과도하게 사용된다는 허쉬(2008)의 의견에 동의합니다.

저는 대부분의 내담자가 자신이 누구인지 정말로 모른다고 생각하지 않습니다. 가장 혼란스럽고 철수된 내담자들마저도 그들의 사회적 페르소나와 맞지는 않는 정확한 자신들에 대한 관찰을 말하면 인정하는 반응을 합니다. 내담자가 제게 준비가 되었다는 신호를 주었을 때 제가 내담자에 대한 느낌과 지각한 것을 개방하는 것이 '진실된 나'에 이르는 더 효율적인 길이라고 믿습니다. 내담자는 종종 부모나 사회가 자신에게 기대했던 것이 아닌, 자신이 진정 누구인지 비추어 주는 신뢰할 수 있는 거울을 상담자가 들어 주기를 기다리고 있습니다. 약간은 캐내거나 직면시키는 것이 내담자가 반복하고 있는 행동패턴의 방어벽을 깨는 데 필요합니다.

정확한 행동 피드백을 줄 때 내담자에게 해를 끼칠지도 모른다는 두려움은 제가 보기에는 과장된 것입니다. 상담자가 신뢰를 얻고 있다면 헛다리를 짚어 내담자의 기분을 잠시 나쁘게 할 수는 있어도 내담자가 상담자의 말을 아무 생각 없이 그대로 받아들인다거나 완전히 잘못된 관찰 때문에 외상을 경험할 것이라는 생각은 허황되다고 생각합니다. 다른 개입과 마찬가지로 피드백도 사실만을 전달하는 방식으로 가장 잘 전달되는데 이는 상담자의 편견이나 실수를 인정하기에 충분한 여지를 남기는 것입니다. 내담자가 피드백을 받아들이지 않고 있다는 신호는 어떤 것이라도 즉각 받아들여야 합니다. 그리고 내담자가 솔직한 감정과 생각을 표현하도록 격려해야 합니다. 권위주의적인 배제나 비판을 의미하는 침묵은 공명정대한 정직한 피드백이 아니라 억압을 하도록 하는 도구인 것입니다.

셋째는 이상화를 탈피하고 상담자/부모로부터 독립하는 데 자기개방의 초점을 두라는 것입니다. 실수나 불공정했던 것을 상담자가 인정함으로써 내담자는 점차 상담자가 인간으로서 우월하지 않다는 것을 깨닫게 됩니다. 상담자가 자신의 행동에 대해 책임을 질 때 내담자는 상담자도 결점이 있다는 것을 점차로 받아들이기 시작합니다. 상담자를 이상화했던 것에서 벗어나는 일이 처음에는 고통스러울지 몰라도 내담자가 성장하고 세상에 대한 관점에서 상담자와 대등해질 수 있는 여지를 줍니다. 이 과정이 필연적으로 완전하지는 못하더라도 가장 좋은 시나리오는 더 자신감 있게 느끼고, 자신이 누구인지 알고 받아들이며, 과도한 공포나 고통 없이 상담을 마칠 수 있는 내담자가 되는 것입니다.

상담자를 이상화하는 것에서 벗어나 심리적으로 분리되기 시작하는 것은 상담자에게 고통스러울 수 있고 심지어는 상담자가 의기소침해질 수도 있습니다. 이 지점이 바로 보통 사람들이 비난받을 때 경험하는 상처나 분노라는 일상 반응을 넘어서야 하는 지점인데 내담자의 부모는 그렇게 하지 못했던 지점인 것입니다. 내담자의 부모가 잘못 행동했고 불공평했다는 사실을 인정하지 않고 방어를 많이 할수록 상담자가 그러지 않는 것이 더 중요합니다. 부모가 사과를 하지 않았을수록 상담자가 그렇게 하는 것이 더욱 중요합니다. 민감하지 못한 것, 오해, 주의의 부족, 심지어는 상처 주려는 소망까지 조금이나마 인정하는 것은(내담자가 이러한 인정을 구하고 있다면) 내담자의 경험을 인정하는 것이고, 있는 그대로 내담자를 격려해 주는 것이며, 내담자와 상담자 사이의 힘의 불균형을 줄여 주는 것이고, 자율성과 분리로 가는 일을 열어 주는 것입니다.

🐦 자기개방을 위한 기본 지침

상담효과가 있는 자기개방의 세 가지 측면을 이야기했으므로 다음으로는 그 다음 단계인 적용에 대해 말하도록 하겠습니다. 몇 가지 기본 지침을 제시한 후 상세한 임상사례를 통해 이 개념을 설명하고자 합니다.

이전에 저는 자기개방을 위한 지침을 제시하였고(Maroda, 1991), 그 지침을 지금도 사용하고 있습니다. 정서와 애착에 관한 연구는 자기개방과 자기개방이 작용하는 방식에 대한 생각을 발전시키고 심화하는 데 도움을 주었습니다. 역전이를 말로 표현하는 것에 대해 제가 어떤 생각을 가지고 있는지 보다 상세한 설명을 원한다면 『The Power of Counter-transference』를 추천합니다. 그 책에서 이미 기본적으로 다 말한 것이기는 하지만, 자기개방을 하는 시기와 내용을 알 수 있는 유일한 타당한 방법은 내담자가 이끄는 대로 따라가는 것입니다. 다음은 역전이 반응이 나온다고 생각되는 기본적인 세 가지 상황입니다.

1. **내담자가 직접 반응을 요구할 때** 내담자가 직접 반응을 요구하는 것과 내담자가 묻는 모든 질문에 대답하는 것과 혼동하면 안 됩니다. 여기서 말하는 요구는 정서 피드백에 대한 진심 어린 요청을 말합니다. 질문은 내담자에 관한 것일 수도 있습니다. 예를 들면, "바로 지금 저에 대해서 선생님은 어떻게 느끼시나요?" 또는 "선생님은 저를 어떻게 보시나요?"와 같은 것입니다. 또는 이 요구는 내담자가 상담자에게서 관찰하고 인정을 구하는 무엇인가와 관련이 있을 수도 있습니다. 예를 들면, "오늘은 선생님이 같이 있다는 느낌이 안 들어요. 무슨 문제가 있나요?" 등의 질문입니다. 상담자가 대답해야 하는 질문에서 가장 중요한 것은 진정성이 있고 상담자에게 영향력을 미치려고 하는 시도가 없는 것입니다. 의문이 들 때는 내담자에게 답이 정말로 필요한 것인지 그리고 답을 원하는 것인지 물어보십시오. 내담자의 대답이 모호하거나 부정적이라면 저는 적어도 당면한 주제를 더 탐색하지 않고서 답하라고 권유하지는 않겠습니다.

2. 상담자에게 어떤 강한 감정을 자극하는 내담자의 해결되지 않은 과거 정서 시나리오에 내담자가 반복해서 매몰될 때 상담자는 당연히 느끼고 있는 것을 즉각 털어놓지는 않습니다. 무엇이 일어나고 있는지 평가하고 관련된 다양한 감정을 분류하는 데 시간이 걸립니다. 저는 사랑을 갈구하는 내담자의 예를 자주 드는데, 이들은 실제로는 상담자에게 분노나 부정적인 감정을 자극하고 있습니다. 겉으로는 좌절과 분노를 표현하면서도 속으로는 사랑을 요구하고 관계가 지속되기를 요

구하는 데 상담자가 반응하는 것은 어려운 일입니다. 외상경험이 있거나 심한 장애가 있는 내담자의 경우 상담자를 자극하는 정서는 내담자가 방어로 자신에게서 분리시킨 감정일 가능성이 있습니다.

과거에는 상담자가 불편하고 다루기 힘들다는 이유만으로 상담자에게 강한 정서반응을 자극하는 내담자를 비난했습니다. 그러나 내담자들이 느끼고 표현할 수 없는 것을 느끼고 표현할 수 있게 하기 위해 상담자가 무엇을 해야 하는지 이해함으로써 비난이라는 말은 완전히 사라졌습니다.

3. 해결되지 않는 난관을 극복하기 위해 내담자의 경험에 단순히 초점 맞추는 것으로 자기개방을 사용하기 저는 자기개방을 하는 이유 가운데 두 번째와 세 번째는 상당히 중첩될 수 있음을 말하고 싶습니다. 즉, 해결되지 않은 채 과거부터 반복되는 정서 시나리오는 곤경에 처하게 합니다. 그러나 다른 종류의 곤경도 물론 분명히 있습니다. 내담자와 상담자의 권력 투쟁 또는 계속 상존하는 상담 동맹의 균열은 상담을 분명히 곤경에 처하게 합니다. 더욱이 실연이 발생하는 것은 드문 일이 아닌데 제 생각으로는 이것이 내담자와 상담자가 서로 해결되지 않은 과거 시나리오를 행동화하도록 합니다(Maroda, 1998b).

제 경험에 따르면, 상담자와 내담자가 난감한 곤경에 빠질 때는 상담자가 내담자에게 의견을 물어보는 것이 가장 효과적이며 여기에는 상담자의 자기개방도 포함됩니다. 그러나 초보상담자는 자기개방을 해야겠다고 결정하기 전에 내담자가 느끼고 생각하는 것을 모두 말하도록 했는지 확인해 두는 것이 가장 좋습니다.

사례를 설명하기 전에 상담자의 자기개방에 대하여 두 가지 중요한 점을 지적하고 싶습니다.

1. 정서 개방은 진실해야 합니다. 상담자는 종종 실제 감정을 드러내어 나약한 상태가 되는 것을 피하고자 내담자에게 "저를 화나게 하려는 겁니까?"와 같이 말합니다. 이는 "나는 화가 났어요."를 에둘러서 말하는 것입니다. 주지화하고 직접적인 것을 회피하고 냉정하고 차분하고 감정을 표현하지 않으려고 과도하게 애쓰는 상담자들은 감정을 표현하지 못합니다. 감정이 너무 강해서 감정을 담아내는 간단한 표현도 하지 못할 정도라면 개방을 해서는 안 됩니다. 마가렛 리틀(1957)이 "꾸며낸 감정은 쓸모없는 것보다 더 안 좋은 것이다. 그러나 강렬한 감정을 참고만 있는 것도 정말 전혀 쓸모없는 것이다. 그것은 비인간적인 것이며 환자가 자신의 감정을 느끼고 표현할 수 있도록 하는 분석의 목적에 대해 잘못된 생각을 부여하는 것이다."(p. 24)라고 했듯이 말입니다.

2. 상담자는 자기개방하는 것을 편안하게 느껴야 합니다. 상담자가 개방하는 특정 감정을 내담자가 편안하게 느껴도 내담자를 신뢰하지 않을 수 있고 너무 많은 개인 정보를 노출했다고 생각할 수도 있습니다. 그리고 자신의 감정에 대해 죄책감이나 수치심을 느낄 수도 있으며, 자기개방이 내담자에게 가장 유익한 것인지에 대해 자신이 없을 수도 있습니다. 이전에 언급했듯이 내담자는 항상 상담자에게 또 다른 기회를 줍니다. 자기를 개방하는 것이 불편하게 느껴지는 상담자는 자기개방이 성공할 가능성이 훨씬 적습니다. 이런 경우 내담자와 그 상황에 대한 상담자의 생각과 느낌을 정리하기 위해 상담시간 외에 별도의 시간을 갖는 것은 큰 도움이 될 수 있습니다. 동료나 슈퍼바이저에게 이야기하는 것이 필요할 수도 있습니다. 자기개방을 할 준비가 되지 않았을 때 수치심을 느끼지 않아도 되는데, 특히 상담자가 자기개방을 하고자 하는 동기가 있는지 의심스

러울 때는 더욱 그렇습니다.

만일 상담자가 준비되지 않은 상태에서 내담자가 상담자의 강렬한 감정을 알아차리고 무엇에 대한 감정인지 묻는다면 단순히 그런 감정이 있다고만 대답할 수 있겠습니다. 내담자들이 말한 것에 대해 많은 생각과 감정을 가지고 있지만, 이것에 대해 언급하기 전에 좀 더 생각할 필요가 있다고 말하면 내담자들은 궁금해하기는 하지만 이해합니다. 감정관리를 잘하는 것을 모방한다는 것에는 감정을 즉각적으로 표현하는 것이 늘 최선의 선택은 아니라는 것도 포함됩니다.

마지막으로 자기개방에 대한 어떤 논의도 개인별 성향의 중요성을 부정할 수는 없습니다. 상담자들은 다른 배경을 가지고 있고 성격 유형도 다양하기 때문에 명백해 보이는 것이라도 언급해 두는 것이 매우 중요합니다. 자기개방을 포함하여 모든 개입은 상담자의 일반 성향에 맞을 때만 효과가 있습니다. 아무리 많은 임상사례를 경험했더라도 모든 사람은 비슷한 임상상황에서 다르게 접근합니다. 상담자들이 각자 관계 맺는 방식에 맞게 자기개방을 변용한다면 자기개방할 때 편안하게 느껴야 한다는 기준에 맞을 수 있습니다. 저는 상담자의 개별성을 존중하고 말해야 하는 내용과 방법을 결정할 때 상담자들이 하는 판단에 대해서도 인정하면서 이렇게 하는 것입니다. 진정성은 모든 상담자가 말하고 듣는 자기만의 방식으로 모든 상담 개입의 틀을 형성할 것을 요구합니다. 더욱이 모든 상담자는 내담자가 어느 정도 준비되어 있는지 스스로 판단해야 하는데 이것은 내담자들이 인내하여 생산적으로 사용할 수 있는 것이 무엇인지 평가하는 것입니다.

다음에는 일련의 사례들이 제시됩니다. 단순하고 직접적인 자기개방에서 다양한 상호작용과 행동 피드백을 포함한 보다 복합적인 자기개방까지 소개합니다. 이 사례에는 이전 장에서 소개되었던 내담자들의 일부가 소개되는데, 더 깊은 임상 통찰의 기회를 줄 것입니다. 다시 말씀드리지만 이 사례에는 제 성격을 반영하는 언어와 어조가 있습니다.

🪑 분노

내담자들은 강도가 약하더라도 상담자의 얼굴표정에 나타난 분노를 쉽게 읽습니다. 책 후반부에서 상담자가 갈등을 회피하고 분노를 부인하는 경향에 대해 이야기하겠지만, 상담자가 이렇게 하면 내담자의 현실을 있는 그대로 비추지도 못하고 인정하지도 못하게 됩니다. 짜증이나 노골적인 분노를 꺼리지 않고 솔직하게 인정하는 것은 굉장히 효과가 있을 수 있습니다. 앞서 논의한 레베카는 상담시간을 시작하는 데 종종 어려움을 겪었습니다. 하루는 제가 몹시 피곤했는데 그날 마지막 시간에 레베카를 상담했습니다. 레베카는 근래 또다시 철회되었고 정말 할 이야기가 없다고 말하면서 저를 멍하니 쳐다보기만 했습니다. 저는 몇 가지 질문을 했는데 레베카는 가능한 한 짧게 대답했습니다. 마침내 제 표정에 좌절과 분노가 뚜렷하게 나타났습니다. 레베카는 "저에게 화가 많이 났나요?"라며 걱정스럽게 물었습니다. 저는 오늘이 너무 힘든 날이었고 말하기 꺼려 하는 것을 참기가 어려웠다고 대답했습니다. 저는 '엄청 화가 났다.'는 것은 너무 강한 표현이긴 하지만, 낙담한 것은 사실이고 화가 났다고 말했습니다. 레베카는 제가 자신에게 상처를 주거나 버리지 않을 것이라는 것을 알자 곧 안심했고, 자신이 어떤 감정을 느끼는지 아는 데 어려움이 있다는 점에 대해 더 많이 이야기하기 시작하였습니다. 곧 레베카는 억압하고 있던 의미 있는 이야기를 하였습니다.

슬 픔

    리차드는 교육분석을 받고 있는 상담자입니다. 하루는 제가 슬퍼 보인다고 말하면서 실제로 그런지 물었습니다. 저는 거리낌 없이 그렇다고 하였고 친한 친구의 병 때문이라고 말했습니다. 이에 대해 리차드는 안됐다고 말하였고 우리는 더 활기를 띠게 되었으며, 리차드의 일상에 대해 이야기할 때 더 몰입하게 되었습니다. 상담자가 자신의 생활에 대해 자세하게 이야기하여 내담자를 부담스럽게 하지 않는 한(이것은 나중에 보면 상담자나 내담자 모두 죄책감 또는 수치심을 느끼게 되기 때문에 결국은 좋지 않습니다), 감정이 있고 문제가 있는 한 인간으로서 상담자를 잠시나마 인정하는 것은 상담자와 내담자 모두를 인간적으로 만들 수 있습니다. 저는 분석가가 스스로 느낀 것을 인정할 때마다 분석가와 저의 마음이 편안해지고 더 깊은 수준에서 서로에게 몰입할 수 있다는 것을 발견했습니다. 제 분석가의 감정을 관찰했던 것을 제 경험에 활용한 것은 자기개방이 내담자들에게 어떻게 도움이 될 수 있는지 이해할 수 있도록 해 주었습니다.

기 쁨

    내담자들은 상담자의 긍정적인 감정보다는 부정적인 감정에 더 주의를 잘 기울이기는 하지만, 여러 가지 이유로 많은 내담자가 상담자의 삶에 즐거움을 줄 수 있는지 알기 원합니다. 즉, 내담자는 자신의 삶에서 일어난 기분 좋은 사건에 대해 느끼는 기쁨을 상담자가 나눌 수 있다는 것을 알 필요가 있는 것입니다. 제가 수년간 치료한 내담자 매트는 제가 만난 사람 중 선천적으로 가장 재치 있고 유쾌한 사람이었습니다. 매트는 상담을 시작할 때마다 저를 웃게 하려는 욕구가 있었습니다. 제가 웃지 않으려고 노력하면서 좌절시키면 매트는 좌절되기만 할 뿐 계속 웃기려고 노력했습니다. 제가 웃으면 매트는 자신의 문제를 자유롭게 탐색했습니다. 매트는 저를 웃게 하면서 저에게 무언가를 주고 있고 동시에 자신이 인정받고 있고 안전하며, 제가 정서 면에서 위로가 될 수 있다는 것을 얻었던 것입니다. 그런 다음 매트는 말하는 것을 편하게 느꼈습니다.

글쓰기를 좋아하는 신시아는 제게 자신이 쓴 작품을 주면서 읽어도 좋고 안 읽어도 괜찮다고 했습니다. 짧은 작품이었는데 제가 그 작품을 읽고 신시아가 자신이 재능 있는 작가임을 알아주기를 바란다는 것을 알았습니다. 그래서 상담이 몇 회 지났을 때 신시아는 제가 그 작품을 읽었는지 그리고 어떻게 생각하는지 물었습니다. 저는 바로 미소 지으며 신시아의 작품을 읽는 것이 매우 좋았고 아주 감동을 받았다고 말했습니다. 분명히 신시아는 상당한 글쓰기 재능을 가지고 있었습니다. 저의 진실한 기쁨은 신시아의 얼굴에도 똑같이 기쁜 표정을 짓게 했고, 신시아는 제가 자신의 작품을 좋아해서 행복하다고 말했습니다. 이 사례도 다른 사례와 마찬가지로 다른 주제로 쉽게 옮겨 갔습니다. 앞서 언급했듯이, 개방이 효율적이면서도 시의적절하고 제가 전에 이야기한 것과 같이 간단히 논의된다면 자기개방은 내담자가 더 깊은 정서경험을 하도록 하는 데 도움이 됩니다.

🕊 제임스 사례

제임스는 30대 후반의 바쁜 임원으로서 부부 문제로 상담을 받으러 왔습니다. 그는 만성 불안이 있었고 집중을 할 수 없었는데, 주된 이유는 제임스가 의뢰인과 외도한 사실을 아내가 알았기 때문이었습니다. 제임스는 처음 상담 몇 회 동안 많은 정보와 정서 피드백을 요청하였습니다. 그는 제가 자신의 불안에 대해 도와줄 수 있는지 알고 싶어 했습니다. 저는 할 수 있다고 말했습니다. 그는 아내를 속인 것에 대해 죄책감을 느낀다고 말했습니다. 예전에는 속인 적이 없으며, 형편없는 사람들만이 그런 행동을 한다고 생각했다고 말했습니다. 저는 제임스가 형편없는 사람이라고 생각했을까요? 저는 아니라고 말했습니다. 그러자 제임스는 자신이 올바른 행동을 하고 아내와 자녀들에게 돌아갈 수 있도록 그리고 이 여인과 사랑에 빠진 강렬한 감정을 지워 없앨 수 있도록 도와줄 수 있는지 물었습니다. 다시 저는 그럴 수 없다고 말했습니다. 저는 단지 그가 감정을 가라앉혀 초점을 맞추고 자신이 하고 싶은 것이 무엇인지 경험하고 정리하도록 도울 수 있을 뿐이었습니다.

 이것은 우리 둘에게 다소 쉽게 보일 수 있습니다. 제임스는 감정을 따르기보다는 사회적 지위가 정한 사항들을 따랐기 때문에 정서 문제에서는 사실상 다소 순진했습니다. 많은 면에서 그는 첫사랑을 경험하는 어린 십 대 같았습니다. 결혼한 사람이기 때문에 죄책감과 수치심이 더해져서 그를 압도했습니다. 수백만 달러의 예금을 다루고 회사에서 큰 부서를 운영하지만 정서는 거의 청소년과 같았습니다. 그는 정말로 극단적인 고통을 느꼈습니다. 너무 불안해서 몇 초 이상 자리에 가만히 앉아 있지 못했습니다. 초기 면담 동안에는 상담시간 내내 안절부절못하고 여기저기 돌아다녔습니다. 그는 아주 솔직하게 이러한 단순한 질문을 하였고 그 질문에 대한 답에서 도움을 받았는데 그 대답은 불안을 줄여 주었습니다. 제가 무슨 생각을 하고 어떻게 느끼는지에 대해 제임스에게 물어보았다면(특히 제임스는 저를 몰랐기 때문에), 그의 불안을 더 증가시켰을 것이라고 확신합니다.

🐦 레베카 사례

제1장에서 저는 매우 재능이 있지만 매우 불안정한 로스쿨 학생, 레베카를 소개했습니다. 독자들은 레베카가 통제당하는 것을 매우 두려워하면서 동시에 버림받는 것에 대해서도 두려워했다는 것을 기억할 것입니다. 상담초기부터 레베카는 제가 자신을 강제로 입원시킬 것인지 물어보았습니다. 이것은 직접적인 질문이었습니다. 그래서 레베카는 제가 직접적인 대답을 해 주기를 요구했는데, 레베카가 답을 들을 필요가 있는지 제가 판단할 필요성이 없었습니다. 저의 첫 번째 내적 반응은 레베카를 강제로 입원시키는 것을 제가 원하지 않는다는 것이었습니다. 그러나 이러한 일이 일어나지 않는다고 실제로 보장할 수 있을까요? 어쨌든 레베카는 과거에 자해와 자살계획을 하는 심각한 우울증과 기능상실을 겪었습니다.

레베카는 우울증이 있었고 저와 상담을 시작할 때 빈번한 해리 삽화 경향을 보였지만, 손목을 긋지는 않았고(이후에 주로 상징적인 방식으로 그렇게 했습니다) 기능상실도 보이지 않았으며 어떠한 실제적인 자살 시도도 하지 않았습니다. 실제로 행동을 하지는 않았으나, 자살에 대한 강박관념은 분명히 남아 있었습니다. 당연히 저는 상담이 이러한 어려운 삽화들을 방지할 수 있을 것이라는 희망을 가졌지만, 제가 반드시 예방할 수 있을 거라는 순진한 생각은 하지 않았습니다. 그러나 레베카는 제 건너편에 앉아서 굉장한 확신과 열정에 차서 말하고 있습니다. "선생님이 저를 강제로 입원시키지 않겠다고 확실히 말씀해 주시는 것이 필요합니다. 선생님이 그렇게 하지 않는다면, 저는 선생님께 상담 받지 않겠어요. 저는 다시는 입원을 하지 않을 것입니다."

저는 즉시 대답하지 않았는데 레베카는 공황상태가 되기 시작했습니다. "선생님이 말이 없으신 것은 그렇게 할 것이라는 것을 의미하나요?" 라고 물었습니다. 저는 재빨리 단지 생각할 시간을 갖고 있는 것이라고 말해 주었습니다. 이것이 레베카를 얼마나 초조하게 만드는지 보았기 때문에 제 생각을 레베카와 나누었습니다. 저는 지킬 확신이 없는 어떤 약속도 하고 싶지 않기 때문에 말하기 전에 주의 깊게 생각하는 거라고 말했습니다. 레베카가 정신병 상태가 되면 어떻게 해야 할까요? 자살할 계획이라고 말한다면 어떻게 할까요? 이럴 때 아무것도 해서는 안 될까요? 그런 상황에서는 입원시켜야 하는 것이 윤리적으로도 법률상으로도 제 책임이라는 것을 레베카가 알 것이라고 덧붙였습니다.

레베카가 강제 입원하게 된 것은 젊은 정신과 의사가 레베카의 반복된 자살 생각을 너무 심각하게 여기고 겁에 질려서 경찰을 불렀기 때문이었습니다. 정말로 자살할 의도가 없었다는 레베카의 주장에도 불구하고 의사는 그렇게 했습니다. 경찰이 도착했을 때 레베카는 조용히 그들에게 똑같은 말을 했습니다. 그러나 그 의사는 레베카가 병원에 가지 않기 위해 거짓말하고 있다고 생각했고 경찰에게 레베카가 말하는 것을 무시하고 데려가라고 말했습니다. 이것은 레베카에게 충격적인 사건이었고 안 그래도 부족했던 기본 신뢰를 더 악화시켰습니다.

저는 레베카에게 단순히 자살에 대한 생각을 말할 때마다 너무 놀라서 병원으로 바로 입원시키지 않는다는 보장을 원하는 것이라면 쉽게 해 줄 수 있다고 했습니다. 그러나 실제 자살계획을 가지고 있거나 스스로 생활할 수 없는데도 절대로 입원시키지 않겠다고 말하기를 원한다면 그것은 다른 이야기인 것입니다. 레베카는 재빨리 저의 첫 번째 생각이 맞다고 말했습니다. 레베카는 자문을 구하고 싶었고 진지하게 받아들이기를 원했던 것입니다. 그리고 자신이 가장 미쳐 있고 암울한 순간에도 제가 겁에 질리지 않고 자신을 포기하지 않을 것인지 알고 싶어 했습니다.

저는 용어를 명확하게 하고 나서 레베카에게 그런 일은 일어나지 않을 거라고 확인해 주었고 우리는 상담을 본격 시작했습니다. 경험이 별로 없는 상담자는 이렇게 약속하기 어렵다는 것을 압니다. 하지만 유사한 상황에서 초보상담자는 내담자와 터놓고 이야기할 것을 약속할 수 있고 입원 이외에 할 수 있는 모든 것을 해 보겠다고 약속할 수는 있습니다. 레베카는 자신의 고통을 견딜 수 있을 만큼 제가 충분히 강하다는 것을 듣고 싶어 했습니다. 그러나 입원이 절대 필요한 상황에서는 제가 입원시킬 것임을 아는 것도 레베카를 편안하게 만들었다고 생각합니다.

솔직하고 방어 없이 하는 의사소통이 모두 그렇듯이 레베카와 저는 이런 대화를 하면서 많은 것을 얻었습니다. 우리는 둘 다 서로에게 무엇을 기대하는지 더 잘 알았습니다. 우리는 당면한 주제에 대해 서로의 감정과 생각을 이해했습니다. 그리고 우리는 둘 다 서로에게 솔직하고 마음을 터놓을 수 있는 협동능력에 대해 좋게 느꼈습니다.

🦤 제니퍼 사례

저는 제1장에서 제니퍼에 대해 기술하면서 고통스러운 남자친구와 이별 그리고 다른 여성에 대한 숨겨진 성적 환상과 관련하여 좋은 질문을 하는 것에 대해 언급하였습니다. 상담을 시작했을 때 제니퍼는 매우 심각하게 우울했고 자살을 심각하게 생각했다는 것을 기억하십시오. 제니퍼는 대학에서 친구를 거의 사귀지 못했으며 자신의 대인관계 욕구를 충족시키고 자신을 지탱하기 위해 고등학생인 남자친구에게 매달려 있었습니다. 제니퍼는 남자친구를 사랑하지 않았고 결혼할 수 없다는 것을 깨달았을 때 자살하고 싶을 정도로 우울해졌습니다. 이러한 의존적이고 숨이 막히는 관계로부터 자유로워질 필요가 있다는 것을 알았지만, 혼자되는 것이 두려웠습니다. 상담하는 처음 6개월 동안은 이 관계를 끝내고 죄책감, 우울, 분리불안으로부터 회복하는 것을 돕는 데 집중했습니다.

제니퍼는 점차 새로운 친구를 만들었지만 친밀하지는 않았습니다. 제니퍼는 다른 아이들과 어울린 적이 없고 놀림을 받고 거부당한 아이 중 하나였다고 말했습니다. 저는 제니퍼에게 왜 다른 아이들이 자신을 거부한 것 같냐고 물어보았는데 잘 모르겠다고 하였습니다. 제니퍼는 다른 아이들이 자신의 수줍음을 잘난 척하는 것으로 생각하고 있다는 것을 들었던 고등학교 때 외에는 매우 솔직하였고 기꺼이 자신을 솔직하게 보려고 했습니다. 하지만 누구나 마찬가지로 항상 진실을 자각하지는 않았습니다. 제니퍼는 사회적 대화를 잘 못했고 다른 사람과 있을 때 매우 불편해하는 경향이 있다는 것을 분명하게 말했습니다. 저는 제니퍼가 다른 사람과 있을 때 많이 불편했다면 주위 사람들도 편하지 않을 수 있다고 지적했습니다. 제니퍼는 이해한다고 했으나 자신의 성격을 어떻게 바꿔야 할지 모르겠다고 말했습니다.

다음 해 동안은 거절당하고 비웃음당하는 공포에 직면하는 작업을 했습니다. 또한 자신을 다른 사람으로부터 거리를 두기 위해 어떤 행동을 하는지에 대해서도 이야기했습니다. 다른 사람에 대해 느끼는 불편함이 개선되었지만 여전히 계속해서 다른 사람과 다르고 어울리지 못한다는 느낌이 들었습니다. 제니퍼는 외동딸이었는데 부모는 딸을 심리적으로 독립시키지 않았고 다른 사람과 거의 어울리게 하지도 않았습니다. 제니퍼는 입양아였는데 부모가 지나치게 오냐오냐해서 제니퍼를 망치는 경향이 있었습니다. 부모님은 너무 힘들게 일하거나 어려운 일을 시도할 필요가 없다고 강조하였습니다.

제니퍼는 어머니는 투덜대고 수동적인 사람이라고 묘사하면서 어린 나이에 통제하고 조종하는 것을 배웠다고 했습니다. 아버지는 강박성향이 너무 강했는데 특히 돈에 대해 그랬습니다. 그는 제니퍼가 가게에서 돌아왔을 때 거스름돈이 몇 페니밖에 안 되어도 세도록 했고 손을 내밀면서 손바닥에 잔돈을 올려놓도록 했습니다. 아버지는 비판적이고 잘난 체했으며 제니퍼가 아직도 어린아이인 것처럼 깔보듯이 말했습니다. 그는 때때로 제니퍼가 진정한 친구가 없는 것 같다는 불필요한 말을 했습니다.

제니퍼는 저에게 자신의 문제가 무엇인지 여러 번 물었습니다. 자신이 다른 사람들과 어떻게 다른지 그리고 어떻게 이상한지 물었습니다. 저는 어떻게 대답해야 할지 몰랐습니다. 저는 수잔에게 했던 것처럼 똑같은 실수를 하고 싶지 않았습니다(수잔의 마음을 다치게 하고 저와 거리를 두게 만들었던 부정적인 '진실'을 말하는 것). 그러나 저는 제니퍼가 저로부터 더 많은 무언가를 필요로 한다는 것을 감지할 수 있었습니다. 제니퍼는 자신을 이해하지 못했고 제가 자신에 대해 더 많이 말해 주기를 원했습니다. 문제를 더 복잡하게 만든 것은 제가 실제로 내릴 만한 진단이 없었다는 점과 상담한 일 년 동안 항우울제를 처방했던 담당 정신과 의사도 진단하지 못했다는 점입니다. 우리 모두 진단을 내리기는 힘들다는 데 동의했습니다. 저는 제니퍼에게 나타나는 동성애가 그렇게 '다르다.' 라고 느끼는 감정의 근원일 가능성이 있다고 했으나, 그 근원은 더 깊은 곳에 있다는 것을 알았습니다. 게다가 제니퍼는 이렇게 부분적인 설명에 만족하지 못했습니다.

제니퍼에게는 분열성 유형의 철회가 다소 있었는데, 연극성 성향일 수도 있고 자기애 성향일 수도 있었습니다. 제니퍼의 정서는 정상에서 약간 벗어나 있었으나 정신병을 의심할 정도는 아니었습니다. 사회 관습과 사회기술에 대한 제니퍼의 인식은 교육 수준이나 사회경제 위치에 비해 딱할 정도로 부족했습니다. 그러나 제니퍼는 자신을 종종 아주 빠르고 날카롭게 관찰하였습니다.

제니퍼는 의존성이 있었으나 자신에게 도움이 되지 않을 때는 관계를 끝낼 수 있었습니다. 공감은 절대적으로 부족했지만, 애착을 형성할 수는 있었고 다른 사람에 대해 진심으로 마음을 쓸 수 있었습니다. 그래서 자신의 문제가 무엇이냐고 물었을 때 바로 대답을 할 수 없었고 마음에서도 그랬습니다.

결국 약 2년 반의 상담 후 하루는 제니퍼가 저의 사무실에 와서 말했습니다. "보세요, 저는 제 성격의 다양한 측면과 제가 가지고 있는 약점에 대해서 상담해 왔다는 걸 알아요. 그러나 저는 이제 제가 이상하다는 것을 알아요. 저는 다른 사람들과 달라요. 다른 사람들이 서로 이야기하는 것을 관찰하면서 제가 어떻게 다른지 알 수 있어요. 아는 사람들과 잡담하는 것같이 대부분의 사람들에게 쉬운 일들이 제게는 절대 쉽지가 않아요. 게다가 저는 어렸을 때 비웃음을 당했던 것을 잊을 수 없어요. 저는 아이들이 정말로 다르고 이상한 사람만을 비웃는다는 것을 알아요. 저는 선생님이 제가 누구인지에 대해 사실을 말해 주기를 바라요. 제가 뭐가 문제인 거죠?"

제니퍼가 이렇게 말했을 때 저는 제가 긴장하는 걸 느낄 수 있었습니다. 제니퍼가 묻고 있는 것은 수잔이 물었던 것과 비슷한 면도 있었고 다른 면도 있었습니다. 그들 모두 다른 사람들과 거리를 두게 만드는 이상한 행동을 보였습니다. 그러나 저는 제니퍼의 기이함에도 불구하고 제니퍼를 진심으로 좋아했으나, 수잔은 이따금씩 싫었습니다. 여전히 저는 제니퍼의 질문에 대답하기를 주저했습니다. 제니퍼의 아버지는 냉정하고 조종했으며 생색을 내고 비판적이었습니다. 저는 그런 역할을 맡는 것을 원하지 않았지만 대답하는 것을 미루었습니다. 그러면서 제니퍼를 너무 약해서 진실을 다룰 수 없는 사람처럼 여기고 싶지도 않았습니다. 저는 무엇을 해야 할지 몰랐습니다.

저는 얼마 동안 앉아 있었고 이 상황을 어떻게 다룰지 생각하느라 마음은 분주했습니다. 제가 제니퍼에 대해 정말로 어떻게 생각했을까요? 제가 제니퍼의 어떤 점을 좋아했을까요? 제가 이상하다고 생각한 것은 무엇이었을까요? 제니퍼가 화내는 방식에 대해 저는 어떻게 생각했을까요? 제니퍼는 왜 그렇게 다양한 특성들이 있었을까요? 그리고 가장 밑바닥은 무엇일까요? 저는 솔직하지만 상처가 심하지 않을 설명을 찾아보았습니다. 그러다 과거에 유머를 사용했던 기억이 떠오르면서 갑자기 할 말이 생각났습니다. 저는 "텔리비전 쇼〈태양으로부터 세 번째 행성(Third Rock from the Sun)〉을 봤나요?"라고 물었습니다. 제니퍼는 알아차리고는 갑자기 웃기 시작했고 "예."라고 대답했습니다.

저는 "음, 당신은 그들과 비슷해요."라고 말했습니다. "그들은 미치지 않았어요. 그러나 그들은 사람들의 기본적인 상호작용과 사회적 관습의 많은 부분을 이해하지 못하기 때문에 때때로 다른 사람들에게는 미친 것으로 보여요. 그러나 그들은 '인간들'을 매우 잘 관찰하고 사람들의 약점을 더 많이 볼 수 있어요. 또한 그들은 대인관계가 서투름에도 불구하고 매우 사랑을 받아요. 그것이 제가 당신을 보는 방식이에요. 당신은 다른 행성에서 왔고 이 행성의 규칙을 배우기 위해 아무것도 모르는 상태부터 시작해야 하는 것처럼 보여요."

제니퍼는 이 비유가 너무 웃기다고 생각했고 자신의 상황과 비교하기 시작하였습니다. 제니퍼는 제가 제대로 찔렀다고 말했습니다. 이것이 바로 제니퍼가 느꼈던 것입니다. 제니퍼는 "저는 항상 다른 모든 사람이 인생의 규칙이 적힌 책을 가지고 있는데 그 책을 제게 주는 것을 잊어버린 것처럼 느꼈어요."라고 말했습니다. 몇 분간 같이 가벼운 이야기를 하다가 저는 다소 무거운 이야기를 덧붙였습니다. 제니퍼가 입양되었기 때문에 다양한 특성들이 생겼을지도 모르겠다고 말했습니다. 성격은 유전과 환경이 함께 영향을 미치는데 제니퍼의 경우는 입양되었기 때문에 현재 부모에게서 태어나 자랐을 경우 형성되었을 성격과는 다소 다를 수 있다는 것이었습니다. 저는 또한 제니퍼 부모의 사회기술 부족, 대인관계 부족, 부부간 친밀감 부족 그리고 제니퍼에게 형제나 친구가 없다는 사실 등이 제니퍼의 대인관계 결핍에 영향을 미쳤다는 사실을 강조했습니다.

우리가 처음 이야기를 시작했을 때, 제니퍼는 공감받는 것을 좋아했지만 자신에게 어떤 희망이 있는지 궁금해했습니다. 저는 제니퍼에게 희망이 있다고 확신을 주었습니다. 그것은 단지 시간이 좀 걸릴 뿐입니다. 몇 주 후 제니퍼는 이 이야기를 꺼냈고, 자신에게 진실을 말해 준 것이 얼마나 의미가 있었고 저를 얼마나 많이 신뢰하는지 말했습니다. 저는 제니퍼를 위로하지도 비웃지도 않았습니다. 제니퍼는 '세 번째 행성'이라는 비유는 완벽하기도 하고 매우 우습기도 하다고 말했습니다. 제니퍼는 그것에 대해 편하게 계속 웃었습니다.

개입이 성공했다는 것을 알 수 있는 한 척도는 제니퍼가 저에게 자신이 뭐가 잘못된 것인지 묻는 것을 멈추었다는 것입니다. 이전에 마지못해 일부만 대답했던 것이 늘 불충분했던 것입니다. 그래서 제니퍼는 잠시 기다렸다가 다시 묻곤 했습니다. 자신의 약점을 인정한 것이 진전하는 데 촉매제 역할을 한 것으로 보였습니다. 제니퍼는 약점을 극복하기로 결심했고 놀랄 만큼 잘했습니다. 제니퍼의 사회기술은 눈에 띄게 개선되었습니다. 제니퍼는 친구 몇 명을 사귀었고 그 후 어떤 사람을 만나 사랑에 빠졌습니다. 또한 충고를 요청하는 것이 훨씬 줄었습니다. 제니퍼가 새 이성친구를 사귀게 된 것이 저에게서의 분리와 독립을 촉진시켰습니다.

제니퍼는 또한 새롭고 보다 도전적인 직업을 찾았습니다. 약혼식 날짜를 정하고 새로운 직업에 적응했을 때, 우리는 종결 날짜를 정했습니다. 이 상담사례는 복잡하고 여기에 기술한 것보다 더 많은 내용이 있기는 하지만, 제니퍼에게 그때 한 피드백이 상담 성공에 결정적이었다고 생각하고 있습니다.

제니퍼는 여전히 인간관계에서 힘들어하고 사회상황에서 요구하는 것을 이해하는 데 어려움을 겪고 있을 것으로 생각합니다. 하지만 자신이 다른 사람과 함께할 수 있을 정도로 유쾌하고 매력이 있으며 좋은 사람이라는 것 또한 알고 있습니다. 상담이 제니퍼의 문제를 '치료'하지는 않았습니다. 하지만 상담은 제니퍼가 찾고 있던 거울을 제공해 주었습니다. 제니퍼가 요구한 자기개방을 반복해서 함으로써 제니퍼는 서서히 다른 사람들이 어떻게 자신을 보는지 그리고 자신이 다른 사람과 더 잘 어울리기 위해 무엇을 변화시킬 수 있는지 이해해 나갔습니다.

🐦 조언하기

조언을 할 것인지 여부는 상담에서 매우 민감한 문제입니다. 전통적으로 내려오는 지혜에 따르면, 조언은 절대 하지 말라고 합니다. 그러나 이러한 입장은 현실적이지 않으며 매우 오랜 시간 동안 상담을 해 온 상담자가 직접적인 충고를 한 번도 한 적이 없다고 정직하게 말할 수 있을지 의문이 듭니다. 저는 제임스가 그러했듯이, 내담자가 "제가 연인과 헤어져 아내에게 돌아가야만 할까요?"와 같은 질문을 할 때는 쉽다고 생각합니다. 그런 사례에서는 상담자가 대답하지 말아야 하는 것은 분명합니다. 질문의 요점은 제임스가 어떻게 해결해야 할지 모르는 내적 갈등을 경험하고 있다는 것이고(비록 그가 결국은 아내와 헤어지기로 결정한다고 하더라도), 어떤 권위 있는 인물로부터 마법 같은 정답을 얻을 수 있기를 바란다는 것입니다. 제가 제임스의 질문에 대답을 했다면 그는 완전히 저를 무시했거나 더 이상 상담을 받으러 오지 않았을 것입니다.

제가 그에게 말한 것은 "그것이 제임스 씨가 하고 싶은 건가요?"와 "그것이 제임스 씨가 하리라고 생각해 볼 수 있는 건가요?"였습니다. 저는 두 번째 질문을 가장 좋아합니다. 누구나 생각하거나 꿈꿀 수 없는 것을 한다는 것은 어렵기 때문입니다. 저는 사람들에게 이야기 주제로 꺼낸 것을 자신이 할 수 있는지 묻는 것을 좋아합니다. 그런데 제임스의 대답은 자신이 무엇을 하기 원하는지 모르겠다는 것이었습니다. 제임스는 아내에게 돌아가는 것을 상상할 수 없었지만 그래야 한다고 느꼈습니다. 제임스의 상황은 내적 갈등으로 결정을 하는 데 어려움을 가지고 있는 전통적인 내담자 특성에 맞았고 그래서 자신의 길을 발견하도록 도울 수 있는 중립적인 사람으로서의 상담자를 찾고 있는 것입니다. 무엇을 해야 하는지 실제로 말하면 그 반응이 얼마나 환영을 받지 못하게 되는지 금방 알 것입니다.

그러나 때때로 조언이 실제로 필요한 인격형성 시기에 거의 조언을 받지 못한 내담자의 경우는 어떨까요? 특히 젊은 내담자는 저에게서 정보와 의견 모두를 얻기 바라는 경향이 있습니다. 이들에게 조언을 해야 할까요? 아닐까요? 커티스(2004)는 재미있는 연구를 했는데 분석가들에게 상담에서 도움이 된 것이 무엇이었는지 물어보았습니다. 이 연구 결과를 해석하는 데는 제한이 있기는 했지만, 내담자들이 조언을 직접 구할 때면 조언이 도움이 된다는 것을 시사했습니다.

🕊 개방하지 않는 것

25년 이상 자기개방을 실험하고 직접 해 본 이후 저는 개방하지 말아야 할 것에 대해 어떤 일반적인 결론을 내렸습니다. 이 주제와 관련하여 약간의 연구가 있습니다. 내담자가 요청하지 않은 조언은 보통 도움이 되지 않는다는 것을 시사한 커티스의 연구 이외에도, 많은 저자는 내담자에게 상담자의 현재 개인 문제를 노출하는 것은 도움이 되지도 않고 부적절하다는 사실을 논의해 왔습니다.

이전에도 언급했듯이(Maroda, 1991), 감정을 다루는 것이 아니라 일반적인 개인 정보를 나누기가 쉽습니다. 더구나 결혼 문제, 경제 사정, 일에 대한 불만 또는 자녀 문제와 같은 상담자의 사적인 생활에 대한 정보는 종종 내담자에게 과도한 자극을 줄 수 있습니다. 그러나 어떤 내담자는 상담자도 역시 삶에서 고군분투하고 있다는 사실을 알 필요가 있습니다. 이들은 상담자가 완전한 사람은 아니며 불안정할 수도 있고 심지어는 고통도 받을 수 있는 사람들이라는 것을 알 필요가 있는 것입니다. 그러나 이들은 일반적인 내담자는 아니며 이들조차도 너무 많은 정보를 원하지는 않습니다. 상담자의 현재 문제보다는 과거에 겪었던 어려움과 관련하여 개인 문제를 드러내는 것이 상담에 도움이 된다는 주장에 동의합니다(Wells, 1994; Gutheil & Gabbard, 1998; Curtis, 2004).

각색을 아무리 한다고 하더라도 현재 내담자나 이전 내담자에 대해 이야기하는 것은 문제를 일으킬 수 있습니다. 아무리 모호하더라도 상담자가 다른 내담자에 대해 언급하는 것을 들은 내담자는 당연히 상담자가 다른 사람에게도 자신에 대해 말하지는 않을까 의문을 갖게 됩니다. 이것은 상담자의 임상경험에 대한 내담자의 질문에 답하는 것과 다른 것입니다. 예를 들면, 내담자가 "섭식장애를 겪는 사람들을 많이 치료해 보았습니까?"라고 묻는다면 그 질문은 구체적인 언급을 하지 않더라도 대답할 수 있으며, 상담을 받고자 하는 사람이 할 수 있는 타당한 질문입니다. 제가 이 책에서 하는 많은 조언과 마찬가지로 과거의 실수를 거쳐 도달한 결론은 다음과 같습니다. 아무리 잘 각색한다고 하더라도 유사한 문제가 있던 특정 사람을 상담했다고 말하기보다는 강조하고 싶은 내용을 전달할 수 있는 다른 방법을 찾는 것이 더 좋다는 것입니다.

저는 싫은 느낌이 자주 들었던 수잔에게 자기개방을 했습니다. 그런데 이와 같이 늘 드는 부정적인 감정을 개방하는 것은 도움이 되지 않습니다. 내담자의 성격, 태도, 가치 또는 외모에 대한 부정적인 언급은 일반적으로 상담에 도움이 되지 않습니다. 이것은 내담자가 이러한 정서 피드백을 찾는 것이 분명할 때, 즉 사적인 교류에서 느낀 좌절이나 분노와 같은 부정적인 감정을 표현하는 것이 상담에 도움이 될 수 있는 때와는 다릅니다. 정서를 표현하는 것과 비난하는 것과는 매우 다릅니다.

제가 상당수 동료들과 의견이 다른 영역은 성적인 역전이 개방에 대한 것입니다. 성적인 역전이에 대해 다른 책에서 논의했지만(maroda, 1991, 1999, 2006), 제9장에서 좀 더 자세히 들어가 보고자 합니다. 성적인 역전이를 개방하는 것이 상담에 거의 도움이 되지 않는다고 믿는 이유는 여러 가지가 있습니다.

🐦 자발적인 정보 제공

물어보지도 않는 내담자에게 직접 질문을 하거나 반복해서 감정을 자극하는 것을 통해 정보를 자발적으로 주는 것은 상담에 도움이 될까요? 레벤슨(1993)은 상담자가 상담시간 밖의 어떤 일로 화가 났거나 피곤하거나 아플 때 어떤 환자들은 바로 감지하기 때문에 개방할 필요가 있다고 제안하였습니다. 저는 이 의견에 동의합니다. 저는 여기에 '몰두되어 있는 것'과 조금 덜 인식하고 있는 것도 포함시키고 싶습니다. 이것은 어려운 판단으로 초보상담자에게 매우 어려운 일입니다. 내담자의 이야기가 상담자의 경험을 떠오르게 하면서 내담자에게서 점점 멀어지게 되고, 잘 안 풀리는 날이 분명히 있습니다. 이런 상황을 내담자에게 개방해야 한다는 것은 아닙니다. 저도 오직 제가 잘 알고 있는 내담자와만 그렇게 합니다. 이런 개방을 하게 되는 상황은 저의 고통이나 걱정에 대해 내담자가 무의식적인 고통을 보이는 때입니다.

이 예는 앞에서 논의한 낸시 사례에서 볼 수 있는데, 낸시는 다른 사람들의 말에 과다하게 민감하고 거절당하거나 버림받을 것이라고 금세 생각해 버렸습니다. 제가 낸시를 두 번 상담하면서 기분이 좋지 않거나 어떤 일에 대해 화가 나면 낸시의 고통이 상담시간 동안 더 커지는 것을 발견했습니다. 이럴 때 낸시가 왜 화가 났는지 생각해 보게 하려는 시도는 실패했습니다. 때때로 낸시는 통제력을 잃고는 훌쩍였습니다. 제가 "오늘 제가 기분이 좋지 않다는 것을 낸시 씨가 느끼고 있는지 그리고 기분이 좋지 않은 것이 낸시 씨와 관련이 있다고 걱정하고 있는 건 아닌지 궁금합니다."와 같은 말을 하고 난 후에야 낸시는 진정이 되곤 했습니다. 진정시키는 동안 낸시는 종종 "저는 선생님에 대해 어떤 것도 생각하고 있지 않았어요. 하지만 훨씬 기분이 좋아지네요. 이런 걸 보니 선생님 말씀이 틀림없이 맞는 것 같아요."라고 말했습니다. 그리고 보통 낸시는 제가 괜찮은지 물었습니다. 저는 그렇다고 대답하고, 상담시간은 정상적으로 지속되었습니다.

이런 경험을 많이 한 후 저는 면담을 시작할 때 낸시에게 부담스러운 세부사항은 빼고 제가 별로 컨디션이 좋지 않다는 것을 말하게 되었습니다. 낸시는 언제나 저의 솔직함에 대해 고마움을 표현했고 편안해졌으며 자신에 대해 말할 수 있었습니다. 제가 최적의 상태가 아닐 때마다 저에게 이러한 것을 요구한 또 다른 내담자가 생각납니다. 하지만 많은 내담자는 대부분 "오늘 뭐가 다른지는 모르겠어요. 하지만 제 감정을 잘 느낄 수 없는 것 같아요."와 비슷한 이야기를 했습니다. 만일 제가 스스로 뭔가 잘못되었다는 것을 알고 내담자가 보통 때와는 아주 다른 뭔가와 관련된 것을 말한다면 저는 그것이 저와 관련이 있을 수도 있다고 말할 것입니다. 내담자들은 어떻게 생각할까요?

🐦 요약

　자기개방은 해서는 안 될 자기개방부터 상담 동맹이 잘된 상태에서 상담에 도움이 된다고 대체로 인정되는 자기개방까지 있습니다. 자기개방을 하는 데 대한 비판은 주로 이론적인 배경, 특히 상담에 도움이 되는 행동과 관련된 이론적인 배경이 부족하다는 것입니다. 자기개방이 어떻게 효과가 있고 왜 효과가 있는지 확실한 근거가 없다면 자기개방을 어떻게 효과적으로 사용할 수 있을까요? 저는 이러한 비판에 동의하면서 자기개방을 어떻게 임상에 적용할 것인지에 대해 자세한 설명과 함께 광범위한 이론 틀을 제공하려고 하였습니다.

　자기개방과 관련된 주요한 문제 중 하나는 일반적인 원칙으로서 자기개방을 할 것인가 아니면 하지 않을 것인가입니다. 어떤 자기개방이 상담효과가 있다고 보고 그 순간 내담자가 무엇을 구하고 있는지 충분한 고려 없이 자기개방을 하기가 너무나 쉽습니다. 모든 개입과 마찬가지로 자기개방은 내담자가 원할 때, 관계가 튼튼할 때 그리고 내담자와 상담자 모두 그 순간 일어나고 있는 것에 충실하게 참여할 수 있을 때에만 효과가 있을 수 있습니다.

　분명히 어떤 내담자는 상담자의 자기개방을 요구하지 않습니다. 상담자가 자기개방을 하면 이 내담자는 부담스러움을 느낍니다. 반면 어떤 내담자는 상담초기부터 어떤 형태의 자기개방을 요구합니다. 제 경우를 보면, 상담자도 한 명의 사람이라는 생각이 조금이라도 들면 힘들어하는 나약하고 의존적인 내담자가 마침내 상담자에 대한 호기심과 관심을 표현하는데 이것은 상담이 진전되고 있다는 신호라고 생각합니다. 그러나 항상 그런 것은 아닙니다. 그리고 상담자들은 반드시 자기개방의 동기가 내담자를 안심시키려는 데 초점을 둔 것인지 아니면 자신에게 초점을 둔 것인지 최선을 다해 평가할 필요가 있습니다.

이전 장에서 설명한 개입을 평가하는 방법을 사용하는 것은 상담자가 궤도를 벗어나지 않는 데 도움이 될 수 있습니다. 또 자기개방과 관련하여 실수를 하는 것은 다른 개입과 마찬가지로 어쩔 수 없다는 것을 강조하고 싶습니다. 숙련된 상담자가 되는 것은 실수를 방어하지 않고, 인정하면서, 필요하다면 사과하고 상담을 계속해 나갈 수 있는 능력 등을 요구합니다.

제6장

감정 다루기
-감정 의사소통과 상호작용의 역할-

감정 없이는
어둠에서 빛으로
무감동에서 감동으로 변화가
있을 수 없다.

-Carl G. Jung(1969, p. 431)

　사람의 경험이 바뀌는 데 정서가 중요한 역할을 한다는 것은 최근에야
인식되기 시작했습니다. 신경과학은 정서의 위상을 높였는데 정서가 그
저 인지의 불쌍한 친척이 아니라는 사실을 설명해 주고 있습니다. 프로
이트가 정서경험을 상담의 필수 요소로 인식했음에도 불구하고 정신분
석에는 정서 이론이 없었습니다(Basch, 1991; Spezzano, 1993). 앞의 격
언에서 보듯이 융은 변화과정에서 정서가 필수적인 역할을 한다는 사실
을 보다 예민하게 알고 있었습니다. 그러나 이론을 만들었던 초기에는
생활 전반에서 정서가 하는 역할에 대해 정교한 관점이 당연히 부족했는

데 이 관점은 신경과학의 연구 결과로 정교하게 다듬어지고 있습니다. 임상에 적용 가능할 것이라는 혁신적인 생각은 뇌 연구에서 비롯되었습니다. 이러한 생각에는 정서가 어떻게 자극되고 표현되는가, 정서패턴이 어떻게 뇌에 저장되는가 그리고 일반적으로 이러한 패턴들이 새로운 경험으로 어떻게 변화될 수 있는가 등이 있습니다. 각 내용을 살펴보면 다음과 같습니다.

첫째, 마음을 의식과 무의식으로 나누는 이분법은 잘못된 것입니다. 대부분의 결정을 무의식적으로 내린다는 것은 사실입니다. 그리고 다양한 형태로 저장되어 있는 느낌과 정보를 인식하지 못한 채 우리 삶을 살 수 있다는 것도 사실입니다['체계화되지 않은 경험' 에 대한 논의를 보기 위해서는 Stern(1997)을 참조하기 바랍니다].

그러나 의식은 하나의 연속선이며 의식과 무의식의 과정은 함께 작용합니다. 정보를 의식에서 무의식으로 옮기는 것은 의식에서 마음이 새로운 과제를 배우고 새로운 정보를 저장할 수 있도록 공간을 비우게 해 줍니다. 의식 수준에서 매개되는 가치와 경험 그리고 선호는 무의식에도 저장되어 있기 때문에 의식과 무의식은 필연적으로 분리되어 있고 상반된 것이라는 의견은 오해를 불러일으킬 수 있습니다.

둘째, 정서는 사회의 영향을 받으며 출생 순간부터 양육자의 반응에 의해 영향을 받습니다. 이 정서 항상성은 인지 수준에서뿐만 아니라 신체 감각과 각성 수준에서도 존재하는데(Stern, 1985; Schore, 1994) 신체 감각과 각성 수준은 이후 더 탐색됩니다. 공감은 자연스럽게 일어나는 것으로서 대인간 의사소통의 한 부분이며 정서가 가지고 있는 관계 특성의 한 부분입니다. 공감은 또한 본질적으로 바로 반응하는 특성이 있습니다. 이전에 언급했듯이 느낀 정서는 얼굴에 나타나며 위장할 수는 있지만 숨길 수는 없습니다(Darwin, 1998). 사람들은 무의식 수준이라고 하더라도 위장한 정서를 드러내게 됩니다(Dimberg et al., 2000).

셋째, 정서가 묻어 있는 사건은 정서가 묻어 있지 않은 사건보다 더 분명하고 더 오래 기억되며(Phelps et al., 1998), 부정적인 정서를 담고 있는 사건은 긍정적인 정서와 연결된 사건보다 더 쉽게 회상됩니다. 마음이 부정적인 경험을 기억하고 회상하는 것에 더 비중을 두는 것은 타고난 것으로 보이고 기본 생존과 연결되어 있는 것으로 보입니다.

넷째, 외상경험은 '참을 수 없는 정서' 경험(Krystal, 1988)으로 정의될수 있습니다. 외상경험은 정서경험을 처리하고 간직하는 개인의 능력을 넘어서는 것입니다. 상담자들은 종종 내담자들이 이러한 압도적인 정서를 통제할 수 있도록 하기 위해 외상사건을 회상하도록 합니다. 그러나외상사건을 회상하는 것은 도움이 되기도 하지만 그만큼 해롭기도 하다고 판명되고 있습니다. 외상이 된 정서사건을 회상하는 것은 중독이 되거나 생산적이지 못하게 할 가능성을 가지고 있습니다. 이 과정을 '불쏘시개'라고 부릅니다.

다섯째, 어른의 뇌는 변화하기에 충분한 가소성을 가지고 있고 나이가들어도 그렇습니다. 하지만 뇌에서 정서패턴을 바꾸는 것은 장기과정으로서 새로운 정서경험을 반복해서 해야 합니다.

이 장과 다음 장은 정서의 중요한 역할 그리고 내담자가 정서를 파악하고 표현하며 다루는 방법을 배울 수 있도록 하는 상담자 역할에 초점을 두고 있습니다. 앞에 요약되어 있는 비교적 새로운 정보를 가지고 상담하는 것은 깊고 지속적인 변화를 촉진시키기 위해 상담자가 내담자와 색다르게 상담하도록 하는 새로운 기회가 됩니다. 정서 문헌에 나타난 몇 가지 중요한 점을 설명한 후 저는 내담자를 과다하게 자극하면서도과소 자극할 수 있는 가능성에 초점을 둔 임상자료를 제공할 것입니다.

유전 대 환경

모든 부모가 이미 알고 있는 것, 즉 모든 아이는 어떤 정서 기질을 가지고 태어난다는 증거가 쌓여 가고 있지만, 환경은 계속해서 극적인 영향력을 미치고 있습니다. 정서와 애착은 아기의 초기 정서표현을 어머니가 반영해 주기 시작할 때 긴밀하게 합쳐집니다. 아기가 독립적인 정서반응을 시작할 때 어머니는 아기의 정서발달을 촉진시키기도 하고 촉진시키지 못하기도 합니다(Stern, 1985). 쇼어(1994)는 초기 애착이 아기가 정서를 느끼고 다루는 능력을 어떻게 결정하는지 자세하게 설명했습니다(Schore & Schore, 2008). 그리피스(1997)는 '정서프로그램'이라는 개념을 자세하게 설명하여 논의를 진전시켰습니다. 정서프로그램에서는 기본 정서반응이 생애 초기에 구축되어 뇌에 저장되며 자동적으로 회상된다고 가정하고 있습니다.

수십 년 동안 많은 상담자와 자기조력 분야의 저술가는 대중들에게 느끼는 것을 통제할 수 있다고 말해 왔습니다. 그러나 정서연구 결과는 이러한 대중적이고 지극히 미국적인 생각과 완전히 상충되고 있습니다. 지금까지 모든 증거는 정서가 무의식 과정을 통해 촉발된다고 밝히고 있습니다.

모든 사람은 계속해서 주변 사람으로부터 자극을 받습니다. 이러한 원하지 않는 감정에 대해 면역을 갖출 방법은 없습니다. 그러나 이러한 정서의 '감염' 요소는 긍정적인 느낌과 경험도 제공합니다. 한 개인이 다른 사람으로부터 영향을 받는 데 취할 수 있는 유일한 자연스러운 면역은 동일시 그리고 애착과 관련이 있는 것으로 보입니다. 연구에 따르면, 사람들은 자신들이 좋아하거나 존경하는 사람들에게 더 자동적이고 깊은 공감을 한다고 합니다. 그리고 그 반대도 마찬가지입니다. 나산손

(1996)은 사람들이 자신의 경계와 온전한 정신을 유지하기 위해 다른 사람을 공감하는 데 대해 방어를 한다고 주장합니다. 그러나 의식적인 수준에서나 무의식적인 수준에서나 다른 사람의 정서를 걸러 내는 능력은 제한되어 있습니다.

사람은 자신이 느끼는 것을 통제할 수 있다는 잘못된 관념은 아마도 다른 사람의 강력한 영향을 최소화하고자 하는 욕구에 근거한 것 같습니다. 저는 내담자에게 자신이 느끼는 것을 늘 통제할 수는 없다고 말합니다. 그리고 이러한 감정을 다루는 것을 배우기만 할 수 있을 뿐이며, 어떻게 행동할지 이성적인 통제를 할 수 있을 뿐이라고 말합니다.

🐦 감정 처리와 정신병리

진단 준거는 종종 행동에 초점을 맞추지만, 이런 행동을 일으키는 것은 감정이며 이에 대해 상담 작업 대부분이 이루어집니다. 크리스탈 (1988)은 정신질환이란 전통적으로 감정을 느끼거나 파악하는 데 또는 조절하는 데 문제가 있는 것으로 정의되었다고 하였습니다. 데이비슨 (1994)은 "모든 형태의 주요 정신병리에는 사실상 정서의 역기능이 있다."라고(p. 313) 말했습니다. 그것은 단지 '정서 문제'를 가진 경계성 성격장애나 양극성 장애가 있는 내담자에게만 해당되는 것은 아닙니다. 공포증이나 자기인식을 잘 못하는 문제 또는 자기주장과 같이 겉으로 볼 때 그렇게 어려움이 없어 보이는 내담자 역시 정서와 관련된 문제를 가지고 있습니다. 지나치게 억제를 하고 있는 사람들은 통제상실로 명명되지 않는 경향이 있는데, 이는 단순히 이들이 사회 문제를 비교적 덜 표출하기 때문입니다. 그럼에도 불구하고 깊은 감정을 표현할 수 없고 친밀한 관계를 맺기 어려운 사람들은 대인관계에서 소외감과 냉담함으로 많은 고통을 겪습니다.

사람들은 각자 '정서의 세계'에서 수용될 수 있는 것과 수용될 수 없는 것을 생애 초기에 배웁니다. 에크만(1971)의 비교문화연구에서는 가족과 문화에서 받아들이는 감정만을 공개적으로 표현한다는 '표현규칙'이 존재함을 증명하였습니다. 켐퍼(2000)는 표현에 대해 사회적으로 결정된 규칙을 거듭 주장하고 있는데 사람들은 그 사회에서 받아들인다고 생각되는 것만을 순간적으로 표현한다는 것입니다. 사회에서 받아들이지 않는 감정은 억제되거나 의식에서 분리됩니다(사회에서 받아들이지 않는 정서표현을 억제하는 데 성공하지 못하는 사람들은 보통 즉시 처벌을 받습니다). 더욱이 감정은 무의식적이기는 하지만 다른 사람들이 무의식적으로 지각하는 것도 분명 가능합니다(Dimberg et al., 2000). 이러한 흥미진진한 연구들은 무의식을 의식화시키는 정신분석의 목적에 새로운 의미를 부여합니다.

🐦 감정과 상담효과가 있는 행동

고통스러운 아동기 사건(많은 사람이 기억하지 못하거나 기억하기를 저항하는)을 회상하도록 하는 데 매달리는 대신 상담자들은 내담자가 과거부터 계속된 감정을 재경험하고 다루도록 하는 데 초점을 맞출 수 있습니다. 심지어 강간이나 폭력과 같은 외상사건은 자세한 사항을 회상하지 못할 수도 있습니다. 물론 사건 회상은 상담과정이 더 쉽게 되도록 하지만 제가 정의한 상담효과가 있는 행동에 필수적인 것은 아닙니다. 이 정의는 정서연구에 근거하고 있습니다.

초기 외상에 대한 기억은 문자 그대로 정서 기억의 형태로만 존재합니다. 그 이유는 초기 외상이 언어를 습득하고 뇌가 성숙하기 전에 일어났기 때문입니다(LeDoux, 1994; Orange, 1995). 사건에 대한 실제 기억이 가능하더라도 어떤 내담자들은 아동기 경험의 단편이나 모호한 감각 이상은 회상하지 못하는데 이는 정서 충격이 정보처리를 방해하기 때문입니다. 아동기의 외상사건을 회상하려는 과도한 노력은 잘못된 기억을 만들어 낼 뿐만 아니라 실제로 정서경험을 덜 중요시하게 할 수도 있습니다.

외상으로 고통을 겪는 사람들은 정서에 대해 과도하게 경계하고 과민 반응하는 경향이 있습니다. 그들의 과거 경험은 날마다 정서로 사실상 '회상되고' 있습니다. 현재 정서반응을 다루는 것은 과거에 초점을 두는 것보다 틀림없이 더 효과가 있습니다. 만일 현재 정서반응과 과거 정서를 모두 의식 수준에서 다룰 수 있다면 훨씬 더 좋습니다.

프로이트가 우리에게 가르쳐 줬듯이, 모든 사람은 필연적으로 과거의 감정과 행동을 반복합니다. 어린 시절에 느낀 패턴이 뇌에 각인된다는 사실을 정서연구가 확증해 주고 있습니다. 이러한 패턴은 비슷한 환경에 노출되거나 비슷한 감정상태가 자극되면 재빨리 점화됩니다. 제5장에서 이야기했듯이 새로운 정서패턴은 만들어질 수 있으나 정서를 느끼고 통합하고 조절하는 지속적인 노력을 필요로 합니다. 제 의견으로는 행동주의가 그렇게 인기가 있었던 것은 정서관리의 핵심 영역을 직접 다루었기 때문이라고 생각합니다. 하지만 행동주의에서 강조하는 것은 단기상담이 효과가 있다는 것인데 이는 정서연구에서 강조하는 것과는 상반됩니다. 정서연구에서는 새로운 신경회로를 각인하는 것은 장기 과업이라고 말하고 있습니다.

저는 이 책 앞부분에서 판셉(1994, Gray, 1990)이 뇌를 활성화시켜서 고차 수준의 인지를 만들어 내는 데 통제할 수 있는 정서가 어떻게 중요한가에 대해 논의했다고 언급하였습니다. 대중적인 생각과는 달리 너무 적거나 너무 많은 정서는 인지를 활성화시키지 못합니다. 상담자와 내담자 모두에게 합리적인 결론은 계속 느끼고 상호작용하는 것이 필요하다는 인식을 하고 변화에 필요한 뇌 환경을 만들도록 한다는 것입니다. 상담효과를 바라는 상담자는 계속되는 상담관계 안에서 다룰 수 있는 정서 수준을 높이려고 노력해야 합니다.

제가 상담자들의 사례에 대해 자문할 때 보면 반드시 상담자를 과소 자극하거나 과잉 자극하는 내담자들이 있습니다. 모든 정신질환은 정서관리의 문제이고, 상담은 하나의 대인관계이기 때문에 상담의 모든 문제 또한 어느 정도 정서관리와 관련이 있습니다. 애착과 정서 의사소통은 결코 분리될 수 없습니다. 상담자와 내담자는 원하는 느낌과 원하지 않는 느낌을 서로에게 자극하고 있습니다. 상담자는 자신의 감정을 다루는 동시에 내담자가 자신의 감정을 다루도록 돕기도 해야 하는 아주 많은 과제를 가지고 있습니다.

상담자와 내담자가 서로에게 자극하고 있는 감정을 적절하게 처리하지 못할 때 보통 곤경에 닥칩니다. 그러나 제가 제5장에서 말했듯이 변화를 위한 매개체로서 상담관계에 대한 시각을 넓히고 정서에 대해 이해하고 솔직해지면 상담과정 도처에 있는 장애물을 피하는 데 도움이 될 수 있습니다.

🐦 다룰 수 있는 수준의 감정 촉진하기

상담관계 초기에는 대부분 상담자와 내담자가 느끼는 감정을 당연한 것으로 간주할 수 있습니다. 내담자는 자신의 이야기를 합니다. 내담자는 울 수도 있고 연약하게 보일 수도 있습니다. 상담자는 자연스럽게 공감하고, 내담자의 고통으로 상담자의 마음이 잔잔하게 움직일 수도 있습니다. 그리고 상담자는 돕고자 하는 열망이 생깁니다. 상담이 본격 시작되면 상담자와 내담자 모두 잘될 것이라고 생각하고 서로에게 애착을 형성하는 과정을 시작합니다. 이것은 분명히 '밀월' 시기인데 이상하게도 이 기간이 계속될 것이라고 생각하는 경향이 있습니다. 상담자가 자신의 온화한 감정이 사라졌다는 것을 알기 시작할 수 있는 것이 바로 이 시기를 지나서입니다. 상담자는 내담자에 대해 이전만큼 공감적이지 않습니다. 사실 상담자는 고통받는 내담자에 대한 애착에도 불구하고 지루함을 느끼는데 이 때문에 당황할 수도 있습니다.

통제를 더 상실한 내담자의 경우에는 반대 시나리오가 일어날 수도 있습니다. 상담자는 정서적으로 너무 과잉 자극되는 것에 빨리 지칠 수 있습니다. 내담자는 감정을 계속해서 보이지만 상담자에게서 그에 상응하는 반응을 얻는 것 같지 않으면 이후 내담자는 상담자와 상담자의 능력을 비난하는 데 혈안이 됩니다. 그런데 이런 행동은 내담자가 상담자에게서 사랑을 받지 못하게 합니다. 상담을 마친 후 상담자는 지치고 소진되었다고 느끼고 상담이 제대로 가고 있는지 의문을 갖습니다.

어떤 경우에는 내담자가 자신의 고통에 대해 말하는데 상담자는 이상하게도 점차 흥미를 잃게 되기도 합니다. 이럴 때는 상담자가 죄책감을 느낄 수도 있습니다. 예를 들어 보겠습니다. 동정심이 많고 사려 깊은 정신분석 상담자인 S박사는 어떤 우울증 내담자를 몇 년 동안 상담했습니다. 처음에는 내담자가 잘해서 S박사와 내담자 모두 기뻤지만, 자기 문제의 무게로 가라앉는 것처럼 보였습니다. 많은 상담에서 유사한 밀월기간을 보내는데 이 기간 초기 상담에서의 관계는 긍정적입니다. 그리고 내담자는 자기개방을 하고 더 좋아졌다고 느끼며, 더 활력적이 되고 증상완화와 통찰 모두를 보이기 시작합니다. 그런데 S박사의 내담자가 그랬듯이 내담자들은 생활에서 변화를 보이기 시작하지만, 이내 말을 제대로 이어 가지 못하고 기력을 잃어 갑니다.

S박사는 내담자가 고통스러운 아동기와 이후 사람들과의 관계 속에서

겪은 어려움에 대해 상담초기에 한 이야기가 마음을 울렸다고 했습니다. S박사를 괴롭혔던 것은 시간이 지나도 내담자가 나아지지 않는 것으로 보일 뿐 아니라 상담초기만큼 내담자에게 공감을 하지 못하는 것이었습니다. 사실 그는 같은 이야기가 반복되면서 그 이야기에 몰입하지 못했고 더욱이 지루해하기까지 한다는 것을 깨달았습니다. 무슨 일이 일어났길래 내담자에게 감정이 일어나지 않았을까요? 그리고 이렇게 느낄 때 내담자를 어떻게 도울 수 있을까요?

S박사는 모든 상담자가 마주치게 되는 것을 경험한 것입니다. 때때로 내담자는 실제로 변할 수 있는 능력이 있는 것이 아니라 단지 자신이 이해와 수용을 받는 새로운 관계 때문에 흥분에 휩싸여 잠깐 좋아지는 것입니다. 또 다른 내담자의 경우에는 변할 수 있는 가능성은 있으나 난관에 봉착합니다. 이렇게 '벽에 부딪치는' 내담자는 공감 이상의 무언가가 필요합니다. 일단 이해받고자 하는 초기 욕구가 충족되면 같은 이야기를 다시 말하는 것으로는 충족이 안 됩니다. 같은 이야기를 계속 반복하는 내담자는 더 이상 정서에 몰두하지 않습니다.

내담자가 감정이 풍부했던 상담초기와는 달리 이제 깊은 정서가 절대 부족합니다. 이것이 S박사가 왜 더 이상 감동을 받지 못하는지 설명해 주고 있습니다. 반응할 실제 정서가 없는 것입니다. 내담자는 여전히 고통을 겪고 있고 달리 무엇을 해야 할지 또는 말해야 할지 모르기 때문에 감정은 깊이 없이 표현됩니다. 감정을 전달하는 대신 여러 해 동안 혼자 해 왔던 것처럼 상담자 앞에서 반추하고 있는 것입니다. 상담자의 해석이나 공감은 이러한 인지적이고 정서적인 감옥을 깨고 나오도록 돕지 못합니다.

감정이 없이는 어떤 변화도 없기 때문에 상담자의 과제는 어떻게 진실한 감정을 다시 상담실로 가져오느냐 하는 것입니다. 과거의 상처를 정서 체험을 하지 않고 반복만 하는 것은 상담자에게 작업할 거리를 주지 못하는 것입니다. 공감이 더 이상 효과가 없기 때문에, 그리고 사실은 상담자도 이 상황에서 공감이 잘 안된다는 것을 알기 때문에 전략을 바꾸어 내담자의 현재 욕구에 반응해야 할 시점입니다. 때때로 이것은 어려운 과제인데 갈등을 회피하는 상담자의 경우 내담자가 자기 이야기를 할 때 더 이상 느낌을 별로 느끼지 않는 것 같다고 말할 타당한 방법을 찾아야 하기 때문입니다. 내담자가 말할 수 있는 감정을 불러일으킬 수 있는 것은 무엇일까요?

종종 내담자는 자신이 할 일이 무엇이고 상담과정을 촉진하기 위해 무엇을 할 수 있는지 묻습니다. 내담자는 할 이야기가 여러 가지 있는데 어떤 것을 선택해야 하는지 묻는 것으로 상담시간을 시작할 수도 있습니다. 저는 내담자에게 감정을 가장 많이 불러일으키는 주제를 선택하라고 조언합니다. 이것은 상담과정에 대해 내담자를 교육시키고 변화에서 정서가 하는 역할에 대해 설명하는 방식의 하나입니다. 그러고 나서 내담자가 막힐 때면 언제나 저는 내담자들이 말할 수 있는 깊은 감정을 자극할 수 있는 것이 무엇인지 물어봅니다. 만약 내담자가 어떤 것도 생각할 수 없다면 저는 정서가 가장 많이 담겨 있는 것으로 상담에서 내담자와 함께 발견해 온 주제를 꺼냅니다.

정서를 느끼는 것은 치료적인 변화를 촉진합니다. 더 깊은 감정을 드러내고자 하는 저의 공감적인 노력에 저항하는 많은 내담자는 자신들의 정서 취약성이 어떤 목적에 기여하는지 일단 이해하게 되면 더욱 온전히 협력합니다. 이것은 내담자가 자신의 감정을 보일 때 한 단계 낮은 위치에 있는 것 같은 느낌이 덜하도록 도와주고, 상담자가 자신들보다 우월하다고 느끼거나 지배하기를 원하는 것은 아닌지 염려하는 것을 줄여 줍니다. 정서를 보이는 것이 정서 자각, 자기수용, 자기 조절로 가는 유일한 길이라는 것을 내담자가 이해하기는 쉽습니다. 나산손(1994)은 경계성 성격장애 내담자들에게 그들의 정서상태, 특히 수치심을 느끼는 경향에 대해 교육할 때 앞과 같은 형태의 교육으로 성공하였음을 보고하였습니다.

S박사의 내담자와 같은 경우에 저는 내담자의 이야기에 더 이상 감정이 없는 것 같다고 부드럽게 이야기하는 편입니다. 제가 보았던 한 내담자는 과거의 고통스러운 사건을 계속해서 여러 번 이야기한 다음에 다시 그 사건을 이야기할 때는 덤덤하고 감정이 남아 있지 않는 것 같아 보였습니다. 내담자는 실제로 이렇게 느꼈을까요? 내담자는 재빨리 그렇다고 말하면서 하지만 상담에서 다른 말은 뭘 말해야 할지 모르겠다고 했습니다. 내담자는 현재에 머무르는 것을 어려워했고 자신이 왜 그렇게 기분이 나쁜지 정확히 알지 못했습니다. 그래서 과거를 계속 되풀이 이야기하는 것에 만족했던 것이고 심지어는 감정이 별로 없는 이야기에도 그랬던 것입니다. 저는 상담관계를 포함하여 긍정적인 감정과 부정적인 감정을 촉발시키는 일상 사건들을 더 잘 식별할 수 있도록 하기 위해 이 내담자와 작업을 시작했습니다.

어떤 내담자들은 일종의 병에 빠지는데, 즉 현재의 취약함을 회피하는 방법으로 과거 상처에 대한 길고 지루한 이야기를 반복합니다. 또는 자신이 정기적으로 강조하지 않으면 상담자가 자신의 고통을 잊어버릴지도 모른다고 느낄 수도 있습니다. 지금 현재 느끼고 있는 것이나 지난 상담시간 이후 느꼈던 것을 물어보는 것은 최근 또는 지금-여기의 정서 체험에 집중하는 것을 도울 수 있습니다. 상담시간에서 어떤 정서 흐름이 있으면, 그것이 아무리 작더라도 지적인 통찰과 정서적인 변화의 가능성이 있습니다.

임상상황에서 내담자가 정서 통제를 종종 잃어버리는 경우 진단은 주로 자기애 범주나 성격장애 범주로 내려집니다. 이들 집단에서는 장애와 자문이 빈번해서 저는 다음 장을 이 주제에 할애하였습니다. 이 장의 남은 부분은 덜 극단적인 정서교류에 초점을 둘 것입니다.

🕊 얼굴에 나타난 감정 파악하기

제1장에서 소개한 레베카와 상담하면서 저는 감정에 잘 휩싸이는 사람을 어떻게 효과적으로 상담하는지 배웠습니다. 설사 내담자가 감정을 말로 표현하는 것을 주저하거나 표현하지 못하는 경우에도 말입니다. 이렇게 표현이 부족한 것은 외상경험과 강한 감정을 분리하거나 억제하려는 경향 때문이었습니다. 레베카가 상담을 시작하는 데 어려움을 겪었고 레베카가 깊은 감정으로 들어갈 때 종종 침묵에 빠졌다는 것도 앞서 언급했습니다. 그러나 레베카의 얼굴표정은 풍부해서 조용히 몽상에 빠져 있을 때도 다양하게 나타났습니다.

저는 기본 정서를 판별하는 데 에크만의 METT(미세한 표정)와 SETT(미묘한 표정) 훈련도구 DVD가 매우 도움이 된다는 것을 발견했습니다. 에크만의 자료는 상담자가 가장 순식간에 지나가는 정서(미세표정이라고 불리는)의 표정까지도 인식할 수 있도록 훈련합니다. 이렇게 내담자의 얼굴에 나타난 정서의 미세한 표정을 읽을 수 있는 능력을 레베카와 더 효과적으로 작업하는 데 활용했습니다. 제가 분노, 혐오, 경멸, 행복, 공포, 슬픔의 표정을 알아차릴 때면 레베카에게 큰 소리로 이야기합니다. 레베카는 제가 말하는 것을 알 때도 있고 모를 때도 있습니다. 침범당하는 공포에도 불구하고 레베카는 자신의 얼굴에 나타난 것에 제가 주의를 기울이며 본 것을 자신에게 말하는 것을 좋아합니다. 저는 "방금 혐오스러운 표정을 지었어요. 무슨 생각을 했나요?"와 같이 말합니다. 그러면 레베카는 자신이 자각한 것과 자신이 편하게 논의할 수 있는 것을 말합니다. 정서 학대와 성 학대를 받은 경험을 감안해 볼 때 레베카가 원하지 않으면 말하도록 밀어붙이지 않습니다.

제가 에크만의 훈련을 통해 습득한 능력, 즉 가장 순식간에 지나가는 표정이라도 재빨리 알아차리는 기술은 레베카뿐만 아니라 모든 내담자에게 매우 도움이 되었습니다. 내담자가 잘 자각하지 못하거나 혹은 인정하는 것이 두려운 정서를 제가 말했을 때 내담자들이 자신의 정서상태를 인정하고 수용하는 효과를 가져왔습니다. 무언가에 이름을 붙이는 것은 그것을 드러나게 하여 연관된 수치심을 감소시켜 줍니다.

🐦 감정과 전이-역전이 상호작용

빅토리아는 제가 이 책을 쓰고 있는 지금 6개월 정도 상담을 받고 있는 내담자입니다. 빅토리아는 자기애 문제가 있는 중년 여성으로 생활에서는 꽤 안정적입니다. 결혼해서 자녀를 두고 있고, 깊은 인본주의 철학 경향을 가진 전문가로 일하고 있습니다. 빅토리아는 정신분석 이론에 친숙하고 늘 정신분석 상담을 받고 싶었지만 최근에야 그렇게 하기로 결정했습니다. 촉발사건은 새 직장에서 만난 경계성 성격으로 보이는 동료에게 대처하는 문제였습니다. 빅토리아가 상담을 시작했을 때 동료가 자신을 그렇게 성가시게 하는데도 자신이 가만히 있는 게 이해가 안 된다고 하면서 자기 편에서 보면 골칫거리라고 했습니다. 그래서 이 동료가 직장에서 빅토리아의 영역을 침범하고 지배하고자 하는 행동을 어떻게 다룰지에 대해 이야기하기를 원했습니다. 빅토리아는 유머감각, 높은 지능, 강한 정체성, 자신을 관찰할 수 있는 능력을 가지고 있습니다. 쉽게 말하면 대부분의 상담자가 만나기를 원하는 내담자 유형입니다.

저는 바로 빅토리아를 좋아하게 되었고 우리가 궁합이 잘 맞는다는 것을 알았습니다. 그래서 빅토리아가 저와 같은 식으로 느낄 때 놀랍지 않았습니다. 우리는 직장 문제를 다루기 위해 일주일에 한 시간씩 상담을 시작했습니다. 예상할 수 있듯이 이 문제는 5주도 안 되어 배경으로 사라졌습니다. 우리는 그 동료에게 자기주장을 하는 데 대해 어떻게 느끼는지, 그리고 왜 주저하게 되는지 이야기했고 그 동료를 어떻게 더 효과적으로 다룰지에 대해 이야기했습니다. 빅토리아 역시 이 동료를 향한 분노에 대해 이야기했는데 이것은 인정하기를 꺼려 하는 감정이었습니다. 빅토리아는 스스로를 심리 문제가 있는 사람을 동정하고 이해해 줄 수 있는 사람이라고 생각하고 싶어 합니다. 저는 빅토리아가 아무리 관대하고 인내심이 많더라도 인간본성을 초월할 수 없다는 점을 지적하였습니다.

빅토리아와 매주 상담하면서 서로에게 애착을 형성하고 있는 것이 분명해지기 시작했습니다. 처음에 빅토리아는 불안해하면서 상담시간 한 시간을 채웠는데 짧게 공감하는 몇 마디의 말이나 질문만 받아들였습니다. 빅토리아가 귀담아 들으려고 했던 것이 흥미로웠지만 빅토리아가 나와 편하게 얘기하여 관계를 실제로 맺을 때까지 시간이 얼마나 걸릴지 궁금했습니다. 어떤 내담자에게는 이렇게 되기까지 수개월 또는 그 이상 걸릴 수 있습니다. 그러나 우리가 함께 그 동료를 어떻게 다룰지 이야기할 때 빅토리아는 저에게 보다 직접적으로 말하고 반응을 기다리기 시작했습니다.

일단 내담자가 상담자와 충분히 관계를 맺게 되면 사랑하는 사람과 생긴 갈등이라도 외적 갈등은 종종 필연적으로 사라진다는 것이 정신분석의 '기정 사실'이라는 점을 초보상담자들에게 말해 두고 싶습니다. 이러한 생각은 상담관계에서 초점의 대상이 되는 것이 내담자의 에너지와 갈등이라는 말입니다. 이것이 바로 상담에서 갈등이 왜 바람직한지 그리고 어떤 경우 내담자가 "제 생활에서 다 잘되어 가고 있어요. 제게 남은 유일한 문제는 바로 선생님과의 문제예요."와 같이 말하는 이유입니다. 저는 몇몇 젊은 상담자들이 이것을 마음에 새기고서는 실제로는 모든 것이 잘되고 있는데, 자신이 뭔가 정말로 잘못하고 있다고 믿는 것을 보아 왔습니다.

빅토리아가 문제 동료에 대해 더 이상 집착하지 않게 되고 이 상황이 더 이상 문제가 되지 않음을 깨달았을 때 더 집중적인 분석 상담을 위해 일주일에 두 번 오는 것을 생각하고 있다고 말했습니다. 이야기를 하면서 빅토리아는 양가감정을 가지고 있으나 정서적으로 해방될 수 있고 그 일을 해 줄 수 있는 사람을 두고 있다는 생각에 이상하게 집착하고 있다는 것이 분명해졌습니다. 빅토리아는 살아오는 동안 다른 사람들이 도움을 요청하는 재능 있고 민감하고 자원이 있는 사람이었습니다. 빅토리아가 이런 역할을 포기하는 것을 고려하는 것은 끌리면서도 혼란스러운 것이었습니다.

빅토리아가 어느 날 상담시간에 상담을 시작하면서 일주일에 두 번 오는 것에 대해 물었습니다. 저는 기꺼이 동의했습니다. 그러나 이상하게도 그 상담의 나머지 시간은 밋밋하고 생기가 없었습니다. 상담에 대한 전제를 바꾸자 소강상태가 되었던 것입니다. 다음 상담시간에도 역시 덜 몰입했고, 이 전환단계에서 벗어나기 위해 어떻게 개입할지 생각했습니다. 다음 시간에는 놀랄 것도 없이 전이-역전이 상호작용과 갈등이 시작되는 것을 알려 주었습니다. 빅토리아는 상담을 시작하면서 자신이 가장 예뻐하는 아들에 대해 이야기하였습니다. 아들은 키가 크고 잘생겼으며 총명하여 자신과 남편이 가장 바람직하게 컸다고 생각하는 아들이라고 묘사했습니다. 그러나 최근에 약물복용으로 구속되었고 학교 성적이 떨어지는 등 행동에 문제를 보였습니다. 빅토리아는 아들에 대해 매우 걱정했고 이 문제를 전에도 간단히 언급한 적이 있었습니다.

상담시간이 계속되면서 빅토리아가 아들의 행동 때문에 슬퍼졌고 당혹스러웠다는 것이 분명해졌습니다. 빅토리아와 아들은 늘 가까웠으나 이제는 아들이 빅토리아에게 거의 말을 하지 않았습니다. 이와 동시에

학교에 가지 않았고 집에서 약을 복용하다가 자주 들켰습니다. 아들은 착한 아이여서 어떤 심각한 문제에 빠진 적도 없었으며 항상 많은 관심을 원했습니다. 빅토리아가 아들에게 더 관대해야 했을까요? 아니면 더 엄격해야 했을까요? 그때 최근 아들이 학교를 결석한 직후 뭔가를 사 준 것을 기억했습니다.

우리의 갈등이 시작된 것은 그 순간이었습니다. 몇 주 동안 제가 했던 생각은 아들에게 한계를 더 설정할 필요가 있고 가능하면 더 많은 주의 또한 기울여야 한다는 것이었습니다. 빅토리아가 아들이 얼마나 자유로운 영혼인지 그리고 선생님들이 가끔씩 그의 무례한 행동 때문에 얼마나 화가 났었는지 이야기할 때 저는 빅토리아가 아들의 행동으로부터 너무 많은 대리만족을 얻고 있는 것 같다고 생각했습니다. 저는 빅토리아가 사랑이 많고 좋은 어머니이지만, 아들에게 충분한 한계를 설정하지 않는 측면에서 실수를 하고 있다고 강하게 느꼈습니다. 빅토리아는 아들이 학습장애를 겪었기 때문에 안쓰럽게 느끼고 아마도 어느 정도는 아기 취급을 했었던 것 같다고 말했습니다.

상담시간이 계속되면서 저는 아들에게 하는 행동패턴에 대한 질문으로 탐색을 계속했습니다. 우리가 이야기를 할수록 빅토리아는 높은 기대를 가진 훈육적인 부모와 무엇이든 허용하고 과보호하고 아기처럼 만드는 부모 사이를 왔다 갔다 한다는 것이 더욱 분명해졌습니다. 저는 빅토리아가 아들에게 이중 메시지를 주고 있기 때문에 이것이 좋은 조합이라고 생각하지 않았습니다. 저는 또한 아들이 하지 말아야 할 행동을 하면서 들키려고 계획하는 것처럼 보인다는 것도 지적했습니다. 아들이 어머니의 주의를 끌기 위해 노력하고 있던 것은 아닐까요? 놀랍게도 보통은 통찰력이 있고 생각이 깊었던 빅토리아가 아들이 자신에게서 더 많은 관심을 필요로 하고 있고 양육이 일관성이 없다는 의견에 저항했습니다. 상담시간을 마칠 때가 다가오자 빅토리아는 상처받고 화가 난 것처럼 보이기 시작했습니다. 상담이 종결되기 직전에 저를 바라보며 "저는 나쁜 엄마가 아니에요. 선생님도 알 거예요."라고 말했습니다. 저는 "빅토리아 씨가 나쁜 엄마가 아니라는 것은 알고 있어요."라고 대답했습니다.

빅토리아가 상담실을 떠났을 때 저는 죄책감을 느꼈습니다. 그 상담시간 중에 빅토리아는 반대심문 당하는 것을 싫어하는 어떤 사람을 언급했습니다. 저는 빅토리아가 저를 지칭하고 있다는 것을 즉각 알았고 멈추었습니다. 그러나 그 상담시간은 거의 끝나 가고 있었습니다. 빅토리아가 아들과 관계의 진실을 받아들일 준비가 되어 있지 않은 것이 분명했는데 왜 저는 계속 질문을 했을까요? 동시에 저는 빅토리아가 저를 짜증나게 하고 있고 저와 싸우고 싶어 한다는 이상한 느낌이 들었습니다. 상담을 끝낸 후 저는 빅토리아의 양육 실수라고 본 것에 대해 과잉반응했음을 알았는데, 주로 제 어머니가 남동생을 똑같은 방식으로 애지중지했기 때문이었습니다. 어머니는 동생의 장점을 강조하는 대신 동생의 약점에 치중했고 예상할 수 있는 것과 같이 되었습니다.

빅토리아가 아들에 대해 이야기하는 것을 듣는 동안 저는 제 안에서 같은 유형의 좌절감이 쌓이는 것을 느꼈고 빅토리아의 행동을 변화시키고 싶다는 같은 욕구를 느꼈습니다. 상담시간이 흐르면서 빅토리아는 제가 좋게 생각하고 있지 않다는 것을 느꼈고 자신에 대해서도 점점 더 좋지 않게 느꼈습니다. 저는 어떤 방식으로든 빅토리아를 모욕하거나 꾸짖지 않았습니다. 그럴 필요가 없었습니다. 저의 질문과 태도가 '내 생각으로는 당신이 실수를 하고 있는 것이다.'라고 말하고 있었습니다. 어느 순간 빅토리아는 저를 보며 "선생님은 아이가 없지 않나요?"라고 말했습니다. 저는 이 말에 상처를 받았고 빅토리아가 저의 동료 상담자에게서 저에 대해 들었다는 것을 알았습니다. 빅토리아는 제가 아이가 없다는 것을 알고 있었습니다. 그 질문은 정말 궁금해서 한 것이 아니라 자신을 방어하기 위한 방법이었습니다. 빅토리아는 죄책감을 느끼면서 상담시간을 마쳤습니다. 저는 빅토리아를 바라보면서 "빅토리아 씨가 나쁜 엄마가 아니라는 것은 알아요."라고 감정을 넣어 말하고 오해를 바로잡으려고 노력하였습니다.

다음 상담시간에 무슨 일이 일어났을지 생각해 보기 바랍니다. 저는 그 상담시간에 대해 많은 생각을 했습니다. 저는 잘못 행동했고 불필요하게 빅토리아가 죄책감을 느끼도록 했다고 결론 내렸습니다. 하지만 정신분석의 특성 때문에 어느 정도 갈등이 예정되어 있었다고 느꼈습니다. 빅토리아가 저를 쳐다보는 방식과 더 자주 오고 싶다고 한 말을 통해 빅토리아가 퇴행하고 있다는 것을 알았습니다. 이러한 갈등이 우리에게 없었다면 우리는 곧 틀림없이 다른 갈등을 겪었을 것입니다.

그러나 그러한 사실이 상황을 변화시키지는 않았습니다. 다음 상담시간이 되었을 때 저는 빅토리아의 분노, 상처 그리고 어쩌면 저에 대해 가졌을지도 모를 두려움의 신호에 직면할 준비를 하고 있었습니다. 빅토리아는 앉은 다음 저를 쳐다보았습니다. 그리고 나서 지난 상담시간이 끝난 이후부터 강렬한 감정을 느끼고 있다고 말했습니다. 빅토리아는 자신이 나쁜 엄마라고 생각하지 않는다고 한 제 말을 꺼냈습니다. 빅토리아는 저에게 자신을 안아 달라고 하거나 가까이 와 달라고 말하고 싶은 욕망이 크게 생겼다고 말했습니다. 동시에 자신은 도망가거나 숨고 싶음을 느꼈다고 말했습니다. 빅토리아는 처음으로 다음 상담시간까지 기다리는 시간이 영원처럼 느껴졌다고 했습니다. 한 주 동안 빅토리아는 자신에 대해 다소 우울한 느낌이 들었고 저에게 화가 났지만 왜 그런지 확실하지는 않았다고 했습니다. 그리고 "어떻게 그렇게 모순적인 것들을 느낄 수 있나요?"라고 물었습니다.

저는 빅토리아의 분노 그리고 안기고 싶고 제가 보살펴 주기를 바라는 감정의 속성에 대해 질문하였습니다. 빅토리아는 가까워지고 싶은 욕구 때문에 당황했고 예전에 그와 같은 감정을 느꼈는지 기억할 수 없다고 말했습니다. 자신의 분노에 대해서는 저의 몇몇 질문에 화가 나는 것을 깨달았다고 말했습니다. 저는 빅토리아의 마지막 말이 "저는 나쁜 엄마가 아니에요. 선생님이 아시다시피." 였다는 것을 상기시켰습니다. 제가 자신의 양육에 대해 반대심문을 함으로써 자신이 나쁜 엄마인 것처럼 느끼게 한 건 아닌지 물었습니다. 빅토리아는 이 질문에 매우 놀랐습니다. 그리고는 이 모든 감정이 자신의 책임이라고 생각했다고 말했습니다. 제가 그 점을 언급했기 때문에 빅토리아는 그 상담시간 동안 저에게 화가 났었던 것입니다.

빅토리아는 강인했고 우리 관계도 굳건했기 때문에 제가 아이가 있는지 물었던 것을 지적하는 기회를 가지게 되었습니다. 빅토리아는 제가 아이가 없다는 것을 이미 알고 있었고 그래서 저는 이것이 비꼬는 것이라고 생각했는데 제가 잘못 생각한 것일까요? 빅토리아는 제가 그만 말하기를 바랐습니다. 제가 양육에 대해서 무엇을 알겠습니까? 저는 감정을 개입하지 않고 사무적으로 이야기했고 빅토리아는 약간 겁먹은 듯한 웃음을 지었습니다. "아이쿠, 제가 그랬다고 생각해요. 그렇지 않나요? 제 말은 선생님께 정말로 상처를 주고 싶지는 않았다는 거예요. 제가 그랬다면 죄송해요. (잠시 멈춤) '제가 그랬다고 생각하는데 그렇지 않나요?'라고 말한 이게 제 문제인가요?"

저는 아니라고 대답했습니다. 사실 저는 빅토리아에게 지나치게 공격적으로 질문했던 것을 사과하고 그것은 역전이 문제였다고 솔직하게 말했습니다. 저는 도를 넘었었고 결과에 대해 책임지기를 원했습니다. 그리고 저는 왜 빅토리아가 분노에 차서 저를 비난했는지 이해했습니다. 빅토리아는 "고마워요. 사과를 받아들이겠어요."라고 대답했습니다. 우리는 서로가 너무 가까워져서 나약한 느낌이 드는 것이 두렵다는 데 대해 터놓고 이야기했습니다. 우리는 지난 상담시간이 얼마나 엉망이었는지에 대해 이야기했지만 이것은 우리가 서로 바로잡고 있고 상담과정이 본격 시작되었다는 신호라고 솔직하게 말했습니다.

저는 이 상호작용에 대해 두 가지를 이야기하고 싶습니다. 첫 번째, 우리 사이의 갈등이 필수불가결하고 계속 발생하곤 했지만 저는 제 개인 문제대로 행동했던 것이고 이것이 상담시간을 지배했습니다. 저는 이 점에 대해 책임을 져야 했고 제가 책임을 짐으로써 빅토리아는 해방감을 느꼈던 것입니다. 두 번째, 빅토리아는 저의 역전이 문제가 무엇인지 묻지 않았고, 저는 빅토리아에게 말하지 않았습니다. 빅토리아가 알아야 할 필요가 있다는 어떤 신호도 없었고 만일 역전이 이야기로 빅토리아에게 짐을 지운다면 상처에다가 모욕까지 추가로 주었을 것이라고 확신합니다. 지금부터 며칠 후, 몇 주 후 또는 심지어 몇 년 후에 빅토리아가 저에게 그것이 무엇이었는지 물어볼 수도 있습니다. 만약 그런다면, 그때 저는 빅토리아가 묻는 만큼 대답할 것이고 빅토리아가 묻지 않는다면 저는 그 이야기를 영원히 꺼내지 않을 것입니다.

마지막 상담시간에 우리는 각자 자신이 자각했던 감정을 주지화하거나 타협하지 않고 각자의 책임을 다했습니다. 둘 다 편안했고 빅토리아의 감정에 대해 이야기를 계속했습니다. 저는 "나는 당신이 나쁜 엄마라고 생각하지 않아요."라고 한 말이 빅토리아에게 약간은 과도하게 자극이 되기는 했지만 재앙 정도는 되지 않았다는 것을 알았습니다. 앞서 정의한 개입을 평가하는 준거를 적용하자면 빅토리아가 지난 상담시간에 일어났던 것을 한 주 내내 마음속에 두고 있으면서도 행동으로 나타내지도 않았고 증상을 보이지도 않았다는 점을 이야기하고 싶습니다. 빅토리아는 이러한 감정을 담아 둘 수 있었고 다음 상담시간에 가져올 수 있었습니다.

지난 상담시간 끝부분에 제가 했던 안심시키기는 저에게 면죄부를 주기 위해 제가 할 필요가 있던 것이라고 생각합니다. 제가 자신을 나쁜 엄마로 평가하고 있다고 빅토리아가 생각하고 있는 가운데 상담시간이 끝나 가고 있었습니다. 제가 앞서 말한 대로 그것은 사실이 아니었습니다. 그래서 저는 빅토리아의 자아상이나 빅토리아에 대해 제가 가지고 있는 자아상과 맞지 않는 다소 부정적인 무엇인가를 믿게 하는 대신 사실을 말할 수 있는 기회를 마련하였습니다. 빅토리아가 부정적 자아상을 가지고 한 주 동안 지낸다면 부모로서 자기를 바라보는 시각뿐만 아니라 저를 신뢰할 수 있는 자신의 능력에 대해서도 갈등하였을 것입니다.

🐦 빅토리아의 상담 내 상호작용 검토

제가 상호성, 협력 그리고 정서표현에 관해 논의했던 것 중 많은 것들이 이 사례에 알기 쉽고 일상적인 방식으로 포함되어 있다고 생각합니다. 극적인 사건이나 직면은 없었습니다. 보다 중요한 것은 제가 한 평가나 개입이 얻을 수 없는 정도의 자각을 보였다거나 어떤 실제적인 창의성을 요구하지는 않았다는 것입니다.

제가 빅토리아에게 저의 실수나 오해를 포함하여 일어난 일에 대해서 말해 보라고 하지 않았다면, 이 내용은 쉽게 묻혀 버릴 수 있었습니다. 빅토리아는 다음 시간에 와서 자신이 저에게 얼마나 애착을 느끼고 있고 그 느낌이 얼마나 강한지 이야기하는 것으로 상담을 시작하였습니다. 또한 지난 상담시간 이후에 슬프고 화가 났다고 말했습니다. 저는 그 전 상담시간을 빅토리아가 스스로 알아낸 양육에 대한 갈등은 물론 퇴행에 대한 갑작스러운 자각이나 제 행동에 대한 강한 반응에 초점을 맞추면서 그냥 보낼 뻔했습니다. 다른 말로 하면 빅토리아는 제가 곤경에서 벗어날 수 있도록 해 준 것인데 이는 자신에게 제가 필요했고 그만둘 때 저를 완전히 멀리하고 싶지 않았기 때문입니다.

상담목표로서 갈등 개념이 퇴색하면서 계속되는 작은 단절과 회복을 상담관계의 필수 부분으로 보는 생각도 없어지는 것 같습니다[주목할 만한 예외로 Safran과 Muran(2002)을 참고하기 바랍니다]. 당연히 이것은 대부분 장기상담에서 일어나는 경향이 있습니다. 그러나 전이-역전이 갈등은 단기상담에서도 일어날 수 있습니다. 이러한 정서교류의 가치와 그것을 어떻게 이끌어 갈지를 이해하는 것은 성공적인 상담자의 필수 사항입니다.

🐦 내담자의 고통을 함께 나누기

제1장에서 어떤 내담자에게는 울거나 심한 고통을 표현하는 것이 그들을 너무 나약하게 하고 또한 당황스러움이나 부끄러움을 느끼게 하기 때문에 어렵다고 언급했습니다. 제 경험에 따르면, 특히 남성은 자신의 슬픔이나 애도를 억제하는 경향이 있는 것으로 보입니다. 제 질문이나 이야기가 방어를 깨뜨려 고통스러운 감정이 표면으로 올라올 때 남성들이 이런 감정을 의식하게 되면서 불편해하는 일이 자주 있습니다.

초보상담자일 때 저는 얼굴에 감정이 나타나지 않게 하려고 노력했고 부드럽게 동정하는 표정으로 내담자들을 바라봤습니다. 저는 수년간의 경험을 통해 감추지도 않고 과장하지도 않으면서 자연스러운 감정반응이 제 얼굴에 나타나도록 하는 것을 배웠습니다. 저는 최근에 마크라는 사람을 상담했는데 마크는 55세의 이공계 교수로서 결혼생활이 엉망진창이었습니다. 아내의 주된 불만은 마크가 자신의 진짜 감정을 전혀 내보이지 못하는 것 같다는 것이었습니다. 마크는 거의 표현하지 않았고 주지화가 강력한 대처방식이라고 강하게 느껴졌습니다. 마크가 강한 감정을 내보이는 때는 주로 아내가 몇 시간 동안 언어학대를 할 때였습니다. 이때 마크는 아내에게 비명과 고함을 질렀습니다. 이럴 때 아내는 마크에게 나가라고 말했다가 마크가 나가려고 하면 아내는 울음을 터뜨리면서 가지 말라고 애원했습니다. 마크는 이렇게 반복되는 상황은 보통 좌절, 분노, 연민 그리고 슬픔이 혼합되어 있다고 묘사했습니다. 부부는 모두 상담을 받았고 결혼생활을 개선시키기 위해 작업하였으나 아내의 가장 친한 친구의 죽음은 마크에 대한 분노를 강화시켰습니다. 그것은 완전히 전쟁이었습니다.

마크가 상담시간에 왔을 때 더 이상 그가 아닌 것처럼 보였습니다. 체중이 줄었고 피곤하고 완전히 지쳐 보였습니다. 어느 날 상담시간에 와서는 아무래도 아내와 헤어져야겠다고 말했습니다. 자녀들은 아내의 분노로 심한 충격을 받았고 그는 아내를 달래는 데 모든 노력을 다했습니다. 그러나 아무 도움이 되지 않았습니다. 가정을 잃고 너무도 사랑하는 자녀들을 매일 볼 수 없다는 것이 자신에게 어떤 의미인지 이야기할 때 그의 얼굴은 떨리기 시작했고 눈물을 흘렸습니다. 그는 손으로 얼굴을 가린 채 심하게 울었습니다. 눈물을 닦으면서 저를 잠깐 넘겨 쳐다보았습니다. 마크는 나약한 감정상태에서 제가 자신의 고통을 어떻게 받아들이고 있는지 보기 위해 저를 보았던 것입니다. 그의 이야기가 너무 슬퍼서 저도 눈시울을 적셨고 제 얼굴에 그의 고통이 나타났습니다. 마크는 흐느낌을 멈추고 자신이 얼마나 가족을 사랑하고 있는지 그리고 잘해 보려고 얼마나 노력했는지 말했습니다.

이렇게 보통 때는 감정을 억제하다가 갑자기 감정을 강렬하게 표현하는 남성의 고통은 저로서는 견디기가 어려웠습니다. 마크가 울 때 제 얼굴에도 눈물이 흘러내렸고 저는 강한 신체반응을 느꼈습니다. 내장은 젤리처럼 느껴졌고, 저는 조용히 앉아 아무 말도 하지 않고 있었습니다. 마크는 몇 분 동안 많이 울었습니다. 많은 남성이 그렇게 하듯이 탁자 위의 휴지를 사용하지 않고 손과 셔츠 소매로 눈물을 닦았습니다.

마크는 감정을 수습한 후에 깨진 결혼관계에 대해 이야기하면서 이 결혼관계가 얼마나 비극적이었는지 계속해서 말했습니다. 마크는 제가 휴지를 뽑아 사용하는 것을 보았습니다. 그때 마크는 "상담자가 울어도 되는 건가요?"라고 약간 웃음을 지으며 말했습니다만 제가 상담자로서 자세를 유지할 수 없는 것은 아닌지 염려하는 말도 했습니다. 저는 "울 때도 있고 울지 않을 때도 있지요. 하지만 울어도 괜찮습니다."라고 말했습니다. 마크는 제가 여전히 상담자 역할을 할 수 있다는 것을 알고 안심하면서 이야기를 계속했습니다.

만약 제가 그의 강렬하고, 그답지 않은 그리고 원초적인 감정표현에 놀라는 표정을 보였다면 마크는 틀림없이 우는 것을 즉시 멈추었을 것입니다. 그가 흐느끼며 고통스러워 할 때 경험이 많은 상담자인 저도 조용히 앉아 있는 것이 어려웠기 때문에 이런 상황이 초보상담자에게는 어려울 수 있다고 짐작만 해 볼 수 있습니다. 제가 계속 함께 있을 수 있었던 유일한 수단은 제가 제 고통을 드러내는 것이었습니다. 그런데 이것은 제가 권위를 포기하지 않았다는 것을 마크가 알았기 때문에 가능했던 것입니다.

🐦 요약

상담에서 늘 자극되는 강렬한 역전이 감정뿐만 아니라 정서 의사소통의 실체를 더 많이 자각할수록 초보상담자는 내담자의 감정과 자신의 감정을 더 잘 다룰 수 있습니다. 이해와 위로만을 주려고 하다 보면 생산적이고 다룰 만한 갈등과 회복을 처리할 수 있는 기회를 놓칠 수 있습니다. 자각, 정서가 원만하게 흘러가게 유지하는 것이 상담에 도움이 된다는 확신 그리고 편견과 실수와 민감하지 못한 것을 기꺼이 인정하는 것 등이 풍성하고 계속 변화되는 관계에 기여하는 것입니다. 얼굴에 나타나는 미묘한 감정표현에 적절하게 맞추는 것도 정서가 표현되는지의 여부에 상관없이 내담자의 정서 자각을 촉진시킵니다.

어떤 사람이 거의 견디기 어려울 정도의 강한 슬픔과 고통을 느끼고 있을 때 그 사람과 함께 앉아 있을 수 있는 능력은 갖추기 힘든 기술일 수도 있습니다. 내담자를 불쌍히 여기거나 성급하게 위로하려고 하지 않으면서 고통을 표현하도록 촉진시키기 위해서는 고통을 표현하는 과정이 상담과정의 핵심이라는 믿음이 필요합니다. 숙제, 이완 그리고 부정적인 생각을 최소화하는 것을 더욱더 강조하는 훈련 프로그램은 초보상담자들이 '블랙홀'과도 같은 현실과 많은 내담자가 표현하는 한없는 절망을 대비하는 데 별로 도움을 주지 못합니다. 부정적인 생각은 내담자가 그들의 괴로움을 자유롭게 표현할 때 줄어드는 경향이 있습니다.

자기 표현이 가치 없는 예외적인 상황으로는 경계성 성격장애 내담자들에게서 나타나는 걷잡을 수 없는 '감정폭풍'과 앞에서 언급한 외상경험을 떠올리는 데 따르는 '불쏘시개' 반응 등이 있습니다. 다음 장에서는 경계성 성격장애와 정서조절과 관련하여 해결해야 할 과제에 대해 논의하고자 합니다.

제7장

경계성 성격장애
상담에서 정서를 다루는 문제

경계성 환자들은 모욕당하기 쉬운 성향이 있다.
이들은 다른 사람이 의도적으로 자신에게
수치심을 준다고 느끼는 뚜렷한 경향이 있다.

－Melvin R. Lansky(1992, p. 37)

감정을 통제하지 못하는 경향이 있는 내담자를 상담하는 것은 상담자에게 상당한 어려움과 스트레스가 됩니다. 특히 어려운 경우는 과다하게 경계하고 반응하며 강렬한 긍정적인 감정과 부정적인 감정 사이를 예측할 수 없게 오가는 내담자입니다. 이러한 내담자들은 대개 성격장애가 있는데 보통 경계성 성격장애(BPD)입니다. 이 진단 용어는 너무 경멸적으로 사용되어서 최근에는 선호하지 않습니다. 어떤 임상가들은 이 진단 범주를 언급하는 것만으로도 모욕을 주는 것처럼 느낍니다. 혼란된 내담자를 동정 어린 마음으로 논의하고 있는 서머스(1999)는 경계성 성격장애 대신 '취약한 성격' 으로 대체할 것을 제안했습니다. 저는 이러한 노력의 의도를 이해하고 존중하지만 무의미하다고 생각합니다. '경계성' 은 본래 모욕적인 단어가 아닙니다. 경계성 내담자들을 상담하는 과정에서 매우 자주 느끼는 강렬한 분노, 절망, 무기력 때문에 이 용어가 된 것입니다. 분노 어린 경멸적인 태도로 '경계성' 을 말할 때 부정적인 표현이 되는 것으로 이때는 진단이 아닌 모욕이 됩니다.

새로운 진단 용어를 만든다고 하더라도 똑같은 부정적인 역전이 감정을 느낄 수 있다고 생각합니다. 이런 이유와 용어의 의미를 이미 알고 있어서 편리하기 때문에 저는 경계성 성격장애라는 용어를 사용하고 있습니다. 이들 내담자에 대해 분노에 차거나 멸시하는 태도를 지지하지 않는다는 것은 말할 나위도 없습니다. 이들은 정서의 고통 때문에 오는 것이며 노련한 상담자를 필요로 하는 사람들인 것입니다.

정서연구의 관점에서 보면, 경계성 성격장애에 대한 DSM-IV-TR 정의의 가장 심각한 문제는 이 편람에서 설명하고 있는 내용이 아니라 배제되어 있는 내용들입니다. 이 장 뒷부분에서는 경계성 성격장애에서 정서가 하는 역할을 규명한 최신 연구에 대해 논의할 것입니다. 이 장에서는 문헌을 선택하여 고찰한 것으로 이 장에서 제시한 임상주제에만 한정되어 있습니다.

🐦 경계성 성격에서 유전과 환경

경계성 성격장애가 있는 내담자가 강렬하고 다양한 정서를 보이는 것은 유전이라는 증거가 점차 늘어나고 있습니다(Linehan, 1993). 많은 상담자가 오랫동안 생각해 온 것을 지지해 주는 증거로 원인을 아직 모르지만 경계성 성격장애가 있는 내담자들의 뇌활동은 다른 것으로 보입니다. 그레고리와 레멘(2008)은 "경계성 성격장애는 다양한 뇌 영역의 역기능 또는 위축과 관련되어 있다는 것을 증명해 오고 있다(Lieb, Zanarini, Schmah, Linehan, & Bohus, 2004)."라고 보고하였습니다. 문제가 된 뇌 영역은 "기억, 각성, 정서처리, 귀인 그리고 의사결정과 같은 다양한 기능을 가진다."라고 주장합니다(p. 15).

경계성 환자를 상담한 경험이 있는 상담자들은 경계성 성격장애 내담자들이 과거의 대화나 사건을 자신들과는 상당히 다르게 지각하는 상담자와 다른 사람들의 의견에 거의 동의하지 않는다는 사실을 인정할 것입니다. 과거에는 이러한 차이를 자신들이 편한 대로, 필요한 경우 현실을 왜곡하기 위해 조종하고 심지어는 거짓말하려는 욕구로 귀인하였습니다. 누구나 자신의 이익을 위해 어느 정도 현실을 왜곡하지만 경계성 성격장애 내담자의 인지 결함의 문제는 보다 심각하게 논의할 필요가 있습니다. 이들이 때때로 상담자의 말을 잘 이해하지 못하는 것은 고집이나 현실을 왜곡하려는 욕구보다는 일시적이거나 영구적인 뇌의 역기능과 관련 있을 수 있습니다. 상담자는 경계성 성격장애가 있는 내담자의 행동을 순수하게 현실검증과 인지 처리의 문제로 보기보다는 조종하려는 것이라고 너무 급하게 생각할 수 있습니다.

경계성 성격장애 내담자에게 있는 '감정폭풍'의 강도와 경향성이 본성과 환경에서 각각 얼마나 영향을 받는지에 대한 충분한 정보는 아직 없습니다. 흥미로운 것은 트룰(2001)에 따르면, 부모의 정신병리는 중요한 병인은 아니지만 어떤 형태로든 신체학대 또는 성학대가 빈번하게 있다는 것입니다. 보편적인 경계성 성격장애 특징은 억제불능(충동성)과 부정적인 정서성이었습니다. 경계성 내담자들의 삶을 보면, 반복되는 유기 위협부터 성학대까지 모든 것들이 자주 나타나 몇몇 연구자들은 이들이 어떤 외상을 겪은 것이라고 가정하였습니다.

그러나 그레이바와 바우틸리어(2002)는 그러한 생각을 반박합니다.

이들은 경계성 성격장애 내담자의 20∼40%는 어떠한 학대경험도 없다는 가바드(1996b)의 연구를 인용하고 있습니다. 이들은 또 포시, 마디두, 마페이(1999)가 아동기 성학대는 "경계성 성격장애의 주된 위험요인이지만 선행요인이라고 결론 내릴 수 없다."라고(p. 153) 했음을 보고합니다. 이들의 연구는 학대경험이 없는 '아주 소수'의 경계성 성격장애를 설명하는 데 기여하고 있습니다.

그레이바와 바우틸리어(2002)는 외상경험이 없이 경계성 성격장애로 가는 네 가지 경로를 설명하고 있습니다. 세 가지 경로는 모두 유전과 기질에 관련이 있는데 신경 손상과 과민성을 나타냅니다. 마지막 한 경로는 어머니의 약물남용입니다. 외상경험이 없는 경계성 내담자는 외상경험이 있는 경계성 내담자와 같이 정서나 관계에서 불안정하지만 다른 상담접근이 필요합니다. 외상경험이 없는 경계성 내담자라고 하더라도 이들의 정서 생활을 지배하는 심각한 애착장애가 있다는 것을 반드시 명심해야 합니다.

쇼어와 쇼어(2008)는 다음과 같이 말합니다.

> 와트(2003, p. 109)는 "아동이 주로 분리, 고통, 공포 그리고 분노를 경험하면서 자라면 병의 원인이 되는 악성발달 경로를 거치게 되는데 이것은 단지 심리적으로만 악성 경로가 아니라 신경학상으로도 악성 경로다."라고 언급하고 있습니다. "이것은 초기 결정적 시기 동안 조직화된 불안정 애착과 비조직화된 불안정 애착의 이력이 급속하게 발달하는 아기의 우뇌에 '정서적으로 각인' 된다는 사실 때문이다."(Schore, 2001a, 2001b: 12)

이러한 패턴은 상담을 통해 새로운 정서경험을 반복함으로써 바뀔 수 있습니다. 정서관리와 정서 재교육은 경계성 내담자를 상담하는 상담자

의 일차 임무입니다. 그레이바와 바우틸리어(2002)는 상담자들이 자주
외상경험이 없는 내담자의 억압된 기억을 찾으려 한다는 사실에 주목하
고 있습니다. 이들은 신경 수준의 처리에 심각한 문제가 있는 것으로 보
이는 내담자는 집중적인 정신역동 상담보다는 지지치료에 더 잘 맞는다
고 밝히고 있습니다. 이런 이유는 정신역동 상담에서는 이들의 인지능력
수준을 넘어서는 인지 처리를 필요로 하기 때문입니다. 경계성 성격장애
진단에 이르는 이러한 다양한 경로는 이 진단범주에 들어가는 다양한 내
담자가 있어서 예후와 상담을 위해 개인에 맞춰야 할 필요가 있음을 시
사하고 있습니다.

경계성 성격장애 내담자들은 종종 어린 시절에 가족 중에서 두드러지
게 학대를 받거나 유일하게 학대를 받습니다. 저는 몇 명의 경계성 성격
장애 내담자를 상담한 적이 있는데 이들은 자신이 왜 늘 부모의 감정을
푸는 대상이 되었는지 이해가 안 된다고 말하였습니다. 이것은 이들이
가진 타고난 정서 강도로 설명할 수 있다고 생각합니다. 이들은 전형적
으로 의지가 강하고 감정적이며 심지어는 화를 잘 내기 때문에 정서가
불안정한 양육자들에게는 '버릇을 고치는 매'의 대상이 될 수 있습니다.
학대하는 부모들에게 반항함으로써 더 심한 학대를 받게 되는 경험은 흔
히 있습니다. 경계성 성격장애 내담자들은 "왜 나인가?"라고 묻는다면,
이들의 정서 강도와 겉으로 보이는 힘 때문에 자연스럽게 주목을 받는
것이라고 답할 수 있습니다.

🐦 낸시와 레베카

낸시는 제1장에서 소개했는데 제가 20년의 간격을 두고 두 차례 상담
한 내담자입니다. 같은 내담자를 두 차례 상담하는 것을 통해 저와 낸시

는 매우 많은 것을 배웠습니다. 제가 낸시에게 화가 났었고, 심지어는 가끔씩은 싫어했다고 말하면서 상담시간을 마쳤다는 사실을 떠올려 보기 바랍니다. 낸시가 자신이 저를 사랑한 방식대로 자신을 사랑해 주지 않는다고 저를 반복해서 호되게 비난했을 때, 저는 낸시의 반대되는 주장에도 불구하고 제가 사랑받는다는 느낌이 안 들었다고 말했습니다. 3년 동안 일주일에 두 번씩 만났던 첫 번째 상담과정 동안 낸시는 남편과 어린 딸에게 감정을 통제할 수 없는 상태에서 강렬한 정서폭풍을 조절하고 남편과 딸을 학대하는 것을 멈출 수 있는 상태로 바뀌었습니다. 또한 낸시는 남편과 성관계하는 동안 의붓아버지에게서 성폭행당하는 장면이 떠오르는 것을 성공적으로 극복했습니다.

모든 면에서 성공적이었습니다. 그럼에도 불구하고 상담을 마칠 때쯤 낸시는 자신이 화가 나 있을 때 남편과 다른 사람들이 그 화를 풀어 주어야 한다고 생각하고 있었습니다. 낸시는 더 이상 물건을 부수고 남편을 때리지는 않았지만, 제1장에서 기술했듯이 남편이 과장된 공감을 해 주기 바랐고 그럴 때까지 진정할 수 없었습니다.

이 장에서 경계성 성격장애를 설명하기 위해 인용할 내담자는 레베카입니다. 이 내담자도 제1장에서 소개하였습니다. 레베카는 강렬한 감정이 나오거나 나약한 상태가 되는 것을 두려워했기 때문에 공감에 대해서 다소 짜증스러워하는 로스쿨 학생입니다. 대부분 침착했으나 때때로 상담시간 동안 통제를 잃고 순간적으로 화가 폭발하기도 했는데 이는 제가 자신을 버리거나 자신에게 보복하지 않을까 하는 공포심을 일으켰습니다. 제5장에서는 잠재적인 자살계획이나 기능상실과 관련된 공동 노력에 대해 이야기했습니다. 저는 통제당하고 입원하게 되지 않을까 하는 레베카의 두려움을 직면시켰습니다. 다양성의 사례로 낸시와 레베카의 사례를 듭니다. 그 이유는 둘 다 아주 심한 수준의 정서 와해를 보이지만 나타나는 양상이 매우 다르기 때문입니다.

표현하는 방식에서 차이가 나는 원인은 그들의 환경 때문이라고 생각합니다. 낸시는 가정이 매우 역기능적이고 감정적이었습니다. 낸시의 아버지는 낸시가 6살 때 집을 나갔습니다. 낸시의 어머니는 계속해서 비명을 지르고 소리쳤습니다. 어머니가 낮 동안은 일하고 밤에는 데이트를 하느라 밖에서 지내는 동안 낸시와 동생들은 방치되어 있었습니다. 이후 어머니는 어떤 남자와 결혼했는데 이 사람은 낸시와 여동생을 성학대를 했습니다. 낸시의 아동기는 모든 면에서 혼돈이었습니다. 어머니는 자신에게만 화를 내지 않으면 낸시가 아무리 소리를 지르면서 화를 내도 아무런 조치도 하지 않았습니다. 낸시가 어머니에게 분노를 표출하면 어머니는 보복으로 도로 화를 내거나 교육을 한다고 낸시의 양 뺨을 번갈아 가며 때리곤 했습니다.

레베카는 극명하게 대조가 됩니다. 레베카의 가정은 교육 수준이 높은 중상위층으로서 큰 소리를 내는 것은 무례한 것으로 간주되었습니다. 레베카의 어머니는 주위에 아무도 없을 때만 언성을 높였고 레베카와 자매들에게 철회와 심한 비난 그리고 모욕을 번갈아 했던 것이 외상경험이 되었습니다. 그들은 언제 공개적으로 조롱당하게 될지 몰라 어머니를 화나지 않게 하려고 조심했습니다. 레베카의 아버지는 '좋은 부모'였습니다. 애정이 풍부하고 따뜻했으며 자녀들과 잘 놀아 주었습니다. 그러나 상담을 시작한 지 일 년 정도 되었을 때 레베카는 방과 후 아버지와 했던 몇 가지 놀이들은 살짝 위장된 성적 놀이가 포함되어 있었다고 떠올렸습니다. 이 놀이를 하면서 아버지의 성기가 발기했습니다.

레베카는 아동기와 청소년기 때 심하게 불끈하는 것이 때때로 있었습니다만 대개는 어머니가 못마땅해하는 것이 상처가 되어 상처받지 않기 위해 표출하지 않았습니다. 레베카는 자신을 얌전하고 차분하다고 표현합니다. 그러나 제가 제1장에서 언급했듯이 레베카는 해리라는 방어과정을 통해서 그렇게 할 수 있었을 뿐입니다. 강렬한 감정을 드러내는 것을 피하기 위해 레베카는 긍정적인 감정이건 부정적인 감정이건 감정이 강렬해질 때마다 자신을 단순히 없애 버렸던 것입니다.

낸시와 레베카는 둘 다 정서조절에 심각한 어려움이 있다고 호소합니다. 낸시의 경우 정서조절 문제는 감정폭풍과 이 감정폭풍이 자신과 주변 사람들에게 일으키는 고통을 경감시키거나 없애기 위한 방법을 찾는 것과 관련이 되어 있습니다. 레베카의 경우 해결해야 될 과제는 덜 철회되고 더 말을 많이 하며 상담시간 동안 해리 없이 강렬한 감정을 느끼도록 돕는 것입니다.

이 장 나머지 부분에서는 이 두 내담자와 했던 협력작업에 대해 논의합니다. 여기서는 주로 두 내담자의 정서 생활 그리고 이들의 정서 생활이 정서에 대한 문헌이나 경계성 성격장애에 대한 문헌과 어떻게 맞아떨어지는가에 중점을 두고 있습니다. 다음으로는 정서와 연결된 경계성 성격장애의 몇 가지 두드러진 특징과 상담에서 해야 할 정서 의사소통 과제를 열거하였습니다. 이러한 특징들은 일반적인 상담에서 전반적으로 나타나는 데 여러 요소가 함께 나타납니다. 그럼에도 불구하고 한 번에 하나씩 논의할 수밖에 없기는 하지만 두 내담자와 제가 맺은 관계에 이 특성들을 포함시켜 이야기합니다.

🐦 기본 신뢰와 그 이상

정신분석 문헌에서는 심하게 와해된 내담자를 위해 '버텨 주는' 환경의 필요성 그리고 '견디기' 제공과 관련하여 비온(2003)과 위니콧(1986)의 저서를 강조합니다. 문헌에 보면, 성격장애 내담자들이 해석이나 말로 하는 엄격한 인지개입에서는 별로 이득을 얻지 못하는 것으로 널리 알려져 있습니다. 그래서 수십 년 동안 이들 내담자들의 견디기 어려운 정서상태를 견뎌 주는 것을 강조해 왔는데, 이는 상담자가 내담자로서는 다룰 수 없는 강렬한 감정을 견뎌 낼 수 있다면 내담자도 결국 똑같이 배울 것이라는 생각입니다.

제가 초보상담자일 때부터 보면 이러한 전략은 대개 잘 들어먹히지 않았고 효과가 없었습니다. 저는 정신분석 동료인 어윈 허쉬스(2008)와 같은 생각인데, 그는 너무도 많은 상담자가 다양한 역전이 문제 때문에 견뎌 주는 기간을 필요 이상 보낸다고 염려합니다. 내담자를 과도하게 유약하게 여기고 계속해서 무조건적인 수용이 필요하다고 보는 것은 내담자에게 해가 됩니다. 일단 상담자가 신뢰할 수 있고 자비로운 환경을 구축했다면 내담자의 초기 발달에 부족했던 정서반응을 점차로 도입해야 합니다. 개입을 평가하는 의미로 상담자는 이 내담자들이 정서 의사소통과 피드백에 대한 욕구가 있다는 것을 자각하고 있을 필요가 있습니다. 상담자가 계속되는 비난이나 정서폭풍 또는 우울한 철회와 절망 앞에서 수동적인 태도로 임하는 것은 상담에 도움이 되지 않습니다. 이것은 정서적인 개입을 바라는 경계성 성격장애 내담자에게서 분노를 일으키고 그다음에는 철회를 불러일으킬 수 있습니다.

레베카의 경우에는 상담초기에 제 감정이 솔직한 것인지 '시험' 했습니다. 제1장에서 저는 레베카가 이전에 두 명의 상담자에게 상담을 받았다고 언급하였습니다. 이들 상담자는 도움이 되기는 했지만 변화를 촉진시키기보다는 현 상태를 유지하는 데 도움이 되었습니다. 세 번째는 젊은 정신과 의사에게 상담을 받았는데 레베카의 의사와는 상관없이 강제입원을 시켰습니다. 여러분들이 기억하듯이, 레베카는 제가 '상담자 목소리' 를 가지고 있지 않아서 저와 상담할 수 있겠다고 생각했다고 했습니다. 이 말을 할 때 레베카는 지나치게 부드럽고 꾸민 듯한 동정하는 목소리 어조를 흉내 냈습니다. 레베카는 자신이 어린애처럼 취급받는 것, 즉 입원하는 데 관심이 없다고 했습니다. 저는 여기에 대해 어떻게 생각했을까요?

'과도하게 염려를 표현하는' 상담자를 흉내 내는 레베카를 보면서 크게 웃었습니다. 레베카는 그렇게 흉내 내는 것을 즐겼습니다. 레베카는 훌륭한 유머감각을 가지고 있었습니다. 그리고 제 직업에 대해 레베카가 놀리고 있음을 제가 아는 것도 만족해했습니다. 그리고 제가 이전에 언급했듯이 입원을 고려할 수 있는 상황에 대해 자신과 솔직하게 대화해 준 것을 매우 고마워했습니다. 동시에 상담을 마치고 나갈 때 문을 쾅 닫고 나간 것을 포함하여 처음 화를 폭발했을 때 수용해 주었던 것이 레베카가 안전하게 느끼는 데 도움이 되었습니다. 제가 레베카의 처음 공격적인 행동에 대해 화를 내거나 용납하지 않았다면 분명히 부모의 행동에서 학습했듯이 그러한 행동을 억제하였을 것입니다. 부모는 어떠한 화나 보복도 허락하지 않았는데 이러한 태도는 레베카를 항상 복종하게 하고 공손하게 하도록 했습니다.

레베카 또한 어떤 정서라도 경험을 하지 않고 회피하려는 경향성을 줄이기 위해 제가 필요했습니다. 레베카의 침묵은 약간 부담은 되었으나 상담초기에 제가 적극적으로 하지 않았다면 레베카 또한 침묵은 하지 않았을 거라고 생각합니다. 저는 레베카가 더 많이 이야기하도록 부드럽게 밀어붙였는데 특히 깊은 감정을 경험하는 내용에 대해서는 어떤 것이라도 이야기하도록 했습니다. 레베카가 저의 노력을 고마워한다는 것이 분명해 보였습니다. 레베카는 자신이 껍질 안에 살고 있고, 누군가가 그 껍질을 깨서 자신을 자유롭게 해 주기를 갈망하고 있는 것으로 보인다고 말했습니다(우리는 이러한 환상의 '구원' 측면에 대해서도 이야기를 했는데 저는 오직 레베카가 저와 작업해 보도록 권할 수 있을 뿐이지, 제가 그렇게 하도록 하거나 제가 구원해 줄 수는 없다고 이야기했습니다).

훈련을 받고 있는 상담자는 정서 피드백에 대해 어떻게 해야 하는지 궁금해할 수 있는데, 특히 버려지는 것에 대해 두려워하고 정서반응을 갈망하는 내담자의 경우에는 더욱 그럴 것입니다. 제가 앞서 제시한 원칙을 다시 기억해 보십시오. 역전이를 자각하고 이것을 개입의 지침으로 사용하는 것이 매우 중요합니다. 저는 대부분의 상담자가 내담자를 처음 상담할 때 그 내담자가 아무리 까다롭더라도 동정하고 호기심을 가지는 것은 자연스러운 일이라고 생각합니다. 대부분의 상담자처럼 저도 내담자가 새로운 감정표현을 하는 것을 볼 때 설사 저에 대해 분노를 표현한다고 하더라도 기쁩니다. 저는 정신건강 전문가들을 장난스럽게 흉내 내거나 평소의 모습과 달리 문을 쾅 닫고 나가는 레베카와 같은 내담자에 대해 분노나 화를 느끼지 않습니다.

그와는 정반대로, 저는 진심으로 레베카의 유머감각을 재미있어 했고 레베카가 문을 쾅 닫고 나갔을 때 오히려 기뻤는데 레베카가 저를 시험해 보고자 하는 용기를 내었기 때문입니다. 이후에 저의 용서를 구하는 전화 메시지에서 레베카는 제가 복수할까 봐 얼마나 두려웠는지 이야기 했습니다. 제가 화나지 않았다는 것을 확인시켜 줬을 때, 레베카도 똑같이 문을 쾅 닫고 나가는 대신 상담시간 동안 자신의 감정에 대해 더 많이 자각하기 위해 노력하겠다고 하였습니다.

시간이 흐르면서 관계가 두터워지고 성숙해짐에 따라 내담자와 상담자의 정서는 모두 발전합니다. 제가 앞서 설명한 S박사와 그의 내담자를 보면, 내담자가 처음으로 자신의 고통에 대해 이야기했을 때 서로 감정을 나누기 시작했지만 점차 서로 별로 자극하지 않고 지루한 형태로 바뀌었습니다. 관계는 본질적으로 유기적입니다. 변화는 불가피한데 이는 상담 동맹이 일단 맺어지면 상담자는 더 이상 거기서 만족할 수 없다는 것을 의미합니다. S박사의 경우 어느 시점에서 내담자를 깊이 공감했고 이후로는 더 많은 것을 기대하면서 내담자 이야기가 점차 자극을 주지 않게 되었습니다. 관계에서 상호성의 기본 원칙상 내담자 역시 지루했을 것이라고 말해 줍니다. 이때가 변화의 시기인 것입니다.

레베카와 관련하여 상담이 아직 그 지점까지 도달하지는 않았지만 언젠가 저는 레베카가 하는 말이나 행동 때문에 틀림없이 화가 날 것입니다. 제가 상담했던 모든 경계성 성격장애 내담자에 대해 그랬습니다. 시간이 흐르면서 상담자가 내담자에 대한 자신의 정서반응이 발전하고 보다 복잡해질 것을 예상하는 것은 중요하다고 생각합니다. 상담초기에 인내와 안전은 핵심 주제입니다. 관계가 발전하고 전이와 역전이의 상호작용이 깊어짐에 따라 더 많은 정서반응이 나타나는 것은 불가피할 뿐만 아니라 바람직한 것입니다. 이러한 반응에는 상담초기에 상담자에게 약간의 죄책감을 유발할 수 있는 부정적인 감정도 포함되어 있습니다.

정신분석 접근에서도 상담자와 내담자의 갈등이 상담과정에서 필수적이라고 보는 생각은 대개 포기되었던 것으로 보입니다(Bird, 1972; Wachtel, 2007). 이 생각은 상담자는 모든 것을 수용하고 내담자의 어떠한 행동도 모두 참을 수 있는 능력이 있어야 한다는 이상적인 생각으로 대체되었습니다. 아동분석가 위니콧(1963)의 저서로 추측해 보면, 몇몇 임상가들은 내담자를 대할 때 정확한 피드백을 받아들이고 활용할 수 있는 성인으로 보는 것이 아니라 달래 줘야 하는 울고 있는 아기로 보는 것 같습니다. 이러한 태도는 의존성을 조장하고 상담에 도움이 되지 않는 퇴행을 만들어 낼 수 있다는 허쉬(2008)의 생각에 동의합니다.

🐦 수치심

낸시가 상담 받았던 첫 번째 기간에 낸시는 20대 후반이었는데 이때는 남편에 대한 공생적이고 유아적인 애착을 포기할 준비가 되어 있지 않았습니다. 이들 부부는 비교적 젊은 나이에 결혼하면서 차갑고 적대적이었던 어린 시절의 환경으로부터 피난처를 발견했습니다. 그리고 이들은 서로에게 그렇게 해 줄 수 있었습니다. 바첼(1993, 2007)이 가정했듯이 이 들은 상대방을 만족시키기도 하고 좌절시키기도 하는 초기 관계에 바탕 을 둔 관계체계를 형성했던 것입니다.

낸시가 반복해서 신체적으로 그리고 언어적으로 학대하는 대상이 남 편이라는 점을 부인하지는 않지만, 낸시의 남편은 많은 경계성 성격장애 배우자들과 마찬가지로 무의식적으로는 아내의 정서폭발에서 대리 만 족을 얻고 있었습니다. 스스로가 과도하게 억제되어 있었기 때문에 자신 이 정서적으로 압도당하는 것처럼 느껴질 때 아내를 자극하곤 했던 것입 니다. 낸시는 수치심과 모욕감 그리고 굴욕감을 느끼면서 흐느낌으로 감 정폭풍을 끝냈습니다. 낸시만 이상한 사람이 되었습니다. 저는 경계성 성격장애가 있는 내담자와 그 배우자 간의 역동이 종종 간과된다고 생각 합니다. 이는 언어학대를 당하는 상담자가 '결백함'을 투사하면서 배우 자와 동일시하는 데도 일부 원인이 있다고 봅니다. 궁극적으로 경계성 성격장애가 있는 사람들은 지나치게 공격적인 행동 때문에 처벌을 받고 심한 대가를 치릅니다.

나산손(1994)과 바쉬(1991)는 수치심에 대해 또 다른 이유를 제안하고 있습니다. 이들에 따르면, 경계성 성격장애 내담자들은 생애 초기에 부 인되었던 정서반응을 만족시키려는 가운데 수치심을 느낀다고 합니다. 이들은 정서 면에서 부족하고 박탈되어 있다는 데 대해 스스로를 비난하 면서 자신들은 필요한 것을 얻을 가치가 없다고 느낍니다.

낸시가 상담 받았던 두 번째 기간은 50대 초반이었습니다. 두 번째 상 담기간의 과제 가운데 하나는 개인 차원의 변화와 부부 문제를 해결하는 것이었습니다. 낸시는 남편에게 자신이 감정폭풍을 지속하는 것을 남편 이 필요로 한다고 지적하였습니다. 낸시는 두 번째 상담기간의 첫 상담 시간에 자신과 남편 사이의 말다툼은 나이가 들면서 둘 다에게 참을 수 없는 것이 되었고 이제 그만둬야 한다고 말했습니다. 그래서 우리는 낸시가 자신의 감정을 남편이 책임지도록 자신이 어떻게 하고 있는지 그리고 남편이 참을 수 없는 갈등이 일어나도록 어떻게 공모하고 있는지 보도록 협력작업을 했습니다. 예측할 수 있는 것과 같이 낸시는 자신의 감정에 대해 더 많이 책임을 지고 그 감정들을 더 잘 다룰 수 있게 되면서 수치심을 훨씬 덜 느꼈습니다. 반복되는 수치스러운 행동의 순환을 깨는 것은 경계성 성격장애 내담자의 자존심을 높이는 데 필수입니다.

　레베카에게 숨겨져 있던 수치심은 아버지와 했던 어린 시절의 성적 놀이였는데 레베카는 이것을 오랫동안 억압했습니다. 이것을 상담에서 떠올렸을 때 레베카는 이 사실을 그렇게 오랫동안 잊고 있었다는 것에 놀랐습니다. 하지만 저에게 이야기할 때 수치심을 많이 느꼈습니다. 레베카와 낸시 둘 다 왜 어머니로 하여금 아버지의 부적절한 성행위를 그만두게 하지 못했는지 의아해했습니다. 그리고 이 사실에 대해 수치심을 느꼈습니다. 레베카는 자신이 남자를 유혹했다는 것을 점차 자각하였는데 이 사실도 완전히 잊고 있었습니다. 레베카가 자기 자신을 관찰할 수 있게 된 것은 아버지와 있었던 경험에 대해 이야기를 많이 나눈 이후에 가능했다고 생각합니다. 이러한 이야기에는 부모와 자녀 사이에 성적인 접촉이 일어날 때 이것은 아동의 잘못이 아니라는 명백한 사실도 포함되어 있습니다. 레베카가 자신의 계속되는 유혹 행동 그리고 이러한 행동을 통해 자신의 능력을 느낀다는 것을 저의 어떤 언질이나 해석 없이 자각했을 때 저는 매우 감동했습니다.

🐦 거짓 정서

　경계성 성격장애 내담자가 자신을 화나게 하는 일, 특히 과거부터 있었던 일에 대해 이야기하고 거짓된 감정을 표현하는 것은 드문 일이 아닙니다. 많은 임상가는 이것을 경계성 성격장애 내담자가 보이는 조종 신호로 언급하고 있습니다. 내담자가 우는데 상담자가 아무것도 느낄 수 없다면 내담자의 정서표현에 무언가 진실성이 없을 수 있다는 것에 동의합니다. 저는 제2장에서 소개했던 경계성 성격장애 내담자인 안드레아에게 이 주제에 대해 실제로 물어보았습니다. 안드레아는 타인과 관계를 지속할 수 없고 길에서 종종 낯선 사람과 소리치며 싸우는 사람이었습니다. 또한 제가 자신의 정서 문제에 대해 했던 교육을 매우 성공적으로 사용했던 사람이었습니다.

어느 날 밤 안드레아는 저의 사무실에 전화를 걸어 메시지를 남겨 놓았습니다. 그는 엄청나게 울었는데, 남자친구가 떠나서 상처를 받은 것이 분명했습니다. 전화를 걸어 이야기하면서 저는 안드레아의 고통을 느낄 수 있었고 안됐다는 느낌이 들었습니다. 이틀 후 안드레아가 조금 울면서 다시 남자친구에 대해 말했을 때 안드레아에게서 아무것도 느끼지 못했습니다. 저는 상담관계가 충분히 튼튼해져서 이 사실에 대해 이야기하고 전화로 이야기할 때 느꼈던 것과 비교할 수 있겠다고 판단했습니다. 덧붙여 설명하자면, 전화할 때 보인 감정은 강렬하고 진짜로 보였던 반면, 상담시간에 그 사건에 대해 다시 이야기할 때는 이런 감정을 그냥 연기하는 것처럼 보인다고 했습니다. 안드레아가 이에 대해 어떻게 생각했을까요? 상담시간에 안드레아가 그 정도는 느끼지 않았다는 저의 지각이 정확했을까요(저는 이러한 질문이 진실된 호기심에서 나왔고, 비난을 의미하거나 비난하려고 한 것이 아니었으며, 사실을 있는 그대로 말한 것이라는 것을 강조하고 싶습니다)?

안드레아는 잠시 생각한 후 자신이 그렇게 깊이 느끼고 있지 않다는 것은 인정해야겠다고 말했습니다. 안드레아는 감정에 빠지지 않으면서 이별에 대해 이야기하기를 원했습니다. 하지만 자신이 고통스러워 한다는 것을 제가 알아주기 원했습니다. 저는 우리 사이의 이러한 이해가 안드레아의 행동에 중대한 변화를 가져오지는 않았다고 솔직히 밝힙니다. 안드레아는 제 앞에서 나약한 상태에 빠지는 것을 원하지 않았습니다. 여기의 일부 원인은 우리 관계가 언젠가는 끝날 것이기 때문이었습니다. 그러나 제가 안드레아의 감정이 진실하지만 그 순간에는 적절하게 느껴지거나 표현되지 않았다는 것을 이해했다면 제가 안드레아를 상담하는 것이 더 수월했을 것입니다. 안드레아는 저를 조종하려고 하거나 속이려고 하지 않았습니다. 단지 자신을 보호하려고 애쓴 것뿐이었습니다.

이와 관련된 정서 주제는 그린(2000)이 구체적으로 기술했습니다. 이 책에서 저자는 경계성 성격장애 내담자들은 통제가 안 될 정도로 감정이 넘쳐나고 이 때문에 어쩔 수 없이 다시 외상을 경험하지 않을까 하는 공포가 있다고 기술하였습니다. 저는 그린의 견해에 동의하지만 제 경험으로 보면 공포의 범위가 더 넓을 수 있다는 점을 추가하고 싶습니다. 경계성 성격장애 내담자들이 스스로 하는 정의에 따르면, 이들은 어린 시절에 적절한 반응을 받지 못했다고 생각합니다. 그 결과 이들은 외상을 겪지 않을 때조차 심하게 놀라고 통제를 잃었다고 느낍니다. 통제를 잃은 느낌의 일부는 아동기의 실제 무기력과 관련이 되어 있습니다. 이들은 자신의 삶에서 일어나는 사건과 그러한 사건의 정서 영향을 통제할 수 없었습니다. 이러한 공포스러운 아동기 상태는 성인기로 옮겨 갑니다. 경계성 성격장애 내담자 가운데 인지능력이 가장 뛰어나고 영향력이 있는 사람조차 스스로를 자신의 삶에 대해 전혀 또는 거의 통제를 하지 못한다고 보는 경향이 있습니다.

힘과 무력함

무력감을 느끼는 것은 사실상 경계성 성격장애 내담자들에게 일관되게 나타나는 삶의 주제입니다. 그리고 무력감 때문에 그들은 동료들로부터 유기, 거부, 창피와 관련된 두려움을 느낍니다. 자신들은 의미 없는 존재여서 다른 사람에게 아무런 실질적 영향을 미치지 못한다고 확신하기 때문에 자신의 감정을 과장하기도 하고 절망하여 포기하는 경향이 있습니다. 그들이 부적절하게 공격적일 때 다른 사람들이 두려워서 방어적으로 화를 낸다는 사실을 그들은 보통 알아차리지 못합니다. 다른 사람의 얼굴에 나타난 감정에 대해 알아야 하는 것과 이들이 보고하는 것 사이에는 차이가 있습니다. 만일 여러분이 경계성 성격장애 내담자들에게 그들이 얼마나 다른 사람에게 영향을 미치는지 물으면, 저는 그들이 "조금 있거나 없다. 아무도 나에게 관심이 없다."라고 대답할 것임을 경험을 통해 알았습니다.

경계성 성격장애 내담자의 실제 영향력과 그들 스스로의 평가 간 차이는 어린 시절 이미 그들의 뇌에 새겨진 감정프로그램의 힘과 관련 있습니다. 경계성 성격장애 내담자는 자신이 무력해질 것이라고 예상합니다. 강한 두려움이나 좌절감을 자극하는 상황에 직면했을 때, 유년 시절에 기인한 압도적 감정프로그램이 활성화되어 실제 상황을 인지해 내는 현실감을 방해합니다. 이것이 경계성 성격장애 내담자의 내적 정서 생활의 실질적 변화와 대인관계에 관한 정서적 재교육이 절대적으로 필요한 이유입니다.

인정과 사랑을 원하는 욕구는 경계성 성격장애 내담자로 하여금 복종과 공격적인 행동 사이에서 종종 심한 변덕을 부리도록 합니다(Linehan, 1993; Russell et al., 2007). 일상적으로는 입버릇이 사나운 사람이 한편으론 자주 아첨할지도 모릅니다. 그러나 두 행동은 사랑과 인정을 위한 욕구를 충족시키지 못하고, 궁극적으로는 경계성 성격장애 내담자가 속으로 부끄러움과 굴욕감을 느끼도록 만듭니다. 이 순환은 끊이지 않고 반복됩니다.

던(1994)은 일반적인 정서발달의 결과 중 하나는 "가까운 관계에서 느끼는 친밀감과 힘의 발달"이라고 지적했습니다(p. 355). 힘에 대한 분별력 부족은 경계성 성격장애 내담자로 하여금 대인관계에서 힘을 요구하게 하고, 불필요한 권력투쟁을 하도록 만듭니다. 일부 경계성 성격장애 내담자들에게는 모든 관계가 권력투쟁과 잠재적인 교착상태에 빠져 있는 것처럼 보입니다. 그러므로 이러한 투쟁을 피하도록 가능한 한 모든 노력을 하는 것이 상담자의 의무입니다. 그러기 위해서는 연민, 특히 상담자의 실수나 둔감함을 기꺼이 인정하는 유연함이 요구됩니다. 나중에 자세히 이야기하겠지만, 상담자에 의한 피학적 굴복은 관계 안에서 힘의 불균형을 부채질합니다. 어떤 것을 그냥 내버려 두는 것과 진정시키는 것의 차이는 종이 한 장일 수 있습니다. 경계성 성격장애 내담자를 상담하는 과정에서 이러한 섬세한 균형을 달성하는 것이 상담목표의 하나로 존재합니다. 당연히 목표에 미치지 못할 수도 있습니다. 그리고 제가 이 책에서 앞서 서술한 대로, 실수는 상담자가 올바른 길로 들어섬으로써 만회될 수 있습니다.

🐦 경계성 성격장애 내담자의 우수한 감정-읽기 능력

의심할 여지 없이, 경계성 성격장애 내담자를 만나는 상담자가 직면하는 일들은 기념비적입니다. 상담자들은 경계성 성격장애 내담자의 '감정에 따라 움직이는 기차'를 멈추도록 오랜 시간에 걸쳐 반드시 도와야 합니다. 두려움이나 억압된 분노에 기초한 역전이의 기본 반응들은 상담자들이 주로 의미 있는 대화 대신에 연출을 하도록 합니다. 물러나거나 거절하는 순간 심하게 경계하는 경계성 성격장애 내담자로 인해 꼼짝할 수 없게 되고 이 때문에 상담자는 매우 자주 방어적인 태도를 보입니다.

상담자들은 경계성 성격장애 내담자가 아주 조금이라도 상담자가 자신에게 관심이 없을 때를 알아내는 기묘한 능력을 가지고 있는 것 같다고 종종 말합니다. 이들은 상담자의 개인적인 문제, 피로, 딴 데 정신이 팔려 있는 것 그리고 자신에 대한 부정적인 느낌들을 거의 대부분 즉각 알아차립니다. 다시 말해, 실제로 경계성 성격장애 내담자가 정상인 집단보다 타인의 감정을 더 빠르고 정확하게 읽는다는 감정연구(Wagner & Linehan, 1999; Lynch et al., 2006)는 경험이 풍부한 임상가들이 오랫동안 의구심을 느껴 왔던 것들이 사실임을 확인시켜 줍니다. 그들은 또한 읽기 능력이 보통 수준으로 돌아오는 데 시간이 오래 걸립니다.

린치 등(Lynch et al)의 연구는 얼굴표정이 일련의 감정에서 다른 감정으로 점진적으로 변하는 전산화된 '모핑' 기술을 사용했다는 점에서 획기적이었습니다. 같은 주제의 연구들에서 경계성 성격장애 내담자들은 항상 새롭게 등장하는 정서표현을 정상인 집단보다 먼저 식별해 냈습니다. 그리고 그들은 예상대로 얼굴표정에 훨씬 강하게 반응을 나타냈습니다. 경계성 성격장애 내담자가 지속적으로 나타냈던 단 하나의 실수는 중립 감정을 통제 집단보다 분노나 위협으로 더 많이 알아차렸다는 것입니다. 당연히 이런 모습은 그들의 기본 태도가 '최악의 상황을 가정하는 의심상태'라는 것을 보여 줍니다.

🦢 감정폭풍 관리

상담자의 감정을 읽는 경계성 성격장애 내담자들의 우수한 능력은 치료되기 어려운 이들의 과민반응성, 거절 예감 그리고 공격적인 행동성향과 결합되었습니다. 낸시의 사례로 돌아와서, 저는 상담하는 동안 낸시의 주기적인 감정폭풍에 대해 주목해야만 했습니다. 초보상담자였던 저는 말 그대로 어떻게 다뤄야 할지 몰랐고 낸시의 심한 감정에 압도당했습니다. 낸시는 상담관계 안에서나 밖에서 느낀 몇 가지 부당함에 대해 욕하면서 흐느껴 울었고 감당하기 힘든 분노를 터뜨렸습니다. 제가 개입을 위해 노력하는 어떤 시도도, 미처 손쓸 겨를도 없이 거부당했습니다. 많은 상담자가 그랬던 것처럼 낸시가 자신의 감정을 마음껏 드러낸 후에야 저는 상담이라는 명목으로 개입하려 시도하곤 했습니다. 분노와 좌절을 다루기 위해 제가 많은 시간 동안 했던 시도들은 적절치 않았습니다.

컨버그(2003)는 경계성 성격장애 내담자의 성격에서 나타나는 감정폭풍에 관해 주목할 만한 글을 써 왔고, 상담에서 좌절하게 되는 각본을 다음과 같이 묘사했습니다.

> 심각한 병이 있는 환자에게 나타나는 폭발 행동은 정서폭발이 반복되고 지속되는 형태를 띤다. 이럴 때 환자의 말은 그 순간을 지배하는 강한 감정으로 중단되고 또 다른 감정폭발로 이어진다. 이런 상황에서는 환자가 상담자의 모든 말을 외상으로 경험하고 있는, 즉 내담자가 자칫하면 외상을 당한다는 이상을 전달하며, 만성적이고 혼란스러운 환경이 조성된다.

컨버그는 또한 잠재적으로 사람을 멍하게 만드는 정서적 둔감은 감정폭풍의 건너편에 있다고 설명했습니다. 그는 이 시나리오에서 상담자는 압도적으로 지루해하고, 화내며, 절망할 수 있다고 언급했습니다. 저는 여기에 좌절감을 추가합니다. 분명히 레베카는 후자의 경우에 들어갑니다.

저는 컨버그가 경계성 성격장애 연구에 오랫동안 헌신해 온 것을 존경합니다. 그리고 한계설정의 중요한 기능과 경계성 성격장애 내담자들과 경계를 유지해야 하는 중요성에 대한 그의 조언에 동의합니다. 저는 또한 그가 말한 것처럼, 상담자는 효과적으로 개입하기에 앞서 감정폭풍이 진정되기를 기다려야 한다는 사실에 동의합니다. 그리고 상담자는 '감정 개입'(컨버그가 정의하지는 않은 용어)된 상태로 그렇게 해야 하는 것입니다. 오히려 수동적이고 경직된 상담자의 태도보다 경계성 성격장애 내담자를 더 화나게 하는 것은 없을 것이라고 그는 말했습니다. 컨버그는 자신이 경계성 성격장애 내담자들에게 화를 냄으로써 효과가 있었던 몇 가지 예를 수년간 제시했습니다. 그럼에도 불구하고 그는 상담자의 정서적인 자기개방을 지지하지 않았고, 경계성 성격장애 내담자를 상담하는 것은 어렵다는 결론을 내렸습니다.

이것은 우리가 동의하지 않는 부분입니다. 저는 컨버그가 경계성 성격장애 내담자에게 좌절과 분노를 표현한 것은 그 순간 그것이 정확히 내담자가 원하고 있던 것이었고 필요했던 것이라고 생각합니다. 저는 앞서 (Maroda, 1991, 1998a, 1999) 경계성 성격장애 내담자가 상담자에게서 감정반응, 특히 분노반응을 일으킬 때까지 자신의 패턴을 유지한다고 말했습니다. 그들은 문제가 되는 자신들의 정서 소통의 순환을 끝내기 위해 뻔하고 온전하게, 그러면서도 정직한 감정반응을 하면서 상담자들을 찾습니다. 상담자가 내담자에 대해 갖는 반복적이면서 자극적인 느낌을 내담자가 종종 상담 이외의 상황에서도 발생한다고 보고할 때가 바로 상담자가 행동할 시간이라는 단서입니다.

앞 장에서 제가 언급했던 것과 같이 내담자의 극심한 감정을 인정하고 '담아 두도록 하는' 것은 바로 이 정서교류인 것입니다. 내담자의 감정폭풍을 수용하는 데 좋은 방법이라고 종종 지지되는 상담자의 소극성은 오히려 경계성 성격장애 내담자에게는 철회나 포기로 인식됩니다.

개업해서 처음 상담한 내담자는 경계성 성격장애가 있는 능력이 우수한 여성이었습니다. 이 내담자는 제가 12년 정도 상담했고, 적어도 상담을 하던 처음 2년간은 저를 묵사발로 만들었습니다. 또 제가 하는 말은 소귀에 경 읽기라고 말했던 유일한 사람이었습니다. 이 내담자는 "잘 안 들려요. 방에서 들리는 건 짜증나게 윙윙거리는 소리예요. 파리같이 말이에요. 찰싹 때리고 싶게 만들어요. 선생님이 저한테 할 말이 있다면 조금 더 감정을 실어서 힘 있게 말해 봐요."라며 조롱하듯이 말하곤 했습니다. 저는 그 교훈을 절대 잊지 않았습니다. 그리고 이 내담자는 그 영향 여부를 정확하게 묘사하고 있었습니다. 저는 이 내담자에게 영향을 미치고 있었습니다. 제가 더 자신감이 생기면서 표현하자 이 내담자는 좋아졌습니다. 분명히 내담자와 상담자 둘 다 이런 종류의 감정교류를 하기 위해서는 서로에게 충분히 안전함을 느끼는 것이 필요합니다. 굳건한 관계를 수립하는 것이 이러한 형태의 상호작용보다 선행되어야 합니다.

🐦 상담과 내담자 교육

경계성 성격장애에 관한 글을 쓰는 사람들은 경계성 성격장애 내담자들과 적절한 경계를 유지하는 것이 매우 중요하다는 점을 강조합니다. 경험 있는 대다수의 임상가들은 이 사실을 알고 있지만, 경계성 성격장애 내담자들이 명백하게 상담에 도움이 되지 않는 방식으로 규칙을 바꾸도록 설득한다는 사실은 흥미롭습니다. 그레이바와 바우틸리어(2002)는 지적합니다.

사실 크롤(1996)이 언급하고 우리도 경험하는 것이지만, 경계성 성격장애 내담자를 상담할 때 어려운 점은 늘 보아 온 상담의 원칙이 확장되거나 무시되거나 잊혀지거나 폐기된다는 것이다(p. 160).

　이 저자들만 당혹스러운 것은 아닙니다. 여기서 다음의 질문점을 짚어 볼 필요가 있습니다. 첫째, 상담자와 내담자 사이에서 상담자가 더 나은 판단을 하지 못하도록 초래하는 것은 무엇인가? 둘째, 경계성 성격장애 내담자와 경계를 유지하는 것이 왜 그렇게 어려운가? 셋째, 어떻게 우리는 더 진전할 수 있을까?

　저는 상담관계가 깨지는 복합적이면서도 서로 연관된 이유가 있다는 사실을 인정해야 한다고 생각합니다. 첫 번째, 자신의 역전이 분노와 절망감에 대해 죄책감을 느끼는 상담자는 경계성 성격장애 내담자의 요구를 더 많이 들어주기 쉬울 것입니다. 가바드와 윌킨슨(1994)은 이 현상을 주목해서 말했습니다.

> 　바로 그 순간에 상담자는 내담자가 사라지기를 바라고, 내담자는 자신을 돌보지 않고 싫어한다며 상담자를 비난할 수 있다. 그러한 비난은 상담자에게 '들켰다.'는 감정을 느끼도록 만들 것이다. 그런 상황에서 상담자는 자신의 전문성 부족에 대해 스스로를 탓하고, 영원한 헌신을 고백하면서 내담자에게 보상을 하려고 시도할 것이다.

　이들은 미움받는 경험을 참아 내는 것과 내담자를 미워하는 것을 견뎌 내는 것이 매우 중요하다는 점을 강조합니다. 경계성 성격장애 내담자에 대해 느끼는 부정적인 감정을 참아 내기도 하고 때로는 표현하도록 가르쳐 준 사람은 다름 아닌 바로 이들이었습니다(Maroda, 1991).

　가바드와 윌킨슨은 경계성 성격장애 내담자들을 상담할 때 가장 빈번하게 나타나는 경계 침범에서 상담자의 죄책감이 가장 중요한 요소라고 하였는데 저는 옳다고 생각합니다. 제 경험에 비추어 보면, 통제 불능이고 지나치게 공격적인 경계성 성격장애 내담자는 상담자가 분노, 증오, 무력감, 절망, 슬픔과 피학성의 수용에 불편할 정도로 친숙해지도록 만듭니다. 부정적인 감정을 받아들이는 것은 상호성이 필요한 상담에서 필수적인 요소입니다. 죄책감에 지배된 상담자는 내담자로 하여금 자기인식과 자기수용을 할 수 있도록 도울 수 없습니다.

경계성 성격장애 내담자는 거부당하는 것을 두려워하는 것이 아니라 감정상 소멸을 두려워하는 것입니다. 가끔 의식적이지 않지만 몸을 통한 강렬한 정서 의사소통을 통해, 상담자들도 소멸의 두려움을 마찬가지로 느끼기 시작할지도 모릅니다. 같이 느끼게 되는 정서경험을 자연스러운 감정 전염이라고 간주하는 것은 상담자가 스스로를 비난하거나 경계성 성격장애 내담자를 탓하게 되는 것을 완화시킵니다. 감정적인 혼란과 부정적인 감정이 빗발치는 것에 편안해지는 것은 우리 모두 달성하기 어려운 이상적인 상태입니다. 하지만 충분히 효과적인 노력인가의 여부는 자기수용과 감정 인내력의 수준에 달려 있습니다. 상담자의 죄책감은 이상적으로 보면 느낌이 아닌 실제 상담 오류를 범할 때까지는 보류해 둡니다.

상담자의 죄책감에 더해 두 번째로, 상담자의 분노는 상담과정 중 외현상으로는 거의 드러나지 않습니다. 오히려 상담자는 내담자의 동기를 공격적으로 해석하고, 상담에 늦거나 불필요하게 일정을 변경하며, 조용하게 철수하거나 포기하는 등 여러 수동-공격적인 행동으로 드러내는 경향이 있습니다(Langs, 1974). 이 주제는 다음 장에서 더 많이 언급하겠지만, 대부분의 상담자가 자신의 분노를 다스리기 위해 좀 더 능숙해질 필요가 있다고 말할 수 있습니다. 특별히 감정을 잘 읽어 내는 능력을 가진 경계성 성격장애 내담자로부터 평정을 유지해야 합니다. 상담자들이 자신의 화를 부인하는 것은 상당히 무의미합니다. 내담자의 현실검증에 도전하고, 내담자가 정말 필사적으로 필요로 하는 개방적인 감정표현을 해야 합니다. 내담자가 자신은 불공평하게 상담 받고 있고 다른 사람들의 존중이나 관심을 받지 못한다며 격렬하게 화를 낼 때에만 상담자는 행동해야 합니다.

세 번째, 상담자는 갈등회피 성향이어서 요구적인 내담자를 쉽게 진정시키려고 애씁니다. 감정의 기능 중 하나는 다른 사람에게 영향을 준다는 것입니다. 상담자의 정직한 감정반응이 없을 때, 내담자는 서서히 상담관계에서 감정적인 분위기를 장악하기 시작합니다. 내담자가 바뀌는 것이 아니라 상담자가 조금씩 바뀌기 시작합니다. 상담자는 감정적으로 압도되고 지배되기 때문에 자신이 해야 한다고 알고 있던 것과 다른 방향으로 행동합니다. 상담자는 피학적 복종으로 빠지면서 스스로 내담자에게 상담시간마다 굴복한다는 사실을 알게 됩니다. 이러한 굴복에는 사과의 증가, 미심쩍은 상담료 할인, 마지막 순간에 약속을 취소하거나 나타나지 않은 것에 대해 상담료를 청구하지 않는 일, 늘어나거나 추가되는 기간, 매우 개인적인 정보의 공개, 신체 접촉과 성관계도 포함될 것입니다. 상담자는 아마도 자신이 왜 그렇게 되었는지 궁금해하면서 자신의 머리를 긁적일 것입니다. 불행하게도 아무리 지적으로 잘 이해한다고 해도 그 자체로는 이 상황을 바꿀 수 없습니다. 상담자는 그 방에서 실제 감정을 가지고 있는 진짜 사람이 되어야 합니다(자기개방은 제5장에서 확인할 수 있습니다). 경계성 성격장애 내담자에 대한 상담자의 정서반응은 내담자의 정서 의사소통의 순환을 완성시키고, 어린 시절에 발달시키지 못한 중요한 감정조절을 제공합니다.

네 번째, 내담자 교육은 상담과정에서 실패를 막도록 도울 수 있습니다. 성공적인 상담은 모든 수준에서 상담자와 내담자의 진정한 협력에서 시작됩니다. 제가 안드레아를 예로 들어 설명했듯이, 경계성 성격장애 내담자는 종종 자신이 왜 그런 방식으로 행동하는지 물어봅니다. 제가 감정프로그램의 개념을 설명했을 때 안드레아는 매료되었습니다. 자극되길 기다리는 분노의 저장소를 가지고 있다고 이야기했을 때, 안드레아는 비난이 아니라 이해받고 있다고 느꼈습니다. 자기를 이해하고자 하는 욕구는 안드레아만 가진 것이 아닙니다. 경계성 성격장애 내담자는 상담이 자신에게 어떻게 도움이 되는지 자주 물어봅니다. 심지어 무의식적으로도 정말 이해하길 원하고, 자기 스스로를 통제할 수 있기를 원합니다. 나산손(1994)은 "경계성 성격장애 내담자들은 매우 부정적인 감정을 파악하고 조절하는 것을 도와주는 모든 지도나 상담에 대해 감사하게 여긴다."라고 말했습니다(p. 804).

크래프트-고인(2001)은 상담을 위해 처음에 확립하는 상담구조화의 중요성을 강조했습니다. 여기에는 내담자와 상담자의 규칙, 상담 장소, 시간, 상담목표, 상담료 그리고 위기처리능력 등이 포함되어 있습니다. 몇몇 상담자들은 이것을 모두 계약서에 명시하고 내담자가 서명하게 하는데 이것은 괜찮은 생각입니다. 아직까지 저는 이렇게 해 본 적은 없지만 해 볼 걸 그랬다는 생각이 종종 듭니다. 여러분은 일주일에 여러 번 상담 받을 수 있는 여유가 있으면서도 자신은 돈이 부족하니 상담료를 깎아 달라고 요구했던 경계성 성격장애 내담자 수잔의 경우를 기억할 것입니다.

맥윌리엄스(2004)는 내담자 교육의 가치에 관해 언급하였습니다. 저는 경계성 성격장애 내담자에게 상담초기에 휴대전화와 관련된 제 방침을 알리는 것이 도움이 된다는 것을 발견했습니다. 경계성 성격장애 내담자는 특히 주말과 방학 동안 분리로 인해 고통받는 경향이 있습니다. 일찍이 저는 휴대전화 방침에 관해 경계성 성격장애 내담자들과 논의했습니다. 그리고 이전에 언급했던 제한들뿐만 아니라 근무시간 이후나 주말에는 '상담자 신분'이 아님을 강조하여 말했습니다. 50분의 상담시간마다 우리가 얼굴을 맞대고 함께 내담자 문제를 해결하는 데만 집중한다는 것은 특별한 것입니다. 근무시간 이후에 하는 전화로는 상담을 할 수 없다는 점을 빨리 알아차린 내담자는 실망할 수 있습니다. 내담자는 아마 상담자가 실제로 '존재'하지 않고 '돌보지 않는다.'고 불평할 것입니다. 그 결과, 애초에 전화로 이야기하는 것을 거부한 사실에 대해 상담자가 가졌을 죄책감 때문에 통화가 길어질 수도 있습니다.

경계성 성격장애 내담자의 크나큰 분노와 두려움을 이해하고 받아들이기 위해서는 끊임없는 인내가 필요합니다. 하지만 내담자 또한 확실하게 상담을 책임지고 무엇을 해야 할지 아는 누군가가 필요합니다. 경계성 성격장애 내담자는 친밀함과 버려짐을 똑같이 두려워하기 때문에 좋았던 상담시간 바로 다음 상담시간에는 내담자가 공격적이고 위태로움을 보일 수 있는데, 이때 초보상담자들은 혼란스러워합니다. 이처럼 내담자가 상담자를 무능하고 자신의 상태를 더 나쁘게 만드는 사람이라고 비난하는 끔찍한 시기는, 내담자가 많이 회복되고 매우 협조적이었던 시기 직후에 나타납니다. 아마도 이런 실망감을 넘어선 후 상담자는 더욱 전문성을 갖출 것입니다. 쉽지 않겠지만, 상담자는 감정 롤러코스터를 떨어지지 않고 타는 것과 같은 효과적인 상담을 할 수 있어야 합니다.

🐦 자살

수치심, 화, 감정관리와 깊이 관련 있는 주제는 자해나 자살입니다. 오랜 기간 습관적으로 자신을 칼로 그은 레베카의 자해는 경계성 성격장애 내담자의 감정조절 방법으로 잘 알려져 있습니다. 실제로 자살 시도는 놀라울 정도로 많이 발생합니다. 제이미슨(1999)은 "3/4에 가까운 경계성 성격장애 내담자들이 적어도 한 번은 자살 시도를 하고, 5~10%는 자살한다."(p. 123)고 발표했습니다. 이런 사실이 어떻게 상담관계에 영향을 미치고, 상담자는 어떻게 더 효과적으로 이런 현실을 다룰 수 있을까요? 가바드(1994)는 경계성 성격장애 내담자가 스스로 자신을 해칠 위협이 있을 때 상담자가 어떤 식으로 달래는지 특히 관심을 두었습니다.

이 장에서 저는 상담자가 모든 내담자, 특히 경계성 성격장애 내담자를 대할 때 적극성을 보이고 솔직한 감정으로 대하는 것이 얼마나 중요한지 강조했습니다. 자살하겠다고 위협하는 내담자에게 겁먹은 상담자는 통제할 수 없는 감정상태로 내담자와 만나야만 합니다. 자해하겠다고 협박하는 화난 내담자에게 필요한 것은 감정관리를 촉진하는 데 목표를 둔 상담자의 개입입니다. 특히 상담과정에서 갑자기 자살 충동을 느끼는 내담자에게, 모든 상담자는 스스로 "왜 지금인가요? 어떤 이유로 저에게 화가 났습니까? 그리고 왜 스스로를 해치면서 분노를 표현하고 싶어 합니까?" 하고 물어볼 필요가 있습니다. 말츠버거(1974)에 따르면, 역전이 미움은 내담자가 실제로 자살을 하는 경우에 두드러집니다. 항상 그렇지는 않지만, 많은 경우에 상담자에게 자살만큼 괴로운 주제는 자살의 조짐이 보이거나 실제로 그런 일이 일어났을 때 내담자와 의사소통이 결렬되는 것입니다(이것은 방어가 무너질 때 몇몇 내담자가 종종 취하는 자해라는 표면적 행동과 대조적인 태도입니다. 이러한 일은 상담의 부적절함으로 야기될 가능성이 있지만, 항상 상담관계의 문제에서 비롯되는 것은 아닙니다).

프롬-라이히만(1959)은 상담관계와 관련된 자살행동에 대한 최초 논의 중 하나를 발표했습니다. 저자는 다음과 같이 말했습니다.

> 우리가 상담에서 경험하는 자살은 다음과 같은 조건에서 종종 발생한다. 내담자는 자기 특유의 의존관계를 확립하고 독특한 만족감의 환상 속으로 빠져든다. 그런 후 그는 관계 안에서 거절로 해석되는 어떤 것을 경험하게 된다. 이런 과정에 따라 목표를 달성하는 것에 희망을 잃고 마침내 자살하게 된다(p. 264).

프롬-라이히만은 '화'라는 단어를 사용하지 않았지만, 제 경험에 따르면 깊은 좌절이나 거절을 경험한 내담자는 절망과 무력감을 느낄 뿐만

아니라 격분합니다. 종종 이런 과장된 감정은 앞서 언급한 경계성 성격
장애 내담자의 수동성, 탐닉, 상담과 관계없는 퇴행의 결과입니다. 자살
의 조짐을 보이는 내담자는 자신의 삶에서 중요한 누군가에게 어떠한 영
향도 끼치지 못할 거라고 생각하는데, 그 누군가가 가끔 상담자이기도
합니다.

내담자가 자해하겠다고 협박할 때 저는 항상 좌절감이나 화를 표현할
수 있도록 격려합니다. 종종 그 반응은 "나는 모든 사람에게 화났다." 일
겁니다. 그리고 저는 "모든 사람에게? 그 모든 사람에 저도 포함된 것처
럼 보입니다. 당신이 지금 이 순간 저에게 실망한 이유를 생각해 보시겠
어요?"라고 말합니다. 상담자가 전화통화에서나 지난 상담시간 진행에
서 뭔가 잘못됐다는 것을 알아차려서, 이미 알고 있는 답에 대한 질문을
하는 식으로 내담자를 고양이 쥐 다루듯이 하는 것은 좋지 않습니다. 그
렇게 하는 것은 내담자의 불만과 화를 증가시킬 뿐입니다.

만일 여러분의 어떤 행동이 내담자를 속상하게 했는지 알지 못해서 그
들에게 정직하게 물어보고 문제를 분석하려 한다면, 그런 태도는 받아들
여집니다. 때때로 내담자가 지나치게 조절하기 어려워하면 상담자는 우
선 숨을 깊게 들이쉬게 하고 마음을 가라앉히도록 한 다음 무엇이 그렇
게 힘들게 하는지에 관해 대화를 나눌 수 있습니다. 다시 말해, 이것이
실제적인 방법으로 이루어지면서 내담자가 자신의 기분을 가라앉히기
위해 가르치려 드는 시도로 여기지 않는다면 아마도 이런 방법은 환영받
을 수도 있을 겁니다.

내담자가 통제 불능이라고 느껴지는 중요한 순간에는 상담자가 자신
의 균형을 유지하면서 내담자가 느끼는 감정을 탐구하고, 어떤 결함이나
약점 또는 실수를 빨리 인정하는 것이 과제입니다. 저는 내담자가 보이
는 위협이나 극심한 감정반응은 제게서 그들이 원하는 반응을 얻기 위한
시도라는 것을 명심하고 있습니다. 경계성 성격장애 내담자가 무엇이 자

신을 속상하게 만드는지 의식하지 못하고, 무엇이 문제인가라는 질문에 대해 혼란스러운 대답을 하더라도, 상담자는 몇 가지를 명심할 필요가 있습니다. 경계성 성격장애 내담자는 상담관계 외에는 관계 형성이 거의 되지 않습니다. 그러나 그들은 단지 자기인식이 어렵고 특별한 감정 사건을 표현하는 데 익숙하지 않을 뿐입니다. 체계적으로 감정을 표현하는 것이 어려우므로, 상담자나 다른 중요한 사람들에게 자신의 괴로움을 자살위협으로 드러냅니다.

제이미슨(1999)은 경계성 성격장애 내담자의 자살에 관한 흥미로운 사실을 보고했습니다.

> 자살 그 자체는 종종 다른 사람의 물리적 출현으로 발생된다. 한 연구에 따르면, 경계성 성격장애 내담자의 자살시도 가운데 40% 이상이 다른 사람에게 목격되는 반면, 다른 진단을 받은 사람들은 겨우 15%만 목격되었다(p. 123).

이 통계는 적어도 경계성 성격장애 내담자에게는 자멸을 초래하는 행위가 승인받기 위해 영수증을 요구하는 것과 같은 의사소통의 한 형태라는 사실을 암시합니다. 심지어 실제 죽음일지라도, 경계성 성격장애 내담자는 종종 누군가 자신의 고통을 알고 있다는 것을 알 필요가 있습니다. 패닉상태에 있거나 바로 입원을 권하는 상담자는 매우 부정적인 반응을 얻을 것입니다. 내담자는 자신이 '골칫덩어리'가 되어 버려서 더 이상 어떻게 해야 할지 몰라 허둥대는 상담자에게 버림받을 것이라고 느낄지도 모릅니다. 내담자가 자살할 때 상담자들은 당연히 심란해지지만, 스스로 감정을 조절하고 내담자에게 필요한 정서 안정감과 환경을 제공하는 능력을 갖추는 것이 상담자에게 지극히 중요합니다.

요약하면, 경계를 잘 유지하면서 내담자에게 비현실적인 구원의 환상을 조장하여 결국은 실망감을 안겨 주는 행위를 피하고, 자신의 실수나 도움이 되지 않는 정서 행동에 신속히 대처하며, 경계성 성격장애 내담자의 무력감과 그 결과로 발생하는 분노를 침착하게 분석하는 상담자들은 자살이나 또 다른 자해 행동에 보다 효과적으로 대처합니다.

비통해하기와 감정관리

설사 내면과 자기수용 그리고 감정관리로 가는 지름길이 있다 하더라도, 저는 그 길을 알지 못합니다. 제 경험에 따르면, 경계성 성격장애 내담자의 중요한 변화는 오직 매일 열심히 수년간 어렵게 노력한 후에야 일어났습니다. 우리 목표는 그들을 이해하려고 힘겹게 애쓰고, 상담을 위한 합리적인 목표를 설정하고, 그들의 모욕과 비난을 견뎌 내고, 그들의 고통을 기꺼이 느끼는 것이며, 가장 중요한 것은 그들이 비통해하는 동안 함께 조용히 있어 주는 것입니다. 그들이 저에게 상실감과 좋은 어머니를 갈망하는 마음을 어떻게 극복할 수 있느냐고 물을 때, 저는 그들에게 결코 그렇게 될 수 없을 것이라고 잘라 말합니다. 그러나 그들이 상실감으로 인해 애통해하더라도, 그들이 더 이상 아기가 아니며 그때로 돌아가 바라던 보살핌을 받을 수 없다는 사실을 받아들인다면 그들은 더 나은 삶을 살 수 있습니다.

오랜 기간 감정을 통제하기 힘들었던 낸시는 만약 자신이 큰 소리를 낸다면, 즉 항의를 한다면 자신이 생각하기에 생존하는 데 꼭 필요한 것을 얻을 수 있다고 무의식적으로 믿었습니다. 두 번째 상담에서 이 믿음에 대해 이야기하였을 때 낸시는 완벽한 어머니상을 찾는 것을 단념했다면 자신의 삶도 끝났을 것이라고 주장했습니다. 낸시가 그 당시 50세라는 사실을 염두에 두십시오. 경계성 성격장애 내담자를 상담하는 상담자의 한 가지 과제는 그들의 행동과 사건의 연관성 그리고 그들이 믿는 것과 현실 사이의 불일치를 이해할 수 있도록 조심스럽게 돕는 것입니다.

이 사례에서 저는 낸시에게 결말이 특이하다고 말했습니다. 완벽한 어머니를 찾는 것을 포기했다면 자신이 살아남지 못했을 거라고 생각해 왔는데, 실제로 그녀는 감정폭풍 속에서 오랜 세월을 살다가 기적적으로 결혼을 잘했고 자신의 생각대로라면 어떻게 이런 일이 현실에서 이루어질 수 있었는지 되물었습니다. 저는 첫 번째 상담에서 낸시가 어린 시절 학대받았던 것처럼 언어적으로나 신체적으로 딸을 학대하지 않도록 충분히 스스로 통제하고자 했던 목표를 달성했음을 언급했습니다(낸시의 딸은 전문직으로 일하면서 결혼하여 첫 아이를 낳았고, 낸시와 친밀하게 지내고 있습니다). 마지막으로 저는 자신이 원하는 만큼 친구를 사귀지는 못했지만, 첫 번째 상담 후에 다시 학교로 돌아가서 학위를 끝내고 매우 성공적으로 경력을 쌓았다는 사실을 지적했습니다. 특히 낸시는 무시받고 학대당하고, 부모의 지도나 지지가 거의 없는 사람들을 위한 훌륭한 삶을 살았습니다. 저는 낸시가 죽지 않기 위해서뿐만 아니라 불우했던 어린 시절에서 벗어나기 위해서 결혼했고 가족에게 사랑받고 사랑하는 법을 찾으며 살았다고 생각합니다. 그리고 낸시는 스스로 좋은 어머니가 되었습니다. 낸시는 현실의 자기 삶과 자신이 두려워했던 것 사이에 괴리가 있다는 것을 알았을까요?

낸시는 놀랐습니다만, 기분이 좋아서 놀란 것이었습니다. 낸시는 "세상에, 선생님이 맞아요. 저는 이런 식으로 너무나 오랫동안 생각해 왔어요. 그리고 저는 그것이 사실이라고 생각해 왔어요."라고 말했습니다. 낸시는 또한 자신의 삶을 이렇게 새로운 방법으로 바라보도록 스스로를 통합하기 위해 시간이 좀 더 필요할 것이라고 말했습니다. 하지만 그날 이후 낸시는 복수심으로 가득 차서 비통해하기 시작했습니다. 낸시는 상담시간마다 울고 또 울었습니다. 때때로 자신이 고통받았던 수모에 좌절과 분노를 느끼면서 비명을 질렀고, 어떤 날은 무력감과 무가치함으로 목 놓아 울었습니다. 그러다 마침내 낸시는 단순히 슬픔에 가득 차서 울게 되었습니다.

두 번의 상담과정에서, 낸시는 때때로 걷잡을 수 없이 동요되면서 흐느껴 울었습니다. 가끔 숨이 가빠지기도 했습니다. 그럴 때면 낸시는 두려워했고 심지어 공황상태에 빠졌습니다. 저는 감정조절이 용이한 상태에서 조용히 이야기를 시작했고, 낸시에게 자신이 약간은 감정에 압도되어 있음을 알려 주고, 깊게 심호흡을 하도록 격려하면서 울음을 그쳐 심호흡을 더 잘할 수 있도록 애썼습니다. 낸시는 항상 이런 개입을 고마워했고, 제가 자신의 감정을 무시하지 않는다는 것을 알았습니다. 대신 저는 낸시가 평정상태로 되돌아갈 수 있는 방법을 배우도록 힘썼습니다. 결국 낸시는 스스로 해냈고, 과거의 강렬한 경험에 자신이 압도되어 버리거나 파괴될지도 모른다는 두려움을 버리기 시작했습니다.

이와는 달리, 세세한 일상적인 것에 너무 많은 시간을 소비하면 그렇게 하는 것을 멈추고 다른 감정을 경험할 수 있는 것으로 옮겨 갈 수 있도록 권했습니다. 지쳐 버린 상담자는 중요한 문제에 대해 내담자가 회피하는 것을 인정하거나, 심지어는 침묵으로 철수하는 것도 받아들일 수 있습니다. 하지만 내담자는 반드시 불평이나 상호 철수라는 문제를 지닌 채 다음 상담시간을 시작할 것입니다. 저도 너무나 쉽게 그들이 곤란한 순간을 모면하게 내버려 두었다고 내담자들로부터 몇 번이나 말을 들었습니다. 그들은 또한 자신이 울었던 상담시간들이 최고로 좋았다고 거침없이 말할 것입니다. 크리스탈(1988)은 다음과 같이 언급했습니다.

비통해하는 것은 상실을 수용하고 과장된 자기상을 약화시킬 수 있도록 한다. 비통해하는 것은 현실검증의 수호자가 되는데 고통스러운 자기인식이 되지 않으면 희생물이 되어야 할 것이다.

이에 덧붙여 그는 비통해하는 것과 우울해지는 것 사이에는 역관계가 있음을 믿는다고 말합니다. 우리가 믿고 싶어 하는 것 이상으로, 내담자들이 삶 속에서 끝없이 실망할 때뿐만 아니라 안팎의 위기에 처했을 때 그들이 할 수 있는 최선의 방법은 우는 것입니다.

🐦 비유와 뇌

그레고리와 레멘(2008)은 경계성 성격장애 내담자들을 도와야 할 필요성과 그 과정의 난관을 논의하면서 버치(2002)를 인용하는데, 비상징적인 경험에서 상징적 경험까지 가능한 한 많은 경험을 옮겨 적었습니다. 그들은 경계성 성격장애 내담자가 유창하게 말을 하고 시와 예술을 자주 즐김에도 불구하고, 자신의 경험을 확인하고 이름을 붙이려고 노력한다는 사실을 언급합니다. 경계성 성격장애 내담자가 자유로운 감정의 흐름을 경험할 때, 즉 과도한 감정폭풍 상태나 침체된 철수나 분열과 같은 감정의 결여상태가 아닐 때는 생각과 감정, 그리고 행동과 결과 사이의 연결고리를 이해할 수 있습니다.

비유는 오랜 기간 정신분석세계에서 이해를 촉진하는 것으로 가치 있게 여겨졌습니다(Arlow, 1979; Borbely, 1998; Levin, 1997; Modell, 1997; Ogden, 1997). 보벌리는 글릭츠버그와 케이서(1993)의 연구에 관해 언급하면서, 비유는 우리가 새로운 것을 '정확히 이해'하고 이전 것과 연결시킬 수 있게 한다는 것에 주목했습니다. 비유는 인지적인 연결성을 형성하고 의미를 구축하며, 새로운 인지정서적인 경로를 창조해 냅니다. 라스무센과 앙게스(1996)는 창의적이면서 자극치가 거의 없는, 그러면서도 진부한 표현이 아닌 비유를 사용해도 특별히 큰 효과를 내지 못하는 사람들과 경계성 성격장애 내담자들에 관한 연구에서 실례를 들어 입증

했습니다.

예를 들어, 낸시는 대부분의 경계성 성격장애 내담자처럼 계속해서 다른 사람에게 반응하는 자신의 정서적 충격파를 과소평가했습니다. 저는 낸시의 행동이 종종 필요 이상 공격적이라고 말했습니다. 저는 낸시에게 한 마리의 파리를 죽이기 위해 바주카포를 사용하는 것과 같다고 말했고, 그녀는 제법 재미있으면서도 정확하다는 것을 알게 되었습니다. 유머를 사용하는 것은 요점을 가로질러 즉시 급소를 찌를 뿐만 아니라, 더 경쾌하고 친밀하며 덜 위협적인 경험을 하는 데 도움이 됩니다.

낸시의 말을 따라가다가 문자 그대로 머리가 아플 때면 효과적으로 사용했던 비유가 떠오릅니다. 낸시는 머리, 신체 그리고 팔을 너무 많이 움직였기 때문에 저는 정신이 없었고 말하는 내용에 집중하기 힘들었습니다. 저는 낸시가 신체 동작이 많은 것에 모욕을 느끼지 않도록 이야기해 주는 방법을 생각했고, 도움이 될 만한 피드백을 주었습니다.

저는 낸시에게 말할 때 굉장히 많이 움직여서 더킹하고 위빙하는[1] 프로 권투선수를 연상시키고 있다는 것을 알고 있는지 물어보기로 했습니다. 낸시의 몸짓 또한 권투선수처럼 맞는 것을 피하기 위한 행동이었을까요? 낸시는 다른 사람들이 자신과 눈 맞춤을 계속하는 데 어려움을 겪는다는 것은 알고 있었지만, 그 이유가 뭔지 몰라서 궁금하다고 대답했습니다. 낸시는 움직이는 목표는 맞출 수 없다는 개념을 특히 좋아했습니다. 저는 가능한 한 몸을 심하게 움직이지 않으면 눈 맞춤을 하면서 이야기를 듣는 것이 훨씬 더 쉬워질 거라고 말했습니다. 낸시는 동의하여 자신의 신체 움직임을 줄였을 때, 저와 다른 점, 그리고 다른 사람들과 다른 점을 언급하였습니다.

---

1) 더킹: 권투에서 윗몸을 낮추거나 이리저리 움직여서 상대편의 공격을 피하는 것
   위빙: 권투에서 상대편의 공격을 피하기 위하여 윗몸을 앞으로 숙이고 머리와 윗몸을 좌우로 흔드는 기술

5장에서 제니퍼가 자신을 TV 시리즈인 '태양으로부터 세 번째 행성'에 나오는 등장인물에 비유해서 피드백해 달라는 부탁을 해서 제가 비유로 피드백했을 때 저는 비유와 유머의 힘에 대해 언급했습니다. 이 비유는 대부분 제니퍼의 경험에 들어맞기는 했으나 더 새롭게 해 볼 여지는 있었습니다. 제니퍼는 상담과정에서 했던 것처럼, 몇 주간 비유를 마음에 새겼다고 했으며 새로운 통찰을 하고 유머도 발견했다고 하였습니다.

다시 한 번, 신경과학은 비유사용 촉진과 같은 상담 개입의 가치를 확증시키는 데 도움을 줍니다. 윌킨슨(2006)은 『Coming into Mind』에서 비유에 관한 신경과학 연구에 주목하여 글을 남겼습니다.

> 특히, 우리 연구 결과는 레빈과 모델의 연구에서 다른 어떤 형태의 의사소통보다도 비유에 더 잘 반응하는 뇌 중앙부가 있다는 것을 보여 주었다. 이는 새로운 신경회로는 비유로부터 그리고 비유에 반응하여 만들어진다는 것을 말해 준다(Levin, 1997; Modell, 1997; Pally, 2000).

물론 모든 내담자들에게 이러한 과정이 적용되고, 정신역동상담에서 상담효과가 있는 행동의 필수 부분이라고 말할 수 있습니다. 하지만 경계성 성격장애 내담자는 이 과정에서 더 많은 어려움을 겪을 수 있고, 그들 스스로 훌륭하게 비유를 사용하기 위해서 더 많은 도움과 긴 상담기간이 필요할지도 모릅니다.

경계성 성격장애 내담자는 불안정한 애착으로 인해 소멸에 대한 불안과 유기의 두려움을 만들어 내고 그것들을 지속시킨다는 것은 확실한 사실입니다. 윌킨슨(2006)은 비유를 사용하고 다른 정서와 인지의 연결관계가 계속되는 안정된 상담관계를 확립하는 것은 실제로 내담자의 애착 패턴을 변화시킬 수도 있다는 사실에 대해 주목하면서 이 주제에 대해 언급했습니다.

　　마음을 새롭게 만들 수도 있다는 가능성의 관점에서 가소성을 강
조하는 것은 내담자가 공감적인 분석가를 새롭게 경험하여 이로 인
해 근본 애착의 속성이 변화되는데 이는 "학습된 안정감"이라는 새
로운 범주의 애착의 가치가 있다는 점에서 정서신경과학은 고무되고
있다.

🐦 요약

　　특히 경계성 성격장애 내담자에게 상담초기에 외상경험과 과도한 정
서표현이 드러나면, 상담자는 자주 좌절감과 무력감을 느끼게 됩니다.
이 장에서는 내담자 교육뿐만 아니라 상담자와 내담자 모두에게 감정표
현이 필요함을 강조하고 있습니다. 경계성 성격장애 내담자는 상담에서
이들만이 보이는 어려운 문제를 드러내는데 이 때문에 이것이 이 장의
중요한 주제인 것입니다. 경계성 성격장애 내담자를 성공적으로 다루는
기법을 연마한 상담자는 덜 도발적인 내담자의 감정관리에서 매우 능숙
해집니다.

　　경계성 성격장애 내담자를 교활하고 파괴적이며 상담을 망치게 하는
사람으로 보는 대신 혹여 어떤 때는 이것이 의심할 여지 없이 사실이더
라도, 이들은 정서적으로 압도되어 조절할 수 없고 특정한 인지 결함을
가지고 있기도 하면서 자신의 상황에 대한 통찰력이 부족해서 상담자로
부터 정서적인 반응을 절실하게 필요로 하는 사람이라고 보는 것이 상담
에 더 도움이 될 것입니다. 이런 정서반응은 동정과 인내로 시작되지만
시간이 지나면서 내담자의 요구에 따라서 반응하게 됩니다. 직면, 개인

적인 문제와 상담과정에 관한 내담자 교육, 행동에 관한 피드백, 자아안정을 위한 능력개발에 대한 지원 그리고 다른 정서관리 기술들은 모두 상담자가 효과적으로 사용할 수 있는 상호 전략들입니다. 종종 초기 애착경험이 결여된 내담자에게는 정서 의사소통의 순환을 끝내는 것이 감정조절에서 필수입니다. 또한 내담자의 자살위협은 상담자와 관련 있으며 표현될 필요가 있는 억압된 분노의 표현으로 보는 것이 자해의 발생을 피하는 데 종종 도움이 됩니다.

내담자의 요구에 감정을 솔직하게 표현하는 것은, 정서 의사소통의 순환을 종식시키며 내담자의 초기 애착경험에서 결핍된 요소들을 제공합니다. 경계성 성격장애 내담자는 종종 어린 시절에 거부당했던 것을 갖게 되어야만 문제가 해결될 수 있을 거라고 믿습니다. 솔직한 심정으로 말하자면, 감정반응과 피드백에서 그들은 정확합니다. 이 감정 재교육은 어린 시절 결핍되었던 특별한 관심과 사랑에 대한 내담자의 간청에 대한 건설적인 대안입니다. 시간이 지나면 이런 새로운 감정경험들은 영구적인 변화를 만들어 내는 새로운 신경 경로를 만들어 냅니다.

마지막으로 비유를 사용하는 것과 더불어 내담자들의 생각과 느낌을 능숙하게 알아차리는 상담자는 내담자가 체계적이지 못한 개인에서 좀 더 체계화된 개인으로 변화하도록 돕습니다. 각 개인의 행동과 생각, 감정의 연결성은 내담자가 새로운 통합을 이루어 가도록 돕습니다. 최근 쇼어(1994), 리듀(1994) 그리고 다른 연구자들의 신경과학 연구에 따르면, 뇌의 가소성은 성년에게도 확인되었다고 강조합니다. 변화는 나이가 들수록 어려워지지만 그래도 가능합니다.

저는 50대의 내담자 낸시가 상담과정에서 자기탐색의 힘을 키우고 원치 않는 행동들을 변화시키는 능력에 고무되었습니다. 또한 애착이론과 연구는, 시간이 흐르면서 대인관계를 형성하고 유지해 내는 내담자들은 상담에서도 그와 같이 할 수 있고 문제를 잘 극복해 낸다는 보편적 지혜

를 분명히 보여 줍니다. 내담자가 진정으로 원하는 것이 무엇인지 이해
하고, 자신의 나약함을 기꺼이 허용하는 상담자는 아주 심한 정신장애가
있는 내담자들도 변화를 촉진시킬 수 있습니다.

제8장

직면과 역전이 분노
-갈등에 대한 상담자의 혐오감 극복하기-

내가 관찰한 바에 따르면 상담자가 되고 싶어 하는
대부분의 사람은 친밀함을 좋아하고 멀어지는 것을
싫어하며 거부당하는 것을 두려워하고 쉽게 죄책감을 느낀다.
이들은 자기비판적이고 지나친 책임감에
사로잡혀 있으며 자신의 욕구보다 다른 사람들의
욕구를 우선으로 두는 경향이 있다.

—Nancy McWilliams(2004, p. 105)

    상담자도 당연히 세상에 대한 자신의 주관적 관점을 통해 제한된 시각으로 세상을 바라봅니다. 자신이 왜 상담자가 되었는지 그리고 자신이 일에서 찾고자 하는 확신과 만족감이 무엇인지 진지하게 고민하는 태도는 상담하는 데 도움이 됩니다(Maroda, 1999, 2002; Sussman, 2008). 제가 상담자들과 함께 일하면서 느꼈던 것은 많은 상담자가 매우 소극적이고 자기학대적이며 갈등회피로 인해 고통을 받는다는 것이었습니다. 그들은 때때로 우울하거나 정서적으로 힘들어하는 가족의 일원을 도와야 할 필요성 때문에 달래고 중재하는 행위자 역할에 끌렸습니다. 부모의 태도나 행동을 바꾸기에는 힘이 없던 때 어린아이로서 이 역할을 했기 때문에 외골수적인 공감적인 헌신이 적응적이었던 것입니다. 그들은 부모와 맞설 수 있는 위치가 아니었기 때문에 자연스럽게 가능한 한 빨리 부모와 갈등이 끝나기를 원했습니다.

이러한 적응은 상담자에게 강점이 될 수도 있고 약점이 될 수도 있습니다. 공감과 이해에 집중하는 것은 상담자에게 매우 당연하고 필수적인 시작점입니다. 고통을 겪는 내담자는 자신의 고통을 원망하며 자신을 자주 비난합니다. 그들은 다른 사람들이 귀 기울여 주고 받아들여 줄 때 엄청난 안도감과 감사하는 마음을 느낍니다. 그렇기 때문에 상담을 시작하는 단계에서는 세심하고 공감적인 응답자로서 상담자 역할이 매우 중요합니다.

그러나 상담에 효과적일 수 있는 다양한 태도와 개입들은 상담자가 어린 시절부터 돌보는 사람으로 훈련되어 습득한 것은 아닐 수 있습니다. 이러한 행동들은 마음을 꿰뚫어 보는 질문을 하는 것(아이들은 부모의 생각을 짐작하지 않습니다), 직면하는 것(아이들은 부모를 맞서는 위치에 있지 않습니다), 좌절과 분노를 표현하는 것(이것은 평화를 추구하는 아이들의 목표에 역행합니다) 그리고 적절한 한계점을 두는 것(아이들은 부모의 부적절한 행동에 한계를 가할 수가 없습니다)이 있습니다. 모든 상담자가 이러한 역할 때문에 문제를 겪는 것은 아니지만, 분명 상담자들 중에는 이러한 다양한 태도나 개입을 사용하는 데 많은 실수를 범하는 사람들이 있습니다. 그러나 일반적으로 말하자면, 상담자는 내담자와 관계에서 분명히 좀 더 선도적이고 상호작용적이며 문제에 직면하는 능력을 가지고 있다고 볼 수 있습니다.

상담자가 교육분석을 받는다고 하더라도 내담자에게 적절한 자기주장을 하는 능력이 여전히 부족할 수 있습니다. 교육분석을 하는 상담자는 갈등을 권장하지 않기 때문에 교육분석에서 자기주장을 포함하여 부정적인 정서를 효과적으로 사용하거나 받아들이는 능력을 키워 나가지 못하게 되는 것입니다. 따라서 갈등을 회피하는 젊은 상담자들은 갈등을 회피하는 선배 상담자에게 분석을 받을 가능성이 큰데, 이는 자신의 분노를 부인하고 돌이킬 수 없는 문제를 일으킬 수도 있다는 두려움 때문에 직면하는 것을 꺼려 하는 또 다른 세대의 상담자들을 양성하게 되는 것입니다.

제 분석가는 다른 사람들에게 향하는 저의 분노 감정을 자주 폄하하면서 항상 상처를 받았다든가 마음이 너무 유약하다든가 하는 기저의 동기만 지적하였습니다. 상황에 따라 이러한 접근은 효과적일 수 있고 자기 자신을 이해하는 데 필수적일 수도 있습니다. 하지만 이것은 자기인식이라는 단 한 가지 면만을 보여 줄 뿐, 수치심을 느끼지 않으면서 부정적인 감정을 표현하는 것에 대해 스스로 규명해 보고 받아들이고 결정지어야 하는 필요성은 말하지 않습니다. 아주 어린 자녀들이 "엄마 미워! 아빠 미워!" 혹은 "난 자니가 싫어."라고 자신의 마음을 표현하면, "안 돼, 사람을 미워하면 안 되는 거야. 너는 단지 ~때문에 화가 난 것뿐이야." 하고 말하는 많은 부모가 있습니다. 자신의 분노를 관리하는 데 인내심이 부족한 부모는 분노나 싫은 감정을 자연스럽게 드러내는 아이들에게 소리를 지르거나 때릴 수도 있습니다. 이처럼 인간의 모든 감정을 인정하지 않고 개인에게 그러한 감정들을 억압하도록 권하는 우리 문화를 고려할 때, 상담자가 갈등이나 분노를 회피하는 것도 이해할 만하지만, 이러한 부정적 감정들을 다룰 수 있는 방법을 제공해야 합니다.

저는 초보상담자 시절에 내담자가 스스로 자신에 대한 통찰이 생길 때까지 참을성을 가지고 기다리라고 배웠고 상담자의 역할은 경청하고 분석하는 것이라고 배웠습니다. 내담자를 직면시키는 것은 지나치게 직접적이고 권위적이면서 분석적이지 않고 잠재적으로는 괴롭히는 것이라고 했습니다. 텔레비전과 라디오에 출연한 상담자들이 오락적인 가치를 위해 내담자들을 맹비난하는 것을 생각해 보십시오. "당신은 도대체 무슨 생각을 하고 있었느냐?"라며 빈정대는 것은 상담에 도움이 되지 않는 것이 자명합니다. 그러나 이러한 프로그램은 어느 정도 인기를 끌었습니다. 왜냐하면 사람들에게는 일상생활 외에 좀 더 많이 직면할 필요가 있었기 때문입니다. 이런 심리위안 프로그램들은 타인의 옳지 못한 행동에 맞서는 데 어려움을 겪는 사람이나 자신의 모습을 직면할 필요가 있는 사람에게 일시적인 안도감을 주었습니다. 제가 앞서 이야기한 것처럼, 우리는 가장 공격적인 성향의 사람도 좀처럼 자신의 행동과 다른 사람에 미치는 영향에 대해 직면하지 않으려는 '갈등을 회피하는 사회'에 살고 있습니다.

상담관계를 협력으로 생각하고, 내담자의 행동을 목적이 있는 것으로 보는 것은 개입을 위한 새로운 방안을 만들어 냅니다. 말로 갈등을 풀어내는 것보다 행동으로 표현하는 내담자는 특정 사실을 인식하거나 토론하기 위해 자신을 그 문제에 연관시킬 수 없습니다. 만약 상담자가 내담자의 근본적인 문제 행동들을 이야기할 의지가 없다면 중요한 주제는 결코 드러나지 않을 것입니다. 따라서 직면은 내담자의 행동 기저에 깔려 있는 감정과 동기를 탐색하는 시작점으로서 매우 필요하다고 할 수 있습니다.

🐦 상담료와 직면

한 예로 많은 상담자는 상담료를 지불하지 않는 내담자와 대립하는 것을 꺼려 하며, 때로는 내담자가 체납한 상담료가 수천 달러에 이를 때까지 기다리곤 합니다. 이러한 일들은 상담자에게 일어나는 문제들은 아니지만, 돈이 꼭 필요하지 않더라도 상담료를 제때 지불하는 것은 상담경계를 유지하는 데 필수적인 부분이라고 할 수 있습니다. 저의 초기 정신분석 슈퍼바이저는 내담자와 관계에서 상담자가 전문적인 입장을 유지하는 데 적절한 상담료가 매우 중요하다고 재차 강조하였습니다. 상담료를 받는 데 미흡한 자세는 내담자에게 어떤 특별한 권리나 도움을 받고 있다는 환상을 심어 줄 수 있습니다. 덧붙여 말하면, 저는 상담료를 한 번도 늦게 낸 적이 없거나 다른 비용을 처리하는 데 전혀 문제가 없는 내담자는 만나 보지 못했습니다. 어떠한 부채를 갚아야 하는 것과 관련된 뿌리 깊은 분노는 만성적으로 연체를 하곤 하는 내담자의 특징입니다.

내담자가 이러한 연체를 문제라고 스스로 인식할 수 있을 때까지 무한정 기다리는 것은 소중한 시간(내담자가 저에게 지불하고 있는)을 낭비하는 것이고, 이런 문제들을 공공연하게 밝혀야 하는 상담자의 책임을 회피하는 행동입니다. 분명한 것은 상담자나 상담관계의 경계에 직접 영향을 미치는 주제들은, 분명히 상담자의 책임이라는 것입니다. 상담자가 돈 문제에 직면하는 것을 회피하는 것은 내담자의 삶 속에서 문제가 되는 행동들을 직면시켜야 하는 자신의 책임을 피하는 것과 마찬가지입니다. 또한 상담자는 내담자에게 특별한 사정이 있다거나, 도움을 받기를 원하고 있거나 혹은 돈을 늦게 내거나 안 내는 것으로 상담자에게 분노를 표현하고 있다는 등의 다양한 상상에 사로잡혀 있기도 합니다.

만약 상담자가 기관 혹은 상담소에서 월급을 받아서 수입 문제가 별로 없는 경우에는 이 유쾌하지 않은 주제를 회피하는 것이 매우 솔깃하게 여겨질 수 있습니다. 하지만 돈과 관련한 문제는 꼭 다뤄야 하는 문제입니다. 제때 비용을 지불할 것을 권고하고, 내담자가 돈을 내는 것에 대해 갖고 있는 감정이나 느낌들을 자연스럽게 생각해 보도록 독려하는 것은 상호배타적인 일이 아닙니다. 오히려 비용 지불은 표면적으로 드러난 문제이고, 그 문제 이면에는 더 큰 문제가 있을 수도 있습니다.

물론 금전적인 어려움이 원인이 된다면 그것은 다른 문제입니다. 만약 내담자가 실은 급한 사정 때문에 상담료를 제때 지불할 수 없었는데 이를 부끄럽게 생각해 말을 못하고 있었다는 사실을 알았다면, 저는 이 문제를 해결하기 위해서 내담자와 향후 지불계획에 대해 의논하겠습니다. 그리고 나서 내담자에게 이러한 상황이 또다시 닥치면 제가 기다리지 않도록 편하게 말씀해 달라고 부탁할 것입니다. 실제 제 경우에도 내담자 중 한 명이 항상 상담료를 늦게 내는 이유를 알고는 상담료를 조정한 경우가 있었습니다. 기다리다 못해 마침내 그 내담자에게 수입이 얼마인지 물어보았고, 내담자는 인정하기를 거부했지만 제가 보기에 상담료를 지불하기에는 경제 형편이 너무 어려운 상황이었습니다. 저는 그 내담자에게 상담을 위해 생활비를 다 써 버리는 것은 적절하지 않다고 말했습니다. 혹여 차를 고치는 등의 다른 예상치 못한 지출이 발생했을 때 상담료 지불기한을 맞출 수 없기 때문입니다. 이 내담자는 내켜 하지는 않았지만 제 제안에 못 이겨 자신의 수입을 고려한 상담료 인하에 결국 동의하였으며, 그 후부터는 기한에 맞춰 비용을 낼 수 있었습니다.

🐦 지각과 직면

상담시간에 늦는 내담자들은 사과를 하곤 합니다. 저는 웬만한 교통체증이나 업무상 중요한 미팅 때문에 늦는 등의 경우에는 보통 사과를 받아들이고 넘어갑니다. 이미 중요한 상담시간의 일부분을 허비해 불만스러워 하는 내담자를 질책하는 것은 매우 불필요한 일이며 잠재적인 처벌이기도 합니다. 그러나 항상 늦는 내담자들에 대해서는 어떻게 해야 할까요? 이러한 만성적인 지각의 경우도 내담자가 매우 미안해한다면 간과해도 되는 걸까요? 저는 이러한 문제를 그냥 지나치는 것은 실수라고 말하는 랑(1973)의 의견에 동의합니다. 저는 실제로도 항상 약속시간에 지각하고 모든 일에 늦는 경향이 있는 내담자를 만난 적이 있습니다.

그 내담자를 위해 지각 문제를 조절을 잘 못하는 문제로 인식하여 부드럽게 내담자를 떠밀어 이 문제를 탐색하도록 하면 시간이 지나면서 내담자의 행동에 변화를 오게 할 수도 있지만, 항상 그런 것만은 아닙니다. 맥윌리엄스(2004)는 내담자가 견딜 수 없을 만큼 상담자가 아무리 이 문제에 대해 토론하고 해석한다고 하더라도, 계속 지각을 할 내담자도 있다고 말합니다.

저는 한 여성 내담자를 여러 해 동안 상담한 적이 있는데 이 내담자는 상담이 진행되는 동안 늦지 않은 적이 거의 없었으며, 제가 그 사실에 대해 이야기해도 아랑곳하지 않았고(결국 저는 끝내 좌절했습니다), 아무리 많이 그 문제에 대해 함께 탐색해 보아도 지각은 계속되었습니다. 지각 문제에 대해 이야기한 후 한동안은 제시간에 오기도 했지만, 이내 다시 지각을 일삼았습니다. 흥미로운 것은 이 내담자는 상담료도 항상 늦게 내곤 했는데, 제가 고칠 것을 요구하자 이 문제는 변화했다는 사실입니다. 그는 그 후에 제때 비용을 냈고 채무에서 벗어나 좋은 신용도를 갖게 된 것에 대해 자랑스러워 했습니다. 하지만 유감스럽게도 시간을 지키는 문제는 해결하지 못했습니다. 명백한 사실은 이 내담자는 금전 문제를 해결하고자 하는 것에는 동기부여가 됐지만, 시간을 잘 지키지 못하는 것을 바꾸는 데는 별 관심이 없었다는 것입니다.

한때 저는 이 내담자가 지각하는 것을 참고 견딜 만한지 아니면 지각하는 것 때문에 시간을 허비하는 것이 너무 화가 나고 불만스러운지 결정을 해야만 했습니다. 저는 이 내담자가 스스로 지각을 하지 않고 변화할 수 있을 때까지 참고 기다려 주기로 결심했습니다. 이러한 경우라면 선택은 상담자 각자의 상황에 맞게 스스로 결정해야 할 것입니다. 만약 불만이나 분노 때문에 내담자와 상담하는 동안 마음이 멀어진다면, 내담자를 위해서라도 내담자에게 이러한 행동이 바뀌지 않으면 상담할 수 없다고 말하는 것이 낫습니다.

🐦 분명한 모순과 직면

사람이라면 누구나 그러하듯이 내담자도 자신의 가치체계, 태도 혹은 행동 등에서 필연적으로 모순을 드러냅니다. 상담과정 중에 내담자가 이런 모순들을 인식하지 못하는 모습을 보일 때 이러한 모순들을 부드럽게 지적하십시오. 이런 직면은 평가하지 않고 사실 그대로 다루어야 하며, 상담을 위한 좋은 관계가 형성된 후에 해야 합니다. 다음 장에서 따로 상담자의 수동-공격적 행동특성과 건설적인 직면에 대해 구별하도록 하겠습니다. 저는 내담자가 반복해서 문제를 이야기하지만 자신의 역할을 인식하는 데 실패할 때나, 내담자가 말하는 내용에 모순이 내재되어 있을 때 직면을 사용합니다. 다시 한 번 말하지만, 저는 이러한 상황에서 내담자 스스로 이러한 문제를 인식할 수 있을 때까지 기다리라고 배웠습니다. 분명히 자신의 목소리에 스스로 귀를 기울이는 내담자는 재빨리 이런 통찰력을 갖게 됩니다. 이런 내담자는 상담자에게 조언을 받을 필요가 없습니다. 그러나 내담자가 반복해서 똑같은 실수를 하거나 모순된 사실을 반복해서 계속 말한다면, 이런 순간은 상담자가 이러한 주제에 대해 직면시켜 깊이 들여다볼 수 있도록 도와야 합니다.

효과적인 직면은 내담자로 하여금 자신을 보도록 하고, 자기의 내면 갈등에 대해 불편함을 느끼게 합니다. 그리고는 안정을 찾기 위한 내면 탐색을 합니다. 이러한 탐색은 자신의 행동에 대한 합리화를 계속하려고 하거나 불편감을 느껴 보면서 변화를 하려고 하기 때문에 하게 됩니다. 상담자는 결과에 대해 직접 말해서는 안 되고 내면을 돌아볼 수 있도록 하는 촉매제 역할을 해야 합니다. 마스터슨과 클라인(1989)을 비롯한 많은 학자는 직면에 대한 많은 연구를 했는데, 특히 경계성 성격장애 내담자들에게 적용되는 직면에 대해 집중 연구했습니다. 앞 장에서 언급한 것처럼, 직면과정 없이 경계성 성격장애 내담자를 상담하는 것은 거의 불가능합니다. 제 경험에 비추어 볼 때, 모든 내담자들은 가끔씩 진행되거나 혹은 꾸준히 지속되는 맹점에 대해 직면할 필요가 있습니다. 직면과 관련된 두 가지 사례를 살펴보겠습니다.

첫 번째는 앞 장에서 언급한 레베카 사례입니다. 레베카는 충격적인 어린 시절 때문에 철수와 분열 증상을 보였고 자주 자해를 해 왔습니다. 레베카는 이전 두 번의 상담과정 중에 칼로 베는 자해를 했고, 저와 상담을 하면서도 그럴 것 같다고 경고하였습니다. 그러면서 재빠르게 덧붙여 말하기를 이런 행동을 멈추고 싶다고 했습니다. 우리는 자해하지 않는 것을 상담목표 중 하나로 설정하는 데 동의했습니다. 상담 첫날 레베카가 반복한 말들 중 하나가 바로 "나는 평범해지고 싶어요."였습니다.

여러분은 우리가 이미 전화통화(통화는 짧게, 꼭 전화로 요청해야 합니다) 그리고 이메일(나는 그녀가 보낸 편지를 읽지만 답신하지 않습니다. 이메일에 관해서는 다음 장에서 이야기하도록 하겠습니다)에 대해 동의했던 것을 기억하고 있을 것입니다.

상담을 시작한 지 일 년쯤 지난 어느 월요일, 레베카는 상담시간에 와서 지난 주말 자해를 했다고 말했습니다. 저는 우려를 표명하면서 자해 상황에 대해 말해 달라고 하였습니다. 저는 또한 상처가 아프지 않은지 물어보았습니다. 레베카는 상처는 거의 나았지만 눈에 금방 띄는 매우 가는 선들이 있는 팔뚝을 제게 보여 주었습니다. 레베카가 자신과 자신의 상처에서 느끼는 다양한 느낌에 대해 이야기할 때, 저는 혼자 아파 하지 말고 상담시간에 이런 감정들을 표현했으면 좋겠다고 말했습니다. 레베카는 그렇게 미쳐 가고, 통제가 안 되는 것을 느낄 때마다 더욱 지친다고 했습니다.

제가 보기에 레베카는 잠시 자기 연민에 빠져 있었습니다. 레베카는 다시 한 번 한탄했습니다. "저는 평범한 사람이 되고 싶어요." 그래서 저는 "글쎄요. 당신은 평범한 사람들이 스스로 자해하지 않는다는 것을 알고 있잖아요." 하고 말했습니다. 레베카는 상담자인 제가 자신에게 이렇게 이야기했다는 사실에 대해 다소 놀란 듯 보였습니다(제 견해로는 그는 이미 자신이 자해했을 때 쏟아지는 지나친 관심에 익숙해져 있었고, 이러한 관심들은 잠재적으로 이러한 자기파괴적인 행동을 강화하고 있었습니다). 저는 재빨리 덧붙여서 자신이 수년간 해 온 습관을 멈추는 것은 결코 쉬운 일이 아니라는 걸 알고 있으며, 자기혐오나 절망감을 발산하는 다른 방법을 찾기 전까지 자해를 멈추기는 어려울 것이라고 말했습니다. 그러나 저는 레베카가 결국 자해 행동을 멈추게 될 것이라는 것을 어느 정도 확신할 수 있었습니다.

레베카는 이 대화에 흥미를 보였고, 상담시간에 더욱 많은 감정을 이야기하고 싶다고 말했습니다. 또한 다시 자해를 하고 싶은 느낌이 들 때 자신의 마음을 스스로 위로하기 위해 노력해 보겠다고 약속했습니다. 저도 좋은 생각인 것 같다고 했습니다. 레베카는 그 후 1년간 자해를 하지 않았습니다. 하지만 불행하게도 남자친구와 헤어진 후 매우 화가 나서 다시 자해하고 싶은 충동을 느꼈습니다. 레베카는 저에게 전화를 걸어 자해를 하려 한다는 내용의 음성 메시지를 남겼습니다. 하지만 회신해 달라고 요청하지는 않았습니다. 그러한 상황에서 약속대로 레베카에게 전화를 걸지 않는 것은 매우 힘들었지만, 저는 제가 느끼는 불안과 걱정을 추스르며 약속을 지켰습니다.

다음 상담시간이 되었을 때 저는 레베카가 우울해 하고 자해를 했을지도 몰라 준비를 하고 있었습니다. 하지만 놀랍고 다행스럽게도 레베카는 매우 밝고 수다스러운 분위기로 상담시간을 시작하였습니다. 저는 매우 놀랍다고 이야기했습니다. 그 순간 저는 레베카가 자해하지 않았다는 것을 직감적으로 알 수 있었습니다. 저는 레베카의 눈을 응시한 채 물었습니다(다시 한 번 말하지만 사무적인 말투로 말했습니다). "지난 주 자해를 했습니까?" 레베카는 "아니요."라고 대답했습니다. 그래서 저는 "좋습니다. 당신 마음에 어떠한 변화가 있었습니까?"라고 되물었습니다. 레베카는 매우 장난스러운 모습으로 비꼬듯이 "평범한 사람들은 자해하지 않아요."라고 말했고, 저도 웃음을 터뜨리며 "사실 그렇죠! 잘했습니다." 라며 응답했습니다.

저는 내담자의 모순에 직면하는 것을 재차 강조하고 싶습니다. 첫째, 레베카는 '평범' 해지고 싶다고 반복해서 말하곤 했었고 우리는 그 의미에 대해 이야기했습니다. 레베카는 죽음과 자살에 대한 자신의 강박적인 생각들로부터 자유로워지길 원했습니다. 그리고 편안함을 더 많이 느끼길 원했으며, 사람들과 더 자연스럽게 관계를 맺을 수 있기를 원했습니다. 또한 사랑을 하고 싶다고 했습니다. 그래서 제가 선택한 직면방법은 레베카가 변화를 원하면서 세워 놓은 계획들에 대해 중심을 잃지 않는 것이었습니다. 제가 그에게 "평범한 사람들은 자해하지 않아요!"라고 한 말은 결코 빈정거림과 비판의 어조가 아니었습니다. 저는 그냥 단순하게 자신이 원하는 것과 하는 행동 사이에 얼마나 차이가 있는지 지적하고 있는 것입니다.

제가 한 가지 더 강조하고자 하는 것은, 레베카와 저는 매우 강하고 긍정적인 상담관계를 형성했기 때문에 레베카가 이러한 상황을 조롱이나 비웃음으로 받아들이지 않을까 하는 두려움 없이 개입할 수 있었다는 것입니다. 오랜 시간 동안 함께하면서 보아 온 레베카는 자신을 건설적으로 대하는 것을 좋아하고, 처음에 제게 말한 것처럼 진실되게 말하는 것을 좋아했으며, 애처럼 대하거나 취약한 미친 사람처럼 대하는 것을 원하지 않는 사람이었습니다.

🐦 직면 사례: 몰리

어렵고 고통이 될 수도 있는 또 다른 직면 사례는 몰리라는 내담자 사례입니다. 몰리는 앞에서 언급하지 않았습니다. 몰리는 20대 후반으로 지난 6개월 동안 30파운드(14kg) 가까이 몸무게가 늘어나서 매우 우울해했습니다. 그는 표준체중에 비해 거의 100파운드(45kg) 정도 더 나갔으며, 어린 나이에 이미 고혈압이 있었습니다. 몰리는 평생 동안 몸무게 때문에 고군분투해 왔으며 살이 찌고 빠지기를 반복했습니다. 대학 진학 문제로 숨 막히게 하는 부모로부터 탈출했을 때 몰리는 살이 빠졌습니다. 그러나 부모처럼 자신을 조종하고 이용하는 남편과 결혼을 하고 나서는 다시 살이 쪘습니다. 즉, 학창시절 때는 살이 빠졌지만 결혼 후에는 다시 살이 찌기 시작한 것입니다.

역설적이지만 몰리가 상담을 받게 된 것은 남편 때문이었습니다. 남편은 몰리가 보이는 통제할 수 없는 울음과 격렬한 분노 그리고 비만을 참을 수 없었습니다. 하지만 자신이 몰리의 불행에 어떤 영향을 끼치고 있는지에 대해서는 분명하게 의식하지 못했던 것 같습니다. 몰리 또한 자신과 부모와의 관계를 결혼생활에서 재현하고 있다는 사실을 인식하지 못하고 있었습니다. 바첼(2007)이 적절하게 기술한 것처럼, 몰리는 부모처럼 자신을 원하고 자신을 자기애적인 확장으로 생각하는 남자를 선택하여 가정을 꾸렸던 것입니다. 몰리는 너무 힘들고 지친 상황에서도 남편이 자신을 끊임없이 착취하게 만들었습니다.

상담을 시작했을 때 몰리는 가업을 이어 가느라 일주일에 60시간 가까이 일하고 있었고 또한 장보기, 음식, 청소 그리고 집안일 모두 몰리의 몫이었습니다. 남편은 대학원을 다니고 있었고 빨래를 담당했습니다. 제가 몰리에게 이런 방식의 가사 분배가 공평한 것처럼 보이냐고 물었을 때, 몰리는 남편이 집안일을 좋아하지 않기 때문에 자기가 자연스럽게 모든 일을 하게 되었다고 말했습니다. 몰리는 남편에 대한 화나 분노의 감정들에 대해서는 모두 부인했지만, 자기가 밤새 울어서 남편을 못 자게 만들거나 어떤 일 때문에 남편을 화나게 하면 남편이 자신에게 상처가 되는 말을 한다고 말했습니다. 이러한 상황이 바로 몰리에게 처음으로 한 직면이었습니다.

저는 몰리에게 말했습니다. "그런데 당신은 남편을 밤늦도록 잠 못 들게 하고, 당신이 울고 통제가 안 되는 상황을 남편이 얼마나 싫어할지에 대해서 이미 알고 있지 않나요?" 몰리는 처음에는 충격을 받은 것처럼 보였습니다. 하지만 곧 남편을 못 자게 하고 심지어 깨우기까지 하는 것은 매우 가혹한 일이라는 것을 곧 깨달았습니다. 몰리는 자신이 분노에 가득 차 있다는 것을 알게 되었습니다. 후에 우리는 남편과 있으면 자신의 행동이 어떻게 점점 더 악화되는지에 대해 이야기를 나누게 되었습니다. 저는 자신을 진짜 괴롭히는 일상적인 일에 집중해 보도록 하고 너무 좌절하고 통제를 잃기 전에 남편에게 말해 볼 것을 제안했습니다.

이러한 직면은 몰리로 하여금 스스로를 인내심 강하고 마음씨 고운 사람이라고 생각하는 것과 자신이 하는 행동 간에 차이가 있음을 객관적으로 바라보는 데 도움을 주었습니다. 자신이 남편을 더 이상 받아 줄 수 없을 때 남편을 감정적으로 고문하고 있다는 것을 알아차림으로써, 자기가 가지고 있던 비현실적이고 실현 불가능한 자아상이 철저히 부수어졌고 자신의 행동을 고칠 수 있도록 동기를 부여했습니다.

시간이 흘러 몰리는 좀 더 적극적으로 변했고 고함을 치는 것도 안 하게 되었습니다. 대신 남편이 자신에게 너무 많은 것을 요구할 때 거절했습니다. 남편이 가장 많이 하는 말은 "이것 좀 해 줄래?"였습니다. 몰리는 하루 종일 일한 뒤 두 개의 식료품 백을 양손에 들고 집에 들어올 때 이 말을 자주 들었습니다. 몰리가 "내 생각에는 당신이 직접 하는 게 더 좋을 것 같아. 나는 너무 지쳤어."라고 대답했을 때 남편은 분노가 차올랐습니다. 남편은 몰리에게 자신을 사랑하지 않고 무례해졌다고 말하면서 몰리에게 잘못을 돌려 굴복시키려고 노력했습니다. 하지만 몰리는 남편이 자신을 그런 식으로 다루도록 내버려 두지 않았습니다. 놀랄 것도 없이 몰리는 눈에 띄게 성장하였으며 살도 빠지기 시작했습니다. 하지만 남편은 실의에 빠졌습니다.

남편은 몰리에게 아이를 갖자고 졸랐습니다. 아이가 태어나면 모든 것이 더 좋아질 것이라고 말했습니다. 그들은 진정한 가족을 이루었습니다. 몰리는 아이를 원했고 임신을 했으며 결혼생활을 잘 유지하고 싶었습니다. 하지만 아이가 태어난 후 남편은 아이의 기저귀를 갈아 주는 걸 거부했고, 아이가 울 때 안아 주는 것 또한 싫어했습니다. 게다가 그는 몰리가 더욱 많은 시간을 아이에게 헌신하고 더 많은 사랑을 쏟아 주자 의기소침해지고 우울해졌습니다. 그는 대학원 수업에도 참석하지 않았고 스스로를 더욱 고립시켰습니다.

관계 내에 존재하는 복잡하고 다양한 정신역학을 믿는 만큼 저는 몰리와 남편의 관계처럼 극적으로 변하는 것을 볼 때마다 여전히 놀랍습니다. 부부는 각자가 할 수 있는 이해의 정도를 가지고 있으며, 어떤 부부는 한 사람의 큰 희생으로 다른 사람을 지탱해 주기도 합니다. 하지만 몰리의 남편은 자신들의 관계에 대한 이야기는 안 하려고 했고 그래서 아무 진전도 없었습니다. 그는 우울증 약을 복용하기 시작했고 개인 상담을 받기 시작했습니다. 그러나 아무것도 도움이 되지 않았습니다. 상담자는 남편과 상담하는 것을 거절했습니다. 왜냐하면 그는 명백하게 이기적이고 통찰력이 부족했으며, 자기 행동에 대한 책임을 질 능력이 부족했기 때문입니다. 그는 몰리가 자신을 희생하면서 자신의 모든 욕구를 충족시켜 주던 이전의 모습으로 돌아가기만을 원했습니다. 그는 아이에게 질투를 느끼고 심지어 아이가 없었으면 하고 바라기도 했습니다. 결국 몰리의 요구로 두 사람은 이혼했습니다.

🐦 해로운 행동과 직면

　상담자는 내담자의 삶에서 내담자 혹은 다른 사람들에게 해로울 만한 어떠한 행동들을 제거하거나 최소화하고자 합니다. 대부분의 상담자들은 이런 문제가 생기는 것을 우려합니다. 그러나 내담자는 자기 자신을 해치거나 다른 사람을 해칠 우려가 있을 경우, 그 상황에서 예상되는 갈등을 회피하고자 하는 마음이 생길 수 있습니다. 저는 25년 전 담당했던 내담자에게 그가 하고 있는 행동을 계속 고집한다면 더 이상 상담을 할 수 없다고 말하는 것이 얼마나 어려웠는지를 지금도 생생히 기억하고 있습니다. 저는 그를 찰스라 부르겠습니다. 찰스는 20대 남성으로, 교육을 잘 받은 후 직업세계에서 어느 정도 성공을 거두었습니다. 그는 지성미가 넘치고 어려운 업무를 잘 수행하였기 때문에 그 분야에서 빨리 성공할 수 있었습니다. 찰스는 큰 키에 탄탄한 몸매를 가진 뛰어난 미남이었고 매너 역시 좋았습니다. 그는 영화배우 같은 외모와 모든 사람에게 미칠 수 있는 강한 영향력을 갖추어서 자신감에 차 있었습니다.

　찰스는 불안과 건강염려증이 반복되는 증상 때문에 상담 받으러 왔습니다. 그가 가장 염려하고 걱정하는 것은 에이즈였지만, 이 건강염려증상이 에이즈에만 국한된 것은 아니었습니다. 그는 정기적으로 의사를 찾아 건강상태를 다양하게 체크했습니다. 찰스는 거의 모든 기준에서 건강했을 뿐만 아니라 또래에 비해 월등하게 건강하다고 재차 확인받았습니다. 그런데도 불안해하자 마침내 주변 사람들이 상담을 받아 보라고 권하게 되었습니다.

　저는 찰스를 만난 순간부터 호감이 생겼고 솔직히 그가 너무 매력적이어서 놀랐습니다. 처음에는 그의 근본적인 고통에 집중하는 것이 매우 어려웠습니다. 왜냐하면 찰스는 적절하면서도 약간은 유혹적일 수 있는 매너로 자신을 포장하는 경향이 있었기 때문입니다. 저는 왜 모든 사람이 찰스가 원하는 것들을 쉽게 들어주는지 살펴보기 시작했습니다. 하지만 이어지는 의문은 '어떻게 일과 개인적인 삶에서 모두 만족하는(그의 말에 따르면) 이런 축복을 받은 사람에게 이렇게 심한 불안증상이 있을 수 있을까?'였습니다. 무언가 앞뒤가 맞지 않았습니다.

찰스는 오래 관계를 맺는 여자친구를 찾지는 못했지만 자주 데이트를 했고 그가 원할 때면 언제든지 성관계를 했습니다. 사실 그가 바에 가면 대부분 여자들이 항상 먼저 다가왔고 자신들의 전화번호를 남기곤 하였습니다. 그는 데이트를 나갈 때마다 매력적인 여성과 성관계를 했습니다. 물론 친구들은 그를 매우 부러워했고 때로는 놀리기도 하였습니다. 하지만 친구들은 그의 모습에서 대리만족을 느끼고 또 그를 친구로 둔 것을 자랑스러워 했습니다. 찰스는 많은 여성과 성관계하는 것에 서서히 피곤해지고 있다고 말했습니다. 그래서 저는 그에게 항상 누군가와 함께 집에 가는지 물어봤습니다. 그는 "물론이죠. 저는 매력적인 여성과 잠자리하는 것을 거절할 수가 없거든요." 저는 왜 거절을 못하냐고 물었습니다. "글쎄요. 잘 모르겠어요. 저는 섹스를 좋아하고 그리고 아마 섹스를 거절하면 엄청 이상해 보일 거예요. 남자들은 보통 그러지 않거든요." 우리는 그 이유에 대해 더 많은 대화를 나누었고, 찰스의 훌륭한 외모가 축복인 동시에 부담이 된다는 것이 분명해졌습니다.

저는 찰스가 에이즈에 대한 두려움을 느끼면서도 성관계를 거절하지 못하고 마초적 이상으로 살고자 하는 욕구 사이의 연결고리에 대해 궁금해지기 시작했습니다. '그가 왜 자신의 성생활에 불안감을 느껴야만 하는 것일까? 에이즈에 대한 두려움이 자신의 성생활에 대한 처벌을 기대하는 것을 반영한 것은 아닐까?' 하는 생각들을 찰스에게 직접적으로 말할 수는 없었지만, 그 대신에 찰스의 성생활에 대해 더 자세히 물어보았습니다. 저는 "첫 경험은 언제였나요? 첫 경험의 느낌은 좋았나요? 아니면 나빴나요?" 하고 물어보았습니다. 저는 찰스가 자신의 첫 경험은 열한 살 때였고 상대는 열일곱 살이었던 보모였다고 고백했을 때 깜짝 놀랐습니다. 저는 찰스에게 첫 경험의 느낌이 어땠는지 물어보았습니다. 그는 "좋았어요. 그 여자는 정말 예뻤고 저에게 여자를 어떻게 만족시킬 수 있는지 가르쳐 줬어요. 모든 남자들은 그 경험을 위해서 어떤 것이라도 바칠 거예요."라고 대답했습니다. 제가 사실 그것은 성적 학대였다고 이야기했을 때 찰스는 매우 놀랐습니다. 그는 제 말에 귀를 기울였고 이내 조용해졌습니다.

다음 상담시간에 찰스는 그가 이전에는 그 누구에게도 그리고 저에게조차도 말한 적이 없었던 사실을 고백했습니다. 그는 헤르페스 감염자였고 여성들에게 그 사실을 알리지 않고 성행위를 계속해 왔던 것입니다. 저는 그에게 죄책감을 느끼는지 물었습니다. 그의 대답은 "아니요."였습니다. 그 이유는 쉽게 자신을 그에게 내맡기고 하룻밤 잠자리를 하는 여자는 자신이 성병에 걸릴 가능성이 있다는 것을 충분히 알아야 한다는 것이었습니다. 저는 찰스에게 그가 여성에 대한 분노를 가지고 있는 것 같고, 일정 부분에서는 보모와 관계를 맺었던 어린 시절의 성적 학대 경험에서 비롯된 것 같다고 말했습니다. 헤르페스를 퍼트리는 것은 그의 복수였을까요? 찰스는 자신은 잘못한 것이 없다고 부인했습니다. 자신은 적어도 증상이 보이지 않을 때만 성관계를 갖는다고 말했습니다. 저는 찰스에게 눈에 보이는 증상이 없어도 헤르페스 보균자는 헤르페스를 옮길 수 있다는 사실을 지적했습니다.

찰스와 저는 그 후 몇 차례의 상담시간을 통해 성관계와 헤르페스에 관한 그의 관점에 대해 이야기를 나누었습니다. 저는 그에게 자기 행동의 결과를 생각해 볼 것을 요구했습니다. 그는 솔직한 자신의 생각을 말했습니다. 찰스에게 여성과 잠자리를 갖기 전에 자신이 헤르페스 보균자라는 사실을 미리 말하는 것은 어떤지 물었습니다. 그는 "제가 그렇게 하면 아무도 저랑 잠자리를 함께 하지 않을 겁니다."라고 대답했습니다. 저는 솔직한 태도가 그가 추구하는 진지한 관계를 위해 필요한 일부분이며, 상대를 진실하게 대하기 시작하면 지금까지의 일반적 성관계는 지루해질 것이고, 데이트할 누군가를 찾는 횟수도 줄어들 수 있을 것이라고 지적했습니다. 그는 이러한 생각을 해 본 적이 있지만 자신은 철이 없어서 욕망을 참기 힘들다고 말했습니다. 마침내 저는 찰스에게 그가 헤르페스 보균자라고 밝히지 않고 성관계를 계속 갖는다면, 양심의 가책 때문에 더 이상 상담할 수 없다고 말했습니다. 그건 불공평하다고 그가 말했습니다. 제가 중립적이어야 할까요? 저는 찰스에게 이 문제에 대해서는 중립적일 수 없다고 말했습니다. 이러한 상황을 방관하는 것은 상담윤리에 위배되는 것이었습니다. 그는 한 번 고민해 보겠다고 말했습니다.

찰스는 다음 상담시간이 되자 마지못해 자신이 헤르페스 보균자라는 사실을 말하지 않고서는 어떠한 여성과도 관계를 갖지 않겠다고 말했습니다. 그 결과 성관계는 줄어들었고 마침내 그가 스스로 헤르페스 보균자라고 밝혀 이 사실을 알게 된 여성과 데이트를 했습니다. 찰스가 자신의 상태를 드러내지 않고서 성관계를 절대 하지 않았을 거라고 생각하지는 않습니다. 그러나 저는 자신의 행동 결과에 대해 직면하는 것이 찰스와 저, 우리 둘에게 중요한 문제라는 사실은 굳게 믿었습니다. 여기서 중요한 사실은 그의 일상적인 불안과 병에 대한 근심이 극적으로 줄어들었다는 것이며, 이러한 변화는 저의 개입이 적절했음을 뒷받침해 주는 것이었습니다.

찰스의 성장과정에 대해 간단히 말씀드리면, 아버지는 대개 집에 없었고 어머니는 2교대 근무를 했기 때문에 많은 시간을 보모와 함께 보낼 수밖에 없었습니다. 부모님은 열심히 일했지만 찰스에게 열심히 일하는 것보다 더 중요한 다른 가치들을 가르치고 조언해 주는 시간은 부족했습니다. 찰스는 꽤 좋은 사람이고 그 누구보다 야심차게 열심히 일하는 사람입니다. 그는 교육받기를 선택했고 좋은 옷을 입고 다니면서 부모가 이루지 못한 돈과 명예를 얻었습니다. 그는 잘생겼고 똑똑하며 매력이 넘쳤기 때문에 사회에서 자리 잡는 데 큰 도움이 되었습니다. 하지만 그는 자신만의 개성을 갖추거나 사람들의 욕구 또는 권리에 대해 배려하는 것을 배우지는 못했습니다. 그가 자신의 모습을 직면하여 자신의 강점을 키우고 성공을 이룬 것처럼 윤리적인 것도 배워 갈 수 있도록 도와줄 누군가가 필요했습니다.

상담 결과 그가 헤르페스 보균자였다는 것을 여성들에게 알린 이후에는 성관계가 줄어들었습니다. 찰스는 정직에 대한 자신의 의지를 자랑스러워 했습니다. 몇 달 후 그는 한 여성과 정기적으로 데이트를 하기 시작했고 그의 병적인 두려움과 일반적인 걱정들은 서서히 사라졌습니다. 그 후 그는 상담을 마쳤습니다. 저는 직면을 통해 그를 만족시킬 수 있었다고 믿는 많은 이유가 있습니다. 그가 상담을 계속하기로 결정하여 상담이 계속 진행되었다는 것은 헤르페스를 퍼트리는 문제를 직면시키기로 선택했던 제 윤리적 신념이 우리 모두에게 옳았다는 것을 증명해 주고 있습니다. 물론 그가 거절했더라면 상담은 중단됐을 것입니다. 제가 그에게 원하지 않는 일을 하라고 요구했기 때문에 그는 떠날 수 있었습니다. 또한 저는 그의 성적 행동의 결함을 알고 가만히 있을 수만은 없기 때문에 그를 신고해야 할 수도 있었습니다.

🐦 상담자의 피학적 굴복

저는 『Seduction, Surrender, and Transformation』(1999)이라는 책을

쓸 때, 피학적 굴복과 항복의 차이에 대해 상세히 기술한 임마누엘 겐트 (1990)의 논문을 인용하였습니다. 겐트는 감정적 항복이란, 상담과정의 본질적인 부분이라고 생각되는 개인의 감정에 상담효과가 있도록 져 주는 것이라고 말했습니다. 그는 많은 사람이 정말로 항복하기보다는 피학 적으로 굴복한다고 생각했습니다. 그의 논문에서는 상담자가 아닌 내담 자에 대해 이야기하고 있습니다. 저는 상호성이라는 맥락에서 상담과정을 재구성하면서 겐트의 원리를 상담자에게도 적용해 보았습니다. 상담 과정의 중요 시점에 상담자가 내담자에게 감정적으로 항복해야 내담자도 그렇게 할 수 있다고 말한 적이 있습니다. 하지만 불행하게도 너무 많은 상담자들이 자신의 취약성을 드러내는 위험을 선택하기보다는 피학 적으로 굴복하는 것을 선택합니다.

제가 이 장의 첫 페이지에 도입한 맥윌리엄스의 명구에는 상담자는 자기비판적인 경향이 있고 자신의 욕구보다 타인의 욕구를 우선시하는 경향이 있다고 쓰여 있습니다. 저는 이 마지막 부분의 태도에는 찬성하지 않습니다. 상담자들이 종종 자신이 희생하고 있다고 느낄 때, 자신의 욕구보다 타인의 욕구를 우선시하고 있는 것으로 믿으리라 생각합니다. 제가 사람들에게 지금 희생한다고 느끼는지 물어보면 사람들은 일반적으로 이런 상태에 대해 너무 쉽게 정의 내리는 것처럼 보입니다. 그러나 이런 상태는 사랑하고 기꺼이 희생하는 것과는 질적으로 다르다는 느낌입니다. 이런 사실을 어떻게 느끼는지 물어보면, 아니나 다를까 대답은 "나쁘다."였습니다. 그럼에도 불구하고 간혹 함께 일하는 상담자들의 희생적인 모습을 지적하면 그들은 종종 자신의 행동을 바꾸기 꺼려 합니다. 아마도 많은 상담자가 '자기희생'을 어린 시절에 그들의 정체성을 구성하는 중요 요소로 생각해 왔고, 이것을 바꾸면 그들이 누구인가를 보여 주는 정체성을 위협받는다고 생각하는 것 같습니다. 자신을 희생하는 사람에게 그 모습을 지적하면 이러한 사실에 동의하면서도 즉시 이렇게 합리화하곤 하였습니다. "글쎄요. 저도 이 내담자가 집에까지 전화하는 것을 계속 그대로 두고 볼 수만은 없겠지만, 내담자가 곧 좋아져서 이런 행동도 하지 않을 거라고 생각해요. 저는 내담자가 지금 당장 상처받거나 소외감을 느낄 수 있는 그 어떤 행동도 하고 싶지 않아요." 저는 자신을 희생시키는 내담자나 상담자들을 만날 때면 언제나 그것을 멈추고 다른 방법을 찾아보라고 충고합니다. 순교적 행동은 양측 모두에게 죄책감, 불균형과 솟구치는 분노를 야기합니다.

🐦 자신이 아는 사실을 말하지 못하는 내담자와 직면

다음 사례는 한없이 심술궂고 자아도취적인 어머니 때문에 자기 자신을 희생하도록 길들여진 내담자의 이야기입니다. 이 내담자는 상담시간마다 자신의 어머니 이야기를 했습니다. 이 내담자의 좌절과 분노 그리고 피로에 대해 제가 내담자에게 주었던 공감은 도움이 되는 것 같았지만 어떤 변화도 일으킬 수 없었습니다. 그러나 변화는 다음 이야기를 통해 일어났습니다.

두 아이의 어머니이자 간호사인 앤은 우울과 불안으로 고통받다가 상담소를 찾았습니다. 앤은 매우 수줍음이 많고 점잖고 소극적이며 아주착한 사람이었습니다. 그는 40대 후반을 바라보고 있었고 아이들도 청소년으로 성장했지만, 자신은 아직도 친정어머니와 매우 깊은 의존적인 관계를 유지하고 있었습니다. 앤은 자신이 지나치게 친정어머니를 배려하고 있으며, 어머니의 비난과 질책에 몹시 상처받는다는 것을 쉽게 인정했습니다. 친정어머니는 경제 사정이 너무 어려워 하루에 몇 차례씩 찾아와 매우 비합리적인 요구를 했습니다. 저는 앤의 어머니가 외로우시

냐고 물었습니다. 앤은 "아니요. 전혀 그렇지 않아요. 미망인이긴 하시지만 정기적으로 카드놀이와 외식을 함께하는 많은 친구가 있으세요. 또 교회활동도 매우 열심히 하시고 계시죠."라고 대답했습니다. 그래서 저는 앤에게 왜 어머니의 요구를 거절하는 것이 그렇게 힘든지 물었습니다. 앤이 말하기를, 어머니는 자신의 요구가 거절되었을 때 매우 모욕적인 말을 거침없이 한다고 했습니다. 앤의 어머니 이야기를 들으면 들을수록 저는 미친 사람이 아닐까 생각되었습니다. 그래서 저는 다른 자매들은 어머니와 관계가 어떤지 물었습니다. 그들은 어머니가 항상 불행하고 어렵게 지내기 때문에 미안한 마음을 가지고 있다고 말했습니다. 다른 자매들은 가능한 한 먼 곳으로 이사 가서 어머니와 거리를 두고 있었으며, 앤이 어머니를 부담스럽게 느낀다거나 어머니의 잔인한 비난에 화가 난다는 데 대해서는 앤의 어머니가 그랬던 것처럼 앤을 꾸짖었습니다.

어느 날 앤은 어머니가 전화를 해서 어머니가 가고 싶어 하는 쇼핑몰에 데려다 달라고 어떻게 요구했는지 말하였습니다. 이 쇼핑몰은 30마일이나 떨어져 있었습니다(이때가 상담이 6개월 정도 진행된 시점이었으며 우리는 좋은 관계가 형성된 상황이었습니다). 앤은 그날 아이를 축구경기에 데려다주려 했다고 했습니다. 게다가 그날 저녁에는 남편과 함께 모임이 있는 날이기도 했습니다. 앤은 어머니에게 지금 당장은 갈 수 없다고 공손하게 말하면서 다른 날 모시고 가겠다고 했습니다. 어머니는 즉시 앤을 질책하였고 너무 이기적이고 무정한 딸이라고 쏟아부었습니다. 정기적으로 어머니와 함께 시간을 보내면서 어머니를 기쁘게 해 주기 위해 노력하는 가운데 이런 말을 들으면 매우 의기소침해졌습니다. 어머니의 말은 정말 불쾌했고 그들의 실제 관계와는 정말 동떨어진 내용이었습니다. 그러나 앤은 어떤 말이나 행동도 할 수 없었습니다.

앤은 제 사무실에서 세상의 모든 짐을 어깨에 짊어진 것 같은 모양으로 앉아 있었습니다. 제가 앤에게 말했습니다. "어머니는 늘 이렇게 미친 짓을 하나요?" 앤은 웃음을 터뜨렸고 깜짝 놀란 두 눈은 마치 "아니, 어떻게 그런 식으로 말씀하실 수 있나요?"라고 묻는 것처럼 보였습니다. 저 역시 웃음을 터뜨렸고 이후 앤은 제 말에 동의한 태도가 죄책감을 느끼게 만든다고 했습니다. 앤이 언니들에게 어머니가 좀 이상한 것은 아닐까라고 말할 때마다 언니들은 완강하게 거부했고, 오히려 앤에게 감히 어머니에 대해 그런 부정적인 생각을 가지면 안 된다고 말했습니다. 앤은 어머니의 정신상태가 어떤지 내심 알고 있었지만 다른 사람에게 알리지는 않았습니다. 이 대화 이후에 우리는 어머니의 심리상태에 대해 이야기하기 시작했고 그 후로 앤은 어머니를 더 잘 이해할 수 있게 되었습니다. 그 이후로 앤은 조금씩 어머니에게 자신의 주장을 펴기 시작했고 어머니의 독재자 같은 요구에 대해서도 조금은 자유로워질 수 있었습니다.

🐦 내담자의 분노 대처

내담자가 불만족스러워하고 분노를 표출하거나 격노와 복수심에 가득 찬 상태로 상담에 임할 때, 많은 상담자는 내담자의 공격성에 어떻게 대처해야 할지 모릅니다. 자신을 착하고 친절하면서 연민 어린 사람으로 보이길 원하거나, 내담자에게 적절하게 반응하지 못한 죄책감 때문에 가끔 진실한 감정을 보이는 대신 피학적으로 내담자의 언어적 학대에 굴복합니다. 고통과 분노, 혼란스러움과 같은 감정이나 내담자를 자극하는 어떠한 태도를 취하기보다 가만히 앉아서 화난 내담자가 욕하길 내버려 두는 것이 쉽기 때문입니다.

하지만 상담자가 화난 내담자를 달래거나 조용히 물러서 있는 동안은 상담을 하고 있다고 말할 수 없습니다. 최악의 경우, 화난 상담자는 자신의 감정을 대신해 내담자와 상담을 취소해 버리기도 하고 다른 시간을 잡아 버리기도 합니다. 또는 휴가 날짜를 말해 주는 것을 잊어먹는 등 수동공격 행동으로 드러내기 쉽습니다. 우리는 모두 이런 행동을 해 본 적이 있을 것이며, 물론 상담자가 내담자에 대한 분노나 미움을 표현하기를 거부할 때 더 자주 일어난다고 생각합니다.

화를 달래거나 철수하는 것이 쉽고 안전하며 공격에 대한 자연스러운 방어로 나타나지만, 상담자들은 피학적 굴복에서 벗어나기 위해 자기 안에서 부단히 노력해야 합니다. 현 상태를 파악하고 앞으로 무엇을 해야 할지 견뎌 내면서 생각하기 위해 순간적으로 후퇴하는 것은 필요할 수 있습니다. 하지만 침묵하든 하지 않든 간에 계속되는 철수는 상담효과가 있다고 할 수 없습니다.

내담자는 정서반응을 기대하고 있는데 상담자가 철수하거나 굴복하는 것을 보면 업신여김이나 버림을 받았다고 느끼면서 상처를 받습니다. 이와 비슷한 상황에서 제가 내담자에게 말한 구체적인 예를 들겠습니다. 하지만 이 예는 단지 가이드라인일 뿐입니다. 상담자는 자기 자신의 성격 스타일과 편안한 방식에서 자신만의 목소리를 찾아야 할 것입니다. 저는 감정이 풍부하고 사교적이어서 조용하고 수줍어하는 사람과는 다르게 반응할 것입니다. 기법이 상담자 자신의 말투에 녹아들어 신중하게 그리고 확신 있게 사용될 때 효과가 있다는 사실을 강조하면 기법을 개발한다는 데 대한 저항은 극복될 수 있습니다.

제가 제언하는 몇 가지 기술적 접근은, 상담자와 내담자가 깊은 감정을 경험할 때 변화가 이뤄진다는 이론에 바탕을 두고 있습니다. 거의 대부분의 내담자는 상담과정에서 하게 되는 정서 의사소통 사이클을 완성하기 위해 상담자를 필요로 합니다. 내담자의 요청이나 혼돈상태의 출구라는 의미에서, 대부분의 제 접근법은 정서적으로 개입하여 서로가 느끼는 것을 드러내는 것이 상담에 도움이 된다는 생각에 기초를 둡니다. 가이드라인을 만드는 데 대단히 중요한 것은 모든 상담자가 다른 사람들이 하는 것과 같은 방식으로 정서반응을 하지 않는다는 것을 아는 것입니다. 각자의 판단과 평가가 기술적 가이드라인과 합쳐져 언제 어떻게 개입을 할지 결정하는 것입니다.

폭력적인 내담자의 예로 돌아가면, 대부분의 사람들은 모욕당하면 분노로 반응할 것입니다. 일부는 그저 짜증만 낼 것입니다. 반면 어떤 사람들은 화보다는 상처를 받거나, 심지어는 두려워합니다. 어떤 상담자들은 다가오지 못하게 하여 자신을 보호합니다. 그런데 이 상담자들은 어떤 강한 정서도 알아차리지 못하고 마침내 이 감정이 폭발하여 행동으로 나타납니다. 그래서 지금 일은 더 복잡해집니다.

정서반응을 하는 상담자는 우선 내담자에 대한 주된 감정이 무엇인지 확인해야 합니다. 상담자는 내담자의 행동, 계속되는 욕설이나 고함 등이 받아들일 수 없는 행동인지 역시 결정해야 합니다. 상담자는 한계를 정하여 내담자가 상담자에게 미치는 정서 영향을 보고 느끼게 하는 효과적인 개입방법을 만들 수 있습니다. 여기서 제가 지적하고자 하는 것은 반응에서 개인 차이는 있을 수 있으므로 상담자는 내담자가 과민반응을 보이는지 아닌지 깊게 생각해 보아야 한다는 것입니다. 기법에서 중요한 문제는 어떤 한 가지 정서반응 또는 표현방법이 다른 방법보다 더 좋고 나쁨에 있는 것이 아니라, 정서의 진실성과 유용성입니다.

🕊 역전이 분노와 증오

지난 20년간 발전해 온 이자(두 사람) 접근은 상담자가 내담자에 대해 더 많이 느낄 수 있도록 해 주었지만, 분노에 대해서는 가끔 느끼는 불만과 짜증을 언급하는 정도를 넘어서지 않고 있습니다. 화, 분노 또는 증오심은 보통 부정적인 상담효과나 상담 결과와 연관되어 있습니다. 내담자를 대하는 상담자의 태도가 대부분 부정적일 때 상담결과가 안 좋을 수 있다고 한 문헌에 대해 논박하고 싶지는 않지만, 분노와 증오의 역전이를 인정하는 것이 유익하다고 봅니다. 내담자가 안전하다고 느끼면, 상담자의 분노를 드러낼 수 있는 충분한 여지가 있습니다. 분노의 역전이에 관한 위니콧(1949)의 고전 논문에서도 종종 인용되었듯이, 이 주제가 기법적인 것으로서 토론된 경우는 실제로 극히 드뭅니다.

많은 상담자가 자신이 분노를 느끼는 것에 너무 죄책감을 느낀 나머지 완전히 분리해 버립니다. 이 문제는 개인상담에서만 적절하게 설명될 수 있습니다. 하지만 제 개인 경험으로 볼 때, 대부분의 상담자는 그들의 부정적 감정을 인지하고 있으며, 강한 부정적 감정은 무의식 중에 극히 일부만을 느낀다고 관련된 문헌이 증명하고 있습니다. 문제는 상담자가 내담자를 무조건적으로 받아들이고 돌봐야 한다고 느끼기 때문입니다. 그렇게 못했을 경우 상담자 스스로 자신에게 책임을 전가시키고 죄책감을 느낍니다.

분노나 증오는 암묵적으로 내담자의 행동, 태도, 또는 가치에 대한 거부를 의미하지 않나요? 어떻게 우리가 부정적인 판단 가능성과 개방성, 호기심 그리고 수용의 태도를 통합할 수 있을까요? 내담자가 그릇된 행동을 하고 있음을 알게 하고, 이에 대한 상담자의 분석이 정확하고 공정하다는 것을 내담자가 신뢰하도록 어떻게 할 수 있을까요? 이런 피드백 없이 내담자들이 더 좋아질 수는 없는 걸까요? 저는 상담자들이 내담자들은 어떤 부정적인 피드백도 견뎌 내지 못한다는 두려움에 빠져 있었기 때문에 이 분야의 실험을 거의 하지 않았다고 생각합니다.

내담자가 선을 넘었다는 것은 언제 알려 주나요? 그리고 여러분의 '충분히 좋은 어머니' 역할에 대한 공격을 더 이상 참을 수 없어서 내담자의 분노와 비난을 거부해 버리는 것은 언제인가요? 이런 항목은 명백하기는 하지만 짜증, 화, 그리고 시간이 지나면서 증오까지 자극할 수 있는 내담자 행동을 잠시 나열해 보고자 합니다. 이런 행동은 다음과 같습니다.

1. 상담자의 전문성이나 사적인 것을 반복하여 모욕하기
2. 상담자에게 어떤 감정도 보이지 않으면서 강박적으로 이야기하기
3. 상담시간 연장이나 전화, 사적 만남 등의 과도한 요구하기
4. 상당한 성과가 있거나 일련의 진척이 있음에도 불구하고 아무런 성과가 없다고 계속해서 부정하기
5. 긴 시간 동안 아무 말이 없거나 상담 시작하는 것을 거부하기
6. 상담에 계속해서 늦거나 막판에 취소하기
7. 계속해서 상담료 연체하기
8. 상담자의 사생활에 마구 침범하기

이 목록들이 다는 아니지만, 늘상 일어나는 일로서 상담자의 화에 대한 요점을 설명하고 있습니다. 상담자가 무시하면 이런 내담자 행동은 사라지는 게 아니라 더 심해집니다. 다른 책에서 말했듯이(Maroda, 1991), 많은 내담자는 상담자로부터 정서반응을 얻지 못하였을 때 격분하거나 우울증으로 침잠하기까지 하면서 그 정도를 높이게 됩니다.

상담자가 분노를 느끼는지 여부는 상담자의 분노 수용력뿐만 아니라 내담자의 의도 정도에 따라 달라집니다. 예를 들어, 깊은 상처를 감추고 있을 때 몇몇 내담자들은 상담자를 비난합니다. 역전이로 나타나는 감정은 분노보다는 부드러움과 공감이기 쉽습니다. 분노를 부인하는 역전이의 특징은 철수, 피학적인 굴복 또는 과장된 사랑입니다.

상담자는 자신이 가학적이거나 파괴적이 될 거라는 두려움 때문에 내담자에 대한 분노나 증오를 번번이 부인하거나 억제합니다. 이것은 현실적으로 가능한 걱정인가요? 대답은 "그렇기도 하고 그렇지 않기도 합니다."입니다. 가바드(1996a)는 내담자가 상담자의 분노를 자극할 때 피가

학성 재연이 연출될 수 있는데, 끝내는 마구 화를 내게 되고 거절과 처벌에 대한 내담자의 기대를 가학적으로 충족시키게 됩니다.

사프란과 뮤란(2002)은 "결과가 좋지 못한 상담이 결과가 좋은 상담보다 더 많은 부정적인 대인관계 과정(내담자와 상담자의 적대적이고 복잡한 관계)의 증거를 보여 준다."라고 언급하는 많은 문헌을 인용했습니다(p. 1). 물론 상담자는 신뢰할 수 있고 안전한 분위기가 조성되기 전에 내담자에게 부정적인 반응을 개방하는 것을 조심할 필요가 있습니다. 그러나 관계가 형성된 후에도 가학피학적 관계가 계속될 가능성이 있습니다. 이것을 어떻게 피해야 할까요? 랑스(1947)에 따르면, 상담자의 분노를 인식하고 밝히기보다는 거부할 때 가학피학적 관계가 발생한다고 하였습니다. 성적인 관계와 다른 종류의 행동화도 마찬가지입니다. 역전이 감정을 인식하고 수용하는 것은 긍정적인 결과를 초래합니다. 그러나 부인하면 행동화를 초래합니다.

🕊 상담자의 수동공격 행동

정서에 관한 최근 연구는 모든 정서가 무의식적일지라도 의사소통을 한다는 사실을 지지합니다. 그래서 상담자가 자신의 화, 분노 또는 증오심을 내담자에게 숨길 수 있다고 생각한다면 스스로를 속이는 꼴입니다. 그리고 어떤 사람이든 화가 난 상태를 오랫동안 혹은 자주 겪으면 어떤 식으로든 화를 표출하게 됩니다. 화가 난 상담자는 어떤 행동을 하게 될까요? 수동공격 행동을 하게 됩니다. 랑스(1973)는 다음과 같이 말합니다.

의식적이거나 무의식적인 적개심을 표현하기 위해서 침묵을 사용하는 것('침묵 상담')은 잘 알려져 있다. 상담자가 이렇게 침묵을 사용하기도 한다. 그래서 화가 나거나 짜증이 나거나 격분하게 되었을 때, 상담자는 내담자를 직접 또는 방어로 벌주기 위해서든 원시적으로 철수하기 위해서든 침묵한다(p. 380).

내담자가 격렬하게 분노하면서 상담자로부터 반응을 요구하기 때문에 상담자가 철수하면 상담은 급속히 교착상태에 빠지게 됩니다. 상담자가 침묵이나 회피를 계속하면 상담은 더욱 교착상태에 빠지고 이후로도 상당시간 지속됩니다.

상담자의 다른 수동공격 행동에는 제가 앞서 열거한 내담자들의 행동 목록 등이 있는데, 예를 들면 자극적인 태도, 만성적인 지각이나 상담을 일찍 끝내는 것, 불필요한 상담 변경, 약속 잊어버리기, 내담자가 사랑하는 이들에 대한 경멸적인 언급과 해석, 내담자의 변화에 대한 인정 불가, 상담 중 졸기 그리고 내담자가 알려 준 중요한 정보 '망각하기' 등이 있습니다.

'상담자 성비행(性非行)의 전조에 대한 연구'에서 셀렌자(1998)는 사랑과 증오라는 역전이 감정의 변형은 침묵이라고 언급하였습니다. 시얼스(1979)의 초기 가설에서는 역전이 증오가 역전이 사랑으로 위장된 모습은 내담자의 성적 학대로 자주 진행된다고 말했습니다. 역전이 분노와 증오가 계속해서 부인되면, 잘되는 것이 상담 실패이고 최악의 경우는 내담자를 성적으로 학대하는 형태로 나타납니다.

만약 분노와 증오의 역전이가 정상적이고 예측되는 문제라고 가정한다면, 이러한 감정에 대한 자각과 수용은 성공적인 상담에 꼭 필요한 것입니다. 그럼 그 이후부터는 어떻게 해야 할까요? 우리가 상담에 대한 희망을 잃지 않으면서 내담자가 드러내는 최악의 모습을 볼 수 있을까요? 특히 감정이 첨예하게 느껴지는 시간에 불편한 감정을 표현할 시기를 어떻게 결정할까요? 언제 이런 감정들을 조용히 인정하고 내부에서 관리하는 것이 좋을까요? 만약 우리가 화났음을 표현할 때나 부정적인 피드백을 내담자에게 전할 때 이것이 상담에 도움이 된다는 것은 어떻게 알 수 있을까요?

또한 내담자에 대해 폭력적이고 살인적인 내용의 상상을 할 경우, 죄책감과 수치심에서 어떻게 벗어날 수 있을까요? 이런 상상을 내담자와 한 번이라도 나누어야 할까요? 그리고 상담자답지 않은 감정처럼 보이는 이러한 증오나 충격적이고 폭력적인 상상들을 어떻게 이해하고 동시에 평정을 유지하면서 긍정적인 자아상을 간직할 수 있을까요?

엡스타인(1979)은 그가 수련 받던 시절, 슈퍼바이저에게 6개월간 발전이 거의 보이지 않는 어려운 내담자를 어떻게 대해야 할지 질문했습니다. 슈퍼바이저는 좀 더 적극적으로 대면하고 분노를 표현하라고 충고하였습니다. 엡스타인은 이 충고로 자유로워졌다고 회상합니다. "이 말은 내가 내담자를 약하고 사랑에 굶주린 어린아이라고 여겨 왔던 이미지를 지우기에 충분했다. 나는 그때서야 내담자를 못되고 마음을 열지 않는 경멸스럽고 협동적이지 않은 나쁜 인간으로 볼 수 있었고, 그에 맞게 내담자를 대했다."(p. 213) 그는 내담자의 부정적인 행동, 침묵 그리고 경멸스러운 행동 등을 직면시켰습니다. 초기에는 내담자가 분노로 반응했지만 그 후에는 '놀라운 발전'을 이뤄 내었습니다.

흥미롭게도 그는 도발적으로 자극하는 피학적 내담자에게 상담자가 드러내는 적개심은 상담효과에 도움이 되기보다는 피학적 만족감을 줄 수도 있다고 말합니다. 내담자에게 분노를 드러낼 때는 분노에 대한 자각뿐 아니라 분노를 자극하는 내담자의 동기에 대한 판단이 분명히 필요합니다. 여기서 상담자는 내담자의 과거의 관계패턴에서 도움을 얻을 수 있습니다. 내담자에게 가학피학적 관계 이력이 있나요? 그렇다면 내담자는 공격하는 사람인가요? 아니면 공격받는 사람인가요? 스스로를 피해자로 생각하는 사람은 긍정적인 관계가 형성되기 이전에 건설적인 분노표현보다는 가학적인 상황을 만들고 상담자를 자극하여 분노를 표출하게 만들 수 있습니다.

상호관계에서 상담자 역시 스스로에게 내담자를 처벌하거나 상처 주고 싶은지 물어봐야 합니다. 상담자가 과거에 사람들이 싫어져서 그들을 가학적으로 대한 적은 없나요? 상담자가 스스로 피학적인 경험을 한 적이 있거나, 남들을 가학적으로 만들어 자신을 이용하게 하거나, 가학적으로 대하도록 한 적이 있나요? 우리 모두는 피가학적 상황을 재현할 수 있는 가능성이 있고 언젠가 할 것입니다. 중요한 질문은 '내가 할 것인가?' 또는 '내가 할 수 있는가?'가 아니라 '내가 지금 피학적인가 아니면 가학적인가?'입니다.

가바드(1995)는 경계성 성격장애 내담자를 상담한 연구를 인용하였는데 이 사례에서 상담자는 과도하게 화를 냈습니다. 상담시간 후에 상담자와 내담자 모두에게 상담자의 분노표현이 상담에 얼마나 가치가 있었는지 면담하였습니다. 상담자는 자신과 내담자 모두 잘못 행동하였고 상담에 도움이 되지 않는다고 하였습니다. 하지만 내담자는 상담자가 이성을 잃을 때를 제외하고는 상담시간이 매우 도움이 되었다고 하였습니다.

달렌버그(2004)는 외상경험 생존자 상담과정에서 분노의 역할에 관해 기술하였습니다. 달렌버그는 외상경험 생존자가 느끼는 분노의 중요성과 그들이 상담자의 분노를 자극하는 빈도에 대해 언급하였습니다. 저와 마찬가지로 가바드와 컨버그(1975) 그리고 달렌버그도 역시 '텅빈 스크린' 접근방식은 좋지 않은 결과를 만든다고 주장하고 있습니다. 그럼에도 달렌버그는 상담자의 분노표현이 상담에 도움이 된다는 가바드의 결론에는 조심스러운 입장을 표명합니다. 달렌버그의 연구는 분노를 표현할 때 갈등이 발생하지만, 상담자가 그 갈등에 책임을 질 때 상담효과가 있다고 결론을 내리고 있습니다. 달렌버그는 상담효과를 낳는 것이 분노표현보다 공동의 책임감에 대한 인식에 의한 것이 아닌지 의문을 갖습니다.

어쩌면 둘 다 효과가 있는지도 모릅니다. 상담자가 분노를 표현하면 내담자 역시 상담자의 어떤 행동이 갈등을 조장하는지 혹은 상담자가 어떻게 갈등을 더 잘 다루었는지 지적하는 경향이 있다는 달렌버그(2004)의 의견에 동의합니다. 진정한 관계와 상호성을 중시하는 접근으로 상담자는 개입해야 합니다. 하지만 저는 달렌버그의 입장이 효과적인 정서 의사소통의 사이클을 완성하는 개념에 포함되기에는 충분하지 않다고 생각합니다. 달렌버그 역시 상담자의 분노표현 자체로는 상담에 도움이 되지 않는다고 미묘하게 암시하고 있습니다.

제 임상경험은 내담자가 진실한 감정 피드백을 중요하게 여긴다는 가바드와 달렌버그의 보고를 뒷받침합니다. 앞서 언급한 것처럼 저는 분노표현이 갈등을 피하고자 하는 상담자의 성향에 더 관련이 있고, 많은 상담자가 본의 아니게 분노를 표현하는 게 사실이라는 잘못된 생각에 반대합니다. 다시 말하면, 상담자가 분노를 인식하고 통제가 가능하다고 느낄 때 분노를 잘 표현하지 않는다는 것입니다. 하지만 그들은 분노를 폭발시킨 자신을 발견하고는 죄책감과 부끄러움을 느낍니다. 또한 이렇게 폭발한 분노는 내담자를 두려워하게 만들고 상담과정에서 정서조절의 본보기가 되지 못합니다.

상담자 수련과정에는 분노를 포함한 여러 감정을 내담자에게 표출하는 상황극이 적절하게 포함되어 있습니다. 수련 중인 상담자는 자기주장 훈련이 대학원 과정에 포함되어 있으므로 많은 연습을 할 수 있을 것입니다. 이 훈련은 그들이 갈등상황에서 느끼는 자연스러운 혐오감을 이겨내고 어떻게 부정적인 감정을 확인하고 건설적으로 표현할 것인지 가르칠 것입니다.

비록 전통적으로 내담자는 못이고 상담자는 망치이지만 공격적인 내담자와의 관계에서 상담자가 피학적인 역할을 맡게 되면 상담은 효과가 없습니다. 이는 단순히 피가학적인 역할만 바꾸었을 뿐입니다. 문헌들과 저의 경험은 역전이 분노와 증오를 건설적으로 표현하기 위해 필요한 몇 가지 중요한 요소를 지적합니다.

🐦 분노표현을 위한 지침

1. 상담자는 감정을 드러내 보이면서도 감정을 이성적으로 통제해야 합니다. 이미 앞에서 언급했듯이 상담자의 역할은 감정을 다루는 모범을 보여 주는 것입니다. 통제불능에 빠지는 것은 내담자를 놀라게 하고 분노가 위험하다는 생각을 강화시킵니다. 정반대로 감정이 너무 없고 차분하게 하는 반응은, 내담자를 상담에 몰입하지 못하게 하고 상담효과도 내지 못합니다.

2. 분노는 직접적이고, 솔직해야 하며 가능한 방어가 없어야 합니다. 상담자를 포함한 우리는 공격을 받을 때 방어를 하게 되기 때문에 이 요구가 어려운 주문이라는 것을 알고 있습니다. 하지만 자신의 감정을 내부적으로 추스를 잠깐의 시간을 두고서 왜 내담자가 이렇게 화를 돋구는지 이해한다면 방어를 줄일 수 있습니다. 내담자의 정확성 역시 상담자의 방어를 자극할 수 있습니다.

3. 내담자는 자신이 화가 난데 상담자가 어떤 역할을 했는지 성이 나서 대꾸하기 십상이어서 다소 터무니없어 보이더라도 인정하는 것이 최선입니다. 다시 말하지만 갈등이 내담자 내면에 있다기보다는 관계에 있다고 보는 입장에서는 영향이 크든 작든 간에 상담자가 내담자를 불쾌하게 만들거나 소원하게 느끼게 만드는 행동에 책임감을 지는 것이 필요합니다. 전이와 역전이 분노를 처리하는 과정은 특히

내담자가 비판적이고 까다로울 때 상담자가 내담자에게 정서적으로 상처를 입었다는 데 대한 상담자의 저항으로 엇나가게 됩니다. 하지만 상담자가 계속 저항한다면 내담자는 계속 공격을 합니다. 그러면 상담자는 방어벽을 강화하고 이런 결과 상담은 난관에 처하게 됩니다. 가끔씩 내면을 들여다보면 상처나 굴욕감은 분노에 대한 방어라는 것을 인정하게 됩니다. 늘 통제감을 느끼고자 하는 상담자는 내담자에게서 상처를 받았다는 사실을 인정하는 것이 특히 어려울 수 있습니다.

4. 감정 영역에 머물러야 합니다. 정서 피드백의 최고 가치는 효과적인 정서 의사소통 사이클을 완성하고, 내담자가 받아들이지 못하고 있는 감정에서 벗어나게 하는 것입니다. "제가 당신을 때리는 충동이 들었어요."와 같은 공격적인 상상을 드러내는 것은 내담자를 겁먹게 하고 안정감을 파괴하는 위험을 낳을 수 있습니다.

- 사례: 부자 변호사인 로저는 상담자에게 무능력한 바보라고 반복해서 말합니다. 그런 후 그는 상담자의 반응을 기다립니다. 상담자는 이런 발언을 무시해 왔고 이런 태도는 로저가 이런 행동을 더 자주하도록 만들었습니다. 상담자는 속으로 분노하면서 자신의 상상 속에서 내담자에게 비슷한 모욕으로 보복하였습니다. 그러나 상담 동안에는 침묵하거나 로저에게 부정적인 감정에 대해 탐구해 보라고 이야기합니다. 로저는 그렇게 하지 않았습니다. 그 대신에 주제를 바꾸고 다음 상담 때까지 상담자를 모욕하는 것을 기다립니다. 이러한 반복은 상담자의 피학적 굴복에 해당합니다.

- 통제한 답변(적절한 눈 맞춤과 감정의 얼굴표정을 동반하며): "이봐요, 로저. 당신은 우리가 만날 때마다 나를 모욕해 왔고, 나는 솔직히 당신의 행동으로 짜증이 나려고 합니다. 나는 더 이상 바보라고 말하는 것을 받아 주지 않겠습니다. 하지만 무엇이 이런 분

노를 느끼게 하는지 나와 대화하겠다면 나는 당신의 이야기를 기꺼이 들어 주겠습니다."

- **통제 못한 답변**(분노에 가득 찬 얼굴표정과 목소리로): "만약 당신이 내가 그렇게 바보라고 생각한다면, 나는 당신의 시간을 낭비하게 하고 싶지 않습니다. 아마도 다른 상담자를 찾는 것이 좋을 것 같습니다."

- **수동공격 답변**(조금 또는 아무런 영향이 없는 듯이 분노를 감추고): "이봐요, 로저. 당신은 지난 여섯 사례의 소송에 모두 다 패했음에도 불구하고 남들을 바보라고 부르고 있다는 사실을 말할 수밖에 없군요."

- **상담자 영향 가능성**: 로저는 아마도 상담자의 무관심이나 무답변에 계속 반응할 것입니다. 왜 그는 상담자를 바보라고 부를까요? 전후 사정이 무엇이고, 로저의 동기와 상담자에 대한 감정은 무엇일까요? 상담자가 성공한 부자인 로저에 대한 질투를 부주의하게 내비쳤을까요? 아니면 로저는 전투적이어서 다른 대부분의 사람들에게도 지나친 요구를 하는 걸까요? 앞의 중재안은 예제이며 필요한 중재안은 로저와 상담자 간에 일어나는 사건의 전후 사정에 따라서 달라질 수 있습니다. 그러나 로저의 분노, 모욕 그리고 경쟁에 관련된 사건들과 상담자와 사건들 모두를 고려해야 합니다. 만약 로저가 깊은 열등감 때문에 상담자를 모욕하는 것이라고 해도 그는 아마도 대다수에게 이러한 행동을 할 것이며, 상담자의 역할은 그가 건설적으로 사용할 수 있는 피드백을 주는 것입니다.

제1장에서 언급한 것처럼, 상담자는 자신이 좋아하지 않는 사람을 상담하지 않음으로써 통제 불가능한 분노표현과 조기종결 가능성을 막을

수 있습니다. 특히 힘든 내담자에게 있어서는 상담자와 내담자가 심한 분노와 비난을 견디기 위해서는 강력하고 긍정적인 관계가 맺어져 있어야 합니다.

무의식에 대한 연구는 사람들이 서로를 좋아하는지 싫어하는지 그리고 서로 사이좋게 지낼 수 있는지 몇 분 만에 알 수 있다고 합니다. 만약 여러분도 특정 내담자가 첫눈에 호감이 가지 않는다면 이해가 되지 않더라도 여러분의 내적 반응을 무시하지 말기 바랍니다. 여러분의 감정은 내담자에게 전달될 것이며, 그것은 분노를 표현할 때처럼 개입이 힘들어지게 하고 끝내는 상담이 거의 불가능하게 만들 것입니다.

내담자에게 분노나 증오를 표출하기 어려운 것은 당연합니다. 내담자의 자극적인 행동에 대해 아무런 대책 없이 그 행동에 대응할 사람은 없습니다. 내담자가 도착하기 전에 여러분이 무엇에 화가 나 있든 아니든 반드시 잠시 시간을 가지고 내면을 들여다볼 것을 권합니다. 어떤 감정이든 효과적으로 표현하는 것은 어려울 수 있고 연습이 필요합니다. 공격적 패턴이나 수동공격 행동 또는 상담자가 어떤 감정을 느끼는지 내담자가 직접 묻는 일(Maroda, 1991) 등과 관련된 상담자의 분노반응은 가급적 주의해서 표현할 필요가 있습니다.

요약

초보상담자가 자신의 가족 내에서 위로자와 평화지킴이 역할을 한 경험은 상담자로서 강점과 약점으로 발전하는 데 동시에 작용합니다. 갈등을 피하려는 성향은 상담초기의 감정 공감에는 도움이 되기는 하지만, 자기주장능력을 키우고 문제를 직면하는 힘을 저해합니다. 내담자는 기본적인 인생 문제들, 자신의 감정과 행동 간의 불일치에 대해 직면하게 되는 것만으로도 많은 도움을 받을 수 있습니다. 폭력적이고 무리한 요구를 하며 제약에 어려움이 있는 내담자에게는 상담자가 확고한 한계 설정을 하고 정서 피드백을 제공할 수 있는 능력이 필수적으로 요구됩니다.

　자기개방과 분노의 전이-역전이를 훈습하는 것이 어려워서 그 대안으로 철수, 수동공격 행동, 상담자의 증오로 바꾸는 것이 될 수 있습니다. 그러나 이 행동들은 진실을 찾는 것을 방해하고 상담을 망가뜨립니다. 상담자의 분노를 내담자의 분노와 같은 관점에서 보는 것은 감정을 정상적이고 자연스러운 것으로 이해하고 수용하는 태도이므로, 관계 속에서 일어나는 일들에 대한 내적 성찰이 동반된다면 건강한 관계 형성과 상담에 도움이 되는 결과를 가져다줄 것입니다.

제9장

성적인 감정
-성적인 감정이 도움이 되는 때와 방해가 되는 때-

'성적인 전이'란 용어는 안심시켜 주는 흥미로운
용어이다. 이와는 반대로 내담자가 "사랑해요."라고 하는
것은 위안이 되기에는 너무 개인적이며 가까운 것이다.

- Glen Gabbard(1994, p. 156)

초보상담자였을 때 내담자가 저에게 로맨틱한 관심이나 깊은 사랑의 감정을 나타내면, 종종 당황스러워했던 것이 떠오릅니다. 개업 초기 내담자 중 한 명인 존은 저보다 5살 어렸고, 아버지가 가족을 폄하해 왔기 때문에 여성 상담자를 선택했습니다. 어머니는 교육을 받지 않았지만 굉장히 똑똑했습니다. 어머니는 존이 소년이었을 때부터 지적인 논쟁에 참여하도록 했고, 존은 자신이 기업 변호사로 성공한 데는 어머니가 밑거름이 되었다고 생각했습니다. 존은 상담초기부터 저를 이상화했고, 이내 저에게 사랑의 감정을 나타냈습니다. 존은 자신이 멋진 연인이라고

주기적으로 말했지만, 여자를 만족시키는 것에 대해서는 어머니에게 허락을 받아야 한다는 생각 때문에 약간 염려했습니다.

어느 날 존은 저와 가까워지고 싶고 성적으로 만족시키고 싶다는 자신의 욕구를 말했습니다. 존은 저에 대한 사랑과 성적 쾌락에 대한 상상을 이야기했습니다. 저는 즉각 흥분되었고 흥분된 감정이 수치스러워서 얼굴이 붉어졌습니다. 존은 제 반응을 알아차리고는 말하던 것을 중단하고 주제를 바꾸었습니다.

존이 바꾼 주제는 제 반응에서 관찰한 안도감과 수치심이 드는 확인에 관한 것이었습니다. 우리는 상담시간의 남은 시간을 그럭저럭 마무리했습니다. 그날 이후에 저는 우리에게 일어났던 일들을 처리하려고 시도했습니다. 저에 대한 존의 사랑이 진지하다는 것을 알았지만, 존의 공공연한 유혹은 이전 상담시간에 저와 경쟁하면서 우리 관계에서 좀 더 힘을 가지고 싶다고 한 존의 말과 딱 들어맞았습니다. 존이 여자들과의 관계에서 여자를 지배하고 싶어 하는 것 같았으나 이 욕구를 여자들의 욕구에 민감하게 반응하고 항상 이들의 흥미를 촉발시키며 재능에 대해 언급하는 등의 행동으로 가리고 있다는 것을 발견했습니다. 존은 단순히 지배하고 싶어서 이러한 욕구를 허위의 이타적 동기로 감추고 있었을까요? 아니면 존이 친밀과 보호의 욕구를 갖지만 그가 관계에서 우위를 점령하지 못한다면 너무 나약하다고 느끼기 때문일까요?

그리고 왜 제가 그렇게까지 당황하고 혼란스러워했을까요? 제가 상황을 통제하고자 했고 존이 상황을 역전시키는 것에 대처할 수 없어서 그랬을까요? 아니면 제가 내담자로 인해 흥분을 느끼는 것에 너무 준비되어 있지 않아서일까요? 상담이 진전되면서 좀 더 제 감정을 추스르는 법을 배웠지만, 그 순간에는 존이 저의 감정을 알아차리는 것을 허용할 수 없었고 제가 얼굴을 붉히고 당황하는 반응을 보임으로써 제가 보인 반응들이 수치스러운 것이라고 선언해 버린 것이 되었습니다. 저는 이 사례를 가지고 연관성이 있을 수 있는 힘의 역동을 포함한 성적인 전이-역전이에 대해 깊이 논의하고자 합니다.

제가 존을 상담하던 시기는 상담자가 내담자의 반응에 따라 성적인 감정을 가지는 것이 부적절하게 여겨지던 시기였습니다. 더군다나 상담에서는 상담자에게 집요하게 사랑과 성적 관심을 갖는 내담자를 방어적 태도로 보고 '저항하는' 것으로 여겼습니다. 약간의 애정이나 조그마한 육체적 열망의 느낌에 반응하는 상담자는 바람직하지 못한 나약함에 빠진 것으로 생각되었습니다. 동시에 몇몇 내담자와 상담자는 자신의 취약성을 피하고 통제력을 얻기 위해 상담관계에서 에로틱한 면에 집중한다는 것 또한 분명했습니다. 이번 장은 이런 복잡한 문제를 집중적으로 알아보고, 상담에서 나타나는 내담자와 상담자의 성적인 감정을 좀 더 이해할 수 있도록 도울 것입니다.

역사적으로 이 주제와 관련되어 가장 많이 하는 질문은 사랑 또는 성적인 감정의 표현에 담긴 근원적인 의미는 무엇인가 하는 것입니다. 이 질문은 상담자의 도발에 대해서는 전혀 고려하지 않고 오직 내담자의 동기를 설명하기 위해 사용되었으며 방어적인 관점으로 다루어졌습니다. 현재는 사랑이나 성적 관심이 방어적이거나 병적인 태도뿐만 아니라 내담자의 성인애착 수용력의 건강한 표현일 가능성을 충분히 고려하고 있습니다. 그리고 사랑이나 성적 관계를 만드는 상담자의 역할도 인정되고 있습니다.

가바드(1994)는 전이로서 사랑과 상담장면 외의 사랑을 구분하는 오래된 시도는 근본적으로 시간 낭비라고 하였습니다. 사랑에 대해 문제를 제기할 때 내담자의 감정이 타당한 것인가 하는 질문은 불필요하며, 내담자에게 느끼는 상담자의 사랑하는 감정과 성적인 감정을 무시하는 것 역시 불필요하고 방어적이라는 가바드의 생각에 동의합니다. 내담자를 향한 성적인 관심의 표현을 삼가는 등 상담자가 적절한 경계를 유지한다면, 이러한 감정이 생겼을 때 감정을 인정하고 호기심을 갖는 것을 막을 필요는 없습니다.

이상적으로 말하자면, 일련의 깊은 정서 주제를 다루기 위해 상담자는 회피와 방종의 아슬아슬한 균형을 유지합니다. 초보상담자는 내담자와 사랑에 빠지는 초기경험으로 압도당하기 마련입니다. 제 관점에서는 이런 상황에서 죄책감을 덜 느끼는 것이 더 낫다고 봅니다. 이상적인 상담의 목표는 내담자의 감정들을 똑같이 존중하는 것과 내담자의 정서경험에 대해 사무적이면서도 호기심 어린 열린 태도를 갖는 것입니다. 초보상담자는 특히 마음에 드는 내담자가 영원한 사랑을 고백하거나 성관계를 갖고 싶다고 고백할 때 종종 그들의 역전이를 상담시간 밖에서 처리합니다.

초보상담자들은 죄책감과 흥분, 과도한 자극, 통제 불능에 대한 두려움 또는 방어적 분노를 반복적으로 느낄 수 있습니다. 가바드(1994)가 시사하듯이, 상담자가 내담자로부터 사랑의 표현을 받을 때 압도되어 이런 개인적인 감정을 상담관계와 통합시키기 어려울 수 있습니다. 또는 내담자의 사랑을 너무 기쁘게 받아들여 내담자가 손상을 입도록 조장할 수도 있습니다. 자신의 심리적 균형과 경계를 유지하면서 내담자의 감정을 받아들이는 것은 상담자에게 달려 있습니다.

상담에 도움이 되는 성적인 전이와 도움이 되지 않는 성적인 전이 구분하기

이번 장의 대부분은 내담자의 성적인 관심이 얼마나 상담효과가 있는지 결정하는 어려운 이슈를 다루고 있고 퇴행과 마찬가지로 상담에 도움이 되지 않게 될 때는 방해가 됩니다. 사랑하는 감정과 연애 감정을 건설적으로 표현하는 내담자도 비통함에 빠지는 것을 피하기 위해 이런 감정을 방어적으로 사용할 수도 있습니다. 피하고 있는 비통함은 상담자와 현실 관계를 형성할 수 없어서일 수도 있고 또는 내담자에게 압도감을 느끼게 하는 또 다른 상실일 수도 있습니다. 처음에 치료적인 면에서 상담자를 잘 따르는 것 같던 내담자가 강박적으로 된다면 내담자가 무엇을 회피하고 있는지 생각해 볼 때입니다.

제 경험상 모든 강박 사고들은 좀 더 고통스러운 무언가에 대한 회피를 상징합니다. 상담자와 개인적인 관계를 원하는 것에 사로잡힌 내담자는 상실 또는 소멸되는 느낌이라는 참을 수 없는 감정들을 방어하고 있을 수 있습니다. 그러나 성적인 강박 사고는 질투, 증오 그리고 상담자와 경쟁을 가리고 있을지도 모릅니다. 이것이 바로 각 관계의 독특성이 작용하는 지점입니다. 내담자가 피하고 있을지도 모를 것에 대해 열린 마음을 가지는 것이 좋습니다. 페렌치(1976)의 말을 인용하자면, 상담자에 대해 내담자가 무의식적이면서 부정적인 어떤 반응을 하는지 계속 살피면서 끈질기게 밝혀야 합니다. 저는 특히 내담자가 상담자에게 집착하며 '사랑할 때' 이런 태도를 취해야 한다고 생각합니다.

문제가 되는 성적인 전이의 다른 징후들은 상담자를 염탐하거나 스토킹하기, 개인적 정보들을 더 많이 요구하기, 장시간 또는 추가 상담시간 요구하기, 신체 접촉 요구하기, 상담자의 성적 관심을 알려 달라고 요구하기 등이 있습니다. 상담자와 내담자 둘 다 상담관계에서 성적인 전이를 자각할 수는 있으나, 예기치 못한 사건이 생기기 전까지는 통제를 벗어났다는 것을 깨닫지 못할 수도 있습니다. 상담자는 어떻게 이런 일이 일어났는지 궁금해할 수도 있습니다. 왜 내담자는 상담에서 취약한 상태에 놓이는 것에 이토록 거칠게 방어하는 걸까요? 오히려 상담자가 이러한 감정과 행동을 촉진시키고 있는 것은 무엇일까요? 만약 내담자가 이 문제를 검토하기 꺼린다면 어떻게 해결해야 할까요?

성적인 전이가 상담에 도움이 되지 않는다고 생각될 때 상담자는 자신이 어떻게 이 문제에 기여했는지 탐색하는 것이 중요합니다. 랑스(1974)는 상담자의 유혹하는 행동들은 상담에 도움이 되지 않는 성적인 전이를 불러일으킨다고 했습니다. 이런 행동에는 내담자의 매력에 관한 언급, 내담자의 성적 행동이나 환상에 대한 지나친 관심, 보통 상담과는 달리 내담자에 대한 특별한 대우, 상담자에게 드러내는 내담자의 성적 흥미에 대한 지나친 강조, 내담자를 향한 성적인 감정 노출, 내담자의 몸을 건드리는 것 등이 있습니다. 내담자에게 지나치게 관여하거나 실수를 저지른 일들은 종종 문제가 실제로 드러난 후에야 발견됩니다. 초보상담자가 자신의 실수를 통해 고통스럽게 배워야 한다는 점 역시 사실입니다. 선의로 실수를 저지른 상담자가 내담자에게 유혹하는 행동을 했다는 것을 불현듯 깨닫는 순간 이런 행동들을 중단할 것입니다.

하지만 상담자가 자신의 상담 오류를 수정하고자 할 때 새로운 문제가 발생할 수 있습니다. 앞서 언급한 것과 같이 상담자가 갑자기 내담자에게 거리를 두려고 할 수 있는데 이러한 태도는 내담자에게 거부와 관련된 고통스러운 상처를 입히게 됩니다. 거부하고, 냉담하게 대하며, 유기함으로써 너무나 유혹하는 행동을 보였던 원래 오류를 상담자가 악화시키지 않도록 하는 것이 중요합니다.

후자의 가슴 아픈 예는 카터 헤이우드(1995)의 『When boundaries betray us』에서 볼 수 있는데, 헤이우드에게 정신적 외상을 초래할 정도의 거부로 끝나 버린 헤이우드와 상담자 상호 간의 유혹이 기록되어 있습니다. 상담이 많이 진행된 후, 헤이우드는 촛불로 가득 찬 방 가운데 쿠션 위에 상담자와 함께 앉아서 상담자에 대한 자신의 사랑을 표현하며 상담 종결 후에도 서로 주고받을 우정의 맹세를 원했습니다. 상담자는 당황하고서는 헤이우드에게 거리를 두면서 이전과 같은 더없이 관능적인 관계로 되돌아가지 않았습니다. 헤이우드의 배신감은 분명했고 정상적인 것이었습니다. 상담자가 헤이우드를 유혹했고 그리고는 버렸습니다. 헤이우드는 상담자가 상담 종결 후의 우정관계에 동의해야 한다고 주장했지만 저는 동의하지 않습니다. 상담자는 가장 먼저 헤이우드와 애정관계를 만들지 말았어야 했습니다. 이런 관계가 일단 형성되면 상담자를 포기하는 데서 오는 상실의 아픔을 극복할 때 필요한 애도에 큰 장애가 됩니다.

상담자가 내담자와 서로 매력에 끌리다가 일이 걷잡을 수 없게 될 때 내담자를 버리는 현상은 드문 일이 아닙니다. 내담자가 상담자를 유혹하고 버리는 경우도 많습니다. 저는 몇몇 상담자들이 이러한 시나리오에 대비해도 어떤 일이 일어났는지 알아차리는 순간 큰 곤란을 경험하는 것을 보아 왔습니다. 유기로 인해 관계에서 친밀함을 갖기 힘든 것은 유기 경험을 가진 상담자에게도 똑같이 문제가 될 수 있습니다. 사랑받고 싶지만 상처받기 두려워하는 내담자 또는 상담자는 주기적으로 다른 사람들을 유혹하고 유기할 수 있습니다.

🐦 성적인 감정을 드러내기 꺼리는 내담자 다루기

많은 내담자들은 행동으로 절대 옮길 수 없는 감정을 말로 표현한다는 것에 저항합니다. 내담자들은 종종 "요점이 뭐죠?"라고 말하는데, 이는 단지 내담자들이 이런 주제를 탐색하여 당황스럽다거나 심지어 수치스러움을 느끼며 그렇게 말하도록 하는 상담자의 동기가 무엇인지 궁금해하고 있다는 것을 말하는 또 다른 방식입니다. 내담자는 "저를 놀리고 싶으세요? 아니면 제가 그 얘기를 까발리고 상처를 받는 가학적인 쾌감을 느끼고 싶으세요? 혹은 제 감정을 말할 때 당신이 느끼는 찬양이나 성적인 흥분을 즐기고 싶으신 거예요?" 등과 같이 궁금해합니다. 내담자는

"좋아요. 우리가 왜 성관계를 가질 수 없는지 이해하니까 이 이야기는 그만하고 다른 이야기를 해요. 왜 계속 이 얘기를 해야 하죠?"라고 말할지도 모릅니다.

바로 이 순간이 상담자가 내담자와 함께 자기인식, 감정수용, 정서관리, 통찰획득 그리고 하지 못한 애도를 위해 어떤 감정이라도 표현할 필요에 대해 이야기해야 할 때입니다. 수치심, 객관화, 거부, 강한 자극에 대한 내담자의 두려움을 탐색하는 것은 내담자가 가지고 있는 강렬한 감정이 무엇이든지 간에 표현할 필요가 있다는 것을 이해하도록 도울 수 있습니다. 로맨틱한 감정표현에 저항하는 많은 내담자는 상담자를 유혹하여 상담을 망칠 것이라는 은밀한 공포를 가지고 있다는 사실은 그리 놀랄 만한 일이 아닙니다. 또 어떤 내담자는 상담자가 유혹했고 힘의 소재가 상담자에게 옮겨 가는 것에 자신이 저항하고 있다는 것을 의식적으로나 무의식적으로 알고 있습니다.

🕊 사랑인가 혹은 권력인가

제가 여기서 순수한 사랑과 로맨틱한 감정이 상담과정의 일부가 될 수 있다고 강조하였는데 정복할 목적으로 유혹하는 내담자도 있습니다. 그들은 공격적일 정도로 성적인 특성이 있는데, 권력과 통제에 대한 굶주림을 성적인 갈망에 결합시키고 있습니다. 이런 내담자들은 상담관계의 불균형을 받아들이는 데 많은 어려움을 느낍니다. 리와 웰리스(1994)는 이런 태도를 '성적 테러'로, 쿠민(1985)은 '성적 공포'로 묘사하고 있습니다. 종종 어린 시절 신체학대나 성학대를 받은 내담자가 열정적인 유혹과 구애를 통해 상담관계에서 자신을 보호하려고 합니다.

이런 종류의 공격적인 성적 접근의 특징은 관계 초기에 시작된다는 것인데, 순수한 권력에 대한 갈망으로 나타납니다. 대부분의 저자들이 건강한 성적 전이라고 언급하는 것과 같은 건설적이고 긍정적인 감정이 아닙니다. 상호관계에 따라 몇몇 상담자도 친밀함에 대한 비슷한 두려움과 취약성을 가지고 있고 자신을 보호하기 위해 내담자를 성적으로 유혹하려는 욕구를 갖습니다.

블럼(1973)은 자신의 대표 연구논문에서 기대해 볼 수 있는 사랑, 즉 성적 전이와 권력욕에 따른 성적 공격성을 구분하려는 시도를 하였습니다. 그는 어려운 문제를 가진 내담자들을 각기 다른 카테고리로 분류하고, 그 분류를 새로운 용어인 '에로틱화된 전이'와 기존의 '성적 전이'로 구분하였습니다. 블럼은 이 에로틱화된 전이를 '사랑을 수용할 능력이 없이 사랑을 받기 원하는 사람'(p. 62)이라고 설명하면서 가이텔슨(1952)을 인용하였습니다. 그는 그들의 애착 본성을 설명하면서 다음과 같이 적었습니다.

> 이것은 전이 사랑이라는 평범한 반응이 아니며, 이런 내담자들은 매우 다루기 힘든 사랑 중독자들과 닮아 있다. 그들의 에로틱화된 전이는 열정적이고 끈질기며 다급하다. 불편함과 죄책감이 나타날 수도 있지만, 죄책감은 분리되어 무의식이 된다. 의식적인 두려움은 퇴행이나 응징 때문이 아니라, 실망감과 일방적인 사랑의 괴로움 때문이다. 그들은 예측이나 부정을 통해 실제로 상담자가 자신들을 사랑한다고 지레짐작한다. 이러한 반응이 명백히 드러나는 경계성 성격장애 내담자에게는 전이와 현실이 위험하게 혼재되어 있을 수 있다. 현실검증 검사에서 퇴행이 드러나지 않을 위험도 있다(p. 64).

블럼은 이런 내담자는 상담자도 내담자의 감정에 화답한다고 수동적으로 상상한다고 말할 때 그 의미는 상담자는 분명히 그렇게 하지 않는다는 것입니다. 대신 상담자는 내담자가 매우 공격적이라고 느낍니다. 사랑이 있는 성적인 전이와 공격적인 성적인 전이의 차이를 구분 짓는 것이 처음에는 간단해 보일 수 있습니다. 하지만 많은 내담자들이 처음에는 점잖고 사랑스럽게 보이지만, 정서적인 소멸의 두려움이 표면으로 올라오거나 상담자 자신이 너무 유혹적이고 자극적일 때 상담에서 아주 공격적으로 변합니다.

강렬하지만 근본적으로는 긍정적인 에로틱한 전이와 방어적이거나 공격적인 전이를 구분하는 것은 내담자가 두 전이를 옮겨 다닐 경우 특히 더 어려울 수 있습니다. 저는 이 차이를 만드는 주요 변수를 역전이라고 생각합니다. 블럼이 묘사한 공격적인 성적 전이를 가진 내담자를 상담할 때 저의 반응은 호기심과 관심, 짜증과 불만에서 결국은 무력함과 분노에 이릅니다. 동일한 내담자와 더 평온하고 즐겁게 반응할 수 있는 순간조차도 저는 사랑과 성적 갈망이 거의 느껴지지 않습니다.

제 내적 감정반응을 통하여 내담자의 동기에 대해 조금 알아차릴 수 있습니다. 내담자가 저에게 영원한 사랑을 계속 고백했지만, 저는 전혀 사랑을 느낄 수 없을 때 뭔가 잘못되었다는 것을 알 수 있습니다. 블럼이 지적하였듯이 사랑을 요구하는 사람은 대부분 사랑할 수 없는 사람입니다. 저는 사랑받았다는 느낌이 들기보다는 대부분 공격받는다는 기분이 들었고, 내담자가 제 사생활을 여러 방법으로 침범하는 상황에 직면해서 적절한 경계를 유지하고 상담상황을 조절하기 위해 상담시간을 초과해야 했습니다.

제가 앞서 분노의 역전이를 논의하기 위해 언급한 낸시의 예는 이 문제를 토론하는 데 아주 적절합니다. 낸시는 저에게 모든 것을 원했습니다. 낸시는 대안으로 제가 자신의 어머니, 제일 친한 친구 그리고 애인이 되길 원했습니다. 낸시가 저에게 자신을 충분히 사랑하지 않으며 자신의 인생에서 어떤 역할을 기꺼이 맡으려 하지 않는다고 질책할 때, 저는 분명 사랑받는다고 느끼지 못했다고 말한 것을 기억할 것입니다. 심사숙고 끝에 저는 낸시에게 진정으로 불만, 분노감, 심지어 증오심까지 느낀다고 말하였습니다. 비슷한 수잔의 경우에도 자기를 사랑하고 안아 주길 바랐지만, 저는 수잔이 원하거나 요구한 신체 접촉을 제고하지 않을 뿐 아니라 정말로 원하지 않는다고 직접적으로 이야기해야 했습니다.

권력보다 사랑을 더 바라는 내담자에게 제가 느끼는 역전이는 다릅니다. 방어적이지 않고 깊은 애착이 느껴지며 저를 사랑하고 있다는 느낌을 느끼게 하는 내담자에게 저는 보고 싶다는 애틋한 기대감을 갖습니다. 만약 제가 불안이나 억압을 느끼면 그것은 제가 감정의 평정상태를 잃을까 하는 염려에서 비롯되는 것입니다. 초보상담자로서 저는 자주 불편함을 느꼈고 심지어 대화주제를 바꾸기도 했습니다. 저는 수련기간 동안 내담자에게 느끼는 성적인 감정 또는 사랑에 대처하는 방법을 교육받은 적이 없습니다.

제게 성적 관심이 있다는 내담자의 표현으로 제가 흥분하게 되면 죄책감이나 부끄러움을 느꼈습니다. 초보상담자인 제가 감정에 따라 행동하도록하게끔 하는 마음과 실제로 감정에 따라 행동하는 것의 차이를 알았는지는 확실치 않습니다. 그래서 그 감정들을 차단해야 했습니다. 깊이 생각할 필요도 없이, 내담자에게 성적인 감정과 사랑을 갖게 되면 결코 해서는 안 되는 어떤 행동으로 내담자를 학대할 것만 같았기 때문입니다.

초보상담자 시절에는 상담자의 감정적 희열이 꼭 부도덕한 것만은 아니라는 것을 깨닫지 못했습니다. 내담자를 향한 에로틱한 사랑의 감정에서 일련의 충만감이 없으면(Marda, 2005) 유대감도 없다는 사실을 그 당시 깨달았더라면 덜 불안했을 것입니다. 상담관계의 섬세한 균형은 상담자와 내담자 모두 노력해서 얻어내는 충분한 만족감의 결과물 중 하나이지만, 두 사람 모두 채우고자 하는 깊은 욕구의 중앙에 있는 좌절감은 그들의 과거로부터 자리합니다. 제가 말하는 만족은 직업상의 경계를 어떤 방식으로든 넘어서는 것을 말하는 것이 아닙니다. 오히려 사랑하는 감정과 성적인 감정을 인정하는 것과 죄책감이나 부끄러움 없이 이런 감정을 경험하고 즐거움을 느끼는 것을 중심으로 언급하는 것입니다.

상담과정 중 성별에 상관없이 모든 내담자에게 사랑을 느낀다는(심지어 결혼까지 상상해 본다는) 시얼스(1979)의 유명한 발언은 깊은 상담관계의 사랑하는 감정과 성적인 감정의 자연스러움을 말해 줍니다. 시얼스는 그런 감정에 따라 행동한 적이 절대 없으며, 내담자에게 그 감정을 표현한 적도 없고, 그렇게 하는 것을 지지하지도 않는다고 확실하게 밝혔습니다. 시얼스는 바람직한 상담 자세는 감정을 느끼되 통제할 수 있는 것이라고 하였습니다.

성적인 감정이나 사랑은 지속적으로 강박적이거나 상담자가 경계를 유지하려는 노력에 방해가 되거나 또는 상담자를 방어적으로 물러서게 하기 전까지는 문제가 아닙니다. 시얼스는 자녀가 성적으로 매우 성숙했음을 알아챈 부모가 방어적으로 자녀에게서 철수하거나 가학적으로 대하면서 거부하는 태도를 어떤 방식으로 보이는지 언급했습니다. 내담자가 그런 상황을 상담 중에 다시 재연하면 깊이 몰입되어 있는 상담자는 부모가 했던 실수나 과거의 해로운 사건이 반복되지 않도록 하는 것이 매우 중요합니다. 이렇게 되기 위해서는 내담자의 부모들을 철수하도록 한 죄책감을 느끼지 않으면서 사랑하는 감정과 성적인 감정을 받아들일 수 있어야 합니다.

저는 이런 일이 실제로 그렇게 자주 일어난다고 믿지 않지만, 상담자나 내담자 둘 다 이런 감정을 통제할 수 없는 경우라면 내담자를 다른 상담자에게 보내는 것을 생각할 필요가 있다고 제안합니다.

🐦 성적인 역전이를 수용하고 다루기

성적인 감정을 어떻게 건설적으로 사용할 것인가에 대해서는 아직 탐구되지 않은 영역이 많습니다. 저에게 내담자가 사랑이나 성적인 욕구를 보이면 다른 어떤 생각보다도 "왜 지금이지?" 라고 묻게 됩니다. 이런 태도는 감정적으로 여유를 가지는 것과 모순되지 않습니다. 내담자의 감정을 받아들이고 스스로의 감정을 수용하고 나서도 여전히 "왜 지금이지?" 라고 묻는 여유가 있습니다. 관련된 패러다임 안에서 생각해 볼 때 "왜 지금이지?"에 대한 대답은 상담자뿐만 아니라 내담자에게도 찾아야 할지 모릅니다. 안타깝게도 관련 서적은 내담자에게 느끼는 자신의 성적인 감정을 탐구하는 상담자들의 예로 가득하며, 그 감정의 근원을 내담자하고는 의식적이든 무의식적이든 상관없는 불가피한 유혹의 결과로 봅니다. 일반적인 태도는 "내가 성적으로 흥분한다면 내담자가 나를 유혹하는 것이다." 였습니다. 때때로 이것이 사실이더라도 항상 그럴 수는 없습니다. 대부분의 인간관계가 그렇듯이 현실에서 유혹은 자주 상호적입니다. 그밖에 상담자가 유혹을 하는 경우도 있습니다.

요즘은 사랑과 열망이 상담관계에서 인정되므로 죄책감이나 수치심보다는 호기심으로 접근하는 것이 이 시대의 풍조가 되고 있습니다. 상담자는 상담자와 내담자의 잠재 기여도를 점검할 수 있으며 문제와 기저의 취약성을 잘 인식하고 있지만, 여전히 일정 부분 임무를 부여받습니다. 예를 들어, 성적으로 폭행을 당해 온 사람은 이런 관계가 알고 있는 유일한 인간관계이므로(Mitchell, 1988) 상담자를 포함한 모두를 유혹할 가능성이 높습니다. 뿐만 아니라 이런 사람들은 성적으로 폭행당한 경험이 없는 사람보다 상담자와 성관계를 가질 확률이 훨씬 높습니다(Pope, Sonne, & Holroyd, 1993). 일반적으로 알려지지 않은 사실은 성폭행을 당한 상담자 역시 그렇지 않은 상담자보다 내담자와 성관계를 가질 확률이 높다는 것입니다. 상담자와 내담자 모두의 약점을 인지하는 것이 경계의 침범과 상담 실패를 방지하는 데 도움을 줍니다.

블럼이 말한 것처럼 성적으로 공격적인 내담자들이 성적 전이에서 가장 힘든 상황을 만들어 내지만, 이런 내담자는 실제로 대부분 예외적입니다. 레스터(1985), 골드버거와 에반스(1985), 알트만(1995) 그리고 가바드(1994)는 상담자가 이런 내담자와 성관계를 가지는 이유는 다른 어떤 감정보다도 분노와 내담자를 처벌하고 싶다는 욕구에 의한 것(Searles, 1979; Celenza, 2003, 2007)이라고 말했는데, 저 역시(Maroda, 1991) 동의합니다. 공격적인 성적인 사건이 일어나는 것은 좌절과 분노의 역전이가 표현되지 않고 해결되지 않을 때입니다. 그러므로 이런 경우는 '역전이 공격성' 이론에 따라 생각해 보는 것이 더 적합할 듯합니다.

주로 사랑이나 공격성에 의해 좌우되건 아니건 간에 퍼슨(1985)은 성관계는 권력이라고 상기시켰습니다. 그러므로 상담자가 스스로에게 "내담자가 에로틱한 감정을 통해 나에게 영향력을 행사하려고 하는가?"라고 물어본다면, 그 대답은 반드시 "당연히 그렇다."입니다. 관련 서적은 어떠한 감정이든 그 감정의 목적은 받는 사람에게 영향을 주려는 것입니다. 그러므로 더 건설적인 질문은 "이 내담자가 지금 이 순간 나에게 원하는 것이 무엇인가?"입니다. 혹은 역전이를 살펴볼 경우 "내가 지금 이 순간 내담자에게 원하는 것이 무엇인가?"를 생각해야 합니다. 우리 각자는 어떤 방향으로 관계를 이끌어 가려고 합니까?

가바드(1995)에 따르면 상담 종결이 임박해지면 때때로 성적인 끌림과 사랑이 좀 더 성숙한 상호 간의 감정으로 다가온다고 하였습니다. 이별에 따른 불안과 예고된 상실에 따른 극심한 고통의 순간, 그들은 서로를 갈망하며 성적인 욕구를 느끼는 것을 발견할 수도 있습니다. 하지만 이런 감정이 상담관계에서 어떤 순간에 생기더라도 막지는 못합니다. 제 개인 경험으로는 초기 '허니문' 시기에 내담자에게 성적으로 더 끌리는 것을 발견했습니다. 나중에 어쩔 수 없는 갈등이 일어나서 내담자들이 제 잘못이나 부족함에 대해 지적하는 것을 차가운 샤워마냥 받아들이곤 했습니다.

성적인 감정은 관계를 더 깊게 하고 더 폭넓게 이해할 수 있도록 관계에서 자연스럽게 나타나는 현상인가? 아니면 방해인가? 이것이 의미 있는 감정의 유대를 막으려는 시도인가? 분노나 비탄에 대한 방어인가? 연약하여 의지처를 구하며 두려움에 떠는 대신 권력을 차지하려는 시도인가? 양쪽 모두 연인이 될 것 같은 환상적인 성적 상담의 회색지대에 빠져 있는가? 이 모든 질문이 상담 중 성적인 관계 또는 사랑하는 관계가 발전되려고 할 때 상담자가 숙고해야 할 질문들입니다.

🐦 외상경험 피해자들과 '오이디푸스 승리자들'

외상경험을 다루는 상담자들은 어린 나이에 성폭행을 당한 내담자일수록 상담자를 포함한 모두를 유혹하려고 한다고 보고합니다. 과거에 상담자들은 상담자와 성관계를 맺으려는 내담자를 비난하는 경향이 있었습니다. 이는 의미 있는 상담관계를 성립하기보다 상담을 망치는 행위로 보았기 때문입니다. 하지만 자녀를 유혹하는 부모에 대한 연구가 수십 년간 이루어지면서 상담자들은 내담자의 주 애착대상이 유혹적일 때 남들에게도 자연스럽게 집착한다는 것을 이해하게 되었습니다. 유혹하는 힘은 집착이라는 방식으로 배어들어 내담자가 무의식적으로 남들과 연결할 수 있는 유일한 방법이 됩니다.

어렸을 때부터 그렇게 배워 온 성폭행 피해자이거나 '오이디푸스 승리자들'인 내담자는 상담관계에서 더 유혹적이게 됩니다. '오이디푸스 승리자들' 이란 말은 부모로부터 성폭행을 당하진 않았지만, 적절치 않은 부모자녀 관계에서 성적 함축성이 내포되어 무척 편애를 받거나 과대평가를 받으며 성장한 사람을 일컫습니다. 그들의 유혹적인 관계방식은 성학대를 받은 내담자를 모방하며 가끔은 상담자로 하여금 존재하지도 않은 학대를 잘못 예측하게 합니다. '두 배의 오이디푸스 승리자들' 이란 말은 부모 모두에게 과도한 성적 과잉투자를 받은 사람을 묘사할 때 쓰입니다. 이것은 고루하고 비일반화된 용어이지만, 그럼에도 불구하고 묘사하기에는 충분한 말입니다.

어린 여성 내담자 중 한 명인 크리스틴은 남자와 여자 모두에게 유혹적이었습니다. 크리스틴의 애착 스타일에는 상당한 성적 표현이 포함되어 있었습니다. 어린 시절 그리고 부모님과 관계를 물었을 때 크리스틴은 아버지의 어떤 행동들이 '오싹한 느낌' 을 주었다고 했습니다. 아버지는 크리스틴을 항상 '아버지답지' 않은 눈길로 바라보았으나 부적절하게 만지지는 않았다고 하였습니다. 그는 자주 포르노를 시청하였으며 그녀가 거실로 들어오면 죄진 것처럼 끄곤 하였습니다. 부모는 모두 크리스틴을 과보호하였고 외출은 물론 식생활에도 집착하였습니다. 외동딸인 크리스틴은 부모의 유일한 관심 대상이었고 과도하고 '이상한' 관심을 받았습니다. 크리스틴은 성폭행당한 적은 없으나 열 살이 되던 때 다른 아이들과 성적인 놀이를 하였습니다.

초기 면담에서 크리스틴은 계속 옷매무새를 바로잡고 상담시간 내내 긴 머리를 쓸어넘기곤 했습니다. 크리스틴은 상담에 부적절한 옷을 입지는 않았지만 다리를 꼬았다 풀었다를 반복하였고 다른 사람들보다 더 자주 자신을 만지곤 했습니다. 이 모든 행동에 대해서 저는 무시하는 반응을 하였고, 이런 제 행동은 크리스틴을 상당히 안도하게 하였습니다. 크리스틴의 행동을 보면 마치 첫 데이트를 하는 소녀 같았습니다.

저는 이런 행동이 일상적인 대화와 몸짓이란 것을 알았지만, 아무런 언급도 하지 않았고 불편하게 여기지도 않았습니다. 만약 옷을 부적절하게 입었다거나 스스로 부적절하게 만진다거나 했더라면 그것은 다른 문제였을 것입니다. 이런 이유로 크리스틴의 행동을 스스로 인지할 수 있도록 최대한 점잖게 언급하였고, 상처를 주거나 부끄럽게 만들 수 있는 가능성을 최소화하였습니다. 좀 더 언급하자면, 상담이 진행되어 감에 따라 우리 관계는 더 안전해져 갔고, 크리스틴이 추파를 던지던 행동은 줄어들어 거의 알아차리기 힘들 정도로 되었습니다.

🕊 성적인 애착 유형의 상담자

관련 문헌은 성폭행을 당한 적이 있는 상담자가 내담자와 성관계를 가질 확률이 높다는 내용과(Pope, 1994; Kernberg, 1994), 확률이 높지 않다는 내용(Celenza, 2007)을 상반되게 보고합니다. 아마도 성애적인 애착 방식을 지닌 상담자가 학대를 저지를 확률이 높을지도 모르겠습니다. 상담자는 주로 다른 상담자와 성적인 경계를 침범합니다(Margolis, 1997). 왜 이런 일이 자주 일어나는지 이유는 밝혀지지 않았지만 어느 정도 공통된 어린 시절 경험과 관련이 있지 않을까 추측됩니다. 상담자들은 서로에게 더 애착하기 쉬우며 특히 양쪽 모두 각자의 반응에 매우 공감할 가능성이 높기 때문입니다. 다음의 마지막 부분이 셀렌자(2007)가 제시한 상담자에 의한 성학대의 대표적 피해자에 대한 묘사와 꼭 들어맞으며, 대부분의 피해자가 대하기 매우 힘든 사람이라는 개념과 반대됩니다.

> 떨쳐 버려야 하는 또 다른 생각은 모든 성적인 경계 침범을 당하는 피해자가 경계성 성격장애 여인이란 점이다. ……성적인 경계 침범을 당하는 피해자들은 모든 진단 카테고리의 범주에 분포되어 있고

대부분 자신은 손해를 보더라도 다른 사람의 필요를 채워 주려는 경향을 가진 아주 매력적인 여성이다(p. xxiv).

많은 상담자가 자신의 상담자와 상담 도중이나 상담 후에 성적 또는 사회적 관계를 가져왔다고 저에게 밝혔습니다. 그리고 이들 대부분은 그것을 보고하지 않았다고 합니다. 가장 큰 이유는 피해자로 보이는 것을 피하고, 지역사회에서 부정적인 관심에 노출되는 것을 피하며, 보통 지역정신건강사회의 유명인사로 알려져 훌륭하게 평가되고 인정받는 자신의 상담자를 공격하는 것처럼 보이는 것을 피하기 위해서입니다. 그러므로 어떤 상담자이든 다른 정신건강 전문가를 상담할 때나 자신이 상담을 받을 때도 경계를 위반할 가능성이 있음을 조심스럽게 충고합니다.

🐦 성적인 전이와 역전이에서 성차

퍼슨(1985)은 성별에 기초한 에로틱한 전이의 표현 차이를 처음으로 언급하였습니다. 퍼슨은 "일반적으로 여성이 상담자의 성별에 상관없이 좀 더 강력하고 충분히 발전된 에로틱한 전이를 경험하는 것으로 보인다."(p. 166)라고 말하였습니다. 퍼슨은 남성은 여성 상담자와 있다고 하더라도 드러내 놓고 성적 전이가 일어나지는 않는데, 이는 리와 웰리스(1994)도 말한 개념으로 대부분의 임상가가 날마다 경험하는 개념인 권력 역학 때문이라고 하였습니다. 가바드(1994)는 또 다른 분명한 성차를 언급하였습니다. 그에 따르면, 남성 상담자는 성학대를 경험한 여성 내담자의 눈물에 성적인 흥분을 느낀다고 했습니다. 여성은 그렇지 않지만, 남성은 때때로 상대방의 취약성이나 굴복을 대할 때 성적인 감정을 느끼며, 이는 힘의 역학에 따른 반응일 수 있습니다.

다시 말해, 사회적 역할이나 기대가 아닌 단순한 정복욕과 정복에 따른 흥분감이 더 관련 있다고 생각됩니다. 가능하다면 일부 남성 상담자들은 여성 내담자의 고통을 통해 가학적인 흥분감에 이르는 즐거움을 느끼려 할 것입니다. 하지만 일부는 순간의 친밀함과 부드러운 감정에 반응할 수도 있습니다. 이에 반해 여성 상담자들이 비슷한 상황에서 흥분하지 않는 이유는 울고 있는 대부분의 남성은 보통 그 상황을 스스로 부끄러워하거나 수치스러워하면서 무척 불편해한다는 사실과 관련이 있을 수 있습니다. 남성에게 성적 관심을 느끼는 상황에 대한 여성 상담자의 사회적 훈련이 일부 영향을 미쳐 결과적으로 이런 상황에서 여성 상담자가 흥분을 느끼지 못하는 결과일 수 있습니다.

포프와 손 그리고 홀로이드(1993)는 육체적으로 끌리는 내담자에 대한 남성 상담자의 성적 흥분이 '성공적인' 남성 내담자를 대면하는 여성 상담자보다 더 강할 가능성이 높다고 하였습니다. 그러므로 여성 상담자는 울고 있는 남성이나 여성에게 더 많은 공감을 할 수 있지만, 사회적 통념 때문에 성적으로 흥분되지 않을 수 있습니다.

🐦 동성애 감정에 대한 방어로서 이성애 연애감정

블럼(1973)과 퍼슨(1985)은 상담관계인 한 쌍의 강렬한 이성애적인 로맨스가 항상 그럴싸해 보이지만은 않는다고 말했습니다. 그들은 상호 간의 열정적인 이성애적 로맨스는 밑바탕에 있는 동성애 감정에 대한 방어일 수도 있다고 주장합니다. 이런 경우 내담자와 상담자는 자신들의 이성애적 연애사나 결혼 여부에도 불구하고, 마침내 이성과 사랑에 빠지고 흥분감을 느낄 수 있을 거라고 스스로를 속여 온 의식적, 무의식적 구원 환상을 품고 있습니다. 달리 도움을 받을 수 없으면 이 비현실적인 판타지에 불을 붙이고 절정에 이르러서는 공개적으로 사랑을 선포하여 상담을 파괴하기까지 이릅니다.

동성애상담에 관하여 타이슨(1985), 컨버그(1994), 가바드(1994) 그리고 만(1997)이 사회적인 반동성애 현상이 상담상황에서 재구성될 수 있다고 제시했습니다. 상담자와 내담자 모두 자주 동성애적 감정과 판타지를 방어합니다. 남성 내담자와 남성 상담자 커플은 동성애적 열망을 꺼립니다. 이미 앞에서 언급하였듯이, 퍼슨(1985)과 리와 웰리스(1994)는 여성이 여성에게 에로틱한 감정을 느낄 수 있다고 하였습니다.

⚑ 성적인 역전이 개방하기

성적인 역전이를 연구한 사람들 중 대부분은 그것을 밝히는 것이 결코 좋은 생각이 아니라는 것에 동의합니다(Gorkin, 1985, 1987; Mann, 1997). 저는 무척 드문 예외상황을 제외하고는 성적인 역전이를 밝히는 것에 반대합니다. 상호 간의 성적 끌림을 말로 하는 것은 거의 대부분 상담관계를 망칠 수 있는 위협을 내포하고 있습니다. 일반적인 사회 맥락에서는 커플들이 관계를 끝내거나 성관계를 갖기 위해 자신들의 성적인 감정을 밝힙니다. 성적인 감정과 관련된 자기개방의 일반적인 결과의 어느 것도 상담장면에서 적용 가능한 것은 없습니다.

저는 『The Power of Countertransference』에서 애트우드, 스톨로우와 트롭(1989)이 보고한 사례를 언급하였습니다. 여기서 수련감독을 받는 상담자의 내담자는 자신이 매력이 있다는 것을 상담자가 말해 주기 원했습니다. 이 내담자는 청소년기에 급성장한 여성스러움을 아버지로부터 인정받지 못했습니다. 내담자는 반복해서 상담자에게 어떠한 성적인 관계를 원하는 것이 아니라고 말하였습니다. 내담자는 단순히 자신의 실체를 인정받고 싶었습니다(그리고 내담자는 옳았습니다. 그런데 상담자는 내담자에게 끌렸습니다). 저는 이 사례를 자신의 성적인 특성에 대한 정보를 알려 주기를 바라는 내담자의 반복된 요청이 합당하고 심사숙고한 요청이라고 보고, 제가 응답해 주는 아주 드문 예의 하나로 인용합니다. 개방에 대해 제가 마련한 지침과 비슷하게 이 내담자는 정보를 요구했습니다. 상담자가 먼저 성적인 특성에 대해 이야기한 것이 아닙니다. 지금도 실제로 자신이 어떤지 알고자 하는 목적으로 성관계를 기대하거나 성관계의 두려움 없이 상담자가 자신에게 끌렸는지 물어보는 내담자는 예외라고 생각하고 있습니다.

♟ 성적인 역전이와 사랑 역전이 수용하기

저는 앞서(Maroda, 2002) 상담자가 진정으로 어떤 감정을 느끼는지 내담자들이 알고 그 감정을 정확하게 지적하거나 자신의 강한 감정을 표현할 때, 상담자가 무시하지 않거나 불편함을 보이지 않는 것만으로도 충분하다고 언급한 적이 있습니다. 코헛(1971)이 말했듯이, 우리가 말로 표현할 수 없는 사랑을 받거나 비교할 수 없을 만큼 아름답다거나 멋있다는 칭찬을 들을 때, 특히 우리가 그런 존경과 헌신을 받을 대상이 못 된다는 생각이 들 때는 얌전히 앉아서 우리의 자기애적 평정심을 조절하는 것조차 힘이 듭니다. 내담자의 감정을 받아들이기 위해서는 과도한 불편함 없이 감정을 유지하고 내담자를 이해하는 능력이 필요합니다. 만약 상담자가 흥분을 느끼고 이후 죄책감을 느낀다면, 상담자는 감정을 느끼지 않으려고 애쓸 것입니다. 더욱이 자신의 감정에서 거리를 유지하려는 과정에서 내담자에게서도 필연적으로 멀어지게 됩니다.

나이가 많은 상담자인 저는 아주 드물게 강렬한 성적 전이를 경험합니다. 젊은 시절에 내담자의 로맨틱한 성적인 감정들을 자주 대면해야 했는데, 아마도 저와 내담자 모두 젊기 때문에 더 쉽게 약점을 드러내면서 삶의 로맨스를 반기려는 이유도 있었을지 모릅니다. 또한 대다수 제 내담자는 애인이 없었습니다.

의심할 여지도 없이 제가 자각한 것보다 저는 훨씬 더 유혹적이었고 내담자 역시 마찬가지였습니다. 나이와 경험이 쌓이고 주당 상담 횟수가 감소하면서 강렬한 성적인 전이는 저의 상담 작업에서 점점 사라지기 시작했습니다. 많은 내담자가 저의 명성과 글에 대한 정보를 듣고 저를 만나러 왔기 때문에, 제 생각에 그들은 '무례' 해 보일 수 있는 어떠한 표현을 꺼렸던 것 같습니다. 이런 주제에 관한 연구를 본 적은 없지만, 내담자의 강렬한 성적인 반응이 일어나는 것을 멈추게 한 나이든 여성 상담자는 저만이 아니라고 생각합니다.

내담자에게 성적인 매력을 느끼는 데 대해 죄책감이나 부끄러움을 느끼지 않게 되고 성적인 행동을 할지도 모른다는 두려움을 느낄 필요가 없다는 것을 이해하고 난 뒤 성적인 전이-역전이 개념을 탐구하는 것이 대단히 매력적이라는 사실을 발견하였습니다. 물론 가바드(1991)가 "절대로 '절대' 라고 말하지 말라."고 강조한 것에 동의하지만, 25년간 그렇게 행동하지 않은 경험에 비추어 볼 때 내담자의 성적인 감정에 행동으로 반응할 가능성은 거의 없습니다. 만약 초기 수련과정 중에 에로틱한 감정의 전이-역전이에 대해 알았다면 이후 이런 문제에 더 잘 대처했을 것이라고 확신합니다. 성적인 역전이에 대해 느끼는 죄책감과 성적인 전이-역전이를 어떻게 건설적으로 대처해야 하는지에 관한 어떤 지침이나 안내도 없었으므로 이런 문제가 발생하는 경우에는 다른 사례에 비해 더 힘들게 진행되었습니다.

궁극적으로 상담자 개개인은 이 부분의 강점과 취약성을 스스로 평가해야만 합니다. 내담자가 상담자와 사랑에 빠졌을 때, 이것이 상담자의 의식적 또는 무의식적 소망에 대해 의미하는 것은 무엇일까요? 남들보다 더 성적인 주제와 감정에 초점을 맞추는 상담자와 내담자가 있을까요? 만약 그렇다면 이렇게 되는 근원은 어디일까요? 무엇이 좋은 상담 파트너를 구성하게끔 할까요?

상호관계적 측면을 강조하여 생각해 볼 때, 내담자를 조금도 사랑하지 않는 상담자를 내담자가 사랑하는 것이 가능할까요? 특히 스토킹 혹은 입맞춤을 당하거나 내담자가 부분적인 노출상태에 있는 것을 본 극단적인 상황에서도 내담자에게 무관심하다는 상담자의 주장이 믿을 만한가요? 성적인 전이-역전이라는 뜻밖의 발전이 성적인 열망이나 사랑보다 권력에 더 관련 있나요? 그리고 내담자가 사랑하는 감정과 성적인 감정을 상담자가 자유롭게 말하도록 격려하는 것과 상담자와 내담자 모두를 성적으로 만족시키는 성적 대화의 각본을 계속적으로 만들어 가는 것 사이에는 어떤 차이가 있을까요?

이 책에서 언급한 모든 것을 종합해 볼 때, 상담과정은 당면한 주제에 상관없이 내담자의 반응을 조심스럽게 읽음으로써 평가할 수 있습니다. 내담자를 지나치게 자극하거나 흥을 돋우는 것을 경계하는 방법을 배우기가 힘들긴 하지만, 어떤 상담자든 갖춰야 할 필수적인 도구입니다. 상담자는 굴욕감이나 상처를 주는 어떠한 개입에도 경계해야 합니다. 날마다 저지르는 실수를 자책과 자기비난에 사로잡혀 피해 버리기보다 예민한 책임감으로 받아들이는 상담자는 이런 실수를 재빨리 고칠 수 있는 가능성이 많은 것입니다.

🪑 상호성과 비대칭

저는 상호관계를 무척 신뢰하기 때문에 저에게 사랑과 성적인 매력을 느낀 내담자는 그런 감정을 서로가 어느 정도 공유했음을 알았을 거라고 생각합니다. 블럼(1973)이 언급한 성적인 공격성을 띠는 내담자들의 경우는 예외인데, 그들은 전형적으로 저 역시 자신과 같은 감정을 공유하고 있다는 방어적 환상을 포함하는 정신병적 성적 전이 감정을 가지고 있습니다. 이런 내담자는 상담자로 인해 파괴되는 것을 두려워하며 성적 정복을 통해 스스로를 보호하려 합니다.

🐦 내담자의 표현 촉진하기

만약 내담자가 성적인 감정, 환상 그리고 소망들과 관련하여 넌지시 암시하거나 직접적으로 언급하면 저는 내담자가 이런 생각을 드러내도록 격려합니다. 이런 감정들이 경험의 부족, 의존 혹은 원치 않는 감정에 대한 방어가 아니라면 건강한 감정표현들은 어떻게 다루어야 할까요? 자신을 사랑하거나 호감을 느끼는지 묻는 내담자에게 상담자가 어떤 방식으로 적절하게 반응해야 할까요? 서로 끌리는 것이 한이 없는 상담관계에서 성적인 표현은 어느 정도가 건강한 걸까요? 어떤 경우가 상담자가 내담자의 성인다운 성적 욕구를 표현하도록 고무하는 상황이고, 어떤 경우가 상담시간 중 내담자를 희롱하거나 '가상의' 성관계를 갖는 것에 해당될까요? 내담자의 표현을 장려하는 것과 상호 간 호감을 가지고 유혹을 하는 것은 다릅니다.

내담자가 성 문제와 관련해 이야기하는 도중 지나치게 사실적으로 묘사하면 저는 주로 내담자의 감정에 다시 초점을 맞추려고 노력합니다. 내담자가 환상적 성행위에 대해 시시콜콜하게 묘사하는 것이 성의 대체물이 아닌 적이 없었습니다. 볼라스(1994)는 "에로틱한 환상을 이야기하는 것 자체가 에로틱한 행위로 볼 수 있다."(p. 573)라고 했습니다. 그러나 내담자와 상담자의 성과 육체에 관한 관점에 따라 성적인 표현을 용인하는 것은 매우 독특한 개인적 특성일 수 있다는 것 또한 사실입니다. 그렇다면 어느 정도까지 내담자를 내버려 둘까요? 말하기 꺼려 하는 내담자에게서 어떻게 더 많은 표현을 하도록 격려할까요? 저는 두 사람이 느끼는 편안함의 정도가 지극히 중요하다고 생각합니다. 만약 내담자나 상담자가 당황하면서 사생활을 침범당하는 듯이 느껴지거나 과도한 성적 자극을 받는다면, 그것만으로도 대화를 줄일 이유가 됩니다. 확실히 성적 취향에 대한 사고방식은 상담자와 내담자가 서로 잘 맞는지 알 수 있는 요소이기도 합니다. 그리고 성적으로 자제하는 상담자는 자신과 달리 이에 자유롭거나 상반된 내담자의 성향을 즐길 수도 있습니다. 상담자와 내담자가 성적 취향의 정도가 같아야 할 필요는 없지만, 내담자가 상담상황에서나 외부에서도 건강하고 건설적인 방식으로 성적인 감정을 표현하기 위해서는 서로가 성적 대화에 편안함을 느끼는 수준이 어느 정도 비슷해야 합니다.

🐦 전이와 역전이에서 성적인 충동 다루기

분명히 사랑하는 감정과 성적인 감정은 과거보다 훨씬 더 잘 다룰 수 있습니다. 성관계에 대한 자신의 갈망을 어머니에게 떼쓰는 아이의 욕구에 불과한 것으로 해석하기보다는 좀 더 정직하고 직접 상담자를 육체적으로 알고자 하는 확고한 성적 욕구의 표현으로 볼 수 있습니다. 상담자는 자신이 내담자에게 끌릴 수 있다는 사실을 이해하면, 이런 자연스러운 감정을 죄책감이나 부끄러움 없이 받아들여 스스로 성적 욕구에 좀 더 편안해질 수 있습니다. 또한 상담자는 내담자를 성적으로 자극할 수 있다는 가능성에 대해 현실적으로 직시해야 합니다. 내담자를 아주 조금

혹은 지나치게 자극하는 상담자는 차후 자신이 상담받을 때 이 주제를 좀 더 다루는 것도 좋습니다.

그러나 성적 전이-역전이는 성행위를 반드시 억제해야 한다는 필요성으로 인해 항상 도전에 부딪힐 겁니다. 엘리스(1991)가 이미 지적하였듯이, 내담자의 에로틱한 감정에 응답하는 것은 쉬운 과제가 아닙니다. 이런 순간에는 일반적으로 주고받는 사회적 담론은 심리상담에서 거부되어야 합니다. 상담자는 상호적인 사랑이나 내담자에 대한 매력을 말해서는 안 되며, 내담자의 짝사랑 고백을 거부해서도 안 됩니다. 그렇다면 무엇을 말해야 할까요?

제 경우를 살펴보면, 상담자가 여유 있고 편안하게 탐색하면 내담자를 편하게 하지, 유혹하지는 않는다는 사실을 발견했습니다. 저는 내담자에게 어떤 감정을 느끼는지 물어보겠지만 결코 특별한 성적인 세부내용을 묻지는 않을 겁니다. 결국 중요한 것은 '감정'이 의미하는 것입니다. 제가 앞에서도 언급했듯이, 만약 내담자가 너무 생생한 묘사를 하기 시작하면 저는 대화주제를 감정과 관련되도록 할 것입니다. 저는 이런 내용을 말하는 것이 매우 민감하다는 것을 알게 되면서 그런 주제에 관해 언제 얼마나 자주, 그리고 어떤 방식으로 말하는지 내담자의 흐름을 조심스럽게 따라갑니다.

내담자가 저에게 자신의 사랑이나 관심을 표현한 것을 어떻게 느끼는지 물어보면, 저는 주로 "감동받았다." "으쓱해진다."라고 하거나 둘 다 말해 줍니다. 내담자는 단지 자신의 감정이 이해받고 따스하게 받아들여졌음을 알고 싶어 한다는 사실을 발견합니다. 내담자는 제가 수용력이 있고 압도되지 않았다는 것을 알고 싶어 합니다.

여러 해 전에 아주 진심 어린 다정한 태도로 저에게 자신의 사랑을 정기적으로 표시하던 또 다른 내담자를 기억합니다. 이 내담자가 얼마나 저와 함께 있고 싶어 하는지 들을 때마다 저는 너무나 마음이 움직였고 슬퍼졌습니다. 저는 아무 말없이 공감하며 바라보았습니다. 저는 그 순간, 저에 대한 내담자의 감정과 내담자에 대한 제 감정의 크기를 폄하하지 않고 표현할 수 있는 어떤 말도 생각해 낼 수 없었습니다. 내담자를 오랫동안 바라본 뒤 저는 결국 "지금 무슨 말을 해야 할지 모르겠습니다."라고 말했습니다. 그는 "그냥 '알아요.' 라고 말하세요."라고 대답했습니다. 그리고 그 시간 이후 우리는 그런 순간에 제가 말해야 하는 것은 단순히 "알아요."라는 것을 이해했습니다.

🐦 요약

가끔 사랑을 동반한 성적인 감정은 상담자와 내담자 모두에게 강렬하고 변형된 긍정적인 경험을 선사할 수 있습니다. 그러나 성적 욕구에 대해 드러내기보다는 통제하도록 요구된 오래된 경고와 방어적인 사랑의 선포는 심각하게 고려되어야 합니다. 또한 대인관계 접근에서는 내담자만이 상담을 엉뚱한 방향으로 가게 할 성적 욕구를 사용하는 사람으로 보지 않습니다.

상담자와 내담자 둘 다 최상과 최악의 이유들로 인해 서로에게 사랑과 매력을 느낄 수 있습니다. 성적인 전이-역전이가 통제되지 않을 때, 상담자는 내담자뿐만 아니라 자신의 행동과 욕구를 검토함으로써 도움을 받습니다.

사랑과 성적인 열망을 받는 것이 매우 기쁜 일이고 종종 성공적인 상담의 어느 시점에서 나타난다는 것을 인정하는 것은 상담자가 관계 속에서 느끼는 성적인 감정을 보다 편안하게 느끼도록 도울 수 있습니다. 하지만 상담자의 역할을 받아들이는 것과 성적 호기심으로 인해 내담자에게 잠재적으로 피해를 줄 수 있는 불필요한 자기개방을 혼동해서는 안 됩니다. 모든 개입과 마찬가지로 어떤 것이 효과적이고 그렇지 못한지 알기 위한 핵심은 더 깊이 탐색하고 통찰력을 획득하는 능력과 더불어 우리의 개입에 대한 내담자의 반응 여부입니다.

제10장

내담자에게 권한 주기
-독립의 길-

> 모든 사람에게 적용되는 황금률은 없다. 모든
> 사람은 어떤 특별한 방식이 자신을 안전하게
> 할 수 있는지 스스로 찾아내야 한다. 서로 다른
> 수많은 요인이 인간의 선택에 영향을 미친다.
> 인간이 외부 세계로부터 얼마나 많은 참된 만족감을
> 얻기를 기대할 수 있는지, 그런 기대감으로부터 얼마나
> 자유로울 수 있는지 그리고 마침내 자신의 기대에
> 적합한 세상으로 변화시킬 수 있는 얼마만큼의
> 힘을 가졌다고 느끼는지는 의문이다.
>
> —Sigmund Freud, Civilization and Its
> Discontents(1930, p. 83)

프로이트의 주목할 만한 이 글은 정신분석 상담에 관한 그의 이론과 극명하게 대조적으로 보입니다. 전통적으로 임상 정신분석 상담은 주로 개개인과 그의 내면 갈등을 풀어내고 정서를 통합시키는 능력에 초점이 맞춰져 있습니다. 그러나 프로이트는 그의 뚜렷한 관심이 개인과 사회 간에 진행되는 협상에 있음을 이 에세이에서 증명하였습니다. 그는 사람

이 살아가는 데 필요한 능력은 세상에 대한 기대감, 더 큰 세상과 소통할 수 있는 능력 그리고 다른 사람에게 미치는 영향력에 있다고 말했습니다. 프로이트는 구원이란 자기이해에 있을 뿐만 아니라 같은 자각을 바깥 세상에도 적용하면서 작동하고 있는 세상에 접근해 가는 것이라고 보았습니다.

「Civilization and Its Discontents」는 현재까지 개인 대 사회라는 필연적 공생과 이에 따르는 요건들이 언급된 예리한 논문으로 알려져 있습니다. 프로이트의 말은 개인의 지식에는 한계가 있음을 함축합니다. 개인은 또한 자신의 주변에 있는 사람들과 자신이 뿌리를 내리고 있는 곳의 문화를 이해해야만 합니다.

설리반(1953)은 개인의 발달을 이해하기 위해 사회이론을 적용한 초기 개척자였습니다. 하지만 그는 자신의 통찰력을 기법에 결합시키지 않았습니다. 좀 더 최근에 바첼(2007)은 개개인이 자신의 과거 인간관계를 더 좋거나 나쁘게 반복할 뿐만 아니라, 자신의 기대를 충족시키기 위해 자기 주변 사람들을 적극 훈련시킨다고 말했습니다. 바첼의 저서는 내담자가 어떻게 과거를 반복하는지 상담에서 교육시켜야 한다는 데 얼마나 지지하는지 그리고 내담자 주변 사람들의 성격과 동기를 내담자가 이해하도록 하기 위해 어느 정도나 작업해야 하는지에 대해서는 논란의 여지가 있습니다. 만약 내담자들이 이런 정보에 마음이 열려 있어 효과적으로 활용할 능력이 있다면 저도 제 내담자에게 똑같이 적용합니다.

몇몇 내담자들은 중요한 자기 주변 사람들의 성격과 동기에 대한 인식을 넓히려는 마음이 간절합니다. 그들은 "난 이해가 안 돼. 왜 내 남편은 내게 그렇게 말했을까? 그렇게 말하는 것이 내 기분을 어떻게 만드는지 아무런 관심도 없었단 말인가?"라고 말할 것입니다. 가끔은 내담자의 행동만큼 내담자가 궁금해하던 사람의 행동에 답이 있습니다. 예를 들면, 남편의 무심한 발언에 대한 내담자의 질문을 깊이 생각해 보면 내담자가 남편을 무시하면서 말하거나 화를 냄으로써 마음이 상한 남편의 앙갚음일 수도 있습니다. 이것은 당연히 가설이지만 가까운 관계의 상호작용에 관해 연구할 때 개개인의 원인 제공 가능성을 반드시 알아보아야 합니다.

그러나 모든 내담자가 자신에게 중요한 사람이 어떤지 알려고 하는 것은 아닙니다. 일부 내담자들은 그들이 어떤지 묻는 것을 개인적으로 굉장히 위협적으로 생각하거나, 자신과 가까운 타인의 결점과 행동의 동기를 이야기하는 것에 지나친 죄책감을 느낍니다. 상담초기는 상담시간마다 내담자들의 고통스러운 경험들로 넘쳐날 것이고, 타인에 대한 언급은 내담자들에게 원치 않은 방해물만 될 뿐입니다. 대인관계에 초점을 맞춰 그들의 삶에서 중요한 사람들을 이해하는 것이 필요한 내담자들은 궁금하다고 하면서 이런 문제를 알아야 할 필요를 보여 줄 것입니다. 제 경험에 따르면, 상담의 어떤 시점이 되면 대부분의 내담자는 자기 주변 사람들을 더 많이 이해하려고 애씁니다. 그들은 사람들이 초기경험에 기초하여 서로를 이해하고, 함께 자신들의 과거를 계속해서 재현한다는 사실에 자주 매료됩니다.

내담자의 삶에서 중요한 사람들을 진단하는 전문가답지 못한 행동을 하지 않고 내담자의 대인관계에 대해 이야기하는 것은 까다로운 문제입니다. 그러나 만일 내담자의 삶에서 중요한 대인관계 주제를 파악하지 않는다면, 실질적인 통찰과 변화가 있을 가능성은 훨씬 적을 것입니다.

내담자의 삶에서 의미 있는 사람들에 대해 관찰한 것을 상담자가 말하려면 상당한 정도의 객관성과 대인관계를 파악하는 능력이 필요합니다. 만일 상담자가 내담자의 삶에 관련된 누군가에 대해 너무 부정적이거나 지나치게 긍정적인 반응을 한다면, 그는 아마 정확한 평가를 할 수 없을 것입니다. 상담자가 내담자의 사랑과 일에 관련된 패턴을 관찰하는 것은 그 내용을 광범위하게 듣고 난 후에 분명해질 수 있습니다. 뿐만 아니라 다른 평가들도 타인과 교류에 관한 내담자의 말을 통해 파악할 수 있는 것에서 너무 많이 벗어나서는 안 됩니다. 논의하고 있는 문제들과 쉽게 연결 짓기 힘든 난해한 해석들은 그 해석이 정확하더라도 내담자들을 멀어지게 할 수 있습니다(저는 거의 항상 내담자들에게 상호 간 영향을 주었던 어떤 문제들에 관해 상세하게 말해 달라고 요청하고, 그들의 대답을 통해 실제로 일어났던 일들에 대한 구체적인 감정을 느낄 수 있습니다).

내담자의 삶에 관련된 타인들의 성격이나 동기에 대해 함부로 예측하는 것은 분명 나쁜 영향을 끼칠 가능성이 있습니다. 그러나 내담자의 이야기에 가깝게 접근하여 파악하는 것은 대부분 좋은 결과를 가져오기 쉽습니다. 어떤 환경에서 이 사람이 내담자에게 정확히 무슨 말을 했는가? 내담자는 어떻게 반응을 했고 무슨 일이 일어났는가? 종종 관계역동에 대한 상담자의 해석은 권력 투쟁과 경쟁욕구에 주목하여 언급하거나 내담자가 이해할 수 있는 용어로 타인의 특성을 설명하는 것과 연관됩니다.

좋은 예로, 사업을 위해 부모가 오랜 시간 일을 하느라 어린 시절 방치되었던 크리스틴의 경우를 봅시다. 크리스틴은 20대 후반일 때 저를 찾아왔습니다. 크리스틴의 부모는 아무것도 없이 시작해서 사회경제적으로 높은 위치를 차지하기 위해 열심히 일했고 백만장자가 되었습니다. 그들은 돈에는 관대했으나, 크리스틴의 나이에 그들이 그랬던 것처럼 크리스틴도 오랜 시간 일을 해야 했습니다. 크리스틴은 모든 특별한 행사 때마다 비싼 선물을 받았지만, 여전히 어머니의 사랑과 이해에 굶주렸습니다. 크리스틴은 돈이 없는 것보다는 있는 것이 낫다고 말했지만, 진정으로 어머니에게서 더 많은 공감과 따뜻함 그리고 자신과 부모의 차이점을 인정받기 원했습니다.

크리스틴은 의견 차에 대한 어머니의 편협함과 자신을 심하게 비난하고 경쟁적으로 관계하려는 어머니를 말하는 자신을 항상 비난했습니다. 상담을 통해 크리스틴은 어머니와의 관계를 좀 더 성인 대 성인의 관계로 세워 가면서 더 이상 어머니가 자신을 조정하거나 지배하려 하는 것을 허락하지 않았습니다. 하지만 여전히 크리스틴은 자신이 원하는 것을 가지지 못했습니다. 크리스틴은 제게 어머니와 감정적으로 교류하면서 실제로 유대를 갖고 친해지려면 무엇을 해야 하는지 물었습니다.

크리스틴이 어머니에게 마음을 더 열었고 상처받은 것을 포함해 여러 해 동안 두 사람이 상호작용 과정에서 힘들었던 이야기를 들으면서 두 가지가 분명해졌습니다. 한 가지는 어머니가 자신을 정말 사랑했고 자신을 위해서는 어떤 일이든 했다는 것입니다. 그러나 어린 소녀 시절 크리스틴은 끔찍하게 방치되고 혹사당하였으며, 그럼에도 자신이 간절히 갈망하는 감정을 표현할 수 없었습니다. 하루는 제가 크리스틴에게 단순히 "당신이 할 수 있는 것은 아무것도 없습니다. 당신은 어머니에게 마음을 열고 사랑하며 서로 존중하는 관계를 맺기 위해 모든 것을 했습니다. 여전히 매 순간 어머니와 친밀해지기 위해 노력하면서 당신 마음을 숨김없이 이야기했지만 어머니는 피했습니다. 어머니가 너무 상처를 많이 받아서 어느 누구도, 심지어는 당신조차도 방어를 부수지 못하게 한다는 사실을 받아들여야 한다고 생각합니다. 그러나 어머니는 여전히 당신을 매우 사랑하는 것 같습니다."라고 말했습니다.

크리스틴은 주저하면서 어머니가 아버지를 포함한 다른 사람에게도 자신에게 한 것과 다르게 행동하는 모습을 한 번도 본 적이 없다며 제 말에 동의했습니다. 그리고는 자신이 어머니를 바꿀 수 없고, 이 때문에 자신이 진정으로 원하는 것을 결코 가질 수 없을지도 모른다는 사실에 비통해하기 시작했습니다. 크리스틴은 수개월이 지나서야 비통함에서 벗어나 마침내 어머니를 있는 그대로 받아들였습니다.

저는 상담자가 내담자의 생활에 연관된 중요한 타인들의 동기나 감정 그리고 행동패턴에 관해 논평을 하는 것은 특이한 일이라고 생각하지 않습니다. 불행하게도 이런 견해는 결코 지지된 적이 없었기 때문에(Wachtel, 2007 이전까지) 거의 언급되지 않는 분야의 하나이므로 효과적으로 되려면 조심스럽게 다루어야 합니다. 만일 내담자가 이런 종류의 이야기에 관심이 없거나 논의하기 싫어하는 것으로 보이면, 저는 즉시 그만둡니다. 부모에게 정서적으로나 성적으로 학대를 받은 레베카의 사례를 보면, 부모가 부모로서 역할을 충분히 하지 못했다고 말했을 때 처음에 레베카는 눈에 띄게 심란해 했습니다. 레베카는 자신의 수동적인 면과 부모와 관련된 피학적 관계에 대해 이야기하길 원치 않았습니다. 그래서 저는 그만두었습니다. 하지만 시간이 흐른 뒤, 레베카가 부모의 단점을 분명하게 예를 들어 언급했을 때 상황을 살펴보았습니다. 레베카는 서서히 부모의 결점을 찾아내는 데 대한 죄책감과 상담시간에 자신이 부모를 비판한다는 사실을 부모가 알면 자신을 벌줄 것이라는 피해망상적인 생각을 극복했습니다.

어느 날 레베카는 어머니가 과거 여러 차례에 걸쳐 다른 사람에게 가족에 관한 이야기를 하는 것은 최후의 배신행위라고 가르쳤다는 말을 제게 했습니다. 나쁜 사람만이 그렇게 한다는 것이었습니다. 레베카는 자신의 어린 시절에 관해 제게 상세히 말하는 것, 부모가 자기들의 영향 아래 자신을 두는 것에 실패했다는 것을 알아채는 것, 그리고 부모로서의 의무를 다하기에는 그들 스스로도 정신적으로 불안정했다는 사실 등과 연관된 자신의 정서 장애물들을 극복하는 데 많은 시간이 걸렸습니다. 레베카는 제게 과거 실제 상황에 근거해서 자신과 부모의 태도에 관해 비난하지 않으면서 천천히 그러면서 꾸준히 진행해 줄 것을 요구했습니다. 제가 그녀와 반복한 것 중 하나는 레베카가 부모와 자신에 대해 알고 있는 사실을 저도 알고 있다는 것이었습니다. 그것은 단지 그러한 사실을 받아들이는 일이었습니다. 레베카처럼 어린 시절부터 자신의 현실을 부정했던 사람은 선택적으로 객관적 현실을 주입할 때 인내심도 함께 필요합니다. 또한 이런 내담자는 자신의 경험과 상담자의 경험 간에 합리적인 차이를 알아차릴 수 있을 만큼 충분한 자기인식을 갖춘 상담자가

필요합니다. 크리스탈(1998)에 따르면,

> 초기에 만들어진 유아적 세계관에 고착된 것에서 자유로워지도록 하기 위해 내담자의 심적 현실로서 존재하는 모든 재료와 건축물에 도전하는 것이 상담자에게 필요하다고 할 수 있다. 하지만 그러한 엄청난 대개혁을 일으키기 위해서 상담자는 내담자의 영혼을 되살리려고 애쓰면서 내담자가 겪은 경험과 내담자 자신의 경험 그리고 내담자의 현실 경험 내의 모든 것에 이름을 붙일 수 있어야 한다. 다시 말해, 내담자의 자아를 그가 소유하고 있는 모든 것에 확장시킴으로써 정신건강을 위한 힘을 길러야만 한다(p. 136).

앞서 말한 것과 같이, 저는 바첼(1993, 2007)의 논문이 상담자와 내담자의 관계를 넘어 내담자의 외부 세계까지 포함시키는 철학을 반영한다고 생각합니다. 분명히 시간이 흐르면서 초보상담자는 상담관계의 내·외적인 것들을 연결시키는 방식을 깨닫게 됩니다. 저는 초보상담자 시절에 상담실에서 무슨 일이 벌어지고 있는지 파악하는 데 대부분의 에너지를 쏟았습니다. 제가 조금 더 상담을 안정적으로 할 수 있게 되면서 내담자의 세계에서 더 큰 그림을 볼 수 있었습니다. 만일 상담자가 상담초기에 내담자의 대인관계를 관찰할 수 있다고 믿는다면 실제로도 그렇게 할 수 있습니다. 내담자가 상담자를 상담에서 모든 것을 함께할 수 있는 사람으로 느끼면, 자신이 타인을 더 잘 이해할 수 있도록 도움받고자 하는지의 여부를 상담자에게 알려 줄 것입니다.

내담자의 삶에서 중요한 사람에 대해 이야기하려면 익명성이 요구됩니다. 정신건강 보조금이 줄어들면서 많은 상담자가 상담하고 있는 내담자의 지인들도 상담하기 시작했습니다. 제 생각에는 내담자와 그의 배우자, 지인, 고용인, 형제자매, 부모 혹은 다른 가까운 친인척을 동시에 상담하고 있는 상담자는 내담자의 관점에서 세상을 바라보는 힘을 잃어버립니다. 상담자에게 이미 알려져 있는 내담자의 가까운 사람에 관해 언급하는 것은 윤리적이고 임상적인 딜레마가 존재합니다

상담자들은 보통 상담시간에 다른 내담자에 대한 이야기를 하지 않습니다. 그러는 데는 그럴만한 이유가 있습니다. 상담 중이거나 상담했던 내담자와 가까웠던 친척을 상담하게 되는 경우 상담자는 이 사람과 관련하여 상담시간에 했던 내용은 윤리상 상담에서 언급하지 않습니다. 내담자가 상담시간에 이야기하는 사람을 잠깐 만나더라도 상담시간에 그 사람과 관련된 코멘트를 어떤 식이로든 하는 것이 불편합니다. 왜냐하면 잠깐 만난 순간부터 저는 그 사람을 내담자가 과거에 반복적으로 나타나는 익명의 사람으로 보기보다 제 개인의 주관적인 생각과 감정으로 판단하게 되기 때문입니다.

♟ 자신과 타인을 읽는 것을 배우기

잘살기 위해서는 언제 어떻게 행동할지 결정할 수 있는 능력과 더불어 사람과 상황을 정확하게 읽어 내는 능력이 요구됩니다. 특히 장기상담에서 상담목표는 증상의 완화뿐만 아니라 자기인식과 타인인식의 배양 그리고 어느 정도 사람의 행동에 따른 결과를 예측하는 능력을 향상시키는 것입니다. 내담자들은 이것들을 평가하는 능력에서 매우 다르지만, 저는 이런 능력이 완전히 결여되어 있는 사람을 결코 보지 못했습니다. 내담자들은 자신에 대해 더 잘 알게 될 뿐만 아니라, 관계하는 세상에서 자신의 위치를 더 잘 이해하게 될 때 상담을 끝내면서 희망을 느낍니다.

이런 이유로 저는 우리가 내담자를 어떻게 보는지 내담자가 받아들일 준비가 되었을 때 내담자에게 이런 피드백을 하는 것이 중요하다고 생각

합니다. 그들은 어떤 방법으로 내면의 삶에 대해서뿐만 아니라 타인이 자신을 어떻게 보는지 배울까요? 무엇을 달성 불가능한 것으로 받아들여야 하는가라는 질문과 이와는 달리 어떻게 자기 표현을 더하고 대인관계에서 힘과 영향력을 행사할 수 있는가라는 질문이 계속됩니다. 상담자들은 애도해야 하는 것은 무엇이며, 목표를 더 명확히 해야 하는 것은 무엇인지 내담자들이 식별할 수 있도록 돕는 독특한 위치에 있습니다. 바첼(1993)은 촉매제로 작용하는 상담관계의 유용성에 관해 "이 세상에 적응하기 위한 다양하고 지속적인 변화에 필요한 행동들을 취하도록 내담자를 움직이고 인도하는 것"이라고 말했습니다(p. 62).

내담자의 능동적 행동과 충동조절 그리고 다양한 사람들과의 만남에서 대처전략이 보다 발전할 수 있도록 돕는 것은 모두 상담관계 아래서 가능합니다. 직장을 지배하는 힘의 균형을 이해하면서 일하는 것은 중요한 사항일 수도 있습니다. 일상적으로 영화와 TV 프로그램들은 일터에서 나타나는 병리 행동들을 풍자합니다. 자영업자가 아닌 사람들에게 현실은 그들의 개인적인 삶에서도 그러하듯이 직장에서도 충분히 괜찮은 짝을 찾아야 한다는 것입니다. 심지어 그 짝이 좋은 사람일 때조차도 다양한 전이-역전이와 조직 내의 상호 경쟁관계는 두 사람에게 일상적인 도전이 될 수 있습니다. 세상 속에서 자신의 방식을 만들어 가는 내담자의 능력이 향상된다면 사회상황에 필요한 관계 속 역할을 대단히 중요한 주제로 이해하면서 상담 분야에서 다룰 수 있지 않을까요?

🐦 경쟁욕구 이해하기

저는 오랜 기간 상담을 하면서 너무나 많은 사람이 인간관계 속에 존재하는 '경쟁욕구'의 기본 개념을 이해하지 못하고 있다는 사실에 놀랐습니다. 아마도 경쟁욕구 시나리오는 본질적으로 좌절감을 느끼게 하므로 제대로 알려고 하지 않을지도 모릅니다. 내담자는 사랑하는 사람이 평소와는 달리 공감은 하지 않고 감정교감이 되지 않으며, 자신을 현실에 존재하지 않는 것 같은 자세를 취하여 배신당하고 버려지고 혹은 단순히 소원해졌다고 느낄 수 있습니다. 동의하지 않는 것에 동의하는 것은 일반적으로 정서적인 만남에서는 만족스럽지 않은 결과를 낳지만, 어떤 관계에서는 필연적입니다. 저는 내담자에게 가끔은 타인의 현실에 적시에 동참하지 못할 수도 있다는 것을 가르칩니다. 결혼이나 동반자 관계에서 상대방이 감정적으로 교감하기에는 지나치게 메말라 있다는 사실을 받아들이기 어려울 수도 있습니다. 하지만 경쟁욕구가 있다고 해서 사랑이나 존경이 없는 것은 아닙니다.

상담관계에서 경쟁욕구 시나리오는 비난할 필요가 없는 미해결 갈등을 남길 여지가 있습니다. 만약 제가 저와 내담자 사이에서 일어난 일에 대한 내담자의 관점을 받아들일 수 없고 내담자가 저의 관점을 받아들일 수 없으면, 저는 그 순간 불만스럽지만 서로의 의견을 받아들일 것을 제안합니다. 우리는 단지 문제를 다르게 보거나 서로 다른 정서적 현실감을 가지고 있는 것입니다.

앞서 언급한 낸시의 사례는 경쟁욕구라는 개념을 받아들이려고 애쓴 사람의 경우에 해당됩니다. 낸시는 직장에 얽매여 하루를 보내고 밤늦게 지쳐 집으로 돌아오면서 남편이 자신을 편안하게 해 줄 거라고 기대하는 습관이 있었다는 것을 기억해 보십시오. 낸시는 말 그대로 남편이 자신을 두 팔 벌리고 기다리면서 위로와 연민과 공감으로 맞이해 줄 것이라고 기대했습니다. 낸시는 근무시간 동안 느끼는 극심한 감정을 억누르기가 너무나 힘들었기 때문에 때때로 하루가 끝날 즈음 조절할 수 없을 정도의 좌절감이나 분노를 터뜨리면서 울며 집으로 돌아갈 자격이 있다고 느꼈습니다. 만일 남편이 낸시가 기대한 편안함을 제공해 주지 않으면 낸시는 히스테리 상태가 되어 슬픔을 가눌 수가 없었습니다.

낸시는 자신이 퇴근해서 집에 돌아올 때 얼마나 힘든 하루를 보냈는지 남편이 이해해 주고 자신의 욕구를 완전히 채워 줘야 할 필요를 느낀다고 남편에게 말했습니다. 이에 대한 보답으로 낸시는 남편보다 더 많은 돈을 벌 뿐만 아니라 돈 관리도 하고 장보기나 식사 준비도 한다고 했습니다. 낸시에게는 이것이 합리적인 거래였지만 남편에게는 물론 그렇지 않았습니다.

처음에 제가 낸시에게 남편이 어떻게 느낄지 생각해 보라고 물어보면, 낸시는 화를 내면서 믿을 수 없다는 표정으로 저를 보았습니다. 그럴 때 남편의 감정상태와 그가 무엇을 원했을지 물어보면, 낸시는 제가 남편 편만 든다고 비난했습니다. 낸시는 이러한 상황을 자신에 대한 잔인한 배신으로 여겼고 그런 감정으로 저를 대했습니다.

낸시가 50세에 다시 상담을 하게 되면서 비로소 다른 사람들의 감정을 고려하고 받아들이게 되었습니다. 이렇게 된 것에는 낸시가 좀 더 성숙해지고 하나밖에 없는 아이를 키워 가면서 정서적으로 부담되는 일이 줄어든 이유가 있었고 자신을 상담하는 저의 다른 접근법도 도움이 되었습니다. 낸시는 남편에 대해 제가 한 말 때문이 아니라 저에 대한 반응들 때문에 경쟁욕구의 개념을 받아들이기 시작했습니다.

낸시는 높은 지능을 소유한 경계성 성격장애 내담자로, 제가 감정을 드러내지 않고 오랜 시간 있을 때도 제 감정상태를 읽어 내는 묘한 재주를 갖고 있었습니다. 제가 만약 기분이 좋지 않고 고민이나 걱정에 사로잡혀 있으면, 낸시는 즉시 알아차리고 불안해하면서 화를 냈습니다. 낸시는 자신이 저에게 반응하고 있다는 것을 의식적으로 깨닫지 못했고, 우리는 이러한 사실을 알아차리는 데 시간이 걸렸습니다. 이 장에서 앞서 언급한 것처럼 제가 어떤 이유에서든 평소와 다르면, 낸시는 제대로 인식하지 못하면서 그런 제 모습을 거절의 의미로 받아들인다는 것을 마침내 알게 되었습니다. 대신에 우리는 평소보다 적게 도움을 주는 것 같은 저에 대해 어떻게 느끼는가를 주고받았습니다.

처음에 낸시는 저에게서 최상의 도움을 얻어 내지 못하는 듯 느껴 힘들어했고 자신이 속고 있다고 느꼈습니다. 예를 들면, 자신이 돈을 덜 냈기 때문인지? 낸시가 자신의 상담시간에 덜 전념하고 고통을 덜 느꼈기 때문인지? 제가 다른 사람보다 낸시를 소홀히 대했는지? 저는 그 당시 낸시에게 경쟁욕구를 가르치기 시작하면서, 저는 자신의 소망을 이해하고 자신을 위해 무엇을 다루어야 할지 아는 정도의 사람에 불과하다고 말했습니다. 때때로 낸시가 원하는 것과 상관없이 저 개인의 불안정한 상태 때문에 낸시의 감정을 받아 주지 못했습니다. 저는 미안했고 낸시가 실망한 것을 이해했지만 제가 조절할 수 없는 것이기도 했습니다. 마침내 우리 두 사람은 남편과 낸시의 요구에 항상 반응할 수 없는 주변 사람들을 비교하기 시작했습니다. 시간이 지나면서 각자의 욕구에 심취된 상태에 빠져 있으면서도 서로에 대해 관심을 가지는 두 사람에 대한 이야기는 낸시가 이해하고 받아들일 수 있는 것이 되었습니다. 낸시는 속상하거나 자신에게만 몰두되어 있을 때 타인에게 도움이 되지 않는다는 사실을 직관적으로 알았고, 주변 사람들을 자신을 위협하고 거부하는 존재가 아니라 단순히 자신의 욕구에 반하는 욕구를 가진 사람들로 인식하기 시작했습니다.

🐦 사랑하고 사랑받기

적잖은 내담자들에게 암묵적이거나 명백한 상담목표는 사랑스러운 사람이 되는 것입니다. 사람들과 어울리지 않고 틀어박혀 있거나 관계 맺는 것을 피하고, 공격적인 행동으로 다른 사람들이 자신에게서 떠나고 싶게 만드는 사람은 자신의 삶에서 친밀함이 부족하다는 사실을 통절히 인식하고 있습니다. 그들은 종종 솔직하게 "아무도 저를 사랑하지 않고 모른 척해요."와 같은 말을 합니다. 혹은 "제가 누군가를 정말 사랑한다는 것을 확신하지 못합니다. 저는 정말 그러고 싶지만 제가 그렇게 할 수 있다는 확신이 없습니다."라고 합니다. 몇몇 내담자들은 단지 조금 덜 방어적이 되고 감정적으로 조금 더 많이 교감할 수만 있으면 됩니다. 다른 내담자들은 공감할 수 있는 능력을 발전시켜야 할 뿐 아니라 자신과 타인을 정확히 관찰하는 능력을 발달시켜야 합니다. 내담자 대부분이 정서적으로 좀 더 솔직해질 필요가 있는데, 그렇게 되면 자신이 받는 사랑과 존경이 진정한 자기인식에서 비롯된다는 확신을 가지게 됩니다. 이렇게 되기에는 굉장히 간단한 것에서부터 사실상 불가능한 것에 이르기까지 어려움이 있습니다. 그럼에도 불구하고 사람들은 본질적으로 사랑하고 사랑받기를 원합니다. 그리고 그들은 이런 문제와 관련된 주제를 상담에 가지고 옵니다.

　제가 처음 낸시와 상담을 시작했을 때 때때로 낸시가 좋았고 그래서 굉장히 공감이 되었습니다. 하지만 또한 너무나 불만스럽고 화가 나기도 했습니다. 낸시는 앞서 말한 저의 감정 역전이 경험의 첫 대상이었습니다. 낸시가 저를 싫어한다는 사실을 알고 있었고 저 또한 가끔 낸시가 싫다는 것을 말하는 것이 어려웠지만, 오히려 그렇게 말하는 것은 상담에 굉장히 도움이 되었습니다. 우리가 이런 상황을 연출하게 되었을 때, 낸시는 자신이 저를 좋아하며 언젠가는 거짓이 아닌 진심으로 저도 자신을 좋아하기 바란다고 말했습니다. 낸시는 남편과 딸이 자신을 사랑하지만 대부분의 사람들은 자신을 별로 좋아하지 않는다는 것을 안다고 말했습니다. 그리고 낸시는 자신이 사랑받을 수 없다고 느꼈습니다. 그럼에도 불구하고 사랑받기 원했으며 무엇보다도 간절히 저의 사랑을 받기 원했습니다.

　　회상해 보면 그 당시 저도 정말 그렇게 될 수 있을까 하는 의문을 가졌습니다. 저는 오랜 기간 내담자들에게 사랑을 느껴 왔지만 낸시에게는 제 마음을 확신하지 못했습니다. 낸시는 너무나 공격적이고 요구가 많았습니다. 저는 낸시와 친밀해지지 못했고 낸시에게 충분한 사랑을 느끼기에는 저 자신이 나약했습니다. 낸시와 첫 번째 상담을 마쳤을 때 이런 문제가 부각되지 않았으므로 안심했습니다. 낸시가 첫 번째 상담을 마쳤을 때 저는 낸시를 사랑하지 않았고 낸시도 그 사실을 알고 있다고 생각했습니다. 그래서 낸시는 이와 관련된 주제를 회피했습니다. 낸시가 20년 후 상담을 받게 되었을 때 사랑이라는 주제는 다시 수면 위로 떠올랐습니다. 앞서 저는 낸시와 어려웠던 상호교류, 남편에 대한 낸시의 공감 결여 그리고 남편과의 갈등에 자신의 역할을 인정하지 않으려는 문제를 언급하였습니다. 저는 계속해서 정서 피드백을 했습니다. 우리의 상호교류는 이전 상담에서 주고받았던 것보다 훨씬 자연스럽게 흘러갔습니다. 저는 낸시를 점점 더 좋아하게 되었고 낸시에게 감탄하게 되었습니다. 그러나 낸시가 사랑이라는 이야기를 꺼냈을 때 저는 아직 그 정도는 아니라는 것을 알았습니다. 제가 이 글을 쓰고 있는 지금 낸시는 일주일에 상담을 한 번으로 줄였고 종결 날짜를 정해서 잘해 나가고 있습니다.

　　낸시는 가족이라는 안전한 울타리 안에 있으면서 최근에는 여성들로 구성된 독서 동아리를 시작했고, 남편 생일을 위해 큰 파티를 열었으며, 직장에서는 승진도 했습니다. 저에게 낸시는 50대에도 자기탐색 능력을 발전시켰다는 점에서 뇌의 유연성과 인간 동기의 힘이라는 두 가지 사실을 보여 주는 놀라운 사례였습니다. 낸시는 죄책감과 수치심을 상담해 가면서 끊임없이 비합리적인 요구를 하고 삶의 책임감을 거부하는 자신을 참아 내면서 오랜 세월 곁에 있어 준 남편을 자신이 얼마나 믿지 못했는지 이제는 웃으면서 말합니다. 부부관계는 돈독해졌고 함께 은퇴할 시간을 기다리고 있습니다. 지난 한 해 동안 가장 놀라웠던 것은 제가 낸시

를 사랑하게 되었다는 것이었습니다. 그리고 낸시의 얼굴에서 제 마음을
알고 있음을 볼 수 있습니다. 어떻게 제가 이런 결과가 되게 했을까요?
낸시는 때때로 당황스럽거나 불안해 보이지 않고 너무나 사랑스럽게 보
입니다. 낸시는 제 얼굴에 나타나는 감정표현을 피하지 않습니다. 예전
에는 은밀한 사랑의 느낌을 저에게 던지고는 눈길을 돌려 버렸습니다.
그러나 지금은 일정 수준으로 대화가 되는 것과 더불어 편안함을 보여
줍니다.

러셀(1998)은 "사랑은 마지막 능력"(p. 36)이고, "사람은 사랑할 수 있
는 한 유능하다."(p. 37)라고 말했습니다. 제 내담자들 중 어떤 사람은 결
코 사랑을 이뤄 낼 수 없을지도 모르고, 어떤 내담자들은 상담을 위해 방
문했을 때 이미 사랑을 이뤄 내고 있다는 사실에도 불구하고, 사랑을 실
제로 최후의 능력이라고 말한 러셀의 결론에 어떠한 반박도 할 수 없습
니다.

🐦 관계 향상시키기: 주제 다양화

관계에서 불만과 좌절을 느끼는 것은 상담에 가지고 오는 일반적인 문
제입니다. 장기상담에서는 이미 굳어진 정서와 관계패턴을 변화시키기
위해 노력합니다. 저는 내담자들에게 변화하기 위해서는 시간과 연습이
필요하다고 알려 줍니다. 성공뿐만 아니라 실패 경험의 시행착오를 통해
서만이 만족스러운 관계를 만드는 능력을 키울 수 있습니다.

상담관계 내에서 내담자가 자신과 상담자를 정확하게 보도록 돕는 것
은 내담자의 중요한 감각을 강화시킵니다. 하지만 상담관계 이외의 대인
관계에서는 어떨까요? 인간관계에서 실패한 경험이 있는 내담자에게 실
제로 얼마나 많은 변화가 가능할까요? 나쁜 관계를 만드는 것조차 성공

하지 못한 내담자를 어떻게 도울 수 있을까요? 이 책의 앞부분에서 오래전부터 치료예후의 지표로 알려진 지속적 애착을 형성하는 능력에 관해 언급했습니다. 이전에 장기간 인간관계를 형성하지 못한 내담자들은 상담에서도 그러기가 쉽습니다. 이런 내담자들에게는 증상의 완화와 사회기술의 향상 그리고 사회 인간관계를 맺는 능력이 보다 현실적인 목표가 될 수 있습니다.

하지만 대부분의 내담자들은 인간관계를 해낼 능력이 있으며 관계를 발전시키려고 노력합니다. 저는 다음과 같은 아주 흥미로운 질문을 찾아냈습니다. 좋지 않은 인간관계의 전력을 가진 사람이 어떻게 자기 자신의 역사를 바꾸어 갈 수 있을까요? 자기파괴적인 인간관계를 해 온 사람이 어떻게 인간관계를 키워 나가고 강화시켜 나갈까요? 미쉘(1988)은 사람들이 사랑과 애착을 친숙한 것으로 정의내리고 있고, 그것은 생애 초기에 확립된 인간관계를 반복한다고 말합니다. 초보상담자 시절에 제가 가장 크게 실망할 수밖에 없었던 사실은 내담자가 가학–피학적인 변태 성욕 관계를 양육적이고 사람을 사랑할 수 있는 관계로 바꾸도록 도울 수 없다는 것이었습니다. 그들은 자신도 따뜻하고 사랑스러운 관계를 원한다고 말하지만, 계속해서 자신을 향해 모욕적인 태도를 취하는 사람들을 선택해서 만났습니다. 내담자의 관점을 변화시키는 일에 매우 낙담하게 되면서 이들의 새로운 관계가 이전에 맺었던 관계보다 나을 것이 거의 없음을 알아차리기 시작했습니다. 상담은 이러한 '경험효과'를 증폭시키는 것으로 보였습니다. 저는 초기관계에서 방치되고 무시당하고 학대받았던 경험이 있는 내담자들조차도 희망이 있다는 사실을 조금씩 깨닫기 시작했습니다.

한 예로, 크리스틴은 비판적이고 자기 마음대로인 어머니와 보살핌이 없는 공생관계에서 자랐습니다. 어머니는 크리스틴을 자신의 연장선인 자기애적 대상으로 여겼으며 사교적이고 지배적이었습니다. 하지만 크리스틴은 조용하고 소극적이었습니다. 크리스틴이 결혼한 남자는 크리스틴을 완전히 지배했고, 집안의 하녀처럼 크리스틴이 자신을 섬기기를 기대했습니다. 남편의 요구에 크리스틴이 "싫다."고 말하거나 남편이 하는 행동에 조금이라도 화를 내면, 크리스틴이 자신을 사랑하지도 않고 존경하지도 않는다고 격분하면서 비난했습니다. 이러한 역동은 크리스틴의 어린 시절을 고통스럽게 상기시켰는데, 크리스틴의 어머니는 크리스틴이 돈을 벌면서 동시에 집안일도 하고 음식을 만들어 줄 것을 기대했습니다.

크리스틴은 어머니와 자신의 관계 그리고 남편과 자신의 관계가 유사하다는 것을 알기 시작하면서 충격에 빠져 경악했습니다. 또한 저는 오랜 세월 크리스틴 스스로 남편이 요구를 강화할 수 있도록 행동해 왔고, 더 나아가 자신이 순교자 역할을 해 줄 것을 남편이 기대하도록 훈련시켰다는 사실을 지적했습니다. 이러한 이상한 유사성을 이야기할 때, 크리스틴은 앞으로 어머니나 남편 같은 사람을 고르지 않을 희망이 있냐고 제게 물었습니다(크리스틴은 남편과 이혼을 계획하였고 결국 이혼했습니다).

저는 그럴 수도 있고 아닐 수도 있다고 대답했습니다. 새롭게 시작하기 위한 최상의 방법은 크리스틴이 좀 더 적극적으로 변할 수 있도록 돕는 것이었습니다. 이것은 크리스틴의 낮은 자존감 때문에 시간이 좀 걸렸습니다. 점차 크리스틴은 자기도 역시 권리가 있다는 사실을 믿게 되었습니다. 크리스틴이 좀 더 적극적으로 변하면서 남편과 어머니는 크리스틴에게 화를 내기 시작했습니다. 당연히 크리스틴은 이들 때문에 상처받았고 그들이 떠날지도 모른다는 사실을 걱정했습니다. 하지만 저는 어머니가 크리스틴에 대한 애착이 너무 강해서 떠나지 않을 것이라고 확신시켰습니다. 그래서 크리스틴은 인내하며 계속 진행했습니다. 크리스틴에게서 마음이 멀어진 어머니와 한 주간 동안 말을 하지 않고 지내는 것은 크리스틴에게는 하나의 도전이었습니다. 하지만 크리스틴은 항상 정신을 똑바로 차렸습니다. 보통 크리스틴은 다른 사람에게 먼저 다가갔고 모든 것은 다시 괜찮아졌습니다. 이 장의 앞부분에서 언급한 것처럼 어머니가 크리스틴의 감정을 알아채지는 못했지만 크리스틴이 더 이상 받아들이지 않는 행동은 고쳐 가기 시작했습니다. 하지만 남편은 자기주장을 하는 크리스틴의 태도에 적응하지 못하고, 계속해서 크리스틴에게 소리치고 고함치는 것을 멈추지 않았습니다. 앞서 말한 것처럼 그들이 아이를 갖게 되었을 때 남편은 더 어린애처럼 퇴행하고 무조건 요구하기만 했으므로 마침내 크리스틴은 이혼했습니다.

크리스틴은 어린 자녀와 함께 있으면서 훨씬 더 행복감을 느꼈고 현실감각을 갖게 되었습니다. 크리스틴은 부모에게 더 이상 집안일을 한 주에 60시간 이상 하고 싶지 않다고 말하는 등 훨씬 더 자기주장을 잘하게 되었습니다. 크리스틴은 현재 아들이 있고 자기의 권리를 찾아가고 있습니다. 크리스틴은 주당 35~40시간 정도로 집안일을 하는 것이 타당하다고 생각했고 부모도 동의했습니다. 크리스틴은 더 이상 소극적이고 억압적이며 순교자적인 행동을 하지 않으면서 서서히 삶의 방식을 바꾸어 갔습니다. 크리스틴는 한때 어머니나 남편과 맺었던 인간관계를 더 이상 맺지 않는 사람이 되었습니다.

이에 덧붙여, 저는 크리스틴이 저에게 더 마음을 열 것을 권했습니다. 크리스틴은 제가 중요한 사실을 이해하지 못하거나 자신에게 둔감하다고 느끼면 화를 낼 뿐만 아니라 제 앞에서 사랑의 감정을 꽤 능숙하게 표현하였습니다. 크리스틴은 자존감을 키워 가면서 어린 시절 만들어 온 희생자라는 그림자를 벗겨 냈습니다. 크리스틴은 일주일에 네 번 상담을 받다가 일주일에 두 번 그리고 마침내 일주일에 한 번 오게 되었습니다. 크리스틴은 인생 전체를 공생관계로 살아왔기 때문에 자신이 새로운 친밀한 관계를 만들어 낼 때 저와의 관계도 끝이 날 것이라는 것을 알고 있었습니다.

사실 제 내담자들 대부분은 상담이 끝나기 전에 새로운 일을 찾아가거나 새로운 관계를 맺기 시작합니다. 저는 이것을 자연스러운 '이동'이고 정력의 투자이며 일종의 리비도라고 봅니다. 초보상담자는 처음 이런 변화를 다루면서 내담자에게 자신이 더 이상 중요하게 여겨지지 않는다고 실망할지도 모릅니다. 하지만 그것은 오히려 상담이 성공했다고 말할 수 있는 것입니다. 그리고 그런 맥락에서 볼 때 상담자가 감각을 잃었음에도 불구하고 환영할 만한 일이 됩니다.

크리스틴과 저는 크리스틴이 몰두하고 있는 온라인 데이트의 전망에 대해 솔직하게 이야기했습니다. 예상대로 크리스틴에게 매력을 뿜내는 대부분의 남자들은 건장한 외모를 가지고 있는 사교적이고 지적인 사람이었습니다. 크리스틴은 자신이 새로운 관계를 맺어 갈 수 있는지 알아보기 위해 조용하고 점잖은 사람들과 데이트를 하려고 노력했습니다. 하지만 이들이 아무리 괜찮은 외모를 지니고 있어도 크리스틴은 성적인 흥미를 느낄 수 없었습니다. 2년이 지난 후 크리스틴은 자신처럼 교육을 잘 받은 교양 있는 사람을 찾았습니다(크리스틴의 부모는 교육을 받지 못했고 지적 수준이 높지 않지만, 그들은 그녀를 외국 유학까지 보냈고 좋은 학교에 진학시켰습니다). 그리고 두 사람은 크리스틴이 가족과 함께하지 못했던 관심거리를 공유했습니다.

하지만 새로 사귄 사람은 강한 의지의 소유자였고 지배적이었습니다. 흥미롭게도 그 역시 몇 년간 상담을 받았고 모멸감에 대해 지나치게 민감하게 반응하는 성향을 가졌으며 매우 이기적이었습니다. 그래서 이 남자는 크리스틴을 지배하려 했지만, 크리스틴의 불행한 감정표현에 마음을 열고 받아들였습니다. 그들은 사랑에 빠졌고 결혼하여 아이를 더 두었습니다. 그리고 크리스틴은 저와 상담을 종결했습니다. 저는 크리스틴의 새로운 만남이 그동안 자신에게 영향을 끼쳤던 관계방식의 변화를 찾은 완벽한 예라고 생각합니다. 두 번째 남편이 어머니나 전남편과 많은

부정적인 유사성을 가지고 있음에도 불구하고, 이 남편은 보다 자유로웠
으며 많은 교육을 받아 크리스틴과 훨씬 잘 맞았습니다.

크리스틴의 전남편과는 달리 현재 남편은 자신의 결점을 알고 있었고
크리스틴의 감정을 알기 위해 마음을 열었습니다. 그는 자신이 틀렸거나
잘못된 행동을 했을 때 사과했고 크리스틴에게 좋은 피드백도 해 주었습
니다. 그들은 힘들었던 어린 시절과 관련된 문제를 극복하는 방법과 그
들이 알고 있던 것과 극적인 차이가 나지 않는 인간관계 안에서 만족감
을 찾는 방법을 알아냈습니다.

상담과정에 관해 내담자들을 교육할 때 그들이 만들어 갈 변화는 그들
을 다른 사람이 되게 만드는 것이 아니므로 기대만큼 아주 크지 않을 것
이라고 솔직하게 이야기합니다(이러한 사실은 자주 실망보다 안도감으로 받
아들입니다. 어느 누구도 실제로 다른 사람이 되는 것을 바라지 않습니다). 하
지만 작은 변화로도 훨씬 의미 있는 삶을 만들어 갈 수 있습니다.

크리스틴의 두 번째 남편과 어머니는 매우 비슷했습니다. 그러나 두
사람의 차이점은 남편은 상담을 받으면서 타인을 거부하거나 비난하기
보다는 자신의 약점을 알아 가는 것을 견뎌 냈다는 것입니다. 이것은 크
리스틴이 어머니에게서 원했지만 얻지 못했던 것입니다. 크리스틴은 남
편과 그들의 관계에 대해 이야기할 수 있었고, 남편이 관심을 보이면서
크리스틴의 기분을 존중했습니다. 가끔 남편이 어머니처럼 크리스틴에
게 둔감하고 이기적으로 행동했을 때, 다음 날 거의 항상 자신의 행동을
후회하면서 더욱 노력하겠다고 말하며 사과했습니다. 그것이 크리스틴
이 친밀한 동반자에게 원했던 모든 것이었습니다.

🐦 종결에 대해 이야기하기

내담자가 저에게 종결시기가 언제인지 어떻게 알 수 있냐고 물으면 저는 몇 가지 간단한 것들을 말해 줍니다. 첫째, 상담시간 동안 이야기를 나눌 중요한 주제를 찾는 데 어려움을 느낄 수 있습니다. 둘째, 제게 지불하는 돈으로 다른 무엇을 할 수 있을까 생각하기 시작할 겁니다. 셋째, 우리 둘 사이에 존재하는 힘이 크게 차이 나지 않음을 알아차릴 것입니다. 그들은 더 이상 저보다 못한 사람이라고 느끼지 않을 것이고, 제 삶이 그들의 삶보다 낫다고 생각하지 않을 것입니다. 만일 과정이 순조롭게 잘 진행된다면 상담은 극적이지 않고 슬며시 끝납니다. 종결이 평화롭게 느껴져 실망스러울지도 모릅니다. 상담관계에서 존재하는 극적인 상황과 팽팽한 긴장감은 더 이상 존재하지 않을 수도 있습니다. 내담자와 상담자 모두 안도감, 만족감, 상실감, 지루함이나 따분함이 조합된 감정을 느낄 것입니다.

많은 내담자가 삶의 특정 시기가 아닌 여러 시기에 걸쳐서 상담을 받으러 온다는 사실을 비추어 보면 '종결'이라는 단어를 실제 사용하는 것은 점차 줄어들 것으로 보입니다. 내담자가 상담을 종결한다는 것이 상담을 영원히 그만두는 것을 의미하는지 물으면 저는 그렇지 않다고 확신시켜 줍니다. 세상 모든 일이 그렇듯이 추가 상담을 다시 받으러 온다면 그 시기를 결정하는 것은 그들에게 달려 있습니다. 종종 내담자들은 다른 사람들도 그렇게 했냐고 물어봅니다. 저는 많은 사람이 그렇게 했고, 한편 또 어떤 사람들은 그러지 않았다고 말합니다. 그 모든 것은 어떤 미래가 펼쳐질지에 달려 있습니다. 인생의 위기, 예상하지 못한 상실 혹은 어떤 문제에 대한 새로운 인식은 내담자들이 추가적인 상담시간을 위해 돌아오는 이유가 될 것입니다.

또한 저는 다시 상담하는 경우에는 한 시간 상담이 될 수도 있고, 장기 상담이 될 수도 있고 또는 그 중간이 될 수도 있다고 알려 줍니다. 대다수의 내담자들이 미래의 어느 시점에 다시 방문해도 괜찮다는 안도감을 얻고자 하는 것으로 보이지만 제 내담자 대부분은 그렇지 않습니다. 내담자들이 종결할 준비를 할 때 구하는 것은 다시 상담하는 시기를 정하는 것은 그들의 선택이라는 확신입니다. 내담자들은 떠나는 것을 약간 걱정하면서 상담의 문이 그들을 향해 완전히 닫혀 있지 않다는 것을 알기 원합니다. 중요한 점은 내담자가 의지하고 있는 방식과는 상관없이 영원히 떠나는 것과 미래의 어떤 시점에서 다시 돌아오는 문제와 관련해 어떠한 판단이나 예측도 할 수 없다는 것입니다.

『In The Power of Countertransference』(Maroda, 1991)에서 저는 경쟁, 부러움 그리고 상실의 감정과 포기를 포함해, 종결에 영향을 주는 상담자의 역전이 문제에 대해 대략 서술했습니다. 또한 모든 상담관계에는 제약이 있어야 하고, 상담이 종결될 때 두 사람 모두에게 불가피한 실망이 존재한다는 생각을 강조했습니다. 상담을 종결할 때 심리적 분리가 진행되면서 그 관계가 필연적으로 시들어 버린다는 사실을 이해하는 것이 필요합니다. 상담자와 내담자는 이런 분리 때문에 그들이 이전에 가졌던 친밀함이 환상이 되어 버리지 않을까 하는 두려움을 가질 수도 있습니다. 저는 그동안의 상담관계에 존재한 진실성을 의심하기보다는 가장 쉬운 방법으로 확실한 거리를 두고 분리라는 관계의 반전을 갖는 것이 훨씬 도움이 된다고 생각합니다. 상담자에 대한 의존에서 자율적으로 세상을 살아가는 상태로 전환될 때 상담자-내담자의 관계 강도가 줄어드는 것은 당연한 이치입니다.

종결에 관해 연구한 많은 초기 문헌은 내담자가 상담을 종결하는 시기와 방법에서 상담자가 상당한 통제력을 가져야 한다고 시사했습니다. 저는 내담자들이 최상과 최악의 이유로 상담을 끝낸다는 것을 깨달았습니다. 한 예로, 사회복지사이자 두 아이의 어머니이고 40대 중반에 이혼한 캐롤은 저와 상담을 시작했는데, 상담을 시작한 이유는 자신의 내담자와 사랑에 빠져 부적절한 행동을 했기 때문입니다. 캐롤은 자신의 정직함과 진실성에 자부심이 있었으므로 자신의 행동에 부끄러움을 느꼈습니다. 감사하게도 상사가 캐롤을 저에게 의뢰했고 캐롤은 자기 생활과 역전이에 대해 말할 기회가 생겨서 마음을 놓게 되었습니다.

캐롤은 첫 상담시간에 자신의 문제를 해결하기 위해 '필요한 것은 무엇이든' 할 준비가 되었다고 말했고, 앞으로는 이와 비슷한 실수를 절대 하지 않을 거라고 다짐했습니다. 캐롤의 임상 감독자는 문제의 그 내담자에게 다른 상담자를 소개해 주도록 조치를 취했습니다. 캐롤의 과제는 두 가지였습니다. 캐롤이 사랑에 빠졌던 남자 내담자와 관계를 상실하는 데서 오는 비통함과 캐롤이 내담자에게 지나치게 빠져든 상황을 만든 자신의 정서 박탈감에 초점을 맞추는 것이었습니다.

캐롤은 내담자와 더 이상 관계를 가질 수 없다는 사실을 슬퍼하면서 몇 달간 대부분의 시간을 심하게 울었습니다. 다섯 달 후 극심했던 상실 경험이 희미해지기 시작할 때, 캐롤의 어린 시절과 관련된 주제가 수면 위로 떠올랐습니다. 캐롤이 이야기하면 할수록 탁월한 지능과 자신을 방어하겠다는 냉철한 의지로 어릴 적 외상경험을 극복해 왔다는 사실이 점점 더 분명해졌습니다. 캐롤은 결코 지지 않겠다고 결심하면서 가족의 뒤엉킨 삶에서 벗어나고자 노력했고, 훌륭한 문제해결 능력과 강압에도 불구하고 냉정함과 차분함을 유지하는 능력에 대해 스스로 자부심을 느꼈습니다. 캐롤은 자신의 자립심과 어떠한 역경도 이겨내는 능력을 자랑스러워 했습니다.

불현듯 캐롤은 잃어버린 어린 시절 때문에 울고 있는 자신을 발견했습니다. 캐롤는 상담시간 동안 자신이 슬픔에 젖어 맥을 못 추고 그런 후에는 하루 종일 무력하고 불안하다고 말했습니다. 캐롤은 그런 경험을 특히 싫어했습니다. 저는 캐롤에게 이것이 자신의 방어가 줄어들고 묻혀 있던 감정이 되살아나기 때문임을 아는지 물어보았습니다. 캐롤은 자신이 퇴행하고 있고 스스로가 느끼는 슬픔과 불안함은 사실은 항상 존재해 왔음을 알았다고 말했습니다. 캐롤은 이것이 바로 자신이 상담 동안 하고 싶다고 말했던 것임을 알게 되었습니다. 그러나 실제로 이것을 경험하게 되면서 자기 마음을 확신할 수 없었습니다. 우리는 이전에 해 왔던 것처럼 앞선 두 번의 상담시간 과정에 관해 이야기했는데, 캐롤은 점점 더 저와 그 과정에 대해 비판적이 되었습니다. 캐롤은 자신의 새로운 방어가 깊은 고통에서 비롯된다는 것을 부분적으로 인식함에도 불구하고 그것을 극복하지 못했습니다.

캐롤은 방어를 내려놓는 것이 실제로 상담에 도움이 되는지 의심하면서, 마침내 자기는 약하고 무력하다고 느끼는 것이 못 견디게 싫다고 말했습니다. 캐롤은 어떤 문제도 정복해 낼 수 있는 강인함과 지식을 좋아했습니다. 제가 어떤 공감이나 격려를 하여도 마음이 바뀌지 않았고 상담을 종결하였습니다.

캐롤은 상담과정을 지적으로 이해하는 사람의 좋은 예이지만, 그런 생각에 빠져들었다 하면 그 과정이 자신이 원하는 것이 아니라는 결론을 내리고 그 즉시 그 생각에 빠져 있었습니다.

캐롤은 상담초기에 상당한 증상완화가 되고 감정조절이 더 원활해지는 것에 만족해했습니다. 상담이 다른 국면으로 접어들면서 캐롤은 상담이 자신에게 도움이 되기보다 자신을 파괴시킬 가능성을 가진 과정으로 여겼습니다. 캐롤은 여전히 완벽하게 기능하고 있고, 제3장에서 언급했던 상담효과가 없는 퇴행 증상도 보이지 않았습니다. 캐롤의 퇴행은 상담 때문이었습니다. 저는 이면의 나약함을 봤기 때문에 캐롤과 깊은 관계를 맺는 것을 자제했습니다. 상담효과가 없는 퇴행은 캐롤의 경우 확실히 가능한 일이었고, 캐롤은 직관적으로 자신이 퇴행할 가능성이 있음을 이해하면서 두려워했습니다.

　캐롤이 상담을 끝내기로 결정했을 때 캐롤의 두려움은 극에 달했습니다. 캐롤이 앞으로 내담자와 역전이 어려움을 겪을 것을 미연에 방지할 필요가 있다고 믿었기에 캐롤을 계속 상담하고자 한 제 욕구는 중요하지 않았습니다. 캐롤은 저를 존경하고 저와 좋은 경험을 했지만 저에게는 캐롤이 상담을 계속하도록 설득할 힘이 없었습니다. 캐롤은 자신을 보호하기 위해 필요하다고 느낀 것을 했습니다. 어쩌면 캐롤이 옳을지도 모르겠습니다. 아니면 단순히 비대칭적 관계에서 자제력을 잃는 기분을 느끼고 싶지 않았는지도 모릅니다. 어떤 상황이든, 남거나 떠나는 결정은 캐롤의 몫이었습니다. 단기상담에서 권한의 이양은 비록 상담자가 동의하지 않더라도 상담을 끝내겠다는 내담자의 의견을 존중하고 받아들여야 함을 의미합니다.

🐦 요약

　상담기간에 관계없이 상담목표는 이상적으로는 증상완화뿐만 아니라 힘을 강화시킬 수 있는 상담과정에 전념하는 것입니다. 특히 장기상담에서 내담자는 자신과 자신의 인간관계에 관한 피드백에서 도움을 받습니다. 더 큰 사회와 많은 인간관계로 나아감으로써 보다 강해진 자존감은 세상에서 성공적으로 길을 찾아갈 수 있는 내담자의 능력을 향상시킵니다. 타인에게 영향을 미치는 자신의 행동과 자신에게 영향을 미치는 타인의 행동을 인식하고, 인간관계 속에서 사람들이 어떻게 서로의 정적이고 부적인 과거의 관계방식을 재현하고 있는지에 대한 인식을 강화시킴으로써 내담자로 하여금 삶의 여러 상황을 정확하게 평가할 수 있다는 자신감을 키웁니다.

아주 가까운 연인관계도 필연적으로 서로에게 약간씩 실망하면서 상대방에게서 정서적으로 멀어지는 저항욕구가 생기는 기간이 있습니다. 무엇이 사실이고 아닌지를 이해하는 것은 실망할 일이 생길 때 불필요한 자기비난이나 타인비난을 막을 수 있도록 돕습니다. 성숙한 사랑을 주고받는 능력은 주어진 것이 아니라 발전시켜 얻어 내야 하는 것입니다. 또한 그것은 정서 안정과 자존감에 필수적입니다. 초기경험은 성인이 되었을 때 갖게 될 인간관계를 예측하게 하는 최고 요인이지만, 방치나 트라우마 경험이 있는 내담자조차도 사랑과 존경을 받기 위한 관계 변화를 하도록 노력할 수 있습니다.

상담과정은 내담자와 상담자의 능력과 그들이 설정한 목표에 따라 다릅니다. 통상적으로 단기상담은 내담자의 증상완화와 안정에 초점을 맞춥니다. 내담자는 다시 편안함을 느끼는 것에 안도하면서 큰 어려움 없이 떠납니다. 추후상담이 내담자에게 도움이 된다 하더라도, 추후상담이 이루어지고 효과적이 되기 위해서는 그 결정을 내담자들이 내려야만 합니다.

장기상담의 마지막 단계는 상담을 통한 성취를 강화하고 통합시키는 데 초점을 맞추는 것입니다. 종종 최종 작업에는 오래된 주제들이 거론됩니다. 내담자는 자신의 힘을 키우는 데 필수적으로 중요한 것들에 쏟은 노력과 그 과정을 상담자가 인정해 주기를 기대합니다. 내담자는 현재 자신의 생활에서 주된 관심인 관계 맺음과 활동들을 상담장면 외에서 찾아내는 것과 함께 스스로를 보호할 수 있다는 것을 보여 줌으로써 상담종결을 선언합니다. 마지막 만남을 이야기하면서 두 사람은 종결에 대해 시원섭섭함을 느끼지만, 마음은 계속될 성장과 변화의 희망으로 가득합니다.

결 론

책은 끝나 가고 있지만, 책의 말미에 언급해야 할 것이 무엇인지 저는 분명히 알고 있습니다. 정신역동 접근에 대한 임상지침을 제공하는 것은 한 사람의 임무가 아니라 실무에 종사하고 글을 쓰는 모든 사람의 임무입니다. 비록 쉽지 않겠지만, 우리의 전문지식을 다음 세대에 전수할 의무가 있다고 믿습니다. 문제를 가지고 오는 내담자를 어떻게 도와야 하는지 아는 상담자를 양성하는 임무는 우리의 어깨를 무겁게 짓누릅니다. 우리는 상담이 성공하기 위해 필요하다고 생각되는 정서의 몰입을 가로막는 엄격한 규칙으로 그들을 방해하길 원치 않습니다. 하지만 필연적으로 경험하게 될 강렬한 정서 만남에 초보상담자를 준비되지 않은 상태로 보내는 것 또한 우리는 원하지 않습니다.

자신의 직관을 창의적으로 활용하도록 자극하고자 하는 학생들은 가장 기본적인 지침조차도 그 창의성을 억누를 수 있다고 생각할 수 있습니다. 하지만 저는 이것이 사실인지 지금까지 확인하지 못했습니다. 오히려 몇몇 임상지침을 제공하는 것은 이론에 뿌리내리게 하고, 초보상담자로 하여금 자신이 내담자에게 적극적으로 관여해야 한다는 확신을 주며 기초를 가르쳐 주는 역할을 합니다. 그러나 합리적인 상담 기준을 제공하는 데 필수적인 보편적 임상지침서의 한계는 교훈적 학습과 개별지도가 줄 수 있는 가치를 따라잡을 수는 없습니다.

이 책이 정서와 애착 그리고 자기개방과 같은 특별한 상담 개입에 관한 내용을 담은 부상하는 문헌 중 일부가 되어, 이에 힘입어 많은 도움을 받는 사람과 그렇지 못한 사람을 주목해 살펴보기를 기대합니다. 뛰어난 직관은 누가 뛰어난 상담자가 될지 알려 주는 지표가 될 수 있겠지만, 지금까지의 많은 연구가 말해 주는 것과 같이 이론적인 지향과는 상관없이 훈련의 정도에 따른 임상경험이 최고의 지표라고 말해 줍니다. 이는 우리에게 무엇을 말해 주는 걸까요? 여러분이 사람들과 일하면서 공부하는 데 시간을 보내는 한 어떤 접근법을 사용하든 문제가 되지 않음을 의미하는 걸까요? 우리 대부분은 이 말을 믿기 어렵지만 아직까지 "우리가 이것을 어떻게 설명해야 하는가?"라는 질문에 답을 얻지 못했습니다. 정신역동 상담자들이 학위 취득 후 정신분석 교육을 받을 때조차도 다른 상담자보다 상담을 더 잘하는 것으로 보이지 않습니다.

이러한 사실에 기초하여, 우리는 상담관계는 결과의 핵심일 뿐만 아니라 정식 교육에 영향을 받지 않는 정말 중요한 단 하나의 요소라는 결론을 내릴 수 있습니다. 제가 비록 튼튼한 상담 동맹의 가치를 굳게 믿고 있더라도, 아직까지 그러한 결론에 도달할 준비가 되어 있지 않습니다. 그보다는 어떠한 학설도 새로이 시작하는 상담자에게 표면적인 작업과 내면 깊숙한 작업 모두에 관한 임상지침을 충분히 제공해 오지 못했다고 생각합니다. 그 결과는 제가 앞서 이 책에서 언급했던 것인데, 상담에서 만나는 내담자들이 상담자들을 훈련시키는 것입니다. 만일 우리가 장기와 단기의 상담 개입 결과를 연구할 수 있다면, 우리는 합리적인 임상지침을 세울 수 있게 되어 그간의 작업들을 입증하는 연구를 할 수 있을 것입니다.

제가 이 책에서 규정한 지침에서 무엇이 실제로 도움이 되고 그렇지 못한지 알아보고자 초보상담자를 초대합니다. 제가 추천한 지침 원리 중

하나는 각각의 상담자가 자신의 상담방법을 찾아야 하고 일련의 조언이
나 충고들이 틀릴 가능성이 있다는 것입니다. 또한 저는 임상지침서는
필연적으로 문화와 세대를 연결하고 있다고 생각합니다. 기본 지침서가
아무리 보편적일지라도 그것은 그 시대의 언어와 방식으로 서술되고 구
현될 필요가 있습니다. 그런 측면에서, 제가 지금까지 말한 것에서 현명
하게 사용할 것과 생산적으로 적용될 수 없어 거리낌 없이 버릴 것이 무
엇인지 숙고하기 위해 독자들을 초대합니다. 제가 제공한 구조에서 자유
롭게 탈피하여 여러분이 선택한 참고의 틀에서 연구한 개념을 재정립하
십시오. 또한 여러분이 매일의 성공과 실패를 기록하여 여러분의 동료와
그 경험들을 공개적으로 공유하는 노력을 기울이기를 권합니다. 유용한
정신역동 지침서를 만드는 것은 우리의 창의력이나 능력 밖의 일이 아닙
니다.

주석 문헌 목록

정신역동 임상 문헌

Bacal, H. A.(Ed). (1998). *Optimal responsiveness: How therapists heal their patients*. Lanham, MD: Aronson.

Basch, M. (1990). *Doing psychotherapy*. New York: Basic Books.

Casement, P. (1985). *Learning from the patient*. New York: Guilford Press.

Hedges, L. (1983). *Listening perspectives in psychotherapy*. Northvale, NJ: Aronson.

McWilliams, N. (1994). *Psychoanalytic diagnosis*. New York: Guilford Press.

McWilliams, N. (1999). *Psychoanalytic case formulation*. New York: Guilford Press.

McWilliams, N. (1999). *Psychoanalytic psychotherapy*. New York: Guilford Press.

Safran, J., & Muran, J. C. (2002). *Negotiating the therapeutic alliance*. New York: Guilford Press.

Wachtel, P. (1993). *Therapeutic communication: Knowing what to say when*. New York: Guilford Press.

Wachtel, P. (2007). *Relational theory and the practice of psychotherapy*. New York: Guilford Press.

경계를 다룬 문헌

Celenza, A. (2007). *Sexual boundary violations: Therapeutic, supervisory and academic contexts*. Lanham, MD: Aronson.

Gabbard, G., & Lester, E. (1995). *Boundaries and boundary violations in psychoanalysis*. New York: Basic Books.

Pope, S., Sonne, J., & Holroyd, J. (1993). *Sexual feelings in psychotherapy*. Washington, DC: American Psychological Association.

경계성 성격장애를 다룬 문헌

Gabbard, G., & Wilkinson, S. (1994). *Management of countertrans-ference with borderline patients*. Washington, DC: American Psychiatric Press.

Kernberg, O. (1975). *Borderline conditions and pathological narcissism*. New York: Aronson.

Linehan, M. M. (1993). *Cognitive-behavioral treatment of borderline personality disorder*. New York: Guilford Press.

Masterson, J. (1976). *Psychotherapy and the borderline adult*. New York: Brunner/ Mazel.

고전 정신분석 문헌

Balint, M. (1968). *The basic fault*. London: Tavistock.

Fromm-Reichmann, F. (1950). *Principles of intensive psychotherapy*.

Chicago: University of Cicago Press.

Greenson, R. R. (1967). *The technique and practice of psychoanalysis.* New York: International Universities' Press.

Langs, R. (1973). *The technique of psychoanalytic psychotherapy, volume 1.* New York: Aronson.

Langs, R. (1974). *The technique of psychoanalytic psychotherapy, volume 2.* New York: Aronson.

Langs, R. (1978). *The listening process.* New Youk: Aronson.

Levenson, E. A. (1972). *The fallacy of understanding: An inquiry into the changing structure of psychoanalysis.* New York: Basic Books.

상담과정에 대한 견해

Buechler, S. (2004). *Clinical values: Emotions that guide psychoanalytic treatment.* Hillsdale, NJ: Analytic Press.

Charles, M. (2004). *Learning from experience.* Hillsdale, NJ: Analytic Press.

Rako, S., Mazer, H., & Semrad, E. V. (1980). *The heart of a therapist.* New York: Aronson.

참고문헌

Altman, M. (1995). Vicissitudes of the erotized transference: The impact of aggression. *Psychoanalytic Review, 82,* 65–79.

Andersen, S. M., Reznik, I., & Glassman, N. S. (2005). The unconscious relational self. In R. Hassin, J. Uleman, & J. Bargh (Eds.), *The new unconscious* (pp.421–481). New York: Oxford University Press

Arlow, J. A. (1979). Metaphor and the psychoanalytic situation. *Psychoanalytic Quarterly, 48*(3), 363–385.

Aron, L., & Bushra, A. (1998). A. Mutual regression: Altered states in the psychoanalytic situation. *Journal of the American Psychoanalytic Association, 46*(2), 389–412.

Aron, L., & Harris, A.(Eds.). (2005). *Relational psychoanalysis: Innovation and expansion* (Vol. 2). Mahwah, NJ: Analytic Press.

Atwood, G., Stolorow, R., & Trop, J.(1989). Impasses in psychoanalytic therapy: A royal road, *Contemporary Psychoanalysis, 25,* 554–573

Bacal, H. A. (Ed.). (1998). *Optimal responsiveness: How therapists heal their patients*. Lanham, MD: Jason Aroson.

Balint, M. (1968). *The basic fault*. London: Tavistock.

Bargh, J. A., Chaiken, S., Govender, R., & Pratto, F. (1992). The generality of the automatic attitude activation effect. *Journal of Personality and Social Psychology, 62(6)*, 893-912.

Barrett, M. S., Wee-Jhong, C., Crits-Cristoph, P., & Gibbons, M. B. (2008). Early withdrawal from mental health treatment: Implications for psychotherapy practice. *Psychotherapy: Theory, Research, Practice, Training, 45(2), 247-267*.

Basch, M. (1991). The significance of a theory of affect for psychoanalytic technique. *Journal of the American Psychoanalytic Association, 39S, 291-304*.

Benowitz, M. S. (1995). Comparing the experiences of women clients sexually exploited by female versus male psychotherapists. In J. Gonsiorek (Ed.), *Breach of trust* (pp. 213-244). Thousand Oaks, CA: Sage.

Bion, W. R. (2003). A theory of thinking. In J. Raphael-Leff (Ed.), *Parent-infant psychodynamics: Wild things, mirrors and ghosts* (pp. 74-82). Philadelphia: Whurr.

Bird, B. (1972). Notes on transference: Universal phenomenon and hardest part of analysis. *Journal of the American Psychoanalytic Association, 20, 267-301*.

Blum, H. (1973). The concept of eroticized transference. *Journal of the American Psychoanalytic Association, 19, 41-53*

Bollas, C. (1994). Aspects of the erotic transference. *Psychoanalytic Inquiry, 14, 572-590*.

Borbely, A. F. (1998). A Psychoanalytic concept of metaphor. International Journal of Psycho-Analysis, 79(5), 572–590.

Bowlby, J. (1977). The making and breaking of affectional bonds: I. Aetiology and psychopathology in the light of attachment theory. *British Journal of Psychiatry, 130,* 201–221.

Bridges, N. (1995). Managing erotic and loveing feelings in therapeutic relationships: A model course. *Journal of Psychotherapy Practice and Ressarch, 4,* 329–339.

Bridges, N. (2005). *Moving beyond the comfort zone in psychotherapy.* New York: Jason Aronson.

Bucci, W. (2002). From subsymbolic to symbolic–and back: Therapeutic impact of the referential process. In R. Lasky (Ed.), *Symbolization and desymbolization: Essays in honor of Norbert Freedman* (pp. 50–74). New York: Other Press.

Buechler, S. (2008). *Making a difference in patients' lives: Emotional experience in the therapeutic setting.* New York: Routledge.

Casement, P. (1985). *Learning from the patient.* New York: Guilford Press.

Celenza, A. (1998). Precursors to therapist sexual misconduct: Preliminary findings. *Psychoanalytic Psychology, 15*(3), 378–395.

Celenza, A. (2003). Analysts who commit sexual boundary violations: A lost cause? *Journal of the American Psychoanalytic Association, 51*(2), 617–363

Celenza, A. (2007). *Sexual boundary violations: Therapeutic, supervisory, and academic contexts.* Lanham, MD: Jason Aronson.

Clore, G. C. (1994). Why emotions are felt. In P. Ekman & R. J. Davidson (Eds.), *The nature of emotion* (pp. 103–111). New

York: Oxford University Press.

Coen, S. (1994). Barriers to love between patient and analyst. *Journal of the American Psychoanalytic Association, 42,* 1107-1135.

Coen, S. (1996). Love between therapist and patient: A review. *American Journal of Psychotherapy, 50,* 14-27.

Coen, S. (2000). The wish to regress in patient and analyst. *Journal of the American Psychoanalytic Association, 48*(3), 785-810.

Curtis, R. (2004). What 75 psychoanalysts found helpful and hurtful in their own analyses. *Psychoanalytic Psychology, 21*(2), 183-202.

Dalenberg, C. (2004). Maintaining the safe and effective therapeutic relationship in the context of distrust and anger: Countertransference and complex trauma. *Psychotherapy: Theory, Research, Practice, Training, 41*(4), 438-447.

Darwin, C. (1998). *The expression of the emotions in man and animals* (3rd ed.; Introduction, Afterword, and Commentaries by Paul Ekman). New York: Oxford University Press.

Davidson, R. J. (1994). Honoring biology in the study of affective style. In P. Ekman & R. J. Davidson (Eds.), *The nature of emotion* (pp. 321-328). New York: Oxford University Press.

Davis, T. (2002). Countertransference temptation and the use of self-disclosure by psychotherapists in training: A discussion for beginning psychotherapists and their supervisors. *Psychoananlytic Psychology, 19*(3), 435-454.

Dimberg, U., Thunberg, M., & Elmehed, K. (2000). Unconscious facial reactions to emotional facial expressions. *Psychological Science, 11,* 86-89.

Dunn, J. (1994). Experience and understanding of emotions, relationships, and membership in a particular culture. In P. Ekman & R. J. Davidson (Eds.), *The nature of emotion* (pp. 352-355). New York: Oxford University Press.

Ehrenberg, D. (1982). Pstchoanalytic engagement-The transaction as primary data. *Contemporary Psychoaanalysis, 18*, 535-555.

Ehrenberg, D. (1992). *The intimate edge.* New York: Norton.

Ekman, P. (1971). Universal and cultural differences in facial expressions of emotion. In J. K. Cole (Ed.), *Nebraska Symposium on Motivation: Vol. 4* (pp. 207-293). Lincoln: University of Nebraska Press.

Elise, D. (1991). When sexual and romantic feelings permeate the therapeutic relationship. In C. Silverstein (Ed.), *Gays, lesbians, and their therapists* (pp. 52-67). New York: Norton.

Epstein, L. (1979). The therapeutic function of hate in the countertran-sference. In L. Epstein & A. Feiner (Eds.), *Countertransference* (pp. 213-234). Northvale, NJ: Aronson.

Epstein, L. (1995). Self-disclosure and analytic space: Some issues raised by Jan Greenberg's paper on self-disclosure. *Contemporary Psychoananlysis, 31*(2), 229-236.

Faber, B. A., Berano, K. C., & Capobianco, J. A. (2004). Clients' perceptions of the process and consequences of self-disclosure in psychotherapy. *Journal of Counseling Psychology, 51*(3), 340-346.

Fazio, R. J. H. (1986). How do attitudes guide behavior? In R. M. Sorrentino & E. T. Higgins (Eds.), *Handbook of motivation and cognition: Foundations of social behavior* (pp. 204-243). New York: Guilford Press.

Ferenczi, S. (1932). *The clinical diary of Sandor Ferenczi* (J. DuPont,

Ed,; M. Balint & N. Z. Jackson, Trans.). Cambridge, MA: Harvard University Press, 1998.

Ferenczi, S. (1976). The elasticity of psycho-analytic technique. In M. Bermann & F. Hartman (Eds.), *The evolution of psychoanalytic technique* (pp.216-227). New York: Basic Books.

Fortune, C. (1993). The case of "RN": Sandor Ferenczi's radical experiment in psychoanalysis. In L. Aron & A. Harris (Eds.), *The legacy of Sandor Ferenczi* (pp. 101-120). Hillsdale, NJ: Analytic Press.

Fossati, A., Madeddu, F., & Maffei, C. (1999). Borderline personality disorder and childhood sexual abuse: A meta-analysis study. *Journal of Personality Disorders, 13*(3), 268-280.

Freud, S. (1930). Civilization and its discontents. In J. Strachey, with A. Freud, A. Strachey, & A. Tyson (Eds. & Trans.). *The standard edition of the complete psychological works of Freud.* (Vol. 21, pp. 57-145). London: Hogarth Press.

Fromm-Reichmann, F. (1959). *Psychoanalysis and psychotherapy.* Chicago: University of Chicago Press.

Gabbard, G. (1991). Psychodynamics of sexual boundary violations. *Psychiatric Annals*, 21(1), 651-655.

Gabbard, G. (1994). On love and lust in the erotic transference. *Iournal of the American Psychoanalytic Association*, 42, 385-404.

Gabbard, G. (1995). *Boundaries and boundary violations in psycho-analysis.* New York: Basic Books.

Gabbard, G. (1996a). *Love and hate in the analytic setting.* Northvale, NJ: Aronson.

Gabbard, G. (1996b). Lessons to be learned from the study of sexual boundary violations. *American Iournal of Psychotherapy*, 50, 311-322.

Gabbard, G., & Lester, E. (1995). *Boundaries and boundary violations in psychoanalysis*. New York: Basic Books.

Gabbard, G., & Wilkinson, S. (1994). Management of counter-transference with borderline patients. Washington, DC: American Psychiatric Press.

Ghent, E. (1990). Masochism, submission, surrender. *Contemporary Psychoanalysis*, 26, 108-136.

Gitelson, M. (1952). The emotional position of the analyst in the psychoanalytic situation. *International Iournal of PsychoAnalysis*, 33, 1-10.

Glaser, I., & Kihlstrom, J. (2005). Compensatory automaticity: Unconscious volition is not an oxymoron. In R. Hassin, J. Uleman, & J. Bargh (Eds.), *The new unconscious* (pp. 171-195). New York: Oxford University Press.

Glucksberg, S., & Kayser, B. (1993). How metaphors work. In A. Ortony (Ed.), *Metaphor and thought* (pp. 401-424). New York: Cambridge University Press.

Goldberger, M., & Evans, D. (1985). On transference manifestations in male patients with female analysts. *International journal of Psychoanalysis*, 66, 295-309.

Gonsiorek, J. C. (1989). Sexual exploitation by psychotherapists: Some observations on male victims and sexual orientation issues. In G. R. Schoener, J. H. Milgrom, J. C. Gonsiorek, E. T. Luepker, & R. M. Conroe (Eds.), *Psychotherapists' sexual involvement with clients: Intervention and prevetion* (pp. 113-119). Minneapolis, MN: Walk-In Counseling Center.

Gorkin, M. (1985). Varieties of sexualized countertransference. *Psychoanalytic Review*, 72, 421-440.

Gorkin, M. (1987). *The uses of countertransference.* Northvale, NJ: Aronson.

Gray, J. A. (1990). Brain systems that mediate both emotions and cognitions. In J. A. Gray (Ed.), Special issue of *Cognition and Emotion: Psychobiological aspects of relationships between emotion and cognition* (pp. 269-288). Hillsdale, NI: Erlbaum.

Graybar, S., & Boutilier, L. (2002). Nontraumatic pathways to borderline personality disorder. *Psychotherapy: Theory, Research, Practice, Training,* 39, 152-162.

Green, A. (2000). The central phobic position: A new formulation of the free association method. *International Journal of Psycho-Analysis*, 81, 429-451.

Greenberg, J. R., & Mitchell, S. A. (1983). *Object relations in psycho-analytic theory.* Cambridge, MA: Harvard University Press.

Gregory, R., & Remen, A. (2008). A manual-based psychodynamic therapy for treatment-resistant borderline personality disorder. *Psychotherapy: Theory/Research/Training/Practice*, 45, 15-27.

Griffiths, P. (1997). *What emotions really are: The problem of psychological categories.* Chicago: Chicago University Press.

Gutheil, T., & Gabbard, G. (1998). Misuses and misunderstandings of boundary theory in clinical and regulatory settings. *American journal of Psychiatry*, 155(3), 409-414.

Hassin, R. (2005). Nonconscious control and implicit working memory.

In R. Hassin, J. Uleman, & J. Bargh (Eds.), *The new unconscious* (pp. 196- 224). New York: Oxford University Press.

Hedges, L. (1983). *Listening perspectives in psychotherapy.* Northvale, NJ: Aronson.

Hess, U., & Kirouac, G. (2000). Emotion expression in groups. In M. Lewis & J. M. Haviland-Iones (Eds.), *Handbook of emotions* (pp. 368-381). New York: Guilford Press.

Heywood, C. (1995). *When boundaries betray us.* San Francisco: Harper.

Hill, C., Stahl, J., & Roffman, M. (2007). Training novice therapists: Helping skills and beyond. *Psychotherapy: Theory, Research, Practice, Training*, 44(4), 364-370.

Hirsch, I. (2008). *Coasting in the countertransference.* Hillsdale, NJ: Analytic Press.

Hirsch, I., & Roth, J. (1995). Changing conceptions of unconscious. *Contemporary Psychoanalysis*, 31(2), 263-276.

Jamison, K. R. (1999). *Night falls fast: Understanding suicide.* New York: Knopf.

Jourard, S. (1971). *Self-disclosure: An experimental analysis of the transparent self.* New York: Wiley.

Jung, C. G. (1969). Psychological aspects of the mother archetype. In M. Fordham (Ed.), *Collected works of C. G. Jung*: Vol. 9, Part 1. *Archetypes and the collective unconscious* (pp. 75-110). Oxford, U.K.: Pantheon Books.

Kantrowitz, J. (1995). The beneficial aspects of the patient-analyst match. *International Iournal of Psycho-Analysis*, 76(2), 299- 313.

Kemper, T. D. (2000). Social models in the explanation of emotions. In M. Lewis & J. M. Haviland-Jones (Eds.), *Handbook of emotions* (pp. 45-58). New York: Guilford Press.

Kernberg, O. (1975). *Borderline conditions and pathological narcissism.* New York: Aronson.

Kernberg, O. (1994). Love in the analytic setting. *Journal of the American Psychoanalytic Association, 42,* 1137-1157.

Kernberg, O. (2003). The management of affect storms in the psychoanalytic psychotherapy of borderline patients. *Journal of the American Psychoanalytic Association,* 51, 517-544.

Knox, S., Hess, S., Petersen, D., & Hill, C. (1997). A qualitative analysis of client perceptions of the effects of helpful therapist self-disclosure in long-term therapy. *Journal of Counseling Psychology,* 44, 274-283.

Kohut, H. (1971). *The analysis of the self: A systematic approach to the psychoanalytic treatment of narcissistic personality disorders.* New York: International Universities Press.

Kraft-Goin, M. (2001). Borderline personality disorder: The importance of establishing a treatment framework. *Psychiatric Services,* 52(2), 167-168.

Kroll, I. (1996). Psychotherapy of borderline patients. In M. Rosenbluth & I. D. Yalom (Eds.), *Treating difficult personality disorders* (pp. 81-106). San Francisco: Iossey-Bass.

Krystal, H. (1988). Integration and self-healing: *Affect, trauma, alexithymia.* Hillsdale, NJ: The Analytic Press.

Kumin, I. (1985). Erotic horror: Desire and resistance in the analytic situation. *Journal of Psychoanalytic Psychotherapy,* 11, 3-20.

Langs, R. (1973). *The technique of psychoanalytic psychotherapy, volume 1*. New York: Aronson.

Langs, R. (1974). *The technique of psychoanalytic psychotherapy, volume 2*. New York: Aronson.

Langs, R. (1978). *The listening process*. New York: Aronson.

Lansky, M. R. (1992). *Fathers who fail: Shame and psychopathology in the family system*. Hillsdale, NJ: The Analytic Press.

LeDoux, I. (1994). Memory vs. emotional memory in the brain. In P. Ekman & R. Davidson (Eds.), *The nature of emotion: Fundamental questions* (pp. 311-312). New York: Gxford University Press.

Lester, E. (1985). The female analyst and the erotized transference. *International Journal of Psychoanalysis*, 66, 283-293.

Levenson, E. A. (1972). *The fallacy of understanding: An inquiry into the changing structure of psychoanalysis*. New York: Basic Books.

Levenson, E. A. (1993). Shoot the messenger-Interpersonal aspects of the analyst's interpretations. *Contemporary Psychoanalysis*, 29, 383-396.

Levenson, E. A. (1994). Beyond countertransference: Aspects of the analyst's desire. *Contemporary Psychoanalysis*, 30(4), 691-707.

Levenson, E. A. (1996). Aspects of self-revelation and self-disclosure. *Contemporary Psychoanalysis*, 32, 32-40.

Levin, F. (1997). Integrating some mind and brain views of transference: The phenomena. *Journal of the American Psychoanalytic Association*, 45, 1121-1152.

Lieb, K., Zanarini, M. C., Schmah, C., Linehan, M. M., & Bohus, R (2004). Borderline personality disorder. *Lancet*, 364, 453-461.

Linehan, M. M. (1993). *Cognitive-behavioral treatment of borderline personality disorder.* New York: Guilford Press.

Little, M. (1957). "R"-the analyst's total response to his patient's needs. *International Journal of PsychoAnalysis*, 38, 240-254.

Lomas, R (1987). *The limits of interpretation: What's wrong with psychoanalysis?* New York: Penguin Books.

Luborsky, L., Auerbach, A., Chandler, M., Cohen, J., & Bachrach, H. (1971). Factors influencing the outcome of psychotherapy: A review of quantitative research. *Psychological Bulletin*, 75(3), 145-185.

Lynch, T., Thomas, R., Rosenthal, M., Kosson, D. S., Cheavens, J. S., Lejuez, C. W., et al. (2006). Heightened sensitivity to facial expressions of emotion in borderline personality disorder. *Emotion*, 6(4), 647-655.

Maltsberger, J. T. (1974). Countertransference hate in the treatment of suicidal patients. *Archives of General Psychiatry*, 30(5), 625-633.

Mann, D. (1997). *Psychotherapy, An erotic relationship: Transference and counter transference passions.* New York: Routledge.

Margolis, M. (1994). Incest, erotic countertransference, boundary Vi01&fi0I\S- *Journal of the American Psychoanalytic Association*, 42, 985-989.

Margolis, M. (1997). Analyst-patient sexual involvement: Clinical experiences and institutional responses. *Psychoanalytic Inquiry*, 17, 349-370.

Maroda, K. (1991). *The power of countertransference.* Chichester, UK: Wiley.

Maroda, K. (1998a). Why mutual analysis failed: The case of Ferenczi and RN. *Contemporary Psychoanalysis*, 34, 115–132.

Maroda, K. (1998b). Enactment: When the patient's and analyst's pasts converge. *Psychoanalytic Psychology*, 15(4), 517–535.

Maroda, K. (1999). *Seduction, surrender, and transformation: Emotional engagement in the analytic process.* Hillsdale, NJ: Analytic Press.

Maroda, K. (2002). No place to hide: Affectivity, the unconscious, and the development of relational techniques. *Contemporary Psychoanalysis*, 38(1), 101– 120.

Maroda, K. (2005). Legitimate gratification of the analyst's needs. *Contemporary Psychoanalysis*, 41, 371–387.

Maroda, K. (2006). Desire, love, and power in the therapeutic relationship. *British Journal of Psychotherapy Integration*, 3(2), 6–18.

Masterson, J. F., & Klein, R. (Eds.). (1989). *Psychotherapy of the disorders of the self: The Masterson approach.* Philadelphia: Brunner/Mazel.

McWilliams, N. (1994). *Psychoanalytic diagnosis: Understanding personality structure in the clinical process.* New York: Guilford Press.

McWilliams, N. (2004). *Psychoanalytic psychotherapy: A practitioner's guide.* New York: Guilford Press.

Meissner, W. W. (2002). The problem of self-disclosure. *Journal of the American Psychoanalytic Association*, 50, 827–867.

Mitchell, S. A. (1988). *Relational concepts in psychoanalysis: An integration.* Cambridge, MA: Harvard University Press.

Mitchell, S. A. (1997). *Influence and autonomy in psychoanalysis*. Mahwah, NJ: Analytic Press.

Modell, A. (1997). Reflections on metaphors and affects. *Annual of Psycho-analysis*, 25, 219–233.

Nathanson, D. (1994). Shame, compassion, and the "borderline" personality. *Psychiatric Clinics of North America*, 17, 785–810.

Nathanson, D. (Ed.). (1996). About emotion. In *Knowing feeling: Affect, script, and psychotherapy* (pp. 1–21). New York: Norton.

Ogden, T. H. (1997). Reverie and interpretation. *Psychoanalytic Quarterly*, 66(4), 567–595.

Orange, D. M. (1995). *Emotional understanding: Studies in psycho-analytic epistemology*. New York: Guilford Press.

Pally, R., in collaboration with D. Olds. (2000). *The mind–brain relationship*. London: Karnac.

Panksepp, I. (1994). Subjectivity may have evolved in the brain as a simple value-coding process that promotes the learning of new behaviors. In P. Ekman 8: R. Davidson (Eds.), *The nature of emotion: Fundamental questions* (pp. 313–315). New York: Oxford University Press.

Pearlman, L. A., & Saakvitne, K. W. (1995). *Trauma and the therapist: Counter-transference and vicarious traumatization in psycho-therapy with incest survivors*. New York: Norton.

Person, E. (1985). The erotic transference in women and in men: Differences and consequences. *Journal of the Academy of Psycho-analysis, 13*, 159–180.

Phelps, E., LaBar, K., Anderson, A., O'Connor, K., Fulbright, I., & Spencer, D. (1998). Specifiying the contributions of the human amygdale to emotional memory: A case study. *Neurocase, 4*(6), 527-540.

Pope, K. (1994). *Sexual involvement with therapists: Patient involve-ment, subsequent therapy, forensics.* Washington, DC: American Psychological Association.

Pope, S., Sonne, J., & Holroyd, J. (1993). *Sexual feelings in psychotherapy.* Washington, DC: American Psychological Association.

Rachman, A. W. (1993). Ferenczi and sexuality. In L. Aron 8: A. Harris (Eds.), The legacy of Sandor Perenczi (pp. 81-100). Hillsdale, NJ: Analytic Press.

Ragen, T., & Aron, L. (1993). Abandoned workings: Ferenczi's mutual analysis. In L. Aron & A. Harris (Eds.), *The legacy of Sandor Ferenczi* (pp. 217-226). Hillsdale, NI: Analytic Press.

Rasmussen, B., & Angus, L. (1996). Metaphor in psychodynamic psychotherapy with borderline and non-tiorderline clients: A qualitative analysis. Psychotherapy: *Theory, Research, Practice, Training, 33*(4), 521-530.

Regan, A. M., & Hill, C. E. (1992). Lwestigation of what clients and counselors do not say in brief therapy. *Journal of Counseling Psychology, 39*(2), 168-174.

Renik, O. (1993). Analytic interaction: Conceptualizing technique in light of the analyst's irreducible subjectivity. *Psychoanalytic Quarterly, 62,* 553-571.

Renik, O. (1995). The ideal of the anonymous analyst and the problem of self-disclosure. *Psychoanalytic Quarterly, 64*(3), 466-495.

Renik, O. (1999). Playing one's cards face up in analysis: An approach to the problem of self-disclosure. *Psychoanalytic Quarterly,*

68(4), 521-530.

Renik, O. (2002). Defining the goals of clinical psychoanalysis. *Psychoanalytic Quarterly, 71*(1), 117-123.

Russell, I. A. (2003). Core, affect and the psychological construction of emotion. *Psychological Review, 110,* 145-172.

Russell, I. A., Jennifer, J., Moskowitz, D. S., Zuroff, D. C., Sookman, D., & Paris, J. (2007). Stability and variability of affective experience and interpersonal behavior in borderline personality disorder. *Journal of Abnormal Psychology, 116*(3), 578-588. 1

Russell, P. (1998). The role of paradox in the repetition compulsion. In J. G. Teicholz & D. Kriegman (Eds.), *Trauma, repetition, and affect regulation: The work of Paul Russell* (pp. 1-22). New York: Other Press.

Safran, I., & Muran, I. C. (2002). *Negotiating the therapeutic alliance.* New York: Guilford Press.

Schlessinger, H. I. (2003). *The texture of treatment: On the matter of psychoanalytic technique.* Hillsdale, NJ: Analytic Press.

Schore, A. (1994). *Affect regulation and the origin of the self: The neurobiology of emotional development.* Hillsdale, NJ: Erlbaum.

Schore, A. N. (2001a). The effects of a secure attachment relationship on right-brain development, affect regulation, and infant mental health. *Infant Mental Health Journal, 22,* 7-66.

Schore, A. N. (2001b). The seventh Annual John Bowlby Memorial Lecture. Minds in the making: Attachment, the self-organizing brain, and developmentally-oriented psychoanalytic psycho-therapy. *British Journal of Psychotherapy, 17,* 299-328.

Schore, I., & Schore, A. (2008). Modern attachment theory: The central role of affect regulation in development and treatment. *Clinical Social Work Journal, 36*(1), 9–20.

Searles, H. (1979). *Countertransference and related subjects.* New York: International Universities Press.

Shengold, L. (1989). *Soul murder: The effects of childhood abuse and deprivation.* New Haven, CT: Yale University Press.

Spezzano, C. (1993). *Affect in psychoanalysis: A clinical synthesis.* Hillsdale, NJ: Analytic Press.

Stern, D. (1985). *The interpersonal world of the infant.* New York: Basic Books.

Stern, D. B. (1997). *Unformulated experience.* Hillsdale, NJ: Analytic Press.

Sullins, E. S. (1991). Emotional contagion revisited: Effects of social comparison and expressive style on mood convergence. *Personality and Social Psychology Bulletin, 17*, 166–174.

Sullivan, H. S. (1953). *The interpersonal theory of psychiatry.* New York: Norton.

Summers, F. (1999). *Transcending the self An object relations model of psychoanalytic therapy.* Hillsdale, NI: Analytic Press.

Sussman, M. (2008). *A curious calling: Unconscious motivations for practicing psychotherapy* (2nd ed.). New York: Aronson.

Truax, C., & Carkhuff, R. (1965). Client and therapist transparency in the psychotherapeutic encounter. *Journal of Counseling Psychology, 12*, 3–9.

Trull, T. (2001). Structural relations between borderline personality disorder: Features and putative etiological correlates. *Journal of Abnormal Psychology, 110*, 471–481.

Tyson, R. (1985). Countertransference evolution in theory and practice. *Journal of the American Psychoanalytic Association, 34,* 251–274.

Uleman, J. S., Blader, S. L., & Todorov, A. (2005). Implicit impressions. In R. Hassin, J. Uleman, & J. Bargh (Eds.), *The new unconscious* (pp. 362–392). New York: Oxford University Press.

Vgotsky L. S. (1978). *Mind in society.* Cambridge, MA: Harvard University Press.

Wachtel, R. (1993). Therapeutic communication: Knowing what to say when. New York: Guilford Press.

Wachtel, R. (2007). *Relational theory and the practice of psychotherapy.* New York: Guilford Press.

Wagner, A. W., & Linehan, M. M. (1999). Facial expression recognition ability among women with borderline personality disorder: Implications for emotion regulation. *Journal of Personality Disorders, 13,* 329–344.

Watt, D. F. (2003). Psychotherapy in an age of neuroscience: Bridges to affective neuroscience. Inj. Corrigall & H. Wilkinson (Eds.), *Revolutionary connections: Psychotherapy and neuroscience* (pp. 79–115). London: Karnac.

Wegner, D. M., & Bargh, J. A. (1998). Control and automaticity in social life. In D. T. Gilbert, S. T. Fiske, & G. Lindzey (Eds.), *Handbook of social psychology* (4th ed.) (Vol. 2, pp. 446–496). Boston: McGraw–Hill.

Wells, T. L. (1994). Therapist self–disclosure: Its effects on clients and the treatment relationship. *Smith College Studies in Social Work, 65,* 23–41.

Wilkinson, M. (2006). *Corning into mind: The mind-brain relationship: A jungian perspective.* London: Routledge.

Winnicott, D. W. (1949). Hate in the counter-transference. *International journal of Psycho-Analysis, 30,* 69–74.

Winnicott, D. W. (1956). On transference. *International journal of Psycho-Analysis, 37,* 386–388.

Wmnicott, D. W. (1963). Dependence in infant care, in child care, and in the psychoanalytic setting. *International journal of Psycho-Analysis, 44*(3), 339–344.

Winnicott, D. W. (1974). Fear of breakdown. *International Review of Psycho-Analysis, 1,* 103–107.

Winnicott, D. W. (1986). The theory of the parent–infant relationship. In P. Buckley (Ed.), *Essential papers on object relations: Essential papers in psychoanalysis* (pp. 233–253). New York: New York University Press.

Wry, H., & Welles, I. (1994). The narration of desire. Hillsdale, Nj: Analytic Press.

찾아보기

《내 용》

가학피학성 94
감정 7
감정 다루기 223
감정 의사소통 58, 223
감정 처리 227
감정 촉진 230
감정 파악 235
감정관리 279
감정-읽기 능력 266
감정전염 22
감정폭풍 267
감정표현 184, 247
개방하지 않는 것 216
개별 개입 평가하기 146
개입 평가 141
거짓 정서 262
경계성 성격장애 249
경쟁욕구 363
공감반응 38
공감에 대한 과도한 요구 45

과거 반복 61
관계 맺는 방식 64
관계양식 23
관계형성 32
기본 신뢰 45, 256
기쁨 204

내담자 반응 44
내담자가 약하다는 미신 90
내담자 교육 270
내담자의 반응 추적하기 141
뇌 연구 224

목표 설정 54
무의식 7
무의식의 과정 224

부정적인 감정표현 161
분노 203
분노표현 321
분명한 모순과 직면 296
비언어적인 반응 150
비언어적인 의사소통 150
비유 282
비통해하기 279
비확증 반응 151

상담 동맹 259
상담과정 6
상담료와 직면 292
상담목표 10
상담목표 설정 53
상담시간 외 전화 123
상담에 도움이 되는 행동 220
상담자-내담자 24
상담자-내담자 궁합 24
상담자-내담자 상호영향 90
상담자와 내담자의 경계 24
상담자의 이해 40
상담자의 자기개방 179
상담자의 질문 48
상담자의 피학적 굴복 307
상담초기 21
상담효과가 없는 퇴행 120
상담효과가 있는 자기개방 193
상담효과가 있는 퇴행 111
상담효과가 있는 행동 228
상호영향 21, 59
성적인 감정 327
성적인 역전이 339
성적인 전이 330
성적인 충동 351
소강상태 56

수동공격 행동 316
수치심 260
슬픔 204
신체 증상 22

얼굴표정 42, 46
외상경험 22
외상경험이 있는 내담자 136
유전 226, 250
의식 7

자기개방 179, 200
자살 275
전이관계 9
전이-역전이 236
정서 자각 248
정서관리 194
정신역동 상담 7
조언 179, 215
종결 375
증오 313
지각 294
직면 289, 294, 303
질문하기 47

철회 160
치료적인 취약함 101

퇴행의 증상과 징후 107
투사적 동일시 185

표현규칙 228

해로운 행동 303
해리 106, 160
행동주의 상담 7
행동화 166
협력 59

협력관계 70
확증 반응 149
환경 226, 250

저자 소개

Karen J. Maroda

미국 위스콘신 의과대학에서 임상조교수로 있으면서 위스콘신 주 밀위키에서 개인상담소를 운영하고 있다. 미국심리학회 39분과인 정신분석 분과 회원이며, 윤리위원장을 역임하였다. 그리고 정신분석 분과의 3섹션인 '여성, 성 그리고 정신분석'의 회장을 역임하였다. 저자는 The Power of Countertransference와 Seduction, Surrender, and Transformation을 발간한 바 있으며, 많은 저널에 논문을 수록하였고, 각종 책의 한 장을 맡아 집필하였다. 또한 정서, 자기개방, 역전이, 합법적인 권위 그리고 임상 기준에 대한 욕구 등 상담과정의 다양한 측면을 주제로 국내외에서 강연하고 있다. 현재 Psychoanalytic Psychology와 The Journal of Gay & Lesbian Psychotherapy의 편집위원이며, Contemporary Psychoanalysis의 편집위원장이다. 저자는 동료들에게 상담자로서 무엇을 할 수 있는지 집필하고 강연하도록 적극 독려하고 있다.

역자 소개

허재홍
연세대학교 심리학과 상담심리전공 석사
연세대학교 심리학과 상담심리전공 박사
한국상담심리학회 상담심리사 1급
꽃동네대학교 복지심리학과 교수
현 경북대학교 심리학과 교수

진현정
연세대학교 심리학과 상담심리전공 석사
연세대학교 심리학과 상담심리전공 박사
한국상담심리학회 상담심리사 1급
청소년상담사 1급
직업상담사 1급
정일학원 부설 한마음교육심리연구소 상담원
현 가천대학교 종합상담실 상담실장

박명희
충북대학교 심리학과 상담심리전공 석사
충북대학교 심리학과 상담심리전공 박사
한국상담심리학회 상담심리사 1급
꽃동네대학교 학생생활상담연구소 상담실장
현 정부세종청사 상담지원센터 센터장

초보상담자를 위한
정신역동 상담
-상담자와 내담자의 감정 다루기-
Psychodynamic Techniques
-Working with Emotion in the Therapeutic Relationship-

2014년 1월 20일 1판 1쇄 발행
2023년 10월 20일 1판 7쇄 발행

지은이 • Karen J. Maroda
옮긴이 • 허재홍 · 진현정 · 박명희
펴낸이 • 김 진 환
펴낸곳 • (주) **학지사**

　　　04031 서울특별시 마포구 양화로 15길 20 마인드월드빌딩 5층
대표전화 • 02) 330-5114　　　팩스 • 02) 324-2345
등록번호 • 제313-2006-000265호

홈페이지 • http://www.hakjisa.co.kr
인스타그램 • https://www.instagram.com/hakjisabook

ISBN 978-89-997-0300-3 93180

정가 19,000원

출판미디어기업 **학지사**

간호보건의학출판 **학지사메디컬** www.hakjisamd.co.kr
심리검사연구소 **인싸이트** www.inpsyt.co.kr
학술논문서비스 **뉴논문** www.newnonmun.com
원격교육연수원 **카운피아** www.counpia.com